大学赤本シリーズ

254

慶應義塾大学

文学部

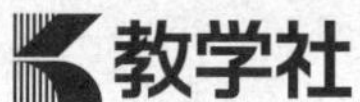

は　し　が　き

おかげさまで，大学入試の「赤本」は，今年で創刊70周年を迎えました。

これまで，入試問題や資料をご提供いただいた大学関係者各位，掲載許可をいただいた著作権者の皆様，各科目の解答や対策の執筆にあたられた先生方，そして，赤本を使用してくださったすべての読者の皆様に，厚く御礼を申し上げます。

以下に，創刊初期の「赤本」のはしがきを引用します。これからも引き続き，受験生の目標の達成や，夢の実現を応援してまいります。

本書を活用して，入試本番では持てる力を存分に発揮されることを心より願っています。

編者しるす

＊　＊　＊

学問の塔にあこがれのまなざしをもって，それぞれの志望する大学の門をたたかんとしている受験生諸君！ 人間として生まれてきた私たちは，自己の欲するままに，美しく，強く，そして何よりも人間らしく生きることをねがっている。しかし，一朝一夕にして，この純粋なのぞみが達せられることはない。私たちの行く手には，絶えずさまざまな試練がまちかまえている。この試練を克服していくところに，私たちのねがう真に人間的な世界がはじめて開かれてくるのである。

人生最初の最大の試練として，諸君の眼前に大学入試がある。この大学入試は，精神的にも身体的にも，大きな苦痛を感ぜしめるであろう。あるスポーツに熟達するには，たゆみなき，はげしい練習を積み重ねることが必要であるように，私たちは，計画的・持続的な努力を払うことによって，この試練を克服し，次の一歩を踏みだすことができる。厳しい試練を経たのちに，はじめて満足すべき成果を獲得できるのである。

本書は最近の入学試験の問題に，それぞれ解答を付し，さらに問題をふかく分析することによって，その大学独特の傾向や対策をさぐろうとした。本書を一般の参考書とあわせて使用し，まとはずれのない，効果的な受験勉強をされるよう期待したい。

（昭和35年版「赤本」はしがきより）

挑む人の、いちばんの味方

1954年に大学入試の過去問題集を刊行してから70年。赤本は大学に入りたいと思う受験生を応援しつづけてきました。これからも，苦しいとき落ち込むときにそばで支える存在でいたいと思います。

そして，勉強をすること，自分で道を決めること，努力が実ること，これらの喜びを読者の皆さんが感じることができるよう，伴走をつづけます。

そもそも赤本とは…

受験生のための大学入試の過去問題集！

70年の歴史を誇る赤本は，500点を超える刊行点数で全都道府県の370大学以上を網羅しており，過去問の代名詞として受験生の必須アイテムとなっています。

なぜ受験に過去問が必要なのか？

大学入試は大学によって問題形式や頻出分野が大きく異なるからです。

赤本の掲載内容

傾向と対策

これまでの出題内容から，問題の「**傾向**」を分析し，来年度の入試に向けて具体的な「**対策**」の方法を紹介しています。

問題編・解答編

- 年度ごとに問題とその解答を掲載しています。
- 「**問題編**」ではその年度の試験概要を確認したうえで，実際に出題された過去問に取り組むことができます。
- 「**解答編**」には高校・予備校の先生方による解答が載っています。

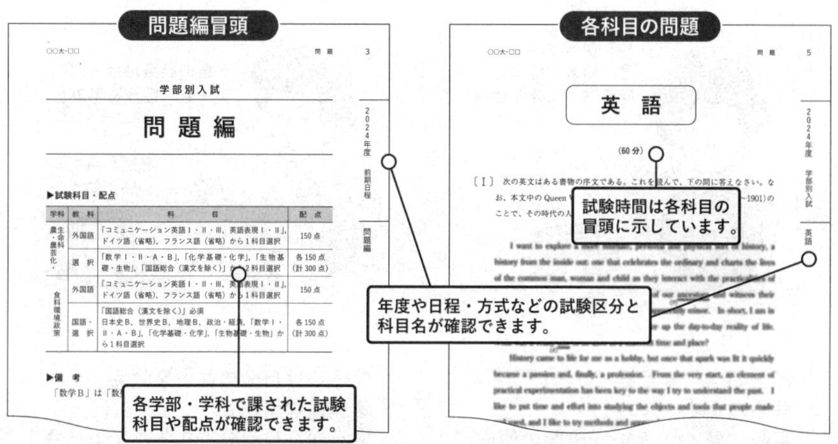

他にも，大学の基本情報や，先輩受験生の合格体験記，在学生からのメッセージなどが載っていることがあります。

掲載内容について

著作権上の理由やその他編集上の都合により問題や解答の一部を割愛している場合があります。なお，指定校推薦入試，社会人入試，編入学試験，帰国生入試などの特別入試，英語以外の外国語科目，商業・工業科目は，原則として掲載しておりません。また試験科目は変更される場合がありますので，あらかじめご了承ください。

受験勉強は

過去問に始まり，

STEP 1 なにはともあれ

まずは解いてみる

過去問は，**できるだけ早いうちに解く**のがオススメ！
実際に解くことで，**出題の傾向，問題のレベル，今の自分の実力**がつかめます。

STEP 2 じっくり具体的に

弱点を分析する

間違いは自分の弱点を教えてくれる**貴重な情報源。**
弱点から自己分析することで，**今の自分に足りない力や苦手な分野**が見えてくるはず！

合格者があかす赤本の使い方

傾向と対策を熟読
(Fさん／国立大合格)
大学の出題傾向を調べるために，赤本に載っている「傾向と対策」を熟読しました。

繰り返し解く
(Tさん／国立大合格)
１周目は問題のレベル確認，２周目は苦手や頻出分野の確認に，３周目は合格点を目指して，と過去問は繰り返し解くことが大切です。

赤本の使い方 解説

過去問に終わる。

STEP 3

志望校にあわせて

苦手分野の重点対策

参考書や問題集を活用して，苦手分野の**重点対策**をしていきます。**過去問を指針**に，合格へ向けた具体的な学習計画を立てましょう！

STEP 1▶2▶3

サイクルが大事！

実践を繰り返す

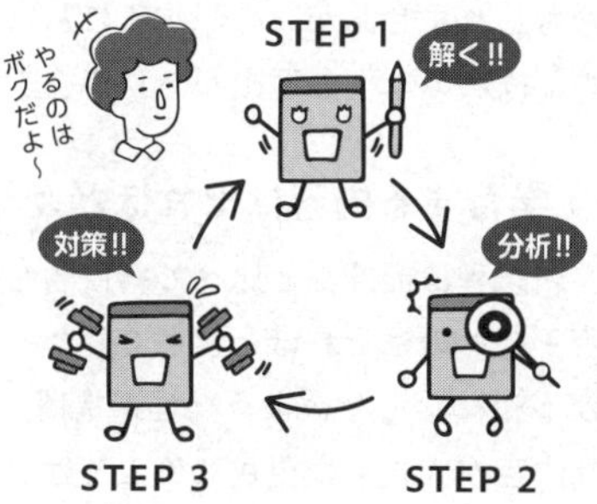

STEP 1～3を繰り返し，実力アップにつなげましょう！
出題形式に慣れることや，**時間配分を考えること**も大切です。

目標点を決める
（Yさん／私立大合格）
赤本によっては合格者最低点が載っているので，それを見て目標点を決めるのもよいです。

時間配分を確認
（Kさん／私立大学合格）
赤本は時間配分や解く順番を決めるために使いました。

添削してもらう
（Sさん／私立大学合格）
記述式の問題は先生に添削してもらうことで自分の弱点に気づけると思います。

新課程入試 Q&A

2022 年度から新しい学習指導要領（新課程）での授業が始まり，2025 年度の入試は，新課程に基づいて行われる最初の入試となります。ここでは，赤本での新課程入試の対策について，よくある疑問にお答えします。

Q1. 赤本は新課程入試の対策に使えますか？

A. もちろん使えます！

OK

旧課程入試の過去問が新課程入試の対策に役に立つのか疑問に思う人もいるかもしれませんが，心配することはありません。旧課程入試の過去問が役立つのには次のような理由があります。

● 学習する内容はそれほど変わらない

新課程は旧課程と比べて科目名を中心とした変更はありますが，学習する内容そのものはそれほど大きく変わっていません。また，多くの大学で，既卒生が不利にならないよう「経過措置」がとられます（Q３参照）。したがって，出題内容が大きく変更されることは少ないとみられます。

● 大学ごとに出題の特徴がある

これまでに課程が変わったときも，各大学の出題の特徴は大きく変わらないことがほとんどでした。入試問題は各大学のアドミッション・ポリシーに沿って出題されており，過去問にはその特徴がよく表れています。過去問を研究してその大学に特有の傾向をつかめば，最適な対策をとることができます。

出題の特徴の例	・英作文問題の出題の有無 ・論述問題の出題（字数制限の有無や長さ） ・計算過程の記述の有無

新課程入試の対策も，赤本で過去問に取り組むところから始めましょう。

Q2. 赤本を使う上での注意点はありますか？

A. 志望大学の入試科目を確認しましょう。

過去問を解く前に，過去の出題科目（問題編冒頭の表）と 2025 年度の募集要項とを比べて，課される内容に変更がないかを確認しましょう。ポイントは以下のとおりです。科目名が変わっていても，実際は旧課程の内容とほとんど同様のものもあります。

英語・国語	科目名は変更されているが，実質的には変更なし。 ▶▶ **ただし，リスニングや古文・漢文の有無は要確認。**
地歴	科目名が変更され，「歴史総合」「地理総合」が新設。 ▶▶ **新設科目の有無に注意。ただし，「経過措置」（Q３参照）により内容は大きく変わらないことも多い。**
公民	「現代社会」が廃止され，「公共」が新設。 ▶▶ **「公共」は実質的には「現代社会」と大きく変わらない。**
数学	科目が再編され，「数学 C」が新設。 ▶▶ **「数学」全体としての内容は大きく変わらないが，出題科目と単元の変更に注意。**
理科	科目名も学習内容も大きな変更なし。

数学については，科目名だけでなく，どの単元が含まれているかも確認が必要です。例えば，出題科目が次のように変わったとします。

旧課程	「数学Ⅰ・数学Ⅱ・数学 A・数学 B（数列・ベクトル）」
新課程	「数学Ⅰ・数学Ⅱ・数学 A・**数学 B（数列）・数学 C（ベクトル）**」

この場合，新課程では「数学C」が増えていますが，単元は「ベクトル」のみのため，実質的には旧課程とほぼ同じであり，過去問をそのまま役立てることができます。

Q3. 「経過措置」とは何ですか？

A. 既卒の旧課程履修者への対応です。

多くの大学では，既卒の旧課程履修者が不利にならないように，出題において「経過措置」が実施されます。措置の有無や内容は大学によって異なるので，募集要項や大学のウェブサイトなどで確認しておきましょう。

◯旧課程履修者への経過措置の例

- 旧課程履修者にも配慮した出題を行う。
- 新・旧課程の共通の範囲から出題する。
- 新課程と旧課程の共通の内容を出題し，共通範囲のみでの出題が困難な場合は，旧課程の範囲からの問題を用意し，選択解答とする。

例えば，地歴の出題科目が次のように変わったとします。

旧課程	「日本史 B」「世界史 B」から 1 科目選択
新課程	「**歴史総合**，日本史探究」「**歴史総合**，世界史探究」から 1 科目選択※ ※旧課程履修者に不利益が生じることのないように配慮する。

「歴史総合」は新課程で新設された科目で，旧課程履修者には見慣れないものですが，上記のような経過措置がとられた場合，新課程入試でも旧課程と同様の学習内容で受験することができます。

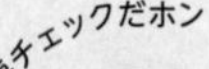

新課程の情報は WEB もチェック！
より詳しい解説が赤本ウェブサイトで見られます。
https://akahon.net/shinkatei/

科目名が変更される教科・科目

	旧課程	新課程
国語	国語総合 国語表現 現代文A 現代文B 古典A 古典B	現代の国語 言語文化 論理国語 文学国語 国語表現 古典探究
地歴	日本史A 日本史B 世界史A 世界史B 地理A 地理B	歴史総合 日本史探究 世界史探究 地理総合 地理探究
公民	現代社会 倫理 政治・経済	公共 倫理 政治・経済
数学	数学Ⅰ 数学Ⅱ 数学Ⅲ 数学A 数学B 数学活用	数学Ⅰ 数学Ⅱ 数学Ⅲ 数学A 数学B 数学C
外国語	コミュニケーション英語基礎 コミュニケーション英語Ⅰ コミュニケーション英語Ⅱ コミュニケーション英語Ⅲ 英語表現Ⅰ 英語表現Ⅱ 英語会話	英語コミュニケーションⅠ 英語コミュニケーションⅡ 英語コミュニケーションⅢ 論理・表現Ⅰ 論理・表現Ⅱ 論理・表現Ⅲ
情報	社会と情報 情報の科学	情報Ⅰ 情報Ⅱ

大学のサイトも見よう

目　次

解答編

※問題編は別冊

2020 年度

●一般入試

掲載内容についてのお断り

総合型選抜 自主応募制による推薦入学者選考は，問題のみを掲載しています。

基本情報

沿革

1858（安政 5）　福澤諭吉，江戸に蘭学塾を開く
1863（文久 3）　蘭学塾より英学塾に転向
1868（慶應 4）　塾を「慶應義塾」と命名，近代私学として新発足
　　1885（明治 18）このころ塾生たちがペンの記章をつけ始める
1890（明治 23）　大学部が発足し，総合大学となる
1898（明治 31）　学制を改革し，一貫教育制度を樹立
　　1903（明治 36）第 1 回早慶野球試合
1920（大正 9）　大学令による大学として新発足
　　文学・経済学・法学・医学部から成る総合大学となる
1944（昭和 19）　藤原工業大学が寄付され，工学部設置
1949（昭和 24）　新制大学発足，文学・経済学・法学・工学部設置
1952（昭和 27）　新制大学医学部発足
1957（昭和 32）　商学部設置
1981（昭和 56）　工学部を改組し，理工学部を設置
1990（平成 2）　総合政策・環境情報学部を設置

2001（平成 13） 看護医療学部を設置
2008（平成 20） 学校法人共立薬科大学との合併により薬学部設置
創立 150 周年

ペンマーク

1885（明治 18）年ごろ，塾生が教科書にあった一節「ペンは剣に勝る力あり」にヒントを得て帽章を自分たちで考案したことからはじまり，その後多数の塾生・塾員の支持を得て公式な形として認められ，今日に至っています。ペンマークは，その発祥のルーツにも見られるように，学びの尊さを表現するシンボルであり，慶應義塾を指し示すだけでなく，広く認知された社会的な存在と位置付けられます。

学部・学科の構成

大　学

●**文学部**　1 年：日吉キャンパス／2 ～ 4 年：三田キャンパス
人文社会学科（哲学系〈哲学専攻，倫理学専攻，美学美術史学専攻〉，史学系〈日本史学専攻，東洋史学専攻，西洋史学専攻，民族学考古学専攻〉，文学系〈国文学専攻，中国文学専攻，英米文学専攻，独文学専攻，仏文学専攻〉，図書館・情報学系〈図書館・情報学専攻〉，人間関係学系〈社会学専攻，心理学専攻，教育学専攻，人間科学専攻〉）
＊各専攻には 2 年次より分属する。

●**経済学部**　1・2 年：日吉キャンパス／3・4 年：三田キャンパス
経済学科

●**法学部**　1・2 年：日吉キャンパス／3・4 年：三田キャンパス
法律学科
政治学科

●**商学部**　1・2 年：日吉キャンパス／3・4 年：三田キャンパス
商学科

●**医学部**　1 年：日吉キャンパス／2 ～ 6 年：信濃町キャンパス
医学科

●理工学部　1・2 年：日吉キャンパス／3・4 年：矢上キャンパス

機械工学科
電気情報工学科
応用化学科
物理情報工学科
管理工学科
数理科学科（数学専攻，統計学専攻）
物理学科
化学科
システムデザイン工学科
情報工学科
生命情報学科

＊各学科には 2 年次より分属する。数理科学科の各専攻は 3 年次秋学期に選択する。

●総合政策学部　湘南藤沢キャンパス

総合政策学科

●環境情報学部　湘南藤沢キャンパス

環境情報学科

●看護医療学部　1・2・4 年：湘南藤沢キャンパス／3・4 年：信濃町キャンパス

看護学科

●薬学部　1 年：日吉キャンパス／2 年以降：芝共立キャンパス

薬学科［6 年制］
薬科学科［4 年制］

大学院

文学研究科 / 経済学研究科 / 法学研究科 / 社会学研究科 / 商学研究科 / 医学研究科 / 理工学研究科 / 政策・メディア研究科 / 健康マネジメント研究科 / 薬学研究科 / 経営管理研究科 / システムデザイン・マネジメント研究科 / メディアデザイン研究科 / 法務研究科（法科大学院）

（注）上記内容は 2024 年 4 月時点のもので，改組・新設等により変更される場合があります。

大学所在地

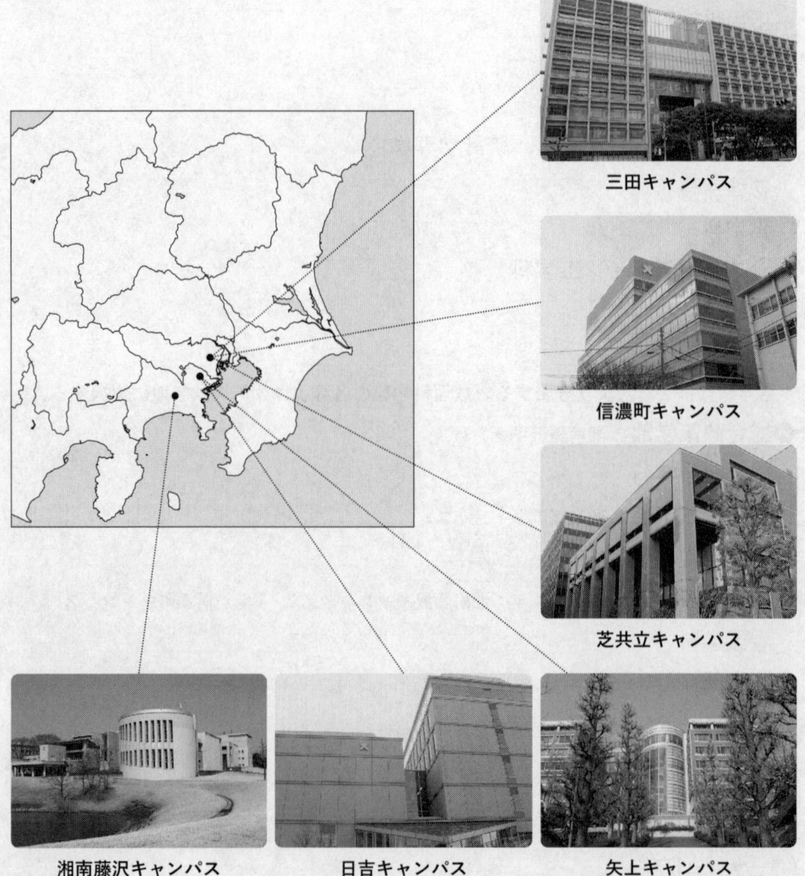

三田キャンパス	〒 108-8345	東京都港区三田 2-15-45
日吉キャンパス	〒 223-8521	神奈川県横浜市港北区日吉 4-1-1
矢上キャンパス	〒 223-8522	神奈川県横浜市港北区日吉 3-14-1
信濃町キャンパス	〒 160-8582	東京都新宿区信濃町 35
湘南藤沢キャンパス	〒 252-0882	神奈川県藤沢市遠藤 5322（総合政策・環境情報学部）
	〒 252-0883	神奈川県藤沢市遠藤 4411（看護医療学部）
芝共立キャンパス	〒 105-8512	東京都港区芝公園 1-5-30

入試データ

2024 年度の合格最低点につきましては，大学ホームページや大学発行資料にてご確認ください。

入試状況（志願者数・競争率など）

○合格者数（第 2 次試験を行う学部は第 2 次試験合格者）と，補欠者許可数との合計が入学許可者数であり，実質倍率は受験者数÷入学許可者数で算出。

入試統計（一般選抜）

●文学部

年度	募集人員	志願者数	受験者数	合格者数	補欠者		実質倍率
					発表数	許可数	
2024	580	4,131	3,796	1,060	251	136	3.2
2023	580	4,056	3,731	1,029	288	143	3.2
2022	580	4,162	3,849	1,010	300	179	3.2
2021	580	4,243	3,903	932	276	276	3.2
2020	580	4,351	3,978	937	335	85	3.9
2019	580	4,720	4,371	954	339	79	4.2
2018	580	4,820	4,500	980	323	43	4.4

●経済学部

方式	年度	募集人員	志願者数	受験者数	合格者数	補欠者		実質倍率
						発表数	許可数	
A	2024	420	4,066	3,699	875	284	275	3.2
	2023	420	3,621	3,286	865	278	237	3.0
	2022	420	3,732	3,383	856	264	248	3.1
	2021	420	3,716	3,419	855	248	248	3.1
	2020	420	4,193	3,720	857	262	113	3.8
	2019	420	4,743	4,309	854	286	251	3.9
	2018	420	4,714	4,314	856	307	183	4.2
B	2024	210	1,853	1,691	381	138	52	3.9
	2023	210	2,015	1,844	380	138	100	3.8
	2022	210	2,086	1,905	380	130	82	4.1
	2021	210	2,081	1,913	368	132	132	3.8
	2020	210	1,956	1,768	367	148	39	4.4
	2019	210	2,231	2,029	364	141	38	5.0
	2018	210	2,417	2,217	362	143	69	5.1

●法学部

学科	年度	募集人員	志願者数	受験者数	合格者数	補欠者		実質倍率
						発表数	許可数	
法律	2024	230	1,657	1,466	334	79	46	3.9
	2023	230	1,730	1,569	334	60	18	4.5
	2022	230	1,853	1,633	330	48	48	4.3
	2021	230	1,603	1,441	314	53	30	4.2
	2020	230	1,511	1,309	302	51	40	3.8
	2019	230	2,016	1,773	308	53	23	5.4
	2018	230	2,089	1,864	351	51	0	5.3
政治	2024	230	1,363	1,212	314	64	10	3.7
	2023	230	1,407	1,246	292	52	37	3.8
	2022	230	1,323	1,190	289	49	12	4.0
	2021	230	1,359	1,243	296	49	40	3.7
	2020	230	1,548	1,369	295	53	0	4.6
	2019	230	1,472	1,328	300	50	12	4.3
	2018	230	1,657	1,506	315	55	0	4.8

●商学部

方式	年度	募集人員	志願者数	受験者数	合格者数	補欠者		実質倍率
						発表数	許可数	
A	2024	480	4,615	4,354	1,593	417	76	2.6
	2023	480	4,189	3,947	1,484	375	137	2.4
	2022	480	4,023	3,716	1,434	376	154	2.3
	2021	480	3,641	3,404	1,312	356	244	2.2
	2020	480	3,845	3,502	1,221	322	98	2.7
	2019	480	4,105	3,698	1,202	242	142	2.8
	2018	480	4,072	3,801	1,186	311	71	3.0
B	2024	120	2,533	2,343	385	164	0	6.1
	2023	120	2,590	2,404	344	141	38	6.3
	2022	120	2,867	2,707	316	185	89	6.7
	2021	120	2,763	2,560	298	154	51	7.3
	2020	120	2,441	2,234	296	158	21	7.0
	2019	120	2,611	2,390	307	105	0	7.8
	2018	120	2,943	2,746	289	124	12	9.1

●医学部

年度	募集人員	志願者数	受験者数	合格者数		補欠者		実質倍率
				第1次	第2次	発表数	許可数	
2024	66	1,483	1,270	261	139	96	30	7.5
2023	66	1,412	1,219	260	141	92	27	7.3
2022	66	1,388	1,179	279	134	119	44	6.6
2021	66	1,248	1,045	266	128	114	43	6.1
2020	66	1,391	1,170	269	125	113	41	7.0
2019	68	1,528	1,296	274	132	117	27	8.2
2018	68	1,525	1,327	271	131	111	49	7.3

●理工学部

年度	募集人員	志願者数	受験者数	合格者数	補欠者		実質倍率
					発表数	許可数	
2024	650	8,248	7,747	2,400	601	95	3.1
2023	650	8,107	7,627	2,303	534	149	3.1
2022	650	7,847	7,324	2,286	523	355	2.8
2021	650	7,449	7,016	2,309	588	0	3.0
2020	650	8,230	7,688	2,444	415	0	3.1
2019	650	8,643	8,146	2,369	488	42	3.4
2018	650	9,050	8,569	2,384	565	148	3.4

（備考）

- 理工学部はA～Eの5つの分野に対応した「学門」制をとっており，学門別に募集を行う。入学後の1年間は学門別に基礎を学び，2年次に進級する時に学科を選択する。
- 2020年度の合格者数には追加合格の81名を含む。

●総合政策学部

年度	募集人員	志願者数	受験者数	合格者数	補 欠 者		実質倍率
					発表数	許可数	
2024	225	2,609	2,351	396	101	37	5.4
2023	225	2,852	2,574	407	127	34	5.8
2022	225	3,015	2,731	436	129	82	5.3
2021	225	3,164	2,885	375	104	29	7.1
2020	275	3,323	3,000	285	108	71	8.4
2019	275	3,600	3,254	385	150	0	8.5
2018	275	3,757	3,423	351	157	0	9.8

●環境情報学部

年度	募集人員	志願者数	受験者数	合格者数	補 欠 者		実質倍率
					発表数	許可数	
2024	225	2,287	2,048	344	45	36	5.4
2023	225	2,586	2,319	296	66	66	6.4
2022	225	2,742	2,450	360	111	86	5.5
2021	225	2,864	2,586	232	142	104	7.7
2020	275	2,999	2,664	200	102	82	9.4
2019	275	3,326	3,041	302	151	0	10.1
2018	275	3,123	2,866	333	154	0	8.6

●看護医療学部

年度	募集人員	志願者数	受験者数	合格者数		補 欠 者		実質倍率
				第１次	第２次	発表数	許可数	
2024	70	514	465	231	143	55	39	2.6
2023	70	538	500	234	163	45	0	3.1
2022	70	653	601	235	152	55	8	3.8
2021	70	610	574	260	152	52	45	2.9
2020	70	565	493	249	151	53	7	3.1
2019	70	655	606	247	154	68	20	3.5
2018	70	694	637	249	146	63	10	4.1

●薬学部

学科	年度	募集人員	志願者数	受験者数	合格者数	補欠者		実質倍率
						発表数	許可数	
薬	2024	100	1,372	1,252	317	82	0	3.9
	2023	100	1,454	1,314	306	85	0	4.3
	2022	100	1,421	1,292	279	83	54	3.9
	2021	100	1,203	1,105	270	90	25	3.7
	2020	100	1,342	1,215	263	97	19	4.3
	2019	100	1,597	1,424	295	69	8	4.7
	2018	100	1,777	1,573	306	79	0	5.1
薬科	2024	50	869	815	290	98	0	2.8
	2023	50	854	824	247	92	48	2.8
	2022	50	782	726	209	77	63	2.7
	2021	50	737	683	203	77	16	3.1
	2020	50	759	700	204	82	27	3.0
	2019	50	628	587	187	84	42	2.6
	2018	50	663	616	201	70	41	2.5

合格最低点（一般選抜）

●文学部

（合格最低点／満点）

2023 年度	2022 年度	2021 年度	2020 年度	2019 年度	2018 年度
205／350	218／350	232／350	250／350	233／350	228／350

（備考）
- 「地理歴史」は，科目間の難易度の違いから生じる不公平をなくすため，統計的処理により得点の補正を行う場合がある。
- 「合格最低点」は，正規合格者の最低総合点である。

●経済学部

（合格最低点／満点）

年度	A 方 式	B 方 式
2023	248／420	266／420
2022	209／420	239／420
2021	231／420	262／420
2020	234／420	240／420
2019	265／420	259／420
2018	207／420	243／420

（備考）
- 採点方法について
  A方式は，「外国語」の問題の一部と「数学」の問題の一部の合計点が一定の得点に達した受験生について，「外国語」の残りの問題と「数学」の残りの問題および「小論文」を採点する。
  B方式は，「外国語」の問題の一部が一定の得点に達した受験生について，「外国語」の残りの問題と「地理歴史」および「小論文」を採点する。A・B両方式とも，最終判定は総合点によって合否を決定する。
- 「地理歴史」の科目間の難易度の違いを考慮した結果，統計的処理による得点の補正を行わなかった。
- 「合格最低点」は，正規合格者の最低総合点である。

●法学部

（合格最低点／満点）

年度	法律学科	政治学科
2023	247／400	252／400
2022	239／400	236／400
2021	234／400	235／400
2020	252／400	258／400
2019	227／400	224／400
2018	246／400	249／400

（備考）

- 採点方法について

「論述力」は，「外国語」および「地理歴史」の合計点，および「地理歴史」の得点，いずれもが一定の得点に達した受験生について採点し，３科目の合計点で合否を決定する。

- 「地理歴史」は，科目間の難易度の違いから生じる不公平をなくすため，統計的処理により得点の補正を行った。
- 「合格最低点」は，正規合格者の最低総合点である。

●商学部

（合格最低点／満点）

年度	A方式	B方式
2023	237／400	278／400
2022	240／400	302／400
2021	252／400	288／400
2020	244／400	309／400
2019	258／400	288／400
2018	265／400	293／400

（備考）

- 「地理歴史」は，科目間の難易度の違いから生じる不公平をなくすため，統計的処理により得点の補正を行った。
- 「合格最低点」は，正規合格者の最低総合点である。

●医学部（第１次試験）

（合格最低点／満点）

2023 年度	2022 年度	2021 年度	2020 年度	2019 年度	2018 年度
315／500	308／500	251／500	303／500	303／500	305／500

（備考）

- 「理科」の科目間の難易度の違いを考慮した結果，統計的処理による得点の補正を行う場合がある。

●理工学部

（合格最低点／満点）

2023 年度	2022 年度	2021 年度	2020 年度	2019 年度	2018 年度
290／500	340／500	266／500	309／500	280／500	260／500

（備考）

- 「合格最低点」は，各学門における正規合格者の最低総合得点を各学門の合格者数で重み付けして平均した値である。

●総合政策学部

（合格最低点／満点）

年度	「数学」選択		「情報」選択		「外国語」選択		「数学・外国語」選択	
	数　学	小論文	情　報	小論文	外国語	小論文	数学・外国語	小論文
2023	258／400		264／400		257／400		268／400	
2022	261／400		269／400		260／400		275／400	
2021	254／400		261／400		243／400		260／400	
2020	246／400							
2019	267／400		285／400		261／400		277／400	
2018	301／400		272／400		277／400		300／400	

（備考）

- 採点方法について
  選択した受験科目（「数学または情報」あるいは「外国語」あるいは「数学および外国語」）の得点と，「小論文」の採点結果を組み合わせて，最終判定を行う。
- 合格最低点は，選択した試験科目によって異なっているが，これは4種の試験科目の難易度の違いを表すものではない。
- 「数学」「情報」「外国語」「数学および外国語」については統計的処理による得点の補正を行った。

●環境情報学部

(合格最低点／満点)

年度	「数学」選択		「情報」選択		「外国語」選択		「数学･外国語」選択	
	数　学	小論文	情　報	小論文	外国語	小論文	数学･外国語	小論文
2023	246／400		246／400		246／400		246／400	
2022	234／400		248／400		234／400		238／400	
2021	254／400		238／400		248／400		267／400	
2020	246／400							
2019	250／400		274／400		263／400		277／400	
2018	257／400		260／400		258／400		263／400	

(備考)

- 採点方法について
  選択した受験科目(「数学または情報」あるいは「外国語」あるいは「数学および外国語」)の得点と,「小論文」の採点結果を組み合わせて，最終判定を行う。
- 合格最低点は，選択した試験科目によって異なっているが，これは 4 種の試験科目の難易度の違いを表すものではない。
- 「数学」「情報」「外国語」「数学および外国語」については統計的処理による得点の補正を行った。

●看護医療学部（第 1 次試験）

(合格最低点／満点)

2023 年度	2022 年度	2021 年度	2020 年度	2019 年度	2018 年度
294／500	310／500	270／500	297／500	273／500	293／500

(備考)

- 選択科目（数学・化学・生物）は，科目間の難易度の違いから生じる不公平をなくすため，統計的処理により得点の補正を行った。
- 第 1 次試験で小論文を課すが，第 1 次試験の選考では使用せず，第 2 次試験の選考で使用する。

●薬学部

(合格最低点／満点)

学科	2023 年度	2022 年度	2021 年度	2020 年度	2019 年度	2018 年度
薬	169／350	204／350	196／350	196／350	208／350	204／350
薬科	171／350	209／350	195／350	195／350	207／350	204／350

(備考)

- 「合格最低点」は，正規合格者の最低総合点である。

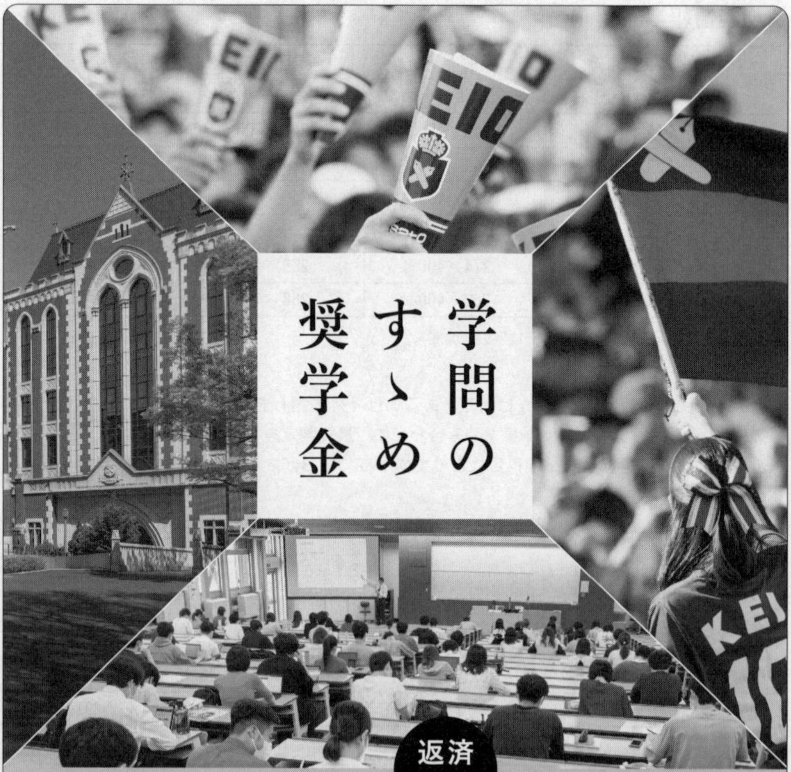

2025年度入学者対象　申請受付

10.28 ▸ 11.25

- 首都圏（一都三県）を除く地方出身者対象
- 奨学生候補者数約550名以上
- 一般選抜出願前に選考結果が分かる

年額60万円支給
（医学部は90万円、薬学部は80万円）

初年度は入学金相当額（20万円）を加算
入学2年目以降は成績優秀者の奨学金額を増額

国による「高等教育の修学支援新制度」との併用により、
一部の学部では実質"無料"での入学が可能となります。

お問い合わせ　慶應義塾大学 学生部福利厚生支援（月～金 8:45 ～ 16:45）
［TEL］03-5427-1570　［E-mail］lifeshogaku@info.keio.ac.jp

https://www.students.keio.ac.jp/other/prospective-students/scholarship-gakumon.html

慶應義塾大学

募集要項(出願書類)の入手方法

2025 年度一般選抜要項は，大学ホームページで公開予定です。詳細については，大学ホームページでご確認ください。

一般選抜・文学部自主応募制による推薦入学者選考・法学部 FIT 入試に関する問い合わせ先

慶應義塾大学　入学センター
〒 108-8345　東京都港区三田 2-15-45
TEL　(03)5427-1566
慶應義塾大学ホームページ　https://www.keio.ac.jp/

理工学部 AO 入試に関する問い合わせ先

慶應義塾大学
理工学部学生課学事担当内　アドミッションズ・オフィス
〒 223-8522　神奈川県横浜市港北区日吉 3-14-1
TEL　(045)566-1800

総合政策学部・環境情報学部 AO 入試に関する問い合わせ先

慶應義塾大学　湘南藤沢事務室　アドミッションズ・オフィス
〒 252-0882　神奈川県藤沢市遠藤 5322
TEL　(0466)49-3407
SFC ホームページ　https://www.sfc.keio.ac.jp/

看護医療学部 AO 入試に関する問い合わせ先

慶應義塾大学　湘南藤沢事務室　看護医療学部担当
〒 252-0883　神奈川県藤沢市遠藤 4411
TEL　(0466)49-6200

慶應義塾大学のテレメールによる資料請求方法

スマートフォンから	QRコードからアクセスしガイダンスに従ってご請求ください。
パソコンから	教学社 赤本ウェブサイト(akahon.net)から請求できます。

合格体験記 募集

2025 年春に入学される方を対象に，本大学の「合格体験記」を募集します。お寄せいただいた合格体験記は，編集部で選考の上，小社刊行物やウェブサイト等に掲載いたします。お寄せいただいた方には小社規定の謝礼を進呈いたしますので，ふるってご応募ください。

応募方法

下記 URL または QR コードより応募サイトにアクセスできます。
ウェブフォームに必要事項をご記入の上，ご応募ください。
折り返し執筆要領をメールにてお送りします。

※入学が決まっている一大学のみ応募できます。

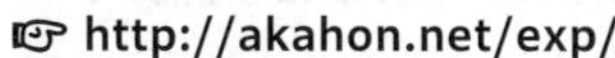

応募の締め切り

総合型選抜・学校推薦型選抜 ………… 2025年 2 月 23日
私立大学の一般選抜 ………… 2025年 3 月 10日
国公立大学の一般選抜 ………… 2025年 3 月 24日

受験にまつわる川柳を募集します。
入選者には賞品を進呈！
ふるってご応募ください。

応募方法　http://akahon.net/senryu/　にアクセス！

気になること、聞いてみました！

在学生メッセージ

大学ってどんなところ？ 大学生活ってどんな感じ？
ちょっと気になることを，在学生に聞いてみました。

以下の内容は 2020〜2023 年度入学生のアンケート回答に基づくものです。ここで触れられている内容は今後変更となる場合もありますのでご注意ください。

メッセージを書いてくれた先輩 ［経済学部］R.S. さん M.Y. さん 島田優也さん
［法学部］関口康太さん ［総合政策学部］T.N. さん
［理工学部］M.H. さん

大学生になったと実感！

大きく言うと自由と責任が増えました。大学生になるとどの授業を取るかもすべて自分で決めることができます。一見自由で素晴らしいことかもしれませんが，これは誰も決めてくれないということでもあります。高校のときより，どれがどのような内容や難易度の授業なのかといった正確な情報を得るということがより重要になったと感じました。また，高校まではバイトをしていなかったので，大学生になってからは金銭的な自由と責任も増えたと感じています。少しずつ大人になっていく感覚を嬉しく思いつつも，少しだけ寂しいです（笑）。（R.S. さん／経済）

出会う人の幅が大きく変わったと思います。高校までは地元の子が集まったり，遠くても隣の県まででしたが，慶應に入り，全国からはもちろん帰国子女や留学生など，そのまま地元にいれば絶対に会えないだろう人材に多く出会えたことが，高校までとは比べものにならないほど変わったことだと感じました。全員が様々なバックグラウンドをもっているので，話

を聞いていて本当に楽しいです！（関口さん／法）

大学生活に必要なもの

タッチペンで書き込みが可能なタブレットやパソコンです。授業形態は教授によって様々ではありますが，多くの授業はアップロードされたレジュメに自分たちで書き込んでいくスタイルです。なかには印刷して書き込む学生もいますが，大半はタブレットやパソコンに直接タッチペンで板書を取っています。自分は基本的にタブレットだけを大学に持って行き，プログラミングやプレゼンのスライドを作成するときにパソコンを持って行くようにしています。タブレットのみだと若干心細いので，両方購入することにためらいがある人はタッチペン付きのパソコンにしておくのが無難だと思います。（R.S. さん／経済）

パソコンは必須。他には私服。高校までは制服があったので私服を着る頻度が低かったが，大学からはそういうわけにもいかないので春休みに何着か新調した。（M.H. さん／理工）

この授業がおもしろい！

マクロ経済学です。経済学を勉強したくて経済学部に入学したということもあって以前から楽しみにしていました。身の回りの金銭の流通について，モデル化した図を用いて説明されると改めて経済が合理性をもった動きをしているとわかります。（R.S. さん／経済）

理工学概論。毎回異なる大学内外の講師が，自身のお仕事や研究内容を話してくださり，今後携わることになるであろう学問や業界の実情を知ることができる。また，あまり関心をもっていなかった分野についても，教養として目を配る必要性に気づくことができた。（M.H. さん／理工）

自分が最もおもしろいと思った授業は，「生活者の社会参加」という授業です。この授業では，自分が提案した様々なプロジェクトについて実際に NPO 法人や行政と協力していき，その成果を発表するという，究極のフィールドワーク型の授業です。教授からは実際の進捗に対してのアドバイスくらいしか言われることはなく，学生が主体的に学べる授業になっています。SFC ではこういった授業が他の学部や大学に比べて多く開講されており，SFC に入らなければ経験できない学びを多く得ることができます。（T.N. さん／総合政策）

大学の学びで困ったこと＆対処法

履修登録です。先輩などの知り合いがほとんどいない入学前から考え始めないといけないので大変でした。自分は SNS を用いて履修の仕組みを調べたり，興味深い授業や比較的単位の取得がしやすい授業を聞いたりしました。先輩方も同じ道を辿ってきているので，入ったら先輩方が受けたい授業の情報を共有してくれるというサークルも多いです。また，ただ単に授業をたくさん取ればよいわけではなく，進級条件や卒業条件でいくつ単位が必要か変わってくる点も考慮する必要があります。１年生では自分がどうしても受けたい授業が必修科目と被ってしまうということが多々あります。（R.S. さん／経済）

部活・サークル活動

ダンスサークルと，行事企画の立案・運営を行う委員会に所属しています。ダンスサークルでは三田祭やサークルのイベント公演に向けて週３，４回の頻度で練習しています。委員会は，立案した企画が承認されると大学の資金で活動ができるので規模の大きいものが運営できます。例年ではスキーハウスの運営をして塾生に還元するといったこともしています。公的な活動にもなるので就職の実績にも役立つと思います。（R.S. さん／経済）

謎解きをしたり作ったりするサークルに所属している。新入生は春学期の新入生公演に向け制作を行う。経験を積むと外部向けに販売も行う活動に関われる。単に謎を作るだけでなく，ストーリーやデザインなども本格的であり，やりがいを感じる。（M.H. さん／理工）

体育会の部活のマネージャーをしています。シフト制のため，週 2 回ほど稽古に参加し，学業やアルバイトと両立しています。稽古中の業務は主に，洗濯，掃除，動画撮影，勝敗の記録などです。時々，週末に大会が行われることもあり，選手と同行します。大会では，動画撮影と勝敗の記録，OB へのメール作成を行います。夏季休暇中には合宿があり，料理をしました。慶應には多くの部やサークルがありますので，自分に合った居場所を見つけることができると思います。（M.Y. さん／経済）

交友関係は？

クラスやサークルで築きました。特に入学当初はほとんどの人が新たに友達を作ることになるので，話しかけたら仲良くしてくれる人が多いです。また，初回の一般教養の授業では隣に座った人に話しかけたりして友達を作りました。サークルの新歓時期に話が弾んだ相手と時間割を見せ合って，同じ授業があれば一緒に受けたりして仲を深めました。みんな最初は大体同じようなことを思っているので，そこまで不安になる必要はないと思います。（R.S. さん／経済）

第二外国語のクラスが必修の授業においても一緒になるので，そこで仲良くなった。私は入学前に SNS などで友達探しをしなかったが，友達はできた。私もそうだが内気な人は勇気を出して話しかけることが大事。1 人でも知り合いがいると心のもちようが全く違うと思う。（M.H. さん／理工）

いま「これ」を頑張っています

サークル活動です。ダンスサークルに所属しているのですが，公演前などは毎日練習があったりとハードなスケジュールになることが多いです。しかし，そんな日々を乗り越えた後は仲間たちとより親密になった気がして頑張るモチベーションになります。受験勉強はどうしても孤独のなか頑張らなければいけない場面が多いですが，大学に入学した後は仲間と団体で何かを成し遂げる経験を積むのもよいかもしれません。（R.S. さん／経済）

免許の取得とアルバイト。大学生は高校生よりも一般的に夏休みが長いので，こうした時間がかかるようなこともやりやすい。その一方で支出も増えるので，お金の使い方はより一層考えるようになった。高校までは勉強一本であったが，こうしたことを考えるようになったのも大学生であるという自覚をもつきっかけの１つだと思う。（M.H. さん／理工）

大学生活を無為に過ごさないために，公認会計士の資格の取得を目指しています。オンライン授業やバイトと資格の勉強の両立はかなりハードですが，自分のペースでコツコツと続けていきたいと思います。（島田さん／経済）

普段の生活で気をつけていることや心掛けていること

時間や期限を守ることです。当たり前のことではありますが，大学はレポートや課題の提出締め切りを自分で把握し，それまでに仕上げなくてはなりません。前日にリマインドしてくれる人もおらず，ほとんどの場合，どんな理由であっても締め切り期限を過ぎたものは受理してもらえません。欠席や遅刻が一定の回数に達するとテストの点が良くても単位をもらえないこともあります。また，時間を守るということは他人から信頼されるために必要なことでもあります。このように大学は社会に出るにあたって身につけなくてはならないことを少しずつ培っていく場でもあります。（R.S. さん／経済）

大学に入学した意義を忘れないように心掛けている。大学生は人生の夏休みと揶揄されることもあるが，自分では賄えない額を両親に学費として払ってもらっていることを忘れず，学生の本分をわきまえて行動するようにしている。（M.H. さん／理工）

おススメ・お気に入りスポット

メディアセンターという勉強やグループワークができる図書館です。塾生からはメディセンという愛称で親しまれています。テスト前や課題をやる際に友達と一緒に勉強する場所として活用しています。メディセンで共に頑張った後は，日吉駅の商店街，通称「ひようら」でご飯やデザートを楽しむ人も多いです。（R.S. さん／経済）

私が大学で気に入っている場所は，「鴨池ラウンジ」と呼ばれる施設です。ここはたくさんの椅子が並べられた多目的スペースになっています。一部の座席は半個室のような形になっていて，様々なことに1人で集中することができます。窓からはSFCのトレードマークである鴨池を一望することができ，リラックスすることも可能です。また，ローソンと学食の隣にあるので，利便性も高い施設になっています。（T.N. さん／総合政策）

入学してよかった！

慶應義塾大学の強みは人脈と言われるだけあり，人数も多ければ様々なバックグラウンドをもつ人々が存在します。起業をしている人や留学生，芸能人もいます。そのような人たちと話すと，自分の価値観が変わったりインスピレーションを受けたりすることが多くあります。在籍してる間になるべく多くの人々と交流をしたいと考えています。（R.S. さん／経済）

総合大学なのでいろいろな人がいる。外交的な人が多いというイメージが世間的にはあるだろうが，それだけでなく，問題意識であったり意見であったりをもったうえで自分の目標をしっかりもっている人が多いと感じる。極論すれば，入試は勉強だけでも突破可能だが，プラスアルファでその人の強みというものをそれぞれが備えているのは互いに良い刺激になっている。（M.H. さん／理工）

高校生のときに「これ」をやっておけばよかった

英会話の勉強をもっとしておきたかったです。慶應義塾大学には留学生もたくさんいるので外国人の友達も作りたいと思っていました。しかし，受験で英語の読み書きは上達したものの，実際に海外の人と交流するには話す・聞く技術が重要になってきます。大学からでも決して遅いわけではありませんが，やはり早くからやっておくに越したことはないと思います。（R.S. さん／経済）

自分にとって後悔のない高校生活を送るのが一番だと思う。私個人は小学校，中学校，高校と，節目で過去を振り返るたびにそれまでの環境が一番であったと思っているので，後に大切な思い出になるであろうその一瞬を大事にしてほしいと思う。（M.H. さん／理工）

体育祭や修学旅行といった行事をもっと楽しめばよかったと思いました。こんな言い方はよくないかもしれませんが，勉強はいつでもできます。でも，高校の行事はもう一生ないので，そのような貴重な体験を無駄にしてほしくないと思います。（関口さん／法）

合格体験記

みごと合格を手にした先輩に，入試突破のためのカギを伺いました。
入試までの限られた時間を有効に活用するために，ぜひ役立ててください。

（注）ここでの内容は，先輩方が受験された当時のものです。2025 年度入試では当てはまらないこともありますのでご注意ください。

・アドバイスをお寄せいただいた先輩・

S.H. さん　文学部（人文社会学科）
一般選抜 2024 年度合格，埼玉県出身

私が第一志望校に合格できた最大のポイントは，試験会場での合格への執念だと思います。１限目の英語の試験で全く手応えがなく，正直不合格だと思い，休み時間はとても落ち込んで，途中退室も頭をよぎりました。しかし，第一志望校をここで諦めてしまっては一生後悔すると思い，何とか試験を受け切り，その結果合格していました。受験直前期や試験中は根拠なく悪い結果を想像してしまうことがあると思いますが，自分が重ねた努力は裏切らないと思います。不安になったら合格後の理想のキャンパスライフを想像して，自分は絶対に受かると気持ちを立て直すのがおすすめです。

その他の合格大学　明治大（国際日本），青山学院大（総合文化政策），立教大（文），学習院大（経済），成城大（社会イノベーション）

A.Y. さん　文学部（人文社会学科）
一般選抜 2024 年度合格，東京都出身

強く志望している大学であればあるほど，試験当日はプレッシャーや緊張感が強くなり，思った通りにいかないことがあると思います。ただ，大谷翔平選手の言っていたように，行きたい大学だからこそ憧れはいったん捨てて，目の前の試験に集中したことが，結果としてうまくいきました。また，1つの科目の手応えがなかったとしても，他の科目での挽回は十分可能であると割り切って受験することもメンタルを保つ上で必要だと感じました。

その他の合格大学　立教大（文），東京農業大（生命科〈共通テスト利用〉），武蔵野大（人間科，教育）

K.I. さん　文学部
一般選抜 2023 年度合格，東京都出身

最後まで諦めないことです。最後の模試まで最低の志望校判定でしたし，入試も英語・日本史と手応えがなかったですが，最後の小論文の試験終了チャイムまでは絶対に諦めず粘り続けたことが合格の最大のポイントでした。

その他の合格大学　慶應義塾大（経済），中央大（法），明治学院大（文）

入試なんでもQ&A

受験生のみなさんからよく寄せられる，
入試に関する疑問・質問に答えていただきました。

Q 「赤本」の効果的な使い方を教えてください。

A 赤本は受験校の出題傾向を知ったり，合格点を取るための学習の指針として使用できるだけでなく，勉強のモチベーションアップに使用できる側面もあると思います。合格者による受験体験談やアドバイス，入学後のキャンパスライフのことなどが詳しく記されていて，自分が合格した後の理想のキャンパスライフを想像し，勉強のモチベーションを高めるために非常に役立ちました。（S.H. さん）

A 志望度が高い大学に関しては，最新年度の赤本だけでなく，フリマアプリや国会図書館などで過年度の赤本を探して解くようにしていました。また，志望校が決まり次第，なるべく早い段階で赤本を購入して問題傾向や対策を読み，実際に出題された問題を空き時間に眺めていました。どのような技能・知識が求められるかを早い段階で把握しておくことにより，最優先にすべきことが明確になるというメリットがあると思います。入試直前の時期は，実際に演習をし，時間配分を確認することに重点を置きました。（A.Y. さん）

Q 1年間の学習スケジュールはどのようなものでしたか？

A 4～5月は，第一志望の大学の過去問を解き，その傾向に応じた基礎固めをしていました。6～8月は，大学の個別試験では使用しないが共通テストで受験する科目に取り組むようにしていました。秋頃から入試スケジュールとの兼ね合いも考えつつ受験校をある程度決定し，12月から共通テスト本番までは個別試験対策は行いませんでした。また，英単語や英熟語・英文法，古文や漢文，社会，理科基礎などの暗記が必要な科目に関しては，受験勉強開始から入試直前まで，Anki というアプリを使って知識の定着を図りました。 (A.Y. さん)

どのように学習計画を立て，受験勉強を進めていましたか？

A 受験勉強はやるべきことを挙げればきりがないと考え，本番までにすっきり終わらせることは考えず，中途半端でもやるべきことをなるべくこなすことに注力しました。そのため，いつまでに何を終わらせるかという具体的かつ長期的な計画ではなく，適宜自分に必要だと思うものに取り組むようにしていました。どのように計画を立てるのかは，これといった正解もなく，個人の性格にもよると思います。それぞれに合ったものを実践するのがよいというのが個人的な考えです。 (A.Y. さん)

慶應義塾大学文学部を攻略する上で特に重要な科目は何ですか？ また，どのように勉強しましたか？

A 最も重要な科目は英語だと思います。私は過去問を 30 回以上は解きました。文学部の英語は独特なので，攻略するためには徹底的な過去問研究が必須となります。対策を始めたばかりの頃は，持ち込み可能な辞書をどれくらいの頻度で引けばよいのかがわからなかったり，文量の多さに面食らったり，120 字の論述問題でペンが全く動かなかったりして，本当に自分には慶應レベルの英語力があるのか，ものすごく不安になりました。しかし，諦めずに 15 回ほど解いた頃から，どの段落が設問に無関係で読み飛ばしてもよいのかや，1 問あたりの時間配分，辞書を引くべきタイミングなどの自分に合った解法が確立され，最後には攻略できました。攻略には独特な問題への慣れも深く関係していると思います。何度か解いてみても一向に解けるようにならないからといって攻略を諦めず，根気強く問題と格闘することが非常に大切です。 (S.H. さん)

 学校外での学習はどのようにしていましたか？

A　高校生のときは予備校を利用していましたが，自分には合わないと思い，浪人生のときは塾や予備校の授業を利用しませんでした。ただ，模試に関しては必要なものは積極的に受験するようにしていました。注意すべきことは，授業や添削・模試といったサービスは志望校の合格を保証してくれるものではないということです。大学受験はお金も時間もかかるので，何が自分に必要なものであるのかをしっかりと見極めることも必要だと思います。（A.Y. さん）

Q 時間をうまく使うために，どのような工夫をしていましたか？

A　スキマ時間の徹底的な利用が合否を決めると言っても過言ではないと思います。バスや電車の待ち時間，飲食店での待ち時間など，スキマ時間の一つひとつはとても小さなものですが，それが積み重なることで膨大な時間となり，大きな差をつけることができると思います。塾帰りなどの疲れているときは好きな教科を選んで，手をつけることへのハードルを下げるのがおすすめです。また，スキマ時間に勉強をしている自分は他の受験生に差をつけていると考えながら取り組むのもよいと思います。

（S.H. さん）

A　なるべく受験勉強に時間を使おうとすると，精神的にも肉体的にも疲弊してしまうことがあります。そのようなときには，適度な運動をするように心がけていました。運動をすると，より勉強に集中することができ，結果として効率が上がります。受験勉強と運動部の活動を並行していた当初は，部活動のせいで勉強時間が減る上に塾に行っても疲れて寝てしまうからむだだと考えていましたが，いま考えてみるとそれが一番健康的だったのだと感じます。（A.Y. さん）

苦手な科目はどのように克服しましたか？

A 日本史が苦手でした。受験に必要な事項が多く，しかもそれらを理解して定着させる必要があるため，かなり苦労しました。難関私大に必要とされる事項をすべて覚えることは難しいと感じ，ならば基礎をしっかりやろうと Anki というアプリで一問一答の最重要事項のみの問題集を作成して，裏紙に用語を記述しながら取り組みました。このアプリは忘れた頃に問題が再度出題されるといった仕組みなので，日本史のみならず，知識を定着させるのに有効な手段であると思います。 (A.Y. さん)

スランプに陥ったとき，どのように抜け出しましたか？

A 勉強したぶんだけ伸びていくはずだという思い込みを捨てました。自分の思ったようにいかないことがほとんどで，そもそも受験生に向いていないのではないかと考えた時期もありましたが，間違えること，失敗することは必ずしも悪いことというわけではないと割り切って考えることで，過度に不安視せずに勉強することができました。また，自分の好きなことで，かつ勉強を理由に我慢していることを思いっきりやる時間を作ると，メンタル的にも安定するのではないかと思います。 (A.Y. さん)

模試の上手な活用法を教えてください。

A なるべく直接的な効果が高い共通テスト模試と冠模試を集中的に受験しました。出題傾向や問題量が本番に類似しており，また多くの受験生が同じ問題を同じ時間で解く機会はなかなかないので，それぞれに合った模試を受験することをおすすめします。ただし，模試は採点しやすいように自由度の高い記述問題を扱わないことなどがあるので，問題の傾向は過去問で把握しておくと確実です。結果および志望校判定は一番気になる点ではありますが，あくまでも指標の一つとして参考程度にするのがよいと思います。 (A.Y. さん)

**併願する大学を決める上で重視したことは何ですか？
また，注意すべき点があれば教えてください。**

A　私は併願校を決定する際に，大学進学後に自分が本当に取り組みたい学問に最も近いことが学べる学部・学科を選択するようにしていました。難易度だけで併願校を選んでしまって4年間モチベーションのない学びをすることになるのは，成長できず自分にとって損失になると考えたからです。入試問題に多少クセがあったり難易度が高かったりしても，できるかぎり強気に自分が本当に学びたいと思える学部選びをするとよいと思います。（S.H. さん）

**Q　試験当日の試験場の雰囲気はどのようなものでしたか？
緊張のほぐし方，交通事情，注意点等があれば教えてください。**

A　試験会場には，遅くとも集合時刻の1時間前くらいには着いておくべきだと思います。30分前くらいの到着だと周りの受験生はほぼ着席しており，時間通りに着いているのにもかかわらず遅刻したような感覚に陥って会場の雰囲気に圧倒されてしまう可能性があります。会場の雰囲気に慣れて，いつも通りの実力が発揮できるようにするためにも，できるだけ早めに着席しておくことが大切だと思います。（S.H. さん）

A　慶應の記述解答用紙は見たことのないような大きさです。辞書も机上に置くため，机のスペースをうまく使う必要があると思います。試験会場の最寄り駅である日吉駅やJR田町駅などには受験生を応援する広告があり，慶應を受験しに行くという実感がわきました。帰りは時間差での退出になるので，地方から受験に来られる場合は時間にある程度余裕をもたせていると安心だと思います。（A.Y. さん）

Q 受験生のときの失敗談や後悔していることを教えてください。

A 第一志望校の過去問演習への着手が遅すぎたことです。夏休みくらいには自分の実力を知るために解くべきだと学校や塾などいろいろなところで教わっていたのですが，この段階では全く歯が立たないのではないかという恐れから，まだ基礎を固める時期だからと正当化して10月頃まで手をつけませんでした。しかし，試験が近づくにつれて暗記科目の確認や併願校の過去問演習などで時間を取られ，思い描いた通りの過去問対策が行えませんでした。学習の指針としても，早い時期からの過去問演習は必須だと思います。（S.H. さん）

A 現役生のときに，志望校をあまり真面目に考えずに決めてしまったことです。大学入学後にやりたい学問がはっきりしておらず，数学選択という理由だけで経済系の学部を志望していましたが，幅広く学んでから専攻を決定するといった学際的な学部も現在は多く設置されているので，皆さんには入学時点で専攻を決めないという選択肢もあるということを知っておいてほしいと思います。志望校の決定に際しては，偏差値や社会に出てからの有用性も重要な要素ではありますが，自分の興味も同じくらい大事にしてほしいです。（A.Y. さん）

Q 普段の生活のなかで気をつけていたことを教えてください。

A 1日のなかでやると決めた勉強がどれほど終わっていなくても，自分に最低限必要な睡眠時間は確保するべきです。睡眠時間を削ってタスクを終わらせても，次の日は寝不足や寝坊で予定がずれ込み，結果として学習計画が破綻しかねません。1日のなかで完璧に学習を遂行できるほどよいことはないですが，計画通りにいかないこともあると思います。終わらなかったタスクを，翌日以降にいかに消化していくかを柔軟に決めていくことが大切だと思います。（S.H. さん）

 **受験生へアドバイスをお願いします。**

A 受験の結果は，さまざまな要因によってできています。それは決して自分の努力のみならず，家族の協力や友人関係といった環境的な要因や，個人の性格といった生来的な要因，試験当日の体調など，多くのことが関連しています。よって，志望校に不合格だからといって自分を卑下することも，反対に合格したからといって自分は努力によって何でもつかみ取れると過度な自信をもつことも適切ではありません。勉強ができるかどうかはあくまで人間の能力のごく一部だと思います。高校生まではそれがすべてであるように感じるかもしれませんが，それだけではなく，自分の好きなことを追求することと，それによる多様な価値観を認める寛容さを大切にしてほしいです。 (A.Y. さん)

科目別攻略アドバイス

みごと入試を突破された先輩に，独自の攻略法や
おすすめの参考書・問題集を，科目ごとに紹介していただきました。

英　語

2024 年度の慶應文学部の英語で大きく変わったのは，長年にわたって出題されてきた和文英訳が自由英作文に変更されたということです。入試本番で自分が予想もしていなかった変化をしたことに動揺しましたが，英検準 1 級のライティング対策をしていたおかげで何とか対応することができました。今後の出題に関しては不透明ですが，英検に限らず検定試験のライティングの問題が自由英作文対策の一助となると思います。

(S.H. さん)

おすすめ参考書　『速読英単語　上級編』（Z 会）

文学部の英語は，説明問題・和訳・英作文を中心とした，国公立大のような記述式で，マーク式の設問が多数を占める私立大の一般的な入試形式とは異なります。辞書の持ち込みが許可されているので，和訳は構文が把握できれば高得点が狙えると思います。また，説明問題も下線部周辺の英文を理解することである程度解答できます。このような全体を把握しなくても解答できる設問に確実に解答し，全体の理解を問う設問はそのほかの設問を解くなかで把握したことを含めながら解答を作成すると，合格点が取りやすくなるのではないかと思います。試験時間は十分にあり，かつ設問数は少ないので，より洗練された解答が求められていると思います。

(A.Y. さん)

おすすめ参考書　『必携　英単語 LEAP』（数研出版）

日本史

他学部と比較して基本的な設問が多いので，細かい事項はあまり気にせずに基本的なものから押さえておくといいと思います。記述式の設問も多いので，一問一答や問題集を解くときには書きながら覚えておくとよいかもしれません。また，80～100字の論述は史料が解答の要素になることがほとんどであることから，正確な読解ができるように基本的な知識はもっておくことに越したことはないと思います。　(A.Y. さん)

おすすめ参考書　『実力をつける日本史 100 題』(Z会)

日本史は，教科書（特に山川出版社）を中心に作問されているように思われます。したがって，教科書の精読，用語集・図録の活用，用語の正確な記述が最も重要だと思います。あと，京大の日本史の問題がかなり似ていたので演習にオススメです。　(K.I. さん)

おすすめ参考書　『詳説日本史Ｂ』(山川出版社)

世界史

慶應文学部の世界史は，難問の知識を詰め込むよりも，基礎に忠実に知識を整理することが大切だと思います。早慶の世界史の問題のなかでは基礎単語で対応できる設問が比較的多く，難問と認識されるものは世界史が得意な受験生でも得点するのが難しい超難問だと思うので，いかに基礎を的確に押さえられているかで差がつくと思います。　(S.H. さん)

おすすめ参考書　『斎藤の世界史Ｂ一問一答 完全網羅版』(学研プラス)

小論文

小論文は，本文の内容を適切に把握することが大切だと思います。どの設問も本文理解が前提とされているものなので，設問の要求に適切に答えるためにも本文はしっかり読む必要があります。要約問題では，具体例や反対意見などの不要な要素を排除しつつ，いかに本文の論理関係を崩さずにまとめるかが求められているので，文の流れに逆らわずに要点をまとめるとうまくいくことが多いです。小論文があることで慶應受験を敬遠する人もいるとは思いますが，文学部は本文の要約と本文を踏まえた意見論述というオーソドックスな形式で解答字数もそう多くなく，時間的な余裕もあると思います。経済学部も比較的取り組みやすいです。 (A.Y. さん)

小論文は，他者（特に学校や予備校の先生）に添削してもらうのが大事だと思います。新聞などを読んで背景知識を増やすのはもちろんのこと，文学部の小論文は哲学的な内容が多いので，倫理の教科書に目を通して哲学者の名前や思想などを覚えておくと意見論述や要約の際に役立ったりするのでオススメです。 (K.I. さん)

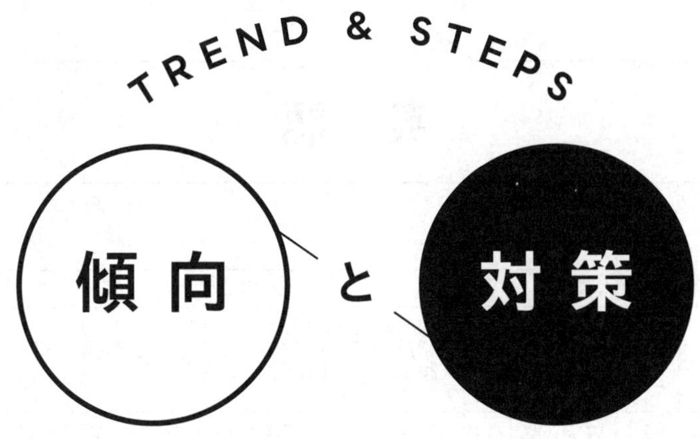

科目ごとに問題の「傾向」を分析し，具体的にどのような「対策」をすればよいか紹介しています。まずは出題内容をまとめた分析表を見て，試験の概要を把握しましょう。

注　意

「傾向と対策」で示している，出題科目・出題範囲・試験時間等については，2024 年度までに実施された入試の内容に基づいています。2025 年度入試の選抜方法については，各大学が発表する学生募集要項を必ずご確認ください。

来年度の変更点

外国語の選択科目に「英語（外部試験利用）」を新設し，「中国語」が廃止される予定である（本書編集時点）。

英　語

年　度	番号	項　目	内　容
2024	〔1〕	読解・英作文	A．⑴空所補充（選択）　⑵内容説明（50字） ⑶英文和訳　⑷空所補充（選択）　⑸内容説明（選択） ⑹英文和訳　⑺内容説明（120字） B．テーマ英作文
2023	〔1〕	読　解	⑴内容説明（30字）　⑵空所補充（選択）　⑶英文和訳 ⑷内容説明（50字）　⑸空所補充（選択） ⑹・⑺英文和訳　⑻内容説明（120字）　⑼和文英訳
2022	〔1〕	読　解	⑴空所補充（選択）　⑵内容説明（25字）　⑶英文和訳 ⑷内容説明（40字）　⑸空所補充（選択） ⑹・⑺英文和訳　⑻内容説明（120字）　⑼和文英訳
2021	〔1〕	読　解	⑴空所補充（選択）　⑵内容説明（25字） ⑶空所補充（選択）　⑷内容説明（40字） ⑸・⑹・⑺英文和訳　⑻内容説明（120字）　⑼和文英訳
2020	〔1〕	読　解	⑴空所補充（選択）　⑵・⑶英文和訳 ⑷内容説明（30字）　⑸空所補充（選択）　⑹英文和訳 ⑺内容説明（選択）　⑻内容説明（120字）　⑼和文英訳

読解英文の主題

年　度	番号	類　別	主　題	語　数
2024	〔1〕	文　化	自動チェス人形ターク	約2,070語
2023	〔1〕	言　語	外国語を習得する難しさ	約2,160語
2022	〔1〕	社　会	便利さがもたらす功罪	約2,150語
2021	〔1〕	文　化	「人類史上初」を探究する	約1,930語
2020	〔1〕	心　理	空想の友達が子どもの発達に与える影響	約1,870語

読解力重視，質・量ともに高度な長文読解 2024年度は新たにテーマ英作文が出題

01 基本情報

試験時間：120分。

大問構成：大問1題で，設問数は8，9問。設問は英文の前に提示されている。

解答形式：記述式が中心。英文和訳，和文英訳などのほか，字数制限付きの内容説明も出題される。なお，2024年度は，和文英訳がなくなり，テーマ英作文となった。

02 出題内容

長文読解問題1題の出題で，英語辞書2冊の持ち込みが認められている(電子媒体を用いた辞書は不可)。長文の語数は約1,850～2,200語であり，例年，含蓄のある論説文が出題されている。

英文のテーマは社会や文化に関わるものや心理学系の内容が多いが，科学や医学，芸術の意味を考えるものなどが出題されたこともあり，多岐にわたる。年度によっては抽象度・専門性の高い英文や，エッセー風の英文もある。アカデミックな内容の英文の読解には深い思考力が不可欠であり，集中してじっくり考えるのが苦手な受験生は苦戦を強いられるであろう。

英文和訳：比較的短い文が出題されることもあるが，単語を置き換えただけでは意味が通じないような箇所もあり，高度な読解力および表現力が必要である。

字数制限付きの内容説明：主に英文の主旨を問う100～120字の問題の他に，短い字数制限付きの問題が1，2問出題されている。2021～2024年度は，1文（あるいは文の一部）について，意味するところを25～50字で説明せよという設問が出題された。英文の内容を正確に把握する読解力に加え，要点を正確につかんだ上でわかりやすい文章にして簡潔にまとめるという国語力が求められる。

英作文：2023年度までは，ごく標準的な和文英訳であった。読解英文中に利用できるフレーズや構文が見つかることが多いので，そうした点にも注目して考えるとよい。2024 年度は，「自分がマスターしたこと」についてのテーマ英作文になった。

全体の設問を通して，出題者の主眼は受験生の思考力と表現力を見ることにあるといってよいだろう。

03 難易度と時間配分

辞書の使用が許可されているとはいうものの，英文の内容および語彙レベルが非常に高く，語数も多いので，120 分の試験時間でも決して余裕はない。各設問の難易度はさまざまであるが，100〜120 字の内容説明が実質的には要約を求めるものに等しいことから，全体的なレベルはやや難といえる。

設問に目を通してから，最初は辞書を使わずに，20 分程度で本文を一読し，文章の流れと大意を把握する。次に，適宜辞書を使用しながら解答していくとよいだろう。100〜120 字の内容説明には最低でも 20 分は確保したい。またテーマ英作文についても同様に 20 分程度の時間をかけたい。したがって，それ以外の問題は，1 問につき 10 分程度が目安になる。

対策

01 読解問題対策

文学部の入試で要求されているのは，英語力だけでなく，思考力と表現力である。文章を断片的にとらえるのではなく，大局的に見通す力が必要で，「木を見て森を見ず」という姿勢ではとても対応できない。英文はいずれも筆者の個性的な意見が展開されているものばかりである。このような文章を正しく理解するには，読む側にも深く物事を考える力が求められる。したがって，単に英語だけを学習するのでなく，日頃から幅広い読書につとめ，教養や内容把握力を養っておく必要がある。さらに，出題される英文には，重要な構文や解釈上のテクニックを要する箇所が多く見られるので，こうした面に対応できるように，長文読解総合問題集に取り組むようにしたい。ただし，長文を読み慣れていなかったり，文構造を正しく理解できていないうちは，精読から始めたい。入試で頻出の英文構造を解説した『大学入試 ひと目でわかる英文読解』（教学社）など，英文解釈の参考書を１冊仕上げるとよいだろう。また，英文和訳や内容説明ではこなれた日本語表現力が要求されるので，平素から日本語の文章力を磨いておこう。『英文和訳演習［中級篇］』（駿台文庫）には，語彙と構文に関する誤りの指摘に加えて，訳出の際の日本語にも言及がある。自習用のテキストとして活用するとよいだろう。

02 語彙力の養成

辞書の使用が認められているが，いちいち辞書を引いていたのでは時間不足になるし，そのたびに思考が中断され，文章全体の理解にマイナスとなりかねない。『システム英単語』（駿台文庫）などを使って，語彙力をつけておくことは非常に重要である。また，単語の直訳では対応できない箇所も多いので，１つの訳語を安易に当てはめることは禁物である。文脈にぴったり当てはまる訳語を見つけるセンスは一朝一夕には身につかないが，文学部ではそれが求められているのであり，ぜひ柔軟な思考力で語感を養っておきたい。普段，電子辞書ばかりを使用していると，紙の辞書は使うのに手間がかかるであろうから，ぜひとも普段から紙の辞書に親しんでおきたい。特に，イディオムを調べるには，電子辞書のように複数の語を入力して検索できないので，イディオムの核となる単語を見極めて調べる，見つからなければ他の単語から調べる，といった手順が必要になる。これに慣れるには，電子辞書を使っているときも，単語からイディオムを検索するようにするとよい。

03 英作文対策

2023 年度までの和文英訳はごく標準的な問題であり，読解英文中にヒントとなる英文があることも多く，和英辞典も持ち込めるので取り組みやすかったが，2024 年度は，和文英訳がなくなり自由英作文（テーマ英作文）となった。2025年度から新課程入試が始まることを考えると，この傾向が続く可能性は高い。ゆえに和文英訳と自由英作文の両方の対策をする必要があるだろう。ここ数年多くの自由英作文の参考書が出版されている。『基礎英作文問題精講　3訂版』（旺文社），『大学入試 基本の「型」がしっかり身につく 自由英作文の合格教室』（KADOKAWA），『大学入試 英作文バイブル 自由英作文編』（Z会）などを利用して，自由英作文で使える表現を覚え，モデル英作文を読むことで論理展開の方法を学習してほしい。可能なら実際に自分で書いた作文を学校や塾の先生方に見てもらうとよいであろう。

04 大意要約の練習

字数制限付きの内容説明はこれからも出題される可能性が高いと思われるので，ぜひ同じ形式で練習しておきたい。出題英文の長さに対して指定字数が少ないので，キーセンテンスやキーワードを見つけ出し，要点のみを簡潔に要領よくまとめる練習を重ねておこう。特に例年出題されている100～120字の内容説明は，過去問などでしっかりとした対策を立てておきたい。

慶應「英語」におすすめの参考書

- ✓『大学入試 ひと目でわかる英文読解』（教学社）
- ✓『英文和訳演習［中級篇］』（駿台文庫）
- ✓『システム英単語』（駿台文庫）
- ✓『基礎英作文問題精講 3訂版』（旺文社）
- ✓『大学入試 基本の「型」がしっかり身につく自由英作文の合格教室』（KADOKAWA）
- ✓『大学入試 英作文バイブル 自由英作文編』（Z会）
- ✓『慶應の英語』（教学社）

実力派講師による傾向分析・解説・勉強法をチェック →

日本史

年　度	番号	内　容	形　式
2024	〔1〕	原始の遺物と古代の地方支配	選　択
	〔2〕	古代～近代の教育	選　択
	〔3〕	江戸幕府の職制	記　述
	〔4〕	「吾妻鏡」「護良親王令旨」ほか－鎌倉幕府と北条氏（80字他） ⊘史料	記述・論述
	〔5〕	「前川レポート」－1980 年代の日本経済（80 字） ⊘史料	記述・論述
2023	〔1〕	古代の対外関係	選　択
	〔2〕	古代～近代の絹と木綿	選　択
	〔3〕	1990 年代の政治と経済	記　述
	〔4〕	「明徳記」「看聞御記」「大乗院寺社雑事記」ほか－室町幕府と守護大名（80 字） ⊘史料	記述・論述
	〔5〕	「棄捐令」－寛政の改革と棄捐令（100 字） ⊘史料	記述・論述
2022	〔1〕	古代～現代の交通	選　択
	〔2〕	中世の天皇	選　択
	〔3〕	17 世紀後半の学問と文化	記　述
	〔4〕	「沙石集」「日本三代実録」ほか－古代・中世の信仰と政治（100 字） ⊘史料	記述・論述
	〔5〕	「開拓使文書」－開拓使と富岡製糸場（120 字） ⊘史料	記述・論述
2021	〔1〕	宮都と古代・中世の京都	選　択
	〔2〕	中世の政治と文化	選　択
	〔3〕	幕末・明治期の日露関係	記　述
	〔4〕	「日本書紀」「菅家文草」ほか－古代の対外関係と文化（100 字：使用語句指定） ⊘史料	記述・論述
	〔5〕	「折たく柴の記」「海舶互市新例」－新井白石と長崎貿易（100 字） ⊘史料	記述・論述
2020	〔1〕	古代～中世の対外関係	選　択
	〔2〕	近世の対外関係と洋学	選　択
	〔3〕	古代の地方支配	記　述
	〔4〕	「往生要集」「徒然草」ほか－摂関期の文化と政治（100字：使用語句指定） ⊘史料	記述・論述
	〔5〕	「米価変動」－満州事変と農業恐慌（100 字） ⊘史料	記述・論述

傾向 史料問題と論述問題は歴史理解が重要

01 基本情報

試験時間：60 分。

大問構成：大問 5 題で，小問 55〜60 問。

解答形式：選択問題 2 題，空所補充の記述問題 1 題，記述・論述問題 2 題という形式がほぼ定着している。選択問題では語群に適当な解答がない場合は「0」を記入する方式もある。

なお，2025 年度は出題科目が「歴史総合，日本史探究」となる予定である（本書編集時点）。

02 出題内容

① 時代別

基本的に原始から現代まで幅広く出題される。特に〔1〕〔2〕では，短い文章への空所補充の形式で幅広い時代を問われることもある。2023 年度の〔3〕では 1990 年代，2024 年度の〔5〕では 1980 年代の事項が問われており，現代の範囲もきちんと学習しておく必要がある。

② 分野別

2022 年度，2024 年度は外交史からの出題がなかったが，傾向としては政治史と外交史の出題の割合が高い。しかし，小問単位でみれば，政治・外交・社会経済・文化とさまざまな分野からの出題となっており，幅広い分野にわたる綿密な学習が必要である。

③ 史料問題

〔4〕〔5〕で必ず出題されている。初見史料の出題が多く，一見苦戦しそうだが，語句記述に関しては，用語の知識があれば設問文だけで導ける場合もあるので，冷静に対処したい。しかし，史料に関連した論述問題では，年度によっては史料内容をふまえて説明させる問題もあり，用語暗記にとどまらない歴史理解や，史料の読解力が要求されている。

03 難易度と時間配分

語句選択問題の中には，教科書や『日本史用語集』（山川出版社）などで確認できない細かい知識を求めるものが含まれ，さらに論述が要求されるなど，一部，難問と思われるものもある。しかし，選択問題や記述問題の多くは教科書でも確認できる基本的な語句を問うているし，論述問題も指定語句がある場合もあり，史料内容が理解できれば解答を作成しやすい。全体としては標準的な問題といえるだろう。

〔1〕～〔3〕をスピーディーに解答し，時間に余裕をもって〔4〕〔5〕にじっくり取り組みたい。

対策

01 教科書を中心とした学習を

〈傾向〉でも述べたように，一部の細かい用語が問われるものを除けば，多くの設問は教科書の内容で解答できる。教科書を脚注も含めて消化すれば，十分に高得点が期待できるであろう。また，教科書を利用して，用語の暗記にとどまらず，史料問題や論述問題の対策につながるように歴史の流れや背景の理解にも努めよう。記述問題対策としては，用語を漢字で正しく書けるようにしておくこと。そのためには用語問題集が便利であろう。『時代と流れで覚える！日本史B用語』（文英堂）をすすめておく。数行の短い文章への空所補充形式になっており，教科書の用語を暗記する補助として使えるだろう。

02 史料問題の対策

〔4〕〔5〕は毎年史料問題が出題されているので，できるだけ早い段階で対策をしておきたい。まず，教科書を中心とした通史の学習の過程で，教科書の史料をチェックしよう。教科書の史料の確認を通じて，史料に慣れることが最初の段階である。それが初見史料の攻略につながる。次に空所

補充や下線部問題対策として，史料問題集にあたっておこう。通史の学習と並行してやるのがベストである。『体系日本史』（教学社）が最適である。

03 論述問題の対策

論述問題は100字程度だが，語句説明をさせるような単純な問題ではない。しかも，史料の読解の要素を含んでいる場合が多く，簡単には攻略できない。まずは，史料問題の学習を進めながら，過去問などを利用して論述解答を作成してみよう。前述の『体系日本史』（教学社）も史料問題を多く扱いつつ論述問題の演習もできるので，おすすめである。解答する際に重要なのは，まず，設問の要求を把握することである。設問の要求が理解できなければ，的確な解答は書けない。次に，設問の要求にこたえるために必要な内容を考えることである。教科書を見ながら，内容を抜き出してまとめる練習をしよう。最後に字数内にまとめることであるが，要領よくまとめるためには数をこなすことが必要である。とにかく書かなければ，論述力は向上しない。もし演習量が不足するようであれば，少々難しいかもしれないが，分量など形式が似ている名古屋大学の過去問などが使えるだろう。

04 過去問で仕上げをしよう

通史の学習が一通り終わったら，史料問題や論述問題の攻略を念頭におきながら過去問をやってみよう。通史の学習が終わったとはいっても，最初はなかなか正解が導き出せないであろう。しかし，間違った問題をくり返し復習して知識を定着させ，一方で，チェックしきれていなかった難度の高い用語や，史料問題・論述問題の解き方もチェックすれば，徐々に得点が上がっていくはずである。

世界史

年度	番号	内容	形式
2024	〔1〕	15～19 世紀のロシアの対外進出	記述
	〔2〕	ニジェール川流域の歴史	記述
	〔3〕	古代～中世のイタリア半島史	記述
	〔4〕	4～18 世紀のチベットの歴史	記述
2023	〔1〕	天文学と飛行に関する歴史	記述
	〔2〕	19 世紀までのオスマン帝国史	記述
	〔3〕	ヨーロッパにおける国家と政治体制	記述
	〔4〕	中華人民共和国史，東南アジア史	記述
2022	〔1〕	近世ヨーロッパの女王	記述・正誤
	〔2〕	バグダードの歴史	記述
	〔3〕	北方民族と中国	記述
	〔4〕	1492 年のヨーロッパ	記述
2021	〔1〕	街道・道路の歴史	記述
	〔2〕	東アジア近代史	記述
	〔3〕	サファヴィー朝の歴史	記述
	〔4〕	イギリス帝国史	記述
2020	〔1〕	戦争の近代化とその変容	記述
	〔2〕	チュニジアの歴史	記述
	〔3〕	宋～明代の江南の歴史	記述
	〔4〕	ユダヤ人の歴史	記述

記述法が中心
幅広く，きめ細かい学習を

01 基本情報

試験時間：60 分。

大問構成：大問 4 題で，小問 50 問。

解答形式：記述法中心。2022 年度は〔1〕で正誤法 1 問が出題された。

なお，2025年度は出題科目が「歴史総合，世界史探究」となる予定である（本書編集時点）。

02 出題内容

① 地域別

欧米地域とアジア地域およびその他の地域から，ほぼ半々の割合で出題されており，アフリカ地域からの出題も見られるため，地域的に偏らない学習を心がけることが大切である。

アジア地域では中国史が毎年出題されている。その一方で，トルコ史，中央アジア史，西アジア史，南アジア史など学習の範囲が及びにくい地域が大問で取り上げられている点にも注目しておきたい。また，複数の地域にまたがり相互の関係や影響などを問う問題も出題されているので，他地域との関連についてもきちんと目配りしておく必要があるだろう。2020年度〔1〕は戦争の近代化をテーマに欧米の諸地域，〔2〕はチュニジアをメインに北アフリカ地域が問われている。2021年度〔4〕はイギリス帝国史をテーマに中国・アメリカ・インド・アイルランドなど多地域にわたって問われた。2024年度〔2〕ではニジェール川をテーマにアフリカについて幅広く問われている。

② 時代別

単一時代からの出題も見られるが，最近は，戦争の近代化とその変容，街道・道路の歴史，バグダードの歴史など，一定のテーマについて時代をまたがって問うテーマ史の出題が多い。テーマ史という形をとることもあって，例年古代～近現代の諸事項が幅広く問われている。現代史については，シリア難民，ウクライナ内戦，南スーダン共和国，2015年のパリ協定など，現代的関心をふまえた時事問題も見受けられる。

③ 分野別

近年は文化史・宗教史が要注意の分野である。2023年度〔1〕では天文学と飛行（宇宙開発を含む）が出題された。また，2022年度〔1〕では教科書ではほとんど取り上げられていないキリスト教関連の人物名が問われた。2020年度〔4〕ではユダヤ人の歴史をテーマとしてユダヤ教・キリスト教に関連する事項も取り上げられた。

03 難易度と時間配分

記述法主体で，ほぼ教科書レベルで問題が作成されている。ただし，ごく一部の教科書にしか言及がないような歴史用語が出題されたり，正解となる歴史事項は標準的なものであっても，それを求める過程が難しい問題も出題されることがあるので，注意が必要である。ハイレベルな出題傾向と考えてよい。

時間的には比較的余裕はあると思われるので，基本的な設問を取りこぼしなく慎重に解答し，かつ難問にも時間をあてられるよう時間配分を工夫したい。

対 策

01 教科書中心の学習

教科書レベルを超えた難問が出題されることもあるが，むしろ基本的な問題での取りこぼしをしないように，まず教科書を１冊しっかりと精読し，自分で工夫してノートにまとめる学習が効果的である。基礎作業を丹念に行うことによって初めて，きめの細かい学習が可能になり，未学習になりがちな点をつくような問題にも対処することができる。中国史に関しては漢字表記が求められている。当たり前のことではあるが，人物名，書名，事項名などを漢字で正しく書けるよう普段から練習しておくこと。また，中国の現在の省名や各国の都市・河川・湾など地理的知識を問う問題も出題されているので，教科書に出てくる地図には丹念に目を通す習慣を身につけておきたい。さらに，資料集の地図にもしっかり目を通しておけば，細かい知識を問う問題にも対応できる。地図学習は，ともすれば平面的になりがちな歴史学習に広がりや立体感をもたらしてくれるので，ぜひ地図を味方にしよう。

02 用語集でチェック

教科書学習と並行して,『世界史用語集』(山川出版社) などの用語集を使って細かい点を補充していくとよい。2020年度〔2〕のバスラ,2021年度〔3〕のキジルバシュやモハーチの戦い,2022年度〔2〕のヒラーファト運動や〔3〕の圏地,2023年度〔2〕のセリム2世やマームーン,2024年度〔1〕のカザン=ハン国や〔2〕のカネム=ボルヌー王国などは難問にみえるが,用語集には記載されている。教科書学習の際には常に用語集を座右に置いてこまめに参照する習慣をつけるとよい。

03 文化史対策を

学部の性質上,文化史には十分注意しておこう。頻出の古代ギリシア,西欧中世と近代文化史を中心に,満遍なく丹念な学習を心がけること。その際に,単に作家と作品名を対応させるだけではなく,それらの生まれた時代背景や政治上の事件との関わりを押さえておくことがポイントになる。なお,受験生の教養を問う問題が散見されるので,芸術家や文学者などについて幅広い教養を身につけておくと有利であろう。

04 既出問題の研究をしよう

受験勉強において過去の問題研究が有効であることは言うまでもない。同傾向の出題が見られるので,しっかり取り組んでおきたい。問題の形式・内容・レベルを把握するとともに,必ず答えをチェックし,間違った点を確認するなどして弱点分野を補強し,知識の深化をはかる姿勢で取り組みたい。入試直前に本シリーズの演習を行う受験生もいるが,それでは本シリーズを半分しか活用できていない。過去問に触れることで,自分に不足しているものを発見し,それに対する対策を行えるよう,早い時期から過去問演習に取りかかることが大事である。

05 すすめられる参考書類

参考書では『詳説 世界史研究』（山川出版社）が文明論や現代史にも詳しく，役に立つ。問題集としては，『体系世界史』（教学社）をすすめたい。地域ごとの「歴史の流れ」が合理的に理解できる構成になっており，各単元の理解度を確認するのに最適である。

小論文

年　度	内　容
2024	**「競争」について** ⑴要約（360 字）⑵意見論述（400 字）
2023	**「人間の創造性」について** ⑴要約（360 字）⑵意見論述（400 字）
2022	**「正しさ」とは何か** ⑴要約（360 字）⑵意見論述（400 字）
2021	**正解の出ない問題に取り組むことの意義** ⑴要約（400 字）⑵意見論述（400 字）
2020	**「多文化共生社会」の可能性** ⑴要約（360 字）⑵意見論述（400 字）

読解も論述もポイントのしぼり方が決め手

01 基本情報

試験時間：90 分。

大問構成：大問 1 題，2 つの設問で構成。

解答形式：課題文を読んで，要約と意見論述を求める形式。合計 760～800 字以内。

02 出題内容

課題文の分量は例年多めである。文章それ自体は特別難解ではないが，扱われているテーマが探究的で，普段からこうしたテーマについて考えたり，本を読んだりといった経験がないと，十分に理解するのは難しい。

よく出題されているのは，自己や他者をめぐる認識の問題であるが，テーマは多岐にわたっている。2020 年度は「多文化共生社会」の可能性について，2021 年度は「正解の出ない問題に取り組むことの意義」について，2022 年度は「正しさ」について，2023 年度は「人間の創造性」について，そして 2024 年度は「競争」について問うものであった。「自己」とは，「他者」とは，「個」と「社会」との関係とは，「文化」とは，「言語」とは，「芸術」とは，といった根源的な問題への考察が欠かせない。社会の現象面だけに着目するのではなく，その背景まで深く考察する力が求められている。こうした問題について自分の意見が展開できるよう，普段から考えを深めておこう。読書を通して十分な知識を身につけるとともに，問題意識や考える力を養っておきたい。

設問では，課題文の的確な読解と独自の意見展開の 2 つの要素が問われており，課題文に述べられていることと自分の意見を峻別することが大切である。課題文の主張を丁寧に読み解き，その論理展開をふまえた上で，自説の論理構成を考える必要がある。

03 難易度と時間配分

小論文としては基本的な能力（読解→理解→表現）を試す良問であるが，そのように模範的な問題であるがゆえに，かえって難問となっている。他大学の文学部の小論文と比べても，かなりの高水準であることは間違いない。課題文の量が多く理解に時間がかかること，論理的な思考力と相応の表現力が求められていることから総合して，難しいといえる。

本番では，いきなり書き始めたり，書きながら考えるのではなく，構成メモの作成や下書きにじっくり時間をかけて，書く内容を決めてから実際に文章を書き始めることが大切である。

対策

01 読解の練習をする

長文を読み，それについて答える形式の問題を数多くこなす必要がある。

現代文の応用問題や小論文の過去問が役に立つ。また，複数の文章を比較する形式での内容把握も重要である。それには，さまざまな対象を比較して共通点を見出すような読解が必要である。したがって，読解の練習をする場合にも，筆者の立場や考え方，論理展開の仕方を意識するようにしたい。

02 要約の練習をする

例年，要約が出題されている。要約の練習は小論文の基本的な能力を養うのに最も効果的な方法でもあるので，その意味からもしっかり練習しておきたい。まずは，評論や随筆などを用意し，50 字程度で要旨をまとめる練習から始めよう。つまり，結論を探す練習である。結論を探すことができたら，その結論に至る筆者の考え方の筋道をたどり，文章にまとめる練習をすると効果的である。

03 論述の練習をする

意見論述問題に対応するためには，鋭い着想とそこから論理的に展開していく能力が不可欠である。説得力を意識した論述練習をしておきたい。何をどういう順序で，どのような具体例と絡ませながら述べていけば最もわかりやすい文章になるかを，常に意識しながら練習すること。『ブレない小論文の書き方　樋口式ワークノート』（教学社）を用いて，構成案を作ってから書く演習をするとよい。

文学部の場合，意見論述としては字数が少ないので，凝縮されたコンパクトな表現を心がけることがポイントになる。課題文を要約した上で，それについて論述するという，要約問題との連携を意識した練習も有効である。

04 読書で素養を身につける

自分の意見をもつためには，背景としてそれなりの知識や理解が必要である。また，自分自身の問題としてとらえるには，柔軟な思考に根ざした素地がなければならない。見識の高さは読書量に比例する。普段から新書や新聞の文化欄・特集記事などにできるだけ多く目を通しておこう。「自己と他者の関係性」「認識と思考」「言語と文化」など人文系のものを中心に，自分の興味ある分野を手始めとして，しだいに難しいものにあたっていくとよい。十分な知識と理解がなければ説得力のある意見とはならない。書く練習を積んでテクニックを身につけるとともに，発想の土台を確かなものとする必要がある。文学や文化的なテーマ，ヒューマニズムなどを扱った書物に触れることで，自分の考えをまとめる練習をしておきたい。

2024年度

解答編

一般選抜

解答編

英語

解答 **A.** **1** —(C)

2. 人はひとたび何かに感動してしまうと，それについて筋道を立てて推論することをすぐにやめてしまうこと。(50字以内)

3. 全訳下線部(3)参照。

4 —(ア)

5 —(d)

6. 全訳下線部(6)参照。

7. タークの中の普通のチェスプレーヤーが優秀なプレーヤーのように思われたのは，その機械の全体的な雰囲気に魅了された観客が自身の期待や想像力をそこに投影したからである。ゆえに中にいたのは実際のプレーヤーではなく，観客自身だったと言えるということ。(100字以上120字以内)

B. 〈解答例〉I have tried to master the violin for six years. It is said that the violin is one of the most difficult musical instruments and that it takes many years to master it. One of the reasons is that they do not have the frets that guitars have and you have to decide where to put the fingers of your left hand on the fingerboard. When I played it for the first time, it made very ugly strange sounds, and each time I played it, the pitches were different and wrong. However, by practicing for two years every day, I was able to produce the right sounds. By developing my violin-playing skill, I have realized that the proverb that practice makes perfect is true.

全訳

《自動チェス人形ターク》

1　何かをすることは疑うことから始まる。これは科学の伝統から私たちが継承している偉大な教訓の1つである。だから，始める前に疑い始めよう。そして18世紀ヨーロッパの合理主義的啓蒙運動の大きな疑いを引き起こすものの1つのケースについて考慮することで疑ってみよう。それはタークである。ご存じかもしれないが，タークは世界で一番最初の卓越した自動装置で，18世紀後半にヨーロッパの人々を興奮させたチェスをする機械である。実際は自動装置ではなくチェスをすることもできなかったということは，それが当時の人々に与えた影響を覆すことはなかった。多くの人々と同じように，私もマジックとイリュージョンの歴史においてタークについて初めて読んで以来，ずっと魅了されている。そしてトム=スタンデージの，機械とその時代に関する，2002年のすばらしい水平的社会史は，単に『ターク』という題名だが，それは故意に曖昧にされがちな歴史を明らかにしている。

2　タークがチェス指し装置として初めて現れたのは1770年ウィーンだった。それはトルコ人の服を着てあごひげを生やした男の機械仕掛けの人形で，天板にチェス盤が置かれたキャビネットの上に座っていた。その発明者であり最初の操作者は，ヴォルフガング=フォン=ケンペレンという名の，ハンガリーのえせ貴族であり，科学者であり，技師であり，一度に8つの結婚式で踊り，しかも正確なリズムで踊り続けた驚くべき啓蒙主義者の1人であった。彼は，お金を支払ってくれる観衆を集め，キャビネットの下のドアを開け，座っている人形の下の内部いっぱいの驚くほどブンブン音をたてる時計仕掛けのメカニズムを見せた。それからキャビネットのドアを閉め，挑戦者にチェスをするよう勧めた。その自動装置，今でいえばロボットは，相手の指し手を見つめ，あれこれ考え，それから機械の腕を上げ，ぎこちないが正確に自身の駒を動かした。熟練した知識がその中に埋め込まれていたのだ。つまり，生きている頭脳であるコンピューターに何らかの方法でチェスのやり方が教えられていたのだ！

3　1850年代に，フィラデルフィアで火事で焼失するまで，タークはヨーロッパやアメリカを回り，ベンジャミン=フランクリンから，少なくとも伝説によると，ナポレオン=ボナパルトに至るまであらゆる人とチェスをした。その時代の最も優れたチェスの達人フィリドールとも1度チェスをしたのは確かである。タークは負けたが，フィリドールはなかなか打ち負かすのに苦労したことを認め，それはケンペレンにとって大成功の宣伝となった。人工知能が現れたのだと，18世紀の人々は信じた。

4 もちろん，それは詐欺，というよりトリックで，優れたマジシャンによるイリュージョンだった。しっかりと油をさしたキャスターのついたスライドシートが，キャビネットの下部の内側に取り付けられており，唯一の本当の創意工夫は，この単純な機械が，いかにして隠れたチェスプレーヤーを中にある半座席に簡単かつ静かに滑り込むのを可能にしたか，であった。キャビネットの中には，機械仕掛け全体がほのめかすよりもはるかに広い，隠れるスペースがあったのだ。

5 さて，タークはいくつかの理由で私を魅了する。人の推論と熟練に対する反応にある多くの奇妙で忘れられない欠点を明らかにするからである。熟練とは，とりわけパフォーマンスであり，確信があろうがなかろうが，私たちが見ている達人のアイデンティティに関する推測に依存していることを，トルコ人の服を着たタークは気づかせてくれる。

6 タークが具体的に表す最初の真実は，私たちはひとたび感銘を受けると，徐々に推論していくというはしごをすぐに捨ててしまうということだ。タークが実際にチェス指しマシンだったなら，昔から長く続く一連のそのような機械の最新の物でなければならなかったと，タークを見たり挑戦したりした人々は常識的に考えるべきだった。チェスを指す機械仕掛けのタークが存在するためには，10年前にチェッカーを指す機械仕掛けのグリークがいなければならかったのだ。18世紀末は，自動装置，つまりプログラムされた織機に布を織らせたり，機械仕掛けの鳥に歌わせたりできる機械（もっとも，いつも何度も何度も，同じタペストリーしか織れず，同じ歌しか歌えなかったが）の全盛期だったのは事実だ。しかし，チェスを指すということが，全く異なる種類の創造的活動であるという現実は，現在の私たちにとって明らかであるのと同じくらい当時の人々にとって不明瞭に思われた。

7 人々がだまされたのは，問題に対して，私たちも一見していつもそうしているように，シニカルで見苦しく徐々に進展していく解決法が正しいときでさえ，エレガントですぐ手に入る解決法を探していたからだ。コンピューター科学の曽祖父，チャールズ=バベッジは，タークを見て，おそらくマジックだと悟っていたにもかかわらず，やはりエレガントな解答を生み出すには一体何が必要か自問自答した。チェスを指す機械が作れるとしたら，どんな種類の機械を実際に作らなければならないか。どのような能力が必要か。バベッジの「階差機関」すなわち最初のコンピューターが誕生したのは，ひとつには，現在人工知能と呼ばれるものの問題に対する美しい解決法があると信じたいという願望からであった。たとえ，目の前にある解決法がそうでなくても。

8　私たちはいつも謎に対する正しい答えだけを望んでいるのではない。美しい答えを望んでいるのだ。それで不思議なことに出会うと，それならそこには内なる美が隠されているにちがいないと，いつも信じたい気持ちになる。難攻不落な塔を見ると，中にお姫様がいるにちがいないとすぐに確信するのだ。確かに，現在の私たちには不明瞭に思われるが，将来は明らかになると思われるものがたくさんある。たとえば，宇宙の起源や，意識の本質，時間旅行の可能性などだ。しかし，こうした不明瞭さに対する解答も，明らかに不格好で，見苦しく，すばらしいというよりむしろ巧妙であろう。意識の問題に対する解答は，いわばスライドシートや隠れたチェスプレーヤーを含むであろう。

9　しかし，私を悩ます物事には別の面もある。シニカルな解答が必要なときに美しい解答を求める人がいるが，多くの人々，たとえば，タークがアメリカを回ったときに，その機械について長く分析的な文章で彼の最初の重要な出版物の1つを書いたエドガー=アラン=ポーは，タークが実際にそうであるもの，すなわちチェスプレーヤーが中にいるキャビネットでなければならないということがわかっていた。(3)<u>ポーやほかの，より洞察力のあるタークを調べた人々を困惑させたと思われるのは，解決方法の醜悪さではなく，その存在がほのめかされたチェスプレーヤーの特異性だった。</u>小さなチェスの天才をどこで見つけるのだろうと，彼らは不思議に思った。それとも，操作者は，非常によく訓練された子どもを使っているのだろうか。大人のプレーヤーという考えを受け入れるとしても，この隠れた不可解だが疑問の余地のない達人は誰だろう。

10　内部からタークを操作していたチェスプレーヤーは単なるチェスプレーヤー，つまり絶えず代わっていく一連の強くはあるがスタープレーヤーでないチェスプレーヤーであることがわかった。彼らは，１週間や１カ月の就労期間を煙の立ちこめた内部で過ごすのをいとわないほど仕事が必要だった。ケンペレンと，その後，その自動装置を買って修復しアメリカに持って行ったメルツェルという巡業興行師は，たまたまどこにいようが，チェスプレーヤーを見つけた。パリで，タークがフィリドールと対戦したとき，ケンペレンは，コーヒーハウス生活が花開いてそれ自体独立した市民社会となっていたその都市の中心的なチェスカフェであるカフェ・ド・ラ・レジャンスのような場所で，様々な強くはあるが二流のチェスプレーヤーを採用した。その中には，ボンクールという驚くほど背の高いプレーヤーや，アレクサンドルというチェス作家や，ヴェイユという現在では全く知られていないチェスプレーヤーも含まれていた。

11 というのも，これがケンペレンの洞察力の中で最も驚くべきもので，チェス指し機械を実際に作るのと全く同じくらいそれ相応にすばらしい卓越した近道であったからだ。つまり，近代社会において，熟練は広く入手できるということだった。タークとしてチェスを指したチェス名人の名前はどれも当時特に注目されることもなく，現在有名でもない。彼らは，学生であり，二流のプレーヤーであったが，彼らの中には奴隷となった小柄な人や傑出した子どもはいなかった。タークの中にこっそり入るという不快感やばかばかしさに我慢できるほど仕事を大いに必要としていた，単なる強いチェスプレーヤーだった。操作者は，その役割を果たす人に決して事欠くことはなかった。勝てるほど強く，短期の仕事が必要で職場環境を気にしない都合の良い人がいつも誰かしらいた。彼らは，その職に就き，機械の内部に入り，それに対して給料をもらい，タークはボストンやブルージュの次の滞在先に移動し，ケンペレンやメルツェルは，また別のチェスクラブに行き，閉所恐怖症でない人で仕事が必要な人はいないか，と尋ねた。実際，あるときなど，アメリカにその発明品を持って行くのに乗った船で，メルツェルは，それまで１度もチェスをしたことがない若いフランス人の少女を採用し，彼女に一連の終盤戦について教えた。こうしたことは見た目より指すのは簡単だが，それでも危険な匂いを添えるほどの難しさはあるとチェスプレーヤーたちは断言した。

12 ケンペレンは確かに天才だった。しかし彼の才能はチェスができる機械をプログラムすることではなかった。彼の才能は，熟練が至るところにあることを理解していたということだった。何百万という人々が競争の激しい都市に集まり，卓越性を求める社会において，卓越性は驚くほど広く分布するようになる。チェスクラブの二流のチェスプレーヤーは，あなたが想像するよりもはるかに優れたプレーヤーである。

13 そして，そこに私が今，熟練の非対称性と考えていることがある。私たちは名人を過大評価し，熟練を過小評価しているということだ。タークについて，最も単純な解決法が最も難しい。それはひとつには，観衆がキャビネットの中のスペースを過小評価するからであり，またそのチェスプレーヤーがどれほど強くなければならないかを過大評価するからだ。私たちはいつも，とても良いと比類なく良いとの間にある距離を過大評価する。絶望して私たちが口笛を吹いて冷やかす不器用なサッカー選手はこれから出会う選手よりも良い選手だ。熟練の非対称性を理解している数少ない人は，ケンペレンやメルツェルのようにそこから多くの利益を得る傾向がある。(6)どんなスポーツであれ，最も優秀な監督は，重要な役割を果たす「より劣った」新人選手をいつも見つけることができるということを知っている人々である。

14 社会学者ホーウィ=ベッカーはこの洞察を体系化しようとした。彼の考えでは，「創造性」について特徴的なことは，しばしば誤認されているが，珍しいものではなく，とてもありふれたものであるということだ。一見して最も創造的に見える職業のいくつか，たとえば，オーケストラでクラシック音楽を演奏することなどは，実は最もルーチン化されておりルールに縛られている。私たちが概して創造的とみなしさえしないほかの人々，たとえば，家族のために家で食事を作る女性（彼は1950年代に執筆している）は，新しい困難に直面すると本当に創造的な解決法を見つける。私の母の場合と同様に，熟練そのものは難しくはない。それを認識し，系統立て，報いること，それこそが難しい部分であり，でたらめな偏見，もちろん言うまでもないが深く根付いた頑迷さや社会的圧力にさらされることが多い。そうしたものが多くのすばらしく傑出した家庭の料理人を「主婦」の地位に引き下げていた。

15 それでは，一握りの本当の誰もが認める名人はどうなのか。彼らを唯一無二にしているものは，妙技ではなく，むしろ何か不思議で独特な独自の雰囲気であると私は考えるようになった。いわゆる天才は，最もよくあるのが傑出した特異性であり，時には傑出した愚かささえある。ボブ=ディランは，下手なミュージシャンとして活動を始め，10,000 時間を練習に費やした。しかし彼はうまいミュージシャンにならなかった。ボブ=ディランになったのだ。それにボビー=フィッシャーやマイケル=ジャクソンが相重なって私たちに思い出させるように，極限まで熟練している人の中には，並外れた不幸という空っぽの人生を送っている人たちもいて，それはまるで魂に必要なスペースがブンブンうなる時計仕掛けに取って代わられたようだと言える。おそらく私たちの子どもたちは物事を習得しようと奮闘するとき，この事実を感じるだろう。

16 しかし，タークがもたらすであろうすべての考えの中で，さらに最も重要なことがある。単に人並み程度のプレーヤーを優秀なプレーヤーに引き上げるのは，タークをとりまく効果の調和的な統合である。アイデアがうまくいく，つまり熟練という印象を与えるのは，その機械の時計仕掛けの特異性ではなく，その効果の全体性であり，つまりは自動装置そのものではなく，それをとりまく雰囲気である。タークはチェスプレーヤーがどれほど不快であろうともチェスをすることができる物理的な枠組みである。しかし，それはまた一種の心理的「枠組み」でもあり，中にいるチェスプレーヤーの力を拡大する期待の覆いなのだ。

17 というのも，ケンペレンが理解していたもう1つのことは，ひとたびとても強いチェスプレーヤーを，非常に見た目が印象的な，そして見た目が神秘的な機械の中に入れると，その人はものすごく強いチェスプレーヤーになるということだからだ。優秀さはいつもパフォーマンスという脈絡の中で生ずる。その機械の力は，それには少しも備わってはいないが，共感的想像力の働きによって可能となり，見事で自然な冗談において最終的に実現する力を，どのようにその機械に投影するよう人に促したかにある。その機械が実際にできる以上の力をもっていると思うことで，観衆はその機械をより信憑性があるものにする。機械の中に誰がいたのか。それはあなただった。

解説

A. 1. 空所を含む文の構造は SVO で V は didn't alter。ゆえに it was … play chess が名詞節となり，名詞節を導く接続詞(C) That「～ということ」が正解となる。なお，この文の目的語は the effect で直後の (that) it had on people at the time によって修飾されている。

2．once は，接続詞で「ひとたび～すると」という意味。once と impressed の間に we are が省略されている。be impressed「感動する，感銘を受ける」 we は「(一般の) 人」の意。leave the ladder of incremental reasoning behind は文字通りなら「徐々に進展する推論のはしごを捨てる」という意味だが，具体的に説明する必要がある。下線部直後の2文 (Common sense should … who played checkers.) に「タークが実際にチェス指しマシンだったなら，昔から長く続く一連のそのような機械の最新の物でなければならなかったと，タークを見たり挑戦したりした人々は常識的に考えるべきだった。チェスを指す機械仕掛けのタークが存在するためには，10年前にチェッカーを指す機械仕掛けのグリークがいなければならなかったのだ」とある。これは，筋道を立てて論理的に考えれば，チェスを指す機械は存在するはずがなかったとわかるが，当時の人々はそうしなかったということである。したがって，「徐々に進展する推論のはしご」は「筋道を立てて推論すること」，「捨てる」は「(筋道を立てた推論を) やめる」という意味になる。

3．What は関係代名詞で「～すること」。seems to have stumped「困惑させたように (今) 思われる」 to have stumped は seems より以前であることを表す。other は detectives を修飾。shrewd「賢い，鋭い，洞察力のある」 detective は「探偵」という意味だが，本文では「(タークの仕組みを) 調べた人々」という意味合いで使用されている。was 以下は not *A* but *B*「*A* でなく *B*」の構文。ugliness「醜悪さ」 solution「(タークの仕組みの) 解決方法」 singularity「特異性，非凡」 implied は「ほのめかされた」という意味だが，何がほのめかされたかをはっきりさせるため，「その存在がほのめかされた」と補う。

4．「操作者は，その役割を果たす人を (　　)」の空所に適切な選択肢を選ぶ。4つの選択肢のうち，(イ) loan「～を貸す」は他動詞で直後に名詞が来るため loan for とはならない。残り3つの選択肢の意味は(ア)(never) lacked (for)「決して欠くことはなかった」，(ウ)(never) longed (for)「決して切望することはなかった」，(エ)(never) looked (for)「決して探すことはなかった」。空所直後の文 (There was always …)「勝てるほど強く，短期の仕事が必要で職場環境を気にしない都合の良い人がいつも誰かしらいた」よりタークに入る人を見つけるのが容易であったことがわかるので(ア)が正解となる。

5. ubiquity of mastery「熟練の遍在」とは，下線部直後の文（In a world …）より，「卓越性が驚くほど広く分布している」ことだとわかる。選択肢はそれぞれ(a)「18 世紀の発明家」，(b)「非常によく訓練された子ども」，(c)「一風変わった個性的な音楽家」，(d)「20 世紀の主婦」。第 14 段第 3 文（Some of the …）後半に「私たちが概して創造的とみなしさえしないほかの人々，たとえば，家族のために家で食事を作る女性（彼は 1950 年代に執筆している）は，新しい困難に直面すると本当に創造的な解決法を見つける」と述べられていることから，20 世紀の主婦が料理という面で卓越していることがわかる。「家族のために家で食事を作る女性」が至るところに存在することは言うまでもない。ゆえに「熟練の遍在」の例として(d)「20 世紀の主婦」が正解となる。

6. manager は「(スポーツチームの) 監督」。「マネージャー」という訳では「(学校運動部の) マネージャー」という意味になるのでふさわしくない。肯定文の any + 単数名詞は，「どんな～であっても」の意。those who ～「～する人々」 lesser「より劣った」 ダブルクォーテーション（“　”）で囲まれているのは「実際はそうでないがいわゆる～」という意味が含まれている。to play a vital role「重要な役割を果たす」は players「選手」を修飾。

7. 下線部「その機械の中に誰がいたのか。あなただった」の「あなた」が何を指すのかがポイント。you は「一般の人」を指すことが多く，第 10 段第 1 文（It turns out …）の「中でタークを操作していたのは，単なる普通のチェスプレーヤーだった」より「単なる普通のチェスプレーヤー」とミスリードする可能性がある。下線部の前文（Crediting the machine …）に「その機械が実際にできる以上の力をもっていると思うことで，観衆はその機械をより信憑性があるものにする」とあることから，タークの中にいるプレーヤーを強いと思わせているのは「観客の期待」であることがわかる。このことから You は「観客自身（の期待）」であると言える。これにタークの働きを具体的に述べている第 16 段第 2・3 文（It was the … impression of mastery.）「単に人並み程度のプレーヤーを優秀なプレーヤーに引き上げるのは，タークをとりまく効果の調和的な統合である。…熟練という印象を与えるのは，その機械の時計仕掛けの特異性ではなく，その効果の全体性であり，つまりは自動装置そのものではなく，それをとりまく雰囲気である」および第17段第3文（The power of …)「その機械の力は，それには少しも備わってはいないが，共感的想像力の働きによって可能となり，見事で自然な冗談において最終的に実現する力を，どのようにその機械に投影するよう人に促したかにある」をまとめるとよい。

B. 設問の訳は以下の通り。

「次の質問に英語で答えなさい。

あなたは何をマスターしましたか。あなたがマスターした，あるいはマスターしようと努力してきたスキルを述べなさい。そのスキルはあなたにとってどのような意味をもっていますか。

解答ではゴプニックの文章に言及する必要はありません。解答は語彙と文法能力だけでなく内容の明確さでも評価されます。解答用紙のこの問題の解答欄からはみ出してはいけません」

設問文にあるように，語彙・文法・内容の3点から評価される。ゆえにまず，文法ミスがないこと，語彙が豊富であること，論理展開が明確であることに注意して書いてみよう。内容としては書きやすいテーマだが，稚拙な文章になる可能性が高いので注意が必要である。題材としては，〈解答例〉のような楽器の習得のほかに，子どもの頃から学んできた習字，英会話，スイミングなどや，学校の部活動でマスターしたスキル，あるいは料理やマジックなどの趣味が考えられる。「どのような意味があるか」はそのスキルを習得することにより，どのようなメリットがあったかについて述べるとよいだろう。

〈解答例の訳〉

「私は6年間バイオリンをマスターしようと努力してきた。バイオリンは最も難しい楽器の1つでマスターするのに何年もかかると言われている。その理由の1つがギターにあるフレットがなく，指板のどこに左手の指を置くかを自分で決めなければいけないことだ。私が初めて弾いたとき，とてもいやで奇妙な音が鳴り，弾く度に音程は異なり間違っていた。しかし2年間毎日練習することにより正しい音が鳴るようになった。バイオリンの演奏スキルを磨くことによって『習うより慣れよ』の諺の正しさがわかった。」

語句・構文

(第1段) lesson「教訓」 inherit *A* from *B*「*B* から *A* を相続する，継承する」 doubt-provoker「疑いを引き起こすもの」 the Enlightenment「(18 世紀ヨーロッパの合理主義的) 啓蒙運動」 automaton「自動装置，オートマトン」 inflame「～を興奮させる」 like many others「多くの人々と同じように」 Tom Standage's fine … simply, *The Turk,* までが主語。mystified「曖昧にされた」

(第2段) Vienna「ウィーン」 mechanical figure「機械仕掛けの人形」 bearded「あごひげのある」 dressed in ～「～を着た」 quasi-nobleman「えせ貴族」 at once「一度に」 would「よく～したものだった」過去の習慣を表す。 whirring「ブンブンと音をたてる」 clockwork「時計仕掛けの」 compartment「仕切った部分」 invite *A* to *do*「*A* に～するよう勧める」 gaze at ～「～をじっと見つめる」 opponent「(競技の) 相手」 implant「～を埋め込む」

(第3段) at least「少なくとも」 hard-pressed to *do*「なかなか～することができない」 public relations「宣伝」 artificial intelligence「人工知能」

(第4段) fraud「詐欺」 or rather ～「というよりむしろ～」 sliding sled「スライドシート」 well-lubricated「よく油がさされた」 ingenuity「創意工夫」 allow *A* to *do*「*A* が～するのを可能にする」 a lot「ずっと」比較級の強調。 room「空間，スペース」 suggest「～をほのめかす」

(第5段) illuminate「～を明らかにする」 haunting「頭に残る，忘れられない」 hole「欠点」 Ottoman garb「トルコ人の衣服」 among other things「とりわけ」 one＝a performance　depend on ～「～に依存する」

(第6段) embody「～を具体的に表す」 common sense「常識」 should have told は should have *done*「～すべきだったのに（しなかった)」の構文。told 以下は tell *A* that ～「*A*（人）に～を告げる」の構文。for the Turk to have … machine は for *A* to *do*「*A* が～するためには」で仮定法の条件を表し，if the Tark had really been a chess-playing machine の意味。the latest「最新の」 For there to be a mechanical

Turk …も仮定法の条件を表す不定詞で，If there had been a mechanical Turk …の意味。Greek「ギリシャ人」は Turk「トルコ人」より古い文化を作った人々の一例として，checker「チェッカー」は chess より古い形のゲームの一例としてそれぞれ使われている。It's true that ～. But …「なるほど～である。しかし…」譲歩構文。 loom「織機」 weave「織物を織る」 over and over「何度も何度も」 the reality that ～「～という現実」 the reality と that 節は同格。 obscure to ～「～にとって不明瞭な」 obvious to ～「～にとって明らかな」

(第 7 段) fool「～をだます」 look for ～「～を探す」 incremental「徐々に進展していく」 one＝solution difference engine「階差機関」チャールズ=バベッジが設計した機械式計算機。 arise from ～「～から誕生する」 in part「ひとつには」 even if ～「たとで～であっても」 the one＝the solution it＝a beautiful solution

(第 8 段) be inclined to *do*「～したい」 conceal「～を隠す」 impregnable「難攻不落な」 doubtless「確かに」 obscurity「不明瞭さ」 clunky「不格好な」 more *A* than *B*「*B* というよりむしろ *A*」 ingenious「巧妙な」 sublime「すばらしい」 so to speak「いわば」

(第 9 段) haunt「～を困らせる，悩ます」 call for ～「～を必要とする」 plenty of ～「たくさんの～」 for instance「たとえば」 fiendishly「非常に，とても」 inscrutable「不可解な」 unquestionable「疑問の余地のない」

(第 10 段) It turns out that ～「～であることがわかる」 just「～にすぎない」 a sequence of ～「一連の」 gig「(短期の) 仕事」 enough to *do*「～するほど」 be willing to *do*「～するのをいとわない」 innards「内部」 traveling showman「巡業興行師」 pick up ～「～を見つける」 happen to *do*「たまたま～する」 a variety of ～「様々な～」 bloom to become ～「繁栄して (その結果)～となる」結果の不定詞用法。 of its own「それ自体」

(第 11 段) shortcut「近道」 every bit「全く」 widely available「広く入手できる」 enslave「～を奴隷にする」 inspired「傑出した」 put up with ～「～に我慢する」 discomfort「不快感」 absurdity「ばかばかしさ」 move on to ～「～に移動する」 claustrophobic「閉所恐怖症の」

at one point「あるとき」 on board a boat「乗船して」taking the … America は直前の a boat を修飾。 a series of～「一連の～」 endgame「終盤戦」

(第 12 段) 第 2 文の lay in は lie in～「～に存在する」の誤用と思われる。 be capable of *doing*「～できる」 with *A done*「*A* が～の状態なので」付帯状況の構文。 millions of～「何百万という～」 well distributed「広く分布する」 far＋比較級「はるかに～」

(第 13 段) 第 1 文の therein lies～「そこに～がある」は倒置表現。 think of *A* as *B*「*A* を *B* とみなす」 asymmetry「非対称性」 overrate「～を過大評価する」 underrate「～を過小評価する」 partly because～「ひとつには～だから」 those「(～する) 人々」 underestimate「～を過小評価する」 overestimate「～を過大評価する」 uniquely「比類なく」 inept「不器用な」 whistle at～「～に口笛を吹く」 in despair「絶望して」 tend to *do*「～する傾向がある」 profit from～「～から利益を得る」

(第 14 段) sociologist「社会学者」 systematize「～を体系化する」 distinctive「特徴的な」 if (it is) often misidentified の if は譲歩「～だけれども」の意。 misidentify「～を誤認する」 seemingly「一見したところ」 in fact「実際は」 routinize「～を慣例化する，ルーチン化する」 rule-bound「ルールに縛られている」 count *A* as *B*「*A* を *B* とみなす」 such as～「たとえば～のように」 predicament「困難な状況」 genuinely「本当に」 as with～「～の場合と同様に」 subject to～「～にさらされる」 haphazard「でたらめな」 prejudice「偏見」 not to mention～「～は言うまでもなく」 bigotry「頑迷さ」 social oppression「社会的圧力」 reduce *A* to *B*「*A* (の価値など) を *B* まで引き下げる」

(第 15 段) what of～「～はどうなのか」 undisputed「明白な，誰もが認める」 come to *do*「～するようになる」 not so much *A* but *B*「*A* というよりむしろ *B*」 virtuosity「高度な技術，妙技」 idiosyncratic「特異な，独特な」 vibration「雰囲気」 what we call「いわゆる」 idiosyncrasy「特異性」 idiocy「愚かさ，愚かな行動」 conspire to *do*「相重なって～する」 hollow「空っぽの」 surpassing「並外れた」 as if～「まるで～であるかのように」 be replaced by～「～に取って代わら

れる」 struggle to *do*「～しようと努力する」

(第16段) orchestration「調和的な統合」 elevate *A* to *B*「*A* を *B*（のレベル）まで引き上げる」 It was not *A* but *B* that ～「～したのは *A* ではなく *B* であった」強調構文。 specificity「特異性」 totality「全体性」 physical frame「物理的な枠組み」 envelope「覆い」 magnify「～を拡大する」

(第17段) once「ひとたび～すれば」 take place「起こる，生ずる」 context「文脈，脈絡，前後関係」 urge *A* to *do*「*A* に～するよう促す」 project *A* onto *B*「*A* を *B* に投影する」powers that … eventually realized は project の目的語で上記構文の *A* にあたる。 sympathetic imagination「共感的想像力」 credit *A* with *B*「*A* が *B* をもっていると思う」credible「信頼できる，信憑性のある」

講評

2024年度も長文読解問題が1題のみ。語数は約2070語。設問数は8問で字数制限のある内容説明問題は2問，選択問題が3問，英文和訳問題が2問で2023年度よりも問題数が減り，選択問題も増え取り組みやすい。大きな変更として，これまで長年続けられてきた和文英訳がなくなり，テーマ英作文となった。

英文はアメリカのエッセイスト，アダム=ゴプニックによる *The Real Work* の第1章冒頭部。この著書の副題は On the Mystery of Mastery で，この英文も，自動チェス人形「ターク」を通して，mastery「熟練」について述べている。「ターク」の仕組みについては具体性があり読みやすいが，それを通して mastery について述べている箇所や，なぜ「ターク」がチェスの名人と思われたのかに関する考察は内容的にも英文的にも難しく，また難解な語句も多い。おそらく持ち込みが許可された英和辞典を駆使したことであろう。

Aの1の接続詞を選択する問題は，文構造がわかれば選択できる比較的易しい問題。2の50字の内容説明問題は，the ladder of incremental reasoning が何かをわかりやすく説明するのが難しい。3の英文和訳問題は，文構造自体はわかりやすいが，detectives と

impliedが何を指すのかが問題。辞書通りの意味では訳せない2語である。4の動詞を選択する問題では，直後の文にその根拠があり，イディオムとしても比較的易しい。5の下線部の具体例を選ぶ問題では，ubiquityの意味が理解できれば見つけやすい。6の英文和訳問題も，文構造はわかりやすく，訳しやすいが，“lesser”をどう訳すかで英文の内容が理解できているかがわかる。7の120字の内容説明問題が2024年度において最も難解で時間を要する問題であった。下線部Youが何を指すかは，英語力だけでなく現代文の入試問題を解くような力も求められている。Youが何かを間違えると得点には結びつかない。

Bのテーマ英作文は，2024年度の最も大きな変更である。テーマとしては比較的書きやすいが，受験生は長年続いた和文英訳でなくなったことに動揺したかもしれない。ポイントは「マスターしたことが自分にとってどんな意味があるか」であろう。採点基準は語彙・文法・内容の3点である。

2024年度は，設問数が減り，やや取り組みやすくなったが，長文に含まれる語彙，複雑な文構造，高度な内容など，例年通りの難しさであった。なお2025年度からの受験生は自由英作文の対策も必要なことは確かであろう。

日本史

I 解答

(イ)A－8　B－2　C－5　D－7　E－1
(ロ)F－0　G－4　H－8　I－5
(ハ)J－0　K－1　L－9　M－8
(ニ)N－8　O－4　P－1　Q－2　R－7

解説

《原始の遺物と古代の地方支配》

(イ)A. ナイフ形石器は狩猟の槍先として使用されたほか，手に持ったり，短い柄をつけて動物の肉や皮を切り取ったりするときに用いられた。

B. 細石器は数 cm の細石刃を，木や骨でつくった柄に数本ずつ並べて埋め込んだ組み合わせ式の石器で，投げ槍などとして使用した。

C. 縄文時代には弓矢が出現し，中小動物を射とめる狩猟の道具として使用された。石鏃は矢の先端につけた石のやじりである。

D. 縄文時代の石斧には打製と磨製があるが，土掘り用に用いられたのは打製石斧である。一方，磨製石斧は木の伐採や加工に利用された。

E. 凹みをもつ大型石器の石皿は，木の実などをすり潰す台座として，すり石とセットで使用された。

(ロ)F. 空欄には環濠集落が入る。弥生時代には余剰生産物をめぐる集落間の戦争が始まり，防御のために周囲に濠や土塁をめぐらした環濠集落が広まった。奈良県唐古・鍵遺跡は4重ほどの濠で囲まれている。

G. 山上につくられた高地性集落は，戦争に備えた逃げ城的な集落と考えられ，香川県紫雲出山遺跡など瀬戸内海沿岸に出現した。

H. 銅矛は九州北部を中心に出土し，祭器として次第に大型化した。

I. 銅剣は瀬戸内や山陰を中心に出土する。島根県荒神谷遺跡では，埋納された358本の銅剣が出土している。

(ハ)J・K・L. Jの空欄には埼玉県が入る。埼玉県稲荷山古墳出土の鉄剣銘と熊本県江田船山古墳出土の鉄刀銘には，「ワカタケル大王」の名が記され，「記紀」が伝える雄略天皇の本名と一致する。

M. 『宋書』倭国伝には倭王武の上表文が収録されている。この倭王武は

「タケル」に漢字をあてたと見られ，雄略天皇である。

(ニ)N・O. 乙巳の変後，647年に渟足柵，翌年に磐舟柵を築き，蝦夷の征討と支配の拠点とした。これらは新潟県に所在したと考えられている。

P. 708年頃に設けられた出羽柵は，733年に秋田に移され秋田城と改称された。

Q・R. 北上川沿いに蝦夷征討を行った坂上田村麻呂は，802年に胆沢城を築き，鎮守府を多賀城から移した。翌年，北上川のさらに上流に志波城を築いて東北支配を進展させた。

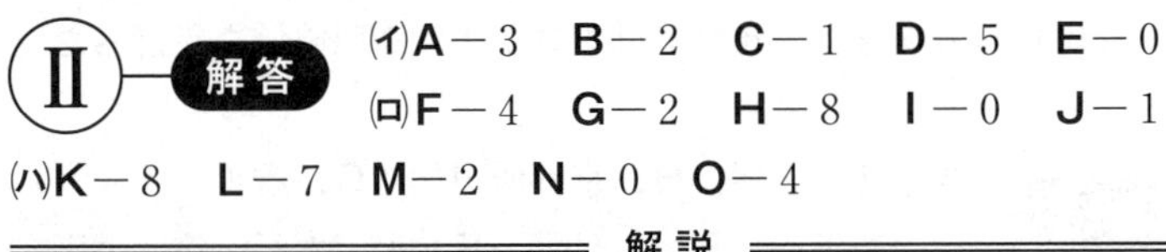

Ⅱ 解答　**(イ)A**－3　**B**－2　**C**－1　**D**－5　**E**－0

(ロ)F－4　**G**－2　**H**－8　**I**－0　**J**－1

(ハ)K－8　**L**－7　**M**－2　**N**－0　**O**－4

解説

《古代～近代の教育》

(イ)A. 和気氏の弘文院は，和気清麻呂の子によって設置され，多くの書籍を有したことで知られる。

B. 藤原氏の勧学院は，藤原冬嗣によって設置され，藤原氏の発展とともに栄え，一門の官界進出に寄与した。

C. 橘氏の学館院は，嵯峨天皇の皇后が橘氏のために設置した。

D. 奨学院は，在原氏が皇族や皇族出身の貴族のために設置した。

E. 空欄には綜芸種智院が入る。空海が大学・国学で学べない者を対象に設置した。

(ロ)F・G・H. 肥後藩主細川重賢，米沢藩主上杉治憲，秋田藩主佐竹義和は18世紀後半の藩政改革に成功した名君として知られる。特産物生産の奨励と専売制の強化を通じて財政難を克服するとともに，藩校を設立して人材登用に力を注いだ。肥後（熊本）藩は時習館，米沢藩は興譲館，秋田藩は明徳館をそれぞれ設立・再興した。

I. 空欄には弘道館が入る。弘道館は19世紀半ばに水戸藩主徳川斉昭が設立した最大規模の藩校で，儒学をはじめとする文武の教授が行われた。

J. 1724年に儒学者中井甃庵が中心となり，大坂町人の出資で設立された懐徳堂は，1726年に幕府の認可を受けて準官学とされた。

(ハ)K. イタリア出身のV・ラグーザは1876年に来日し，工部美術学校で彫刻を教え，日本の洋風彫刻の基礎を築いた。夫人の玉は洋画家である。

L． イタリア出身のA・フォンタネージは1876年に来日し，工部美術学校で洋画を教え，日本の洋画の基礎を築いた。

M． イタリア出身のE・キヨソネは銅版画家で，1875年に大蔵省に招かれて来日し，紙幣・切手・証券などの製作や指導にあたった。

N． 空欄にはE・フェノロサが入る。1878年に来日したアメリカ人フェノロサは東京大学で哲学などを教えるかたわら，日本美術の研究を進め，1887年に岡倉天心とともに東京美術学校を設立した。

O． イギリス人建築家のJ・コンドルは1877年に来日し，工部大学校で辰野金吾や片山東熊らを育て，建築ではニコライ堂や鹿鳴館を設計した。

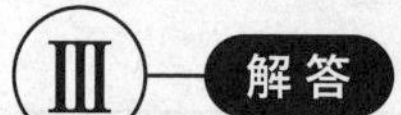

A． 寺社奉行 **B．** 京都所司代 **C．** 勝重
D． 若年寄 **E．** 大目付 **F．** 勘定奉行 **G．** 公事
H． 評定所

解説

《江戸幕府の職制》

A． 寺社奉行は，寺社行政だけでなく，関八州以外の訴状受理などを扱った。空欄Fの勘定奉行がわかれば，三奉行のうち譜代大名が就任する役職と判明するので，寺社奉行を導き出せる。

B． やや難。京都所司代は，朝廷統制や西国大名の監視を担った。大坂城代を経て就任し，老中へと昇進する場合が多かった。譜代大名が就任する役職で，空欄Dの若年寄ではないことを手がかりに判断するとよい。

C． 難問。板倉勝重とその子重宗は，幕府創立当初の京都所司代である。父子とも訴訟の裁定に優れ，朝廷や西国への幕府権力の拡大につとめた。

D． 若年寄は，譜代大名が就任し，老中を補佐するとともに旗本・御家人を監督した。

E． 大目付は，旗本が就任し，大名や幕政の監察にあたった。

F． 勘定奉行は，旗本が就任し，幕府財政と幕領の徴税・訴訟を担った。

G． 難問。公事が正解。享保期に勘定奉行は，訴訟を扱う公事方と，徴税と幕府財政を扱う勝手方に分けられた。

H． 評定所は，幕府の最高司法機関にあたり，役職をまたがる事項や独自に決裁できない事項について，老中・三奉行が合議して裁決した。

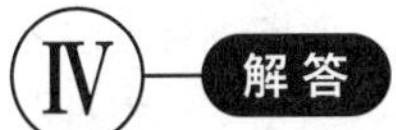

問1． 平賀　**問2．** 源実朝　**問3．** 執権
問4． 北条政子
問5． 在地の有力者が世襲的に任じられ，国衙の行政事務を担当した役人。
問6． 長崎高資　**問7．** 後醍醐天皇　**問8．** 令旨　**問9．** 評定衆
問10． 牧氏事件で失脚した北条時政に代わり，執権となった北条義時は幕府の実権を掌握し，承久の乱の勝利で幕府を安定させたので，北条氏の権力基盤を確立した嫡流の祖とされた。(80字以内)

解説

《鎌倉幕府と北条氏》

問1． 難問。史料(イ)に述べられている牧氏事件は，1205年，北条時政が，源実朝を排除し，後妻の牧の方の娘婿平賀朝雅を将軍に擁立しようとして失敗した出来事である。平賀朝雅は源頼朝と養子関係にあった。時政邸にいた3代将軍源実朝は，北条政子によって北条義時邸に迎え入れられ，時政は出家して隠居を余儀なくされた。空欄Aは北条義時である。

問2． 源実朝が正解。問3・問4の解答がわかれば，祖父が北条時政で，その死後に北条政子が将軍の地位を代行したと判断できるので，源実朝を導き出せる。

問3． 将軍職を後見する役職の初代とある。「遠州」（下線c）と空欄Bは北条時政で，職名は執権である。

問4． 事実上の将軍の地位に就いたとあるから，「尼御台所」（下線d）は尼将軍と呼ばれた北条政子である。

問5．「在庁」（下線e）とは在庁官人のことである。どのような人々がどのような業務を担当したのかを，簡潔に指摘すればよい。北条時政は伊豆国の在庁官人の出身であった。

問6．「高時相模入道」（下線f）は得宗北条高時である。そのもとで内管領として権勢をふるった人物は長崎高資である。

問7． 史料(ロ)に「隠州に左遷し奉り」とあり，隠岐に流されたことがわかるので，「当今皇帝」（下線g）は後醍醐天皇である。

問8． 後醍醐天皇の子で征夷大将軍となった人物は護良親王である。皇族が命令を出す文書様式を令旨という。

問9． 北条義時の子は北条泰時である。泰時は評定衆を設置して，重要政務や裁判の合議のために有力御家人を任命した。

問10. 史料(イ)〜(ハ)を踏まえて，初代の北条時政ではなく，北条義時の法名が家名として選ばれた理由を述べることが求められている。まず，史料を読み取り，自分の知識・理解をもとに考察しよう。(イ)には北条時政が牧氏事件で将軍源実朝の排除を企てたため，北条政子と北条義時によって出家させられたことが述べられている。この事件の後，失脚した時政に代わって義時が執権の地位を継承した。(ロ)の冒頭には北条時政の子孫が「承久以来」勢力を拡大して朝廷を見下すようになったとある。「承久」とは承久の乱を指し，執権北条義時が幕府を勝利に導き，朝廷に対する優位を確立した出来事である。(ハ)の裁判の様子からは，得宗専制政治のもとで北条氏嫡流に権力が集中したことがわかる。以上から，北条時政は牧氏事件で失脚し，それに代わって執権となった北条義時は承久の乱に勝利して幕府権力を安定させたから，その嫡流に権力集中をもたらしたと判断できる。そのため，失脚した時政ではなく，義時が嫡流の祖と仰がれ，その法名が家名として選ばれたのである。

問1. 60　**問2.** 中曽根康弘　**問3.** ゴルバチョフ
問4. ジャパン=バッシング　**問5.** 減量経営
問6. 為替　**問7.** ウルグアイ=ラウンド
問8. 内需拡大を図る超低金利政策が行われたため，金融機関や企業のだぶついた資金が不動産市場や株式市場に流入し，実体経済とかけ離れた地価や株価の高騰をもたらした。(80字以内)

解説

《1980年代の日本経済》

問1. 60が正解。1985（昭和60）年，5カ国蔵相・中央銀行総裁会議（G5）でドル高の是正が合意された（プラザ合意）。

問2. 1985年当時の内閣総理大臣は中曽根康弘である。

問3. 1985年にソ連共産党書記長に就任したゴルバチョフは，国内体制の見直し（ペレストロイカ）を掲げ，市場原理の導入や情報公開を進めた。

問4. やや難。1980年代には日本の対米貿易黒字が激増し，特に自動車の輸出でアメリカの自動車産業は大打撃を受けた。アメリカでは日本製自動車をたたき壊すなどの抗議行動が広まった。このような対日非難をジャパン=バッシングという。

問5． 減量経営が正解。石油危機以降，企業は省エネルギー，人員削減，工場などの自動化といった減量経営を進め，安定成長を支えた。

問6． 為替が正解。問1の設問文にあるように1985年にはドル高が問題になっており，適切な為替相場の実現・安定が必要とされたと判断する。

問7． 難問。ウルグアイ=ラウンドは，1986年の南米のウルグアイで行われた会議から始まったGATTの多角的貿易交渉である。自由貿易の拡大をテーマに7年あまりにわたる交渉が行われた。

問8．「バブル経済」発生のしくみが問われている。史料に1985年の課題として「内需主導型の経済成長を図る」とあり，設問文に1987年から内需主導型の景気回復を果たしたと述べられている。これを踏まえ，内需拡大が「バブル経済」につながったことを説明すればよい。以下の3点を指摘したい。①内需拡大のために金融緩和が進んで超低金利政策が行われた。②金融機関や企業のだぶついた資金が株式や不動産に投資された。③実体経済とかけ離れて株価や地価が高騰した。

講評

2024年度も大問5題の構成で，Ⅰ・Ⅱは語句選択，Ⅲは記述，Ⅳ・Ⅴは論述を含む史料問題という例年通りの構成であった。Ⅰ～Ⅲの選択・記述問題では，一部に難問はあるものの，慶應義塾大学としては標準レベルである。Ⅳ・Ⅴの史料問題は，記述の一部に難問がある。Ⅳの論述は史料の読み取りが前提となっており，Ⅴの論述よりも難しい。難問が多かった2023年度と比べると易化しており，全体としては例年並みの難易度といえそうである。

Ⅰは，(イ)・(ロ)は原始の遺物，(ハ)・(ニ)は古代の地方支配に関する問題文の空欄補充である。選択肢に正解となる適当な語句がない場合は「0」を選択する設問が，2024年度は2つあった。特に難問は見られないので，ここでは全問正解を目指したい。

Ⅱは，古代～近代の教育に関する問題文の空欄補充である。2022年度以降の3年間は，選択肢に正解となる適当な語句がない場合は「0」を選択する形式が用いられている。(イ)大学別曹の名称と設置した氏族，(ロ)藩校の名称と設立した藩，(ハ)御雇い外国人の人名と業績について，正確に覚えているかが問われている。丁寧に学習してきたかどうかで得点差がつく出題であった。

Ⅲは，江戸幕府の職制をテーマとする穴埋めの記述問題である。C・Gが難問である。あとは標準レベルの出題だが，問題文をよく読んで解答を導き出したい。

Ⅳは，鎌倉時代の3つの初見史料をもとに，鎌倉幕府と北条氏に関する事項が問われている。例年通り，設問を手がかりに史料を読み込む必要がある。記述問題は，難問の問1を除けば標準レベルだが，論述問題は史料内容の読み取りが求められており，考察して解答の方向性を見出すことが難しい。

Ⅴは，初見の「前川レポート」をもとに，1980年代の経済状況の理解が問われている。2023年度はⅢで1990年代が出題されており，現代史の学習をおろそかにできない。問4・問7は難しい。論述問題は，史料内容を踏まえる必要はあるが，読み取りは求められていない。

2024年度の論述問題は，2023年度と同様に，Ⅳは史料内容の読み取りを求めるタイプ，Ⅴは読み取りと関係がないタイプの出題であった。両者のタイプが出題されているので，多くの過去問にあたっておくとよい。

世界史

A．カザン=ハン国　B．ドニエプル
C．イェルマーク　D．ネルチンスク
E．ベーリング　F．1867　G．ポーランド　H．カール12世
I．セヴァストーポリ　J．ルーマニア
設問(1)キュリロス　**設問(2)**1861
設問(3)ライプツィヒの戦い〔諸国民戦争〕　**設問(4)**ドラクロワ
設問(5)サライェヴォ

解説

《15～19世紀のロシアの対外進出》

A． やや難。キプチャク=ハン国がティムール軍の侵攻を受けて分裂すると，西部にカザン=ハン国やクリム=ハン国，東部にウズベクとカザフの各政権，北部にシビル=ハン国が成立した。このうち，「ヴォルガ川中流域」を支配したのがカザン=ハン国で，首都カザンでは商工業が発展した。

B． ドニエプル川は現在のロシア・ベラルーシ・ウクライナを南流して黒海に注ぐ。リューリクの後継者オレーグが率いるノルマン人（ルーシ）は，ドニエプル水系を南下し，ドニエプル川右岸に位置するキエフを中心にキエフ公国を建てた。

C． コサックの首領であるイェルマークは，豪商ストロガノフ家の援助を受けて遠征隊を組織し，ウラル山脈を越えて16世紀後半にシビル=ハン国の首都シビルを占領した。これはロシアによるシベリア支配の端緒となった。

D． シベリアを東進したロシアはアムール川（黒竜江）を南下し，清の北辺に迫った。一方，台湾を平定して国内を統一した清の康熙帝はこれに反発し，1689年に露清間でネルチンスク条約が成立した。

E． ロシア海軍の将校であったベーリングは，第1次カムチャッカ探検隊長に任命され，アジア（シベリア）とアメリカとの間の海峡（後にベーリング海峡と呼ばれる）を確認した。第2次探検では北アメリカ沿岸にまで到達し，アリューシャン列島とアラスカがロシア領となった。

F. リード文の「アラスカ購入から2年後，アメリカ合衆国最初の大陸横断鉄道が開通」から解答を導くことができる。最初の大陸横断鉄道が開通したのは1869年で，この年は地中海と紅海を結ぶスエズ運河が完成した年でもある。

G・H. 北方戦争（1700～1721年）ではロシアがポーランド・デンマークと同盟し，スウェーデンと戦った。スウェーデン王カール12世がナルヴァの戦いで勝利して当初戦いを有利に進めたが，ロシアのピョートル1世がポルタヴァの戦いに勝利して戦局を一変させ，1721年のニスタット条約で勝利を確定した。

I. セヴァストーポリは，クリミア半島南端の港市で，ロシア黒海艦隊の軍港であった。クリミア戦争や独ソ戦での攻防戦で知られる。

J. リード文の「モルダヴィア公国」と「ワラキア公国」が「合併して連合公国」となったという部分からルーマニアを導く。ルーマニア公国は1878年のサン=ステファノ条約で独立し（同年のベルリン条約で国際的に承認），その後1881年にルーマニア王国となった。

設問(1) モラヴィア王国は西スラヴ系の人々がチェコ東部に建てた国。ギリシア人宣教師であるキュリロスは，兄のメトディオスとともにモラヴィア王国でギリシア正教を布教した。布教の際に用いたのがグラゴール文字で，これが発展してキリル文字となった。

設問(2) アレクサンドル2世は，クリミア戦争敗北後，「大改革」と呼ばれる上からの近代化を進めた。1861年には農奴解放令を発布して農奴の身分的自由を認めた。

設問(3) ナポレオンのロシア遠征失敗後，ヨーロッパ各国で解放戦争が起こった。1813年のライプツィヒの戦い（諸国民戦争）でプロイセン・ロシア・オーストリア連合軍がナポレオン軍を破って解放戦争の勝利を決定づけると，翌年には同盟軍がパリを攻撃し，ナポレオンは退位を余儀なくされた。

設問(4) ドラクロワは鮮やかな色彩と動的な構図で知られるロマン主義の画家で，「キオス島の虐殺」のほか，七月革命を題材とした「民衆を導く自由の女神」でも知られる。

設問(5) サライェヴォはボスニアの州都であり，1914年にはセルビア人青年がオーストリア帝位継承者夫妻を射殺するサライェヴォ事件が起こった。

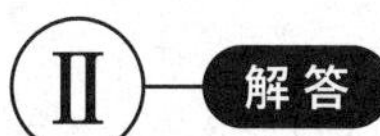

A．ギニア　B．ガーナ　C．トンブクトゥ
D．マラケシュ　E．カネム=ボルヌー　F．ベニン
G．ジョアン２世　H．1494　I．三角〔大西洋三角〕
設問(1)ベルリン会議〔ベルリン=コンゴ会議〕　**設問(2)**ジブチ
設問(3)トレド　**設問(4)**キルワ　**設問(5)**ゴア　**設問(6)**デクラーク

解説

《ニジェール川流域の歴史》

A． やや難。西アフリカを流れるニジェール川は，ギニア共和国の山地を発してサハラ砂漠を南流しギニア湾に注ぐ。ギニア共和国を特定するのはやや難であるが，２つめの空欄の「ギニア湾」で特定したい。

B． ガーナ王国は７世紀頃成立し，サハラ砂漠の岩塩とニジェール川流域産の金を交換するサハラ縦断交易で栄えた。11 世紀後半，イスラーム政権のムラービト朝の攻撃を受け，その後衰退した。

C． トンブクトゥは現マリ共和国内に位置する都市。マリ王国からソンガイ王国の時代にかけて，北からの岩塩，南からの金や奴隷などの交易地として繁栄するとともに，イスラーム文化の中心でもあった。

D．「ムラービト朝の首都」からマラケシュを導く。マラケシュはムラービト朝を討ったムワッヒド朝でも都とされ，マグリブ地方におけるイスラーム文化・学術の中心となった。

E． 難問。カネム=ボルヌー王国は，８世紀頃チャド湖東岸のカネムに建国された。11 世紀頃イスラーム教を受け入れ，14 世紀にチャド湖西岸のボルヌーに遷都している。

F． 難問。「西ナイジェリア」に位置し，奴隷貿易を行った国であることからベニン王国と判断する。現ベナンにあった黒人国家のダホメ王国も，ヨーロッパ商人と奴隷貿易を行った国として知られる。

G・H． ジョアン２世（位 1481～1495 年）は貴族勢力を弾圧して王権を強化し，ポルトガル絶対王政の基礎を築いた。1493 年に教皇アレクサンデル６世が植民地分界線（教皇子午線）を設定したが，翌年にはスペイン・ポルトガル間でトルデシリャス条約が結ばれ，両国による世界分割が行われた。

I. 三角貿易は三地点間の貿易によって収支のバランスを図る貿易で，17～18世紀にかけて行われた三角貿易（大西洋三角貿易）が最初とされる。

設問(1)　ビスマルクの提唱で開かれたベルリン会議（ベルリン=コンゴ会議）では，列強の勢力範囲が定められたほか，先占権などのアフリカ分割の原則が確認され，会議以降列強による分割は加速した。

設問(2)　スエズ運河建設以降アフリカ北東部に進出したフランスは，19世紀末に「アフリカの角」と呼ばれる地域に植民地としてフランス領ソマリランドを建設した。その中心が港市ジブチである。

設問(3)　トレドはスペイン中央部に位置し，8世紀初めにウマイヤ朝が征服したが，11世紀後半にカスティリャ王国が再征服すると「12世紀ルネサンス」の中心となり，西ヨーロッパの学問に多大な影響を与えた。

設問(4)　難問。アフリカ東岸，スワヒリ文化圏の都市としては，北からモガディシュ（ソマリア），マリンディ・モンバサ（以上ケニア），ザンジバル・キルワ（以上タンザニア）などがある。このうち「現タンザニアの南部の小島」で「ポルトガルによって破壊された」のはキルワ。

設問(5)　ゴアは，19世紀にイギリスがインドの植民地化を完成させた以降もポルトガル領であった。第二次世界大戦後，インドが独立を果たすとポルトガルに対する返還要求運動が高揚し，1961年インドが武力で併合した。

設問(6)　デクラークは，南アフリカ共和国の白人体制最後の大統領。1991年にアパルトヘイト撤廃を実現し，1994年にマンデラが大統領に就任すると，副大統領に就任した。

A. アエネイス
B. テオドリック〔テオドリック大王〕
C. ラヴェンナ　**D.** ランゴバルド〔ロンバルド〕
E. ベネディクトゥス　**F.** ピピン〔小ピピン〕　**G.** ルッジェーロ2世
H. ラテン　**I.** レヒフェルト　**J.** コムーネ

解説

《古代～中世のイタリア半島史》

A. やや難。リード文からローマ建国にまつわる英雄叙事詩であることを読み取り，『アエネイス』と判断する。『アエネイス』はアウグストゥスの保護を受けた詩人ウェルギリウスによって著された。

B・C. 全イタリアを支配下に置いたテオドリック大王は，ローマ人も要職に用いて善政を行ったが，宗教的にはアリウス派の信仰を支持した。ラヴェンナはオドアケル王国・東ゴート王国の都を経て，ユスティニアヌス大帝によるイタリア征服以後はビザンツ帝国の総督府が置かれた。

D・F. パンノニアを拠点としたランゴバルド人は，6世紀後半に北イタリアに入り王国を建設した。8世紀に入るとフランク王国の介入を受け，ピピン（小ピピン）にラヴェンナ地方を奪われたのち，カール大帝に併合された。

E. ベネディクトゥスは6世紀前半にイタリア中部のモンテ=カシノに西欧最古の修道院を建てた。聖ベネディクトゥスの戒律と呼ばれる「清貧・純潔・服従」や「祈り，働け」の標語は，西ヨーロッパのキリスト教世界に大きな影響を与えた。

G. ルッジェーロ2世は，ノルマンディー公国出身で初代シチリア伯となったルッジェーロ1世の子である。1130年には教皇からシチリア王位を授けられ，両シチリア王国の初代国王となった。

H. ラテン語は，イタリア半島のラティウムでラテン人が使用した言語から発展した。ラテン人の一派である古代イタリア人が西欧を広く支配するローマ帝国を建てたことから，西欧世界の共通語となった。

I. ハンガリー平原を拠点とするマジャール人はたびたびドイツに侵入し，955年にはアウクスブルクを包囲した。これに対し，ザクセン朝第2代の王オットー1世は軍を率いてアウクスブルク近郊のレヒフェルトでマジャール人を破り，壊滅的な打撃を与えた。

J. コムーネが徴税権や農村支配権なども行使すると，神聖ローマ皇帝は干渉を強化した（イタリア政策）。これに対し，ミラノを中心とする諸都市は自治権保持を目的としてロンバルディア同盟を組織した。

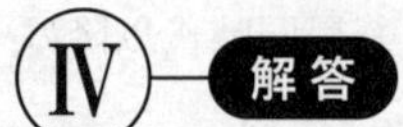

A. 氏　**B.** 煬帝　**C.** ソンツェン=ガンポ
D. 南詔　**E.** 白蓮　**F.** ツォンカパ
G. ラサ　**H.** 山海関　**I.** 盛京〔瀋陽〕　**J.** 理藩院

解説

《4～18世紀のチベットの歴史》

A. 氐は，中国西北辺に居たチベット系民族。五胡十六国時代には氐の苻建が長安を都として前秦を建て，苻堅のとき一時華北を統一したが，淝水の戦いで東晋に敗れて崩壊した。

B. 煬帝は吐谷渾を討って西域への道を開き，ベトナム中部の林邑（チャンパー）も討伐したが，3度の高句麗遠征には失敗した。内政では隋の初代文帝（楊堅）の事業を受け継ぎ，大運河を完成させた。

C. ソンツェン=ガンポは，チベット高原に分割割拠していた諸部族を統一して吐蕃を建国した。チベット文字の制定などに取り組み，以後の王国発展の礎を築いた。

D. 南詔は唐と吐蕃の衰退を背景に9世紀に全盛期を迎えたが，10世紀初めに家臣の簒奪によって滅亡した。その後，雲南の地には10世紀前半に白蛮系の豪族によって大理が建てられた。

E. 白蓮教は民間の仏教的結社で，南宋代の阿弥陀仏信仰に起源をもつが，呪術的傾向を強め，元末以降弥勒下生信仰と結びついて反体制化した。歴代王朝に弾圧されたが宗教結社として存続し，清代の1796年にも大規模な反乱（白蓮教徒の乱）を起こした。

F. チベット仏教では，11世紀以降様々な宗派が成立し，このうち黄帽派（ゲルク派）を創始したのがツォンカパである。旧来の宗派の僧が紅帽をかぶり紅帽派と呼ばれるのに対し，ゲルク派は黄帽を用い黄帽派と呼ばれる。

G. ラサは，ソンツェン=ガンポが吐蕃の都として以来発展し，政教の中心地となった。1965年にチベット自治区が成立すると，その区都となった。

H. 山海関は河北省北東部に位置し，中国内地から東北地方に通じる古来の要地。

I. やや難。瀋陽は遼寧省中部の都市で，後金を建てたヌルハチが1625年に都とし，太宗（ホンタイジ）が盛京と改称した。中華民国時代以降は奉天とも呼ばれた。

J. 理藩院は藩部の管理事務機関で，太宗の内モンゴル平定時に創設された蒙古衙門を起源とする。藩部の事務処理に加えて，ロシアとの外交や通商も担当し，その長官には満州人があてられた。

講 評

Ⅰは15世紀から19世紀までのロシアの対外進出をテーマとした大問。Aのカザン=ハン国，Hのカール12世の難度がやや高めだが，それ以外の問題は基礎的レベルであり，得点源としたい大問である。ロシアの対外進出では，19世紀後半以降の極東進出も頻出テーマであるので，併せて確認しておきたい。

Ⅱはニジェール川流域の歴史をテーマとした大問。Aのギニア，Eのカネム=ボルヌー，Fのベニン，設問(4)のキルワなどの難度が高く，全体的に得点が伸びづらい大問であった。学習の及びにくいアフリカ史ではあるが，クシュ王国などの古代国家，大航海時代，奴隷貿易，アフリカ分割，第二次世界大戦後の独立などのテーマを軸として，理解を深めておきたい。

Ⅲは古代から中世までのイタリア半島の歴史をテーマとした大問。Aの『アエネイス』は著者であるウェルギリウスの名が示されていなかったことから特定が難しかったかもしれない。その他は教科書レベルの標準的問題であったので，取りこぼしのないようにしたい。

Ⅳは4世紀から18世紀までのチベットの歴史を主とした大問である。Iの盛京（瀋陽）はやや難度が高かったが，それ以外は標準的な内容が問われている。Cのソンツェン=ガンポとFのツォンカパは混同しやすいため，吐蕃とチベット仏教の歴史を整理しながら理解しておくことが重要である。また，東アジア史については漢字の正確さで得点差がつきがちなので，十分に注意したい。

2024年度は2023年度と比べて問題の分量に変化はなかった。2023年度よりも若干難度は下がったが，それでも教科書の一部にしか掲載されていないような歴史用語も出題されているため，全体的にはハイレベルな問題といえる。学習の及びにくいアフリカのような地域も大問で出題されるため，地域，そして時代に偏りが出ないよう学習することが重要である。また，全問記述式であることから正確な知識が必須であり，リード文の中から重要なヒントを見つけて解答を導く訓練を積み重ねることを心がけたい。

どうすればよいのか」とする課題文の中心的な話題に限って論じなければならないと窮屈に捉えなくてよい。なお、競争の具体例は、国際関係や経済活動、自他の問題、さらには競技スポーツや学校生活などから広く求めることができよう。

〔解答例〕では、受験者にとって身近な受験競争を例に挙げ、「稀少の判定基準の一元化によって序列が明確化し競争は激化して争いへと転じる」ものとして意味付けたうえで、「多様化する大学入試」としつつも競争が争いに転化するのは「日本社会に存在し続ける一元的な価値観に起因する」と分析し、課題文が「争いを避けて競うこと」を実現するための一つの観点として示す「勝敗の判定基準の多元化」の難しさを指摘した。

講評

二〇二四年度も、要約問題が一問、意見論述問題が一問という形式が踏襲された。字数制限は、設問Ⅰが三〇〇字以上三六〇字以内、設問Ⅱが三二〇字以上四〇〇字以内である。例年、長めの課題文が用意されている。「争わない社会」を作るために筆者が必要だと考える方策について述べられた課題文で、具体例も多く平易な文体であるため読みやすく、内容を把握するのは困難ではない。近代以降の社会で意義が認められてきた競争の限界を指摘し、また、無競争を推奨するわけでもないとし、「争わない社会」を「開かれた依存関係」によって作り出すべきと主張する評論文である。現代社会に対する問題意識のありようを問うものとなっている。

設問Ⅰの要約問題では、多くの話題の中から筆者の主張の主軸を捉えてひと続きの論として読み取る力、そして、その論理の流れを反映させて端的に表現する力が求められる。設問Ⅱの意見論述問題では、課題文の示す多様な論点のうちのいずれかに焦点化し、四〇〇字という厳しい字数の中で論旨の明快な文章を作成する必要がある。試験時間・字数制限・課題文の内容などを勘案するに、高度な読解力・思考力・表現力・構成力が要求される、難度の高い出題といえる。

解説

《争わない「競争」》

設問Ⅰ 課題文全体を要約することが求められている。出典名が示す通り、「争わない社会」を作るための筆者の考えが述べられている文章で、「競争」についての何かしらの具体的イメージを想起して読むことができ、内容も決して難しいものではない。筆者は、稀少な財・サービスを獲得しようとする競争は人類を豊かにする一方で、争いへと転化する危険性ももつとする。このため、「競争のよい面を維持しながら、その歪みを少しでも抑え込む」ために「競争か無競争かの二者択一ではなく、競争の領域と、個々の結果が生み出す影響の範囲をどのように限定するか」を工夫する必要がある、としている。長い課題文には多くの話題が盛り込まれ、なかには派生的なものも少なくないため、それらに振り回されることがないよう注意したい。中心的な論旨に照らしてそれぞれの話題を意味付けながら、筆者の思考の流れを捉える必要がある。これだけのボリュームの内容を限られた字数内に収めなければならないことを勘案するに、具体例は外して論の主軸のみで要約文を作成するのがよいだろう。なお、要約文としてまとめる際には、話題同士の関係性が明確になるよう心がける必要がある。元の文章では文脈の中で内容的に話題の関係性が把握でき、緩やかな論理展開が保たれていたものが、要約文として切り詰めた表現にした場合、事柄の列挙に終始することが少なくない。論理の流れを明確にした要約文を作成したい。

設問Ⅱ 「競争」について、課題文をふまえて自分の意見を述べることが求められている。課題文中の論点は、主軸である「争わない社会への工夫」に直接的にかかわるもの（「稀少」の判定基準の一元化（多元化）」「負けの処理」「曖昧に処理する」「自立や効率といった価値観」）以外にも、「競争原理の限界」や「無競争の問題点」などと数多い。課題文をふまえるとはいえ、これらのすべてに触れることなどできない。よって、自分が焦点化する論点を定め、具体例を示しつつ意見を述べることになる。課題文中に示される「競争について」の何かしらの論点に関しての考えを述べれば、設問の要求に合致したことになるので、「競争のよい面を維持しながら、その歪みを少しでも抑え込むには

小論文

解答例

設問Ⅰ　十九世紀以降、競争は自然選択を通じて成長や革新につながると考えられてきた。競争は財・サービスの総量を増やすという点で人類を豊かにした一方で、そのプロセスに巻き込まれる一人ひとりの人間は競争に苦しんでいる。競争のよい面を維持しつつ歪みを抑え込むにはどうしたらよいのか。競争原理には様々な限界があり、無競争にも問題点はある。よって、二者択一ではなく、競争の領域と個々の結果が生み出す影響の範囲を限定することにより、争いを避けて競えるようにすべきだ。伝統社会は、競争の基準や対象を曖昧にするような様々な工夫をしてきた。ただし、このような工夫は依存関係が閉じている場合にのみ機能する。グローバル化が進行した現在では、そうした工夫に加えて、競争によって可能になると考えられてきた自立や効率などの価値観そのものを見直すことが必要だ。（三〇〇字以上三六〇字以内）

設問Ⅱ　稀少の判定基準の一元化によって序列が明確化し競争は激化して争いへと転じる、との指摘に、受験競争の様相を重ね合わせた。我々は知識獲得の競争に明け暮れ、合格の枠を争っている。総合型選抜や推薦入試の定員が約半数まで増えたとはいえ、これも課外活動での教師の評価を得る競争の中にあり、競争は激化して推薦枠獲得の争いとなる。つまり、一般入試は知識量の競争、推薦入試等は活動実績の獲得競争でしかなく、「多様化する大学入試」といっても、それぞれに一元化した判定基準による争いにすぎない。そして、知識獲得も課外活動も入試の手段であれば、用を果たして不要となった後は放り出されてしまい、競争がもたらすはずの成長には至らない。こうした事態は、有名大学の合格者を「勝ち組」と称して憚らない、日本社会に存在し続ける一元的な価値観に起因する。勝敗の判定基準を多元化して争いに至らない競争を可能にするのは、そう簡単ではない。（三二〇字以上四〇〇字以内）

2023年度

解答編

解答編

英語

解答 (I)デュオが現れるたびに，筆者には少し不快な気分が残ること。(30 字以内)

(II)—(D)

(III)全訳下線部(3)参照。

(IV)没入法の過酷さを経験すると知っていたら日本へ行かなかっただろうし，それをしたことを自慢しない。(50 字以内)

(V)—(ウ)

(VI)全訳下線部(6)参照。

(VII)全訳下線部(7)参照。

(VIII)言語は，目標に沿ってではなく，言語の中に身をさらし，基本的な間違いを重ねながらも理解しようと努力し続けることで習得されると筆者は考える。「問」と「門」の書き間違えは筆者の日本語の理解を象徴するもので，今も習得の途上にあると感じているから。(100 字以上 120 字以内)

(IX)<解答例 1> When we bump against a language environment radically different from anything we have experienced before, we will occasionally be brought to our knees by it.

<解答例 2> At times, we will be almost overwhelmed with the impact of encountering a language environment totally different from what we have experienced before.

◆全　訳◆

≪外国語を習得する難しさ≫

今，私は昼休みで，ライムグリーンのフクロウが歌うセレナーデを聞かされている。「知ってたかな！」と叫び，そのフクロウは私の目の前を自慢げにさっそうと横切っていく。「アメリカではデュオリンゴで言語を学んでいる人は，すべてのアメリカ公立学校制度で外国語を学んでいる人より多いんだ！」

今年は 2019 年で，もうすぐ私は，夏の間イタリアへ旅行することになっていて，気づけばこのデジタルの妖怪，語学学習アプリのデュオリンゴのマスコットに，さまざまな雑学的知識とともにイタリア語の語彙や文法を教えられているというわけだ。私がデュオリンゴの存在を知ったのはつい最近のことだが，それは 23 言語のコースを世界中の 3 億人のユーザーに提供し，驚異的な人気を博していることが知れ渡っている。最初，私にはマスコットのデュオの翼を動かすジェスチャーにかすかに日本的なところがあると思えたが，調べてみれば，上述の雑学的情報から推測できたはずであるように，その会社はアメリカで生まれていた。「無料の教育が実際に世界を変える」という考えのもと，ルイス=フォン=アンとセヴァリン=ハッカーが考案したものだ。

デュオのかん高い鳴き声は音声化されていないが，それにもかかわらず，ホーホーと鳴き，半分気が狂った，ディズニーの悪者風の，知ってたかな！　知ってたかな！　知ってたかな！　という声が，私の頭にこびりついて離れない。いや，実際のところ，私は知らなかった。少なくとも，大きな目と太いまつげのデュオが初めて私に話しかけた時に，私は知らなかった。それが画面に 10 回表示されるまでには，この特定のちょっとした雑学的情報にとても親しみを感じ始めたが，私は他のことにも気づいている。つまり，それは現れるたびに，私を少し嫌な気分にさせておくのだが，ある意味どうしてそうなるのか実際には説明できない。

昼休みをしばしばデュオと過ごしているという事実が明らかにするように，私はこの方法に全く懐疑的というわけではないし，公立学校の語学教育とデュオリンゴモデルとの比較は，少なくとも一見したところでは，常軌を逸したものだとは思わない。言語に特化したアプリの多くとは違い，デュオリンゴは音声コンテンツが不足しているわけではなく，本物の人間が話しているクリップがあり，ユーザーにマイクに向かってフレーズを話すよう促すので，言葉が実際にどう聞こえるか，どう口で感じられるかに少なくともふれることができる。ゲームの世界から与えられるレベルを開錠していく構成は，ユーザーが本当にマスターすることよりも，通過するための戦略に集中することになる可能性があるが，同じ非難は学校の語学教育にも向けられ得るだろう。つまり，たくさんの輪くぐりが存在している。あなたは試験委員会あるいは緑のフクロウがさせたがるように言語を学ぶが，少なくともそれはスタートだ。もしそうでなければ言語教育を受けることがないかもしれない人たちにとって，それが受けやすく楽しいものになるのであれば，それは間違いなくよいことだ。

では，それならばなぜ，デュオの些細な情報が私をそのように不快な気分にさせるのか，なぜ彼がホーホーと自慢するのをねたむのか？　私が不愉快に思う原因は，まったく理不尽なことだが，彼が「学習」という語を使うことにあるとわかり始めている。(3)私が「理不尽なことだが」と言うのは，この「学習」という言葉がさまざまな熱意をもって取り組まれる広範囲にわたるすべての活動を論ずるのに使われるのは妥当なことだと認めているからだ。私の中の寛大で理性をわきまえた部分は，1日に5分ないし20分デュオリンゴを使うことを「語学学習」と呼ぶのを禁じる理由がないことはわかっている。しかし，このように思いながら，私の中の別の部分は憤慨して足を踏みならすのだが，それは最後には足踏みする人が怪我をするような類のもので，そして，世界は現実や真実から目をそらしていると断言する。この部分は自分の意見を率直に言いたがっている。はるかにもっと不安定な学習形態が他にあるということを広く認めてもらいたがっている――デュオリンゴのけばけばしいネオンに対してラジウムが。

私がそれについて語りたい語学学習は，感覚上の爆撃である。それは，占有されること，取りつかれること，肉体の乗っ取りである。音が連続して押し寄せてきては，でたらめな連想を作り出し，あまりに混沌として制御できないやり方なので，耳をふさぎたい欲求に見舞われる――実際には耳をふさいでいる時でさえ，頭は相変わらず反響室状態なのだが。私の興味をそそる語学学習は，通勤を活気づかせることも，いつもの「5連続！　やったね！」でドーパミンをどっと出すこともない。それどころか，決して正しく理解することはなく，いつまでたっても正しく理解できないために自己嫌悪し，次は正しく理解することに自尊心を賭ける。正しく理解すれば，あなたの存在全体の正当性が認められるかのように感じられる。これは，忘れているだけで幼い時に経験したにちがいないことなのだが，忘れてしまっているのは，それが起きた時に幼すぎたからというだけではなく，その経験にひどく不安定なところがあるので，威厳を持って恥を恐れる人間として，私たちはそれを抑圧する運命にあるからだという考えが時々浮かぶ――そんなことをあなたに考えさせるような学習だ。それは目標や境界のない学習で，「没入型」として一般に知られている。頭に浮かぶイメージは，泳ぎのレッスンをそれ以前に一つも受けることなく，たった一人，裸で，海の中を勇敢に歩く姿だ。

独善的な調子から推測しただろうが，私は経験に基づいて話している。「没入法」は，まさに私が日本へ行った時に行ったことなのだが，より正確には私に起きたことは没入だと言えるだろう。もし私がそこへ行く前に自分が巻き込まれようとしていることを知っていたならば，おそらく行く勇気はなかっただろうし，これがわかっているので，それを実践したことを自画自賛したりはしない。少なくとも，緑のフクロウのうぬぼれに直面するまではしていないと思っているが，自分の中にこの経験を承認してほしいと思っている部分があるとわかった。この部分は理性的でないだけではない――通勤の友であるアプリの，目的主導の合理性のすべてに憤慨している。

とりわけ，私がデュオに言いたくて仕方がないのは以下の内容だ。知ってたかな！　全くの初心者として全然違う言語に没入する時，目標を持ったりしないだけじゃない！　目標が何なのかを概念化する体系もない――割り引いて考えること，つまり，「読めるようになる」とか「流暢になる」などの包括的な目標は，その平らな表面の下を探し回れば探し回るほど，それ自体がますます意味のないものに思われ始める！

外国語に没入することは，あなたが実際にこれで学ぼうと決心するまでは音の爆撃で，その後は，これを学べ，これを学べ，これを学べ，という命令の爆撃になる。理解不能なことの波に激しく揺さぶられている時に，基本から始めなさい，と頭の中の声が歌う。しかし，知らない言語の中で生活を続けていると，この「基本的項目」という範疇が理論的にはいかに多くを含み得るかがますます明らかになってくる。挨拶や日常のやりとりはもちろん基本であるが，動詞の基本的な形を知らないと常に恥ずかしい思いをする。数字は全くの基本で，色，衣類，学校で勉強する科目，動物，天気に関係するあらゆること，人を描写する形容詞もそうであることは誰でも知っている。実際には，さらに進んで，あらゆる物が基本だと言うこともでき，子どもの時に母語で学んだであろう最初の言葉――テディ（クマのぬいぐるみ），バギー（乳母車），シューレース（靴ひも）――

を何と言うか知らない時には，とりわけ不安にさせられる。そして，すべての中で最も基本のように思われる語彙，正義，友情，喜び，悪，虚栄心，などの抽象名詞がある。

問題になっている言語が，知っているものとは異なる筆記体系であれば，話し言葉の「基本的項目」をマスターしても，全く新しい基本的項目の範疇が書き言葉で待ち受けているのだから，十分ではない。特に日本語は，このように3つの異なる書体があるのだから――カタカナとひらがな（ひとまとめにして仮名として知られている）の2つの表音文字があり，それぞれに46文字があり，さらに中国由来の文字，漢字があって，そのうちの2,136字が公的に「常用」とみなされている――この点では与え続けてくれる贈り物だ。(6)つまり，あなたをつまずかせ，あなたの日本語の知識がどれほど乏しいかを認めさせるような基本的項目に決して事欠かないということだ。

先週（これは事実だ），漢字を調べなければならなかったが，それは「フクロウ」の意味だとわかった。それは私にとって全く知らないものではなかった。私はそれをいつか学んだことがあり，そして忘れてしまったのだが，それでもその経験は恥ずかしくて私は打ちのめされた。確かに，それは一般的に用いられる字ではないのだが，でも，私は翻訳者ということになっている。私は「フクロウ」のような基本を知っていて当然なのだ。

絶望してフクロウという漢字を座ってじっと見つめ，2分前の私がそれを何とか思い出しさえしたらとか，木の上にいる脚のない鳥だとどうしてわからなかったのだろうとか考えていると，何の前触れもなく，ずっと昔の出来事，2年余り日本語を学んだあとにロンドンにある小さな日本の出版社で仕事を見つけたばかりの時の出来事を思い出した。ある日，私はちらりと顔を上げて，先輩社員のO氏が私の机に近づいてくるのを見た。彼の手には，社員が休暇の申請や報告をする時に提出しなければならない紙片が2枚あり，彼が近づいてきた時，それは私が最近記入したものだとわかった。

(7)「ポリーちゃん」と言いながら，彼は私の横に椅子を引き寄せて，共謀者のようでもあり，教師然としたような態度も装いながら私を見て，「ちょっと話そうか。君の漢字の使い方はめちゃくちゃだ」と言った。

「ああ」というのが，私が答えとして持ち合わせていたすべてだった。

私は，これから起こることに懸念を抱くと同時に，私を個人的に教育する時間を彼が取ろうとしているのをありがたく思った。

「君が書くものは完璧な時もあれば，完全な間違いの時もある」

話しながら，O氏の目が流れ着いたのは私のコンピューターの画面で，私はその縁にたくさんの漢字を書き出した小さなポストイットのメモを貼り付けていた。その中の一つが「烏」だったのを覚えている。それは，「鳥」とよく似ているのだが，目を表す一画がない。これはその前の週に頼まれた翻訳の一つをしている最中に現れ，私はその漢字を知らなかった。

「それは要らない」と，烏を指さしてO氏は言った。彼は他のポストイットのほうに指を動かしながら，どれが必要でどれが必要ないかを私に伝えた。それから，タカのようにねらいをつけて，彼の注意は問題を引き起こしている紙片に戻った。

「見なさい」，指で机をゴツンとたたき，彼は言った。「君が書いたこれを見なさい。これは部首が抜けている。こんなふうに漢字の一部を書き忘れてはいけない。全く違うものを意味することになってしまうのだから。君は『問』と書こうとしているが，これは『門』だ」

おそらく彼は私がついていくのに少し苦労しているのを感じ，私の目をまともに見て，敵意を表しているようにも聞こえる歯切れのいい英語で，「『門』は『ゲート』を意味する。君は『ゲート』と書いている」とはっきり言った。

私は下を向き，当然のことながら彼が正しいのを確認した。私の紙には，英語で表現すると「健康の門のための予期せぬ欠勤」のようなことが書いてあった。

10年が経っても，この出来事は全くありありと身近に感じられ，ある意味，それが相変わらず日本に対しての私の立場を要約しているという考えに抵抗できない。つまり，私はいつも門を書いている。それは，寺で見られるような類の巨大で非常に高い門である。私は，ほんのしばらくの間入ったり出たりし，さまざまに歓迎され，顔をしかめられ，そして番人に追い出されたりしながら，門柱のそばに立っている。内側にいる時でさえも，すぐに再び押し出されるであろうこと，基本的な項目がなぜだかわからないが私の知識から抜け落ちていることに気づくであろうことを絶えず意識している。ときどき，私は，もし私が日本語で学士号を取っていたならば，正式な日本語コースを取っていたならば，博士号を取っていたならば——何らかの方法で，基本を積み重ねる責任を私自身よりももっと大きな体系に委ねていたならば——事情は違っているのだろうかと，自問することがある。答えは，少しは，だと私は思う。足元をすくわれるとか，自分が門の外にいることを突然理解するとかいうことがほんの少しは減るのだろうと想像する。

というのも，学びが主に独学で行われる時，何かを習得することは，それに気づく，あるいはそれを指摘してもらうことにかかっているからだ。他の情報源に助言を求めない限り，学ぶべき項目の目録を正確に把握するには，さらされること，そのようにさらされていることを理解する能力にすべてかかってくるわけで，その重要性が特に高いのはこれまでに経験したものとは根本的に異なる言語や文化の諸相について話している時だ。私たちはそれらに気づき，憤慨したり，興味をそそられたり，風変わりでおもしろいものと考え，それから吸い上げて，リストの一番上に乗せることができる——さもなければ，それらを本当には理解できず，十分にその価値を認めることができない。私たちは波間でもがき，水をがばがば飲み，吐き出して，浮かんでいようとするには忙しすぎる。

◀解　説▶

▶(I)下線部(1)は，直前の I also know something else「私は他のことにも気づいている」を具体的に述べた部分。run-in は「入り込むこと」の意味で，it は第 3 段第 3 文（At least the …）中の Duo「デュオ」を指す。leave *A doing* は「*A* に～させておく」の意味。unclean には「(道徳的に) 汚れた，正しくない」などの意味がある。設問は，下線部(1)が意味するところを説明せよとあるので，具体的な意味を考える。まず，主語の each run-in with it は，下線部(1)を含む文の文頭に By the tenth time it pops up on my screen とあることから，デュオが画面に現れることを意味しているとわかる。また，第 5 段第 1・2 文（So why, then, … the word 'learning'.）に注目すると，筆者がなぜそう感じるかわかってきたと述べていて，下線部の言い換えになっている。It dawns on ～ that …「…ということが～にわかり始める」　第 5 段第 1 文の factoid は「疑似事実，些細な情報」の意味で，下線部(1)が含まれる文中の this particular bit of trivia「この特定のちょっとした雑学的情報」と同じものと解釈できる。情報の具体的な内容は，第１段第２文（'Did you know!' …）の引用符内（'There are more … public school system!'）で述べられている。第５段第１文（So why, then, …）は「なぜ，デュオの些細な情報が私をそのように不快な気分にさせるのか，なぜ彼がホーホーと自慢するのをねたむのか」の意味。unease「不快，不安，困惑」 begrudge「～をねたむ」 第５段第２文（It dawns on …）では，筆者の気分を discomfort「不快，不愉快」とも表現している。これらの内容から，下線部(1)は，デュオが現れるたびに不快な気分になっていることを述べたものと言える。

▶(II)空所(2)を含む文は，コンマごとに３つに分けられる。As で始まる節の主語は the fact で，直後の I から Duo までは the fact の同格節になっている。ここでは that が省略されているが，普通は省略しない。同格節内で進行形が使われていること，lunchtime が複数形になっていることから，筆者が繰り返し昼休みをデュオと過ごしていることがわかる。As は「～するように」の意味の非制限用法の関係代名詞で，関係詞節が主節の前に置かれた構造になっている。先行詞は I am not から methods までの節で reveals の目的語の役割をしている。As で始まる関係詞節は，「昼休みをしばしばデュオと過ごしているという事実が明らかにするように」の意味となり，空所の直前の not entirely「完全に～というわけではない」が部分否定であるから，空所に入るのは(D)「～について懐疑的な」だと判断できるだろう。なお，sceptical はイギリス英語の綴りで，skeptical と同じ意味。一方，and I don't 以下は，find O C「O が C だとわかる」の構文になっている。drawn から model までが the comparison を修飾している。draw a comparison between *A* and *B* で「*A* と *B* を比較する」の意味。and I don't 以下は，「公立学校の語学教育とデュオリンゴモデルとの比較は，少なくとも一見したところでは，常軌を逸したものだとは思わない」の意味になる。outrageous「常軌を逸した，突飛な」 prima facie「一見したところでの，第一印象の」 この文脈に合うのも(D)である。(A)「～に満足して」，(B)「～に困惑して」，(C)「～に精通して」は，いずれも前後の文脈に合わない。

▶(III)まず，unreasonably は say を修飾する副詞ではなく，say の目的語になっている点に注意する。直前の第５段第２文（It dawns on …）で，筆者が unreasonably という語を用いたことを受け，筆者が「理不尽なことだが」という言葉を使った理由を説明する文になっている。this word は直前の文の ‘learning’ を指す。is used to *do*「～するのに使われる」 legitimately「合法的に，正当に」 cover「(話題・対象など) を扱う，論ずる」 a range of ～「広範囲の～，多種多様な～」 undertaken 以下は activities を修飾している。undertake「(事) を始める」 varying「さまざまな，異なる」 intensity「(行動などの) 熱心さ」

▶(IV)下線部(4)は，to go までの前半部と and 以下の後半部に分けられる。前半部では仮定法過去完了が用いられている。If の節は there までで，what は関係代名詞で into の目的語になっている。get *oneself* into ～ で「～に巻き込まれる，(学校など) に入る」の意味があり，ここでは直前第 7 段第 2 文（‘Immersion’ is exactly …）で述べられている，過酷ともいえる没入法に日本で巻き込まれたことを受けているから，前半部は「過酷な没入法に巻き込まれると知っていたら，おそらく日本へ行く勇気はなかっただろう」という主旨になる。may well *do*「たぶん～するだろう」 have the nerve to *do*「～する勇気がある」通例否定文で使われる。後半部の knowing this は理由を表す分詞構文で，this は前半部の内容を指す。go around *doing*「～という（あまりよくない）行動をする」 pat *A* on the back「*A*（人）をよくやったと褒める」 for having done it の for は理由を表し，it は第 7 段第 2 文（‘Immersion’ is exactly …）の「没入法」を指している。後半部は「これがわかっているので，没入法を実践したことを自画自賛して回ったりはしない」という主旨になる。前半部と後半部を合わせて，50 字以内にまとめる。

▶(V)空所(5)を含む節は，非制限用法の関係代名詞 which で始まっていて，S V (the) + 比較級, the + 比較級～「～すればするほど，ますます S V」の構文になっている。which の先行詞は overarching goals「包括的な目標」で，themselves と their も overarching を受けている。この部分を独立させると，As you poke around beneath their smooth surfaces more, overarching goals themselves start to seem less and less [(5)]. と書き換えることができる。poke around は「探し回る」の意味。第 8 段第 2 文（When you immerse …）で，「没入法には目標が存在しない」と述べ，これに続く文（You also have …）のダッシュ（—）までで，「(没入法には) 体系もない」と述べているのだから，筆者は包括的な目標を否定的にとらえていると判断できる。よって，(ウ)「意味のある」を入れれば文脈に合う。(エ)「完全な」を入れると，目標そのものに否定的な筆者の主張とずれてしまうので不適切。(ア)「回避できる」，(イ)「(仕事が) やっかいな」は文脈に合わない。

▶(VI)文頭の Which は非制限用法の主格の関係代名詞で，先行詞は直前第10段第2文（In particular, Japanese …）の「日本語には3つの異なる書体があって，学ぶべき基本項目を与え続けている」という内容。下線部(6)は関係詞節が独立文になったもので，節全体を先行詞とする場合にこのような独立用法が見られる。means の後ろのコンマは，接続詞 that に代わるものとして解釈する。Which の内容を説明するよう求められていないので，Which means の部分は「つまり」と訳せばよい。basics は，第9段第2文（*Just start from* …）以降，数回用いられていて，「基本，基本的な項目」と訳せる。shortage「不足」 there is no shortage of ～「～が十分にある」 trip *A* up「*A*（人）をつまずかせる，（人）に間違いをさせる」 convince *A* of *B*「*A*（人）に *B* を納得させる，確信させる」 how little you know の部分は「どれほど知識が少ないか」のように訳せばよいだろう。

▶(VII)主節 he said の後ろに，pulling ～と looking ～で始まる分詞構文が続いている。pull up a chair で「椅子を引き寄せる」の意味。manage to *do* は「(苦労の末に) どうにか～する」の意味だが，皮肉的に「ものの見事に～する，愚かにも～する」などの意味合いで用いられることもある。conspiratorial は「いわくありげな，共謀（者）の，陰謀をたくらむ」の意，didactic は「教師然とした，説教好きな」の意で，対照的とも言える形容詞が並立していることになる。all over the place「散乱して，めちゃくちゃで」

▶(VIII)言語習得についての筆者の記述を振り返る。第1～5段（It's my lunch … Duolingo's lurid neon.）で，「(デュオリンゴや学校教育で行われている) 目標や試験を使って意欲を高めようとするものとは，全く異なる言語習得の仕方がある」と述べ，第6～10段（The language learning … little you know.）で，「没入法」による言語習得とはどのようなものかを述べている。筆者は，真の言語習得とは，その言語環境に没入してなされると考え，第6段第3～7文（The language learning … known as 'immersive'.）では，デュオリンゴと没入法を比較しながら，「言語習得とは，決して正しく理解することはなく，理解できない自分を嫌悪し，次は正しく理解することに自尊心を賭ける。正しく理解すれば，自分の存在の正当性が認められるように感じられる。……それは目標や境界のない学習で，『没入型』として知られている」という内容を述べている。第8段（In particular, what …）では，デュオリンゴの目標型習得に言及しながら，「現実の言語習得に目標や体系は存在しない」と主張し，第9・10段（Immersion in a … little you know.）では「外国語の習得には，基本的な項目と呼ばれるものが数多く存在する」と述べている。第11～20段（Last week … to health gate.'）では，日本語の翻訳家である筆者が，つい最近の漢字を忘れた経験と，そこから思い出した，漢字を間違えた昔の経験を紹介している。第21段（Even ten years …）では，昔の「問」と「門」の書き間違いに重ねて，筆者の日本語習得に対する思いを述べ，最終段（For when learning …）で，「言語の習得は，言語にさらされながら行われる」とまとめている。

以上の記述を踏まえ，デュオリンゴや学校で行われている語学教育と没入法の対比についての議論と，言語習得に対する筆者の思いをまとめるとよいだろう。

一方，下線部(8)のように感じる理由は，第21段第1文（Even ten years …）の後半部（…and I can't …）の「それが日本に対しての私の立場を要約しているという考えに抵抗できない」に表されている。encapsulate は「～を封じ込める，～を要約する」の意味。status「地位，立場」 in relation to ～「～に関連して」 第21段第3・4文（It's a huge, … from my knowledge.）では，「私の立場」を「門」を使って比喩的に表現し，「門を出たり入ったりしながら門柱のそばに立っている。歓迎されることもあるが，門番に追い出されることもある。中に入っている時でさえ，基本的な間違いを犯してすぐにまた押し出されると常に意識している」という内容が述べられている。つまり，「門」は筆者の日本語の理解を象徴するもので，「問」を「門」と書き間違えるような基本的な過ちを繰り返し，今も習得の途上にあるので，下線部(8)のように感じると言える。

▶(IX)本文中の表現を利用してもよいし，それにこだわらずに英文を作ってもよい。「これまでの経験とは著しく異なる」は，最終段第2文（To the extent …）末尾の radically different from anything we've experienced before を用いることができる。「～にドーンとぶつかる」は比喩的な表現で，さまざまな解釈が可能だろう。＜解答例1＞では，「ドーンと」の表現を訳出するように，bump against ～ で表している。＜解答例2＞では，「ドーンと」を衝撃と解釈して，with the impact of encountering ～「～に遭遇した衝撃でもって」と表している。他には，「～にさらされる」と解釈して，be exposed to ～ や encounter のような表現も考えられるだろう。「打ちのめされそうになる」は，第11段第2文（It wasn't entirely …）の bring *A* to *A*'s knees「*A* を屈服させる，精神的に参らせる」を用いることができる。〔解答例〕の他には，feel battered でも表せる。

●語句・構文●

（第1段）swagger「自慢する，いばって歩く」 jauntily「さっそうと」

（第2段）trivia「雑学的知識」 apparition「幽霊，妖怪」 transpire「知れ渡る，起こる」 phenomenally「驚くほど」 There is something ～ about …「…には～なところがある」 nugget「役に立つ情報，（貴金属の）塊」 brainchild「頭脳の所産，創作品」

（第3段）screech「かん高い鳴き声」 unvoiced「声に出さない」 whoop「（フクロウなどが）ホーホーと鳴く」 demented「気が狂った」 villain「悪人」 -esque 名詞につけて「～風の」という意味の形容詞・名詞を作る。 address「～に話しかける」

（第4段）not entirely ～「完全に～というわけではない」 draw a comparison between *A* and *B*「*A* と *B* を比較する」 prima facie「表面上，一見」 devoid of ～「～が欠けている」 unlock「錠を開ける」 strategy「戦略」 accusation「非難」 level *A* at *B*「*A*（非難など）を *B*（人）に向ける」 hoop-jumping「輪抜け，輪くぐり」

（第5段）factoid「疑似事実，些細な情報」 unease「不快，不安，困惑」 begrudge ～「～をねたむ」 It dawns on ～ that …「…ということが～にわかり始める」 discomfort「不快，不愉快」 reside「（性質などが）存在している」 utterly「完全に」 be used to *do*「～するのに使われる」 legitimately「合法的に，正当に」 cover「～（話題・対象など）を扱う，論ずる」 a range of ～「広範囲の～，多種多様な～」 undertake「～

(事) を始める」 varying「さまざまな，異なる」 intensity「(行動などの) 熱心さ」 generous「寛大な」 rational「理性のある」 bar *A* from *doing*「*A* が〜するのを禁止する，妨げる」 stamp「(足) を踏みならす」 resentfully「憤慨して」 turn *one's* eyes from 〜「〜から目をそらす」 say *one's* piece「言いたいことを率直に言う」 radium「ラジウム」 lurid「(色などが) けばけばしい，ぞっとする」

(第 6 段) sensory「知覚の，感覚上の」 bombardment「爆撃，衝撃，(質問などの) 集中」 possession「所有，占有」 bedevilment「悪魔に取りつかれること」 takeover「乗っ取り」 stream「連続」 pour in 〜「押し寄せる，〜を浴びせる」 strike off 〜「(絵・詩文など) を即座に作る」 scattershot「でたらめの，むやみやたらな」 association「連想されるもの」 chaotic「混沌とした」 out of control「制御できない」 echo chamber「反響室」 fascinate「〜の興味をそそる」 liven「〜を活気づかせる」 commute「通勤 (通学)」 score「〜を記録する」 dopamine「ドーパミン」 in a row「連続して」 get it right「正しく理解する」 stake *A* on *B*「*B* に *A* (金・命・名誉など) を賭ける」 self-worth「自尊心」 validate「〜の正当性を立証する」 infancy「幼児期」 at times「時々」 it occurs to *A* that 〜「*A* (人) に〜という考えが思い浮かぶ」 destabilizing「不安定な」 dignified「威厳のある」 be destined to *do*「〜するように運命づけられている，必ず〜することになる」 repress「〜を抑制する」 immersive「没入型の」 spring「わき起こる」 lone「孤独の，たった一つの」 wade「(水の中を) 歩く」 gallantly「勇敢に」

(第 7 段) infer from 〜「〜から推測する」 self-righteous「ひとりよがりの，独善的な」 immersion「(学習法としての) 没入法，没頭」 get *oneself* into 〜「〜に巻き込まれる，(学校など) に入る」 may well *do*「たぶん〜するだろう」 have the nerve to *do*「[通例否定文で] 〜する勇気がある」 go around *doing*「〜という (あまりよくない方法で) 行動をする」 pat *A* on the back「*A* (人) をよくやったと褒める」 be confronted with 〜「(困難など) に直面する」 furious「ひどく立腹した」 -driven「〜主導の，〜に影響を受けた」の意の形容詞連結形。 rationality「合理性」

（第8段）burn to *do*「しきりに～したがる」 immerse「～を（完全に）浸す，没頭させる」 conceptualize「～を概念化する」
（第9段）imperative「命令」 toss「～を放り上げる，激しく揺さぶる」 incomprehensibility「理解できないこと，不可解」 category「範疇」 theoretically「理論的には」 encompass「～を含む」 interaction「やりとり，交流」 alarming「不安にさせる，あわてさせる」
（第10段）in question「問題の，当該の」 await「～を待ち受ける」 script「書体」 第2文（In particular, Japanese …）の having as it does … は，having three different scripts「3つの異なる書体があるので」の意味の分詞構文に，as it does「このように」が強調のために挿入されたもの。does は has の代わりに用いられた代動詞である。 phonetic「音声の」 collectively「集合的に」 apiece「個々に」 deem「～だと考える」 shortage「不足」 there is no shortage of ～「～が十分にある」 trip *A* up「*A*（人）をつまずかせる，（人）に間違いをさせる」 convince *A* of *B*「*A*（人）に *B* を納得させる，確信させる」
（第11段）somewhere down the line「いつか」
（第12段）in despair「絶望して」 slip「紙片」
（第13段）pull up a chair「椅子を引き寄せる」 manage to *do*「（苦労の末に）どうにか～する」 conspiratorial「いわくありげな，共謀（者）の，陰謀をたくらむ」 didactic「教師然とした，説教好きな」 all over the place「散乱して，めちゃくちゃで」
（第14段）wherewithal to *do*「～するための資金，手段」 simultaneously「同時に」 apprehensive「懸念して」 feel flattered ～「～をありがたく思う，～に気分をよくする」
（第15段）off「間違った，外れた」
（第16段）stroke「（字の）一画」 crop up「（問題などが）突然現れる，（名前・話題などが）持ち上がる」
（第17段）hover「さまよわせる，漂わす」 offending「問題を引き起こす，人の気を悪くする，元凶の」
（第18段）thump「～をゴツンとたたく」 radical「（漢字の）部首」
（第19段）keep up「同じ速度で進む，ついていく」 enunciate「（理論など）を明確に述べる」 crispness「（態度・口調などの）きびきびした様，歯切れのよさ」 border on ～「ほとんど～の状態である，～に近い」 hostility「反感，敵意」

(第 20 段) render「～を（言葉・絵などで）表現する」 unforeseen「予期しない」

(第 21 段) encapsulate「かいつまんで説明する，要約する」 status「地位，立場」 in relation to ～「～に関連して」 to wit「すなわち」 momentarily「ちょっとの間，刻々と」 frown at ～「～に眉をひそめる」 oust「～を追い出す」 perpetually「絶え間なく」 inexplicably「説明がつかないほど，どうしてかわからないが」 PhD「博士号」 entrust *A* to *B*「*A* を *B* に任せる，委ねる」 accumulate「～を積み上げる」 liable「～しがちな」 pull the rug from underneath ～「(人) の足元をすくう」

(最終段) autodidactic「独学の」 to the extent that ～「～するほどまでに，～という点で，～する限り」 inventory「目録，一覧表」 be down to ～「(行為・決定などが)～の責任である，～次第である」 exposure「(危険・風雨などに) さらされること，(考え方・文化などに) 触れること」 relevant「関連がある，実質的な価値がある」 radically「根本的に」 intrigue「～の興味をそそる」 exoticize は，exotic「異国風な，風変りでおもしろい」に -ize「～のように取り扱う」を表す動詞語尾がついたもの。 hoover *A* up「掃除機で *A* を吸う，(大量に) *A* を集める」 bump「～をぶつける」 rota「(するべきことの) リスト，登録簿，名簿」 thrash「もがく，のたうち回る」 gulp「がぶがぶと飲む」 spit「(つばを) 吐く」 afloat「水上に浮かんで」

❖講　評

2023 年度も長文読解問題が 1 題のみ，語数は約 2160 語で，設問数は 9 問，設問内容はほぼ例年通りであった。

英文は，没入法による言語習得について述べたもので，没入法とは対照的なアプリによる言語習得に対する批判から始まり，日本文学の翻訳者でもある筆者の体験も語られている。段構成のはっきりとした論説文ではないので，要旨の把握が難しい。普段目にしないような単語やイディオム，例外的なコンマの使用も散見されるので，なおのこと理解に時間を要しただろう。

(Ⅱ), (Ⅴ)の選択問題は，文構造を正確に把握した上で，文脈から判断する必要がある。(Ⅲ), (Ⅵ), (Ⅶ)は英文和訳で，いずれも，自然な日本語に直すには工夫が必要だが，(Ⅵ), (Ⅶ)は比較的平易である。(Ⅰ), (Ⅳ), (Ⅷ)は内容説明問題。(Ⅰ)と(Ⅳ)は，1文程度に下線が引かれ，「意味するところを」制限字数内で説明せよ，という設問であった。(Ⅳ)は下線部を中心にその直前の内容を含めて要約することで解答できるが，(Ⅰ)は解答の手がかりが2段後ろにあり，難しい。(Ⅷ)は，「言語習得についての筆者の思いや議論」と「下線部(8)のように感じる理由」の2点が求められているので，情報の整理に加えて，字数制限内にまとめるのに時間を要する。(Ⅸ)の英作文は，比喩的な表現をどう英訳するかがカギになるだろう。

辞書の使用は，本当に必要な箇所だけに限らないと時間が足りなくなる。例年通り，英語力，思考力，日本語の表現力が試された問題である。

日本史

I　解答

(イ)A－7　B－1　C－9　D－0

(ロ)E－8　F－3　G－4　H－1

(ハ)I－2　J－8　K－0　L－9

(ニ)M－5　N－6　O－9

(ホ)P－7　Q－3　R－6

◀解　説▶

≪古代の対外関係≫

▶(イ)A．『後漢書』東夷伝は，建武中元2年に倭の奴国が朝貢したことを記している。建武中元2年は紀元57年にあたる。

B．洛陽は後漢・晋が都とした。選択肢にある長安は前漢・隋・唐が都とした。

C．239年，卑弥呼は魏に使いを送り，「親魏倭王」の称号と金印，多数の銅鏡などをおくられた。

D．空欄には狗奴国が入る。「魏志」倭人伝は，卑弥呼が晩年には狗奴国と争ったことを記している。

▶(ロ)E．箸墓古墳は，奈良県桜井市にあり，出現期の最大の規模をもつ前方後円墳である。

F．加耶諸国は，弁韓と呼ばれた朝鮮半島南部の地域で，6世紀まで小国連合的な状態が続いた。鉄資源を産出し，倭国と密接な関係をもった。

G．好太王碑は，高句麗の好太王の事績を記した石碑で，碑文は4世紀末から5世紀初めの朝鮮半島情勢を知る貴重な史料である。

H．好太王碑の碑文には，倭国が高句麗と交戦したことが記されている。

▶(ハ)I．592年，蘇我馬子によって崇峻天皇が暗殺されると，敏達天皇の后であった推古天皇が即位した。

J．冠位十二階は603年に定められた。選択肢にある憲法十七条は604年に定められた。

K．空欄には『隋書』が入る。推古天皇の治世の記述がある中国の歴史書と判断すればよい。

L．やや難。『隋書』は，7世紀の倭国には中国の地方官のような軍尼が存在したと記されている。軍尼は「クニ」を漢字で表記したもの。

▶(ニ)M．難問。702年に派遣された遣唐使の大使を務めたのは粟田真人である。

N．難問。則天武后は唐の高宗の皇后で，690年に国号を周と改め，自ら皇帝を称し，中国史上唯一の女帝となり，705年まで在位した。

O．8世紀の遣唐使は，ほぼ20年に一度の割合で派遣された。

▶(ホ)P．698年，中国東北部に建国された渤海は，唐・新羅との対抗関係から，727年に日本に使節を派遣して国交を求めた。

Q．和同開珎は渤海の都城跡からも発見され，日本との交流を裏付ける。

R．926年，渤海は契丹（のちの遼）の侵攻を受けて滅亡した。

II　解答

(イ)A－7　B－0　C－3　D－2
(ロ)E－4　F－1　G－2　H－0　I－7
(ハ)J－0　K－5　L－6　M－1　N－4　O－7

◀解　説▶

≪古代～近代の絹と木綿≫

▶(イ)A．『日本書紀』によれば，秦氏の祖先とされる弓月君は，応神天皇のとき，127県の民を率いて渡来して養蚕・機織を伝えたとされる。

B．空欄には調が入る。調は郷土の特産品を中央政府に納める租税で，絹・絁が含まれる。絁とは古代の絹織物の一種である。

C．西陣織は京都の西陣で生産される高級絹織物である。18世紀以降に生糸の国産化が進展するまで，中国産の生糸が原料として使用された。

D．18世紀中頃には，上野の桐生などでも高級絹織物の生産が始まった。

▶(ロ)E．菅原道真の編による『類聚国史』は，編年体の六国史の記事を内容によって部門別に分類・編集した歴史書である。

F．応永の外寇は，1419年に朝鮮が倭寇の根拠地と考えていた対馬を襲撃した事件で，日朝貿易は一時中断した。

G．九十九里浜は鰯の大産地である。鰯を加工した干鰯は，金肥として取引され，他地域の商品作物生産の肥料として用いられた。

H．空欄には大蔵永常が入る。その主著である『広益国産考』は，多数の商品作物を取り上げ，栽培・加工方法から流通過程にまで言及している。

I．やや難。江戸時代の特産物のうち，小倉織・久留米絣・有松絞などは綿織物である。選択肢にある博多織は絹織物である。

▶(ハ) J．空欄には 1859 が入る。1858 年に日米修好通商条約をはじめとする安政の五カ国条約が締結され，1859 年から神奈川（横浜）・長崎・箱館で貿易が開始された。

K．輸出品のうち，生糸についで輸出額が多いのは茶である。

L．貿易額全体としては，1866 年まで輸出超過だった。しかし，1866 年，改税約書の調印によって関税率が引き下げられると，輸入超過となった。

M．大阪紡績会社は，1883 年に操業を開始し，輸入の紡績機械・蒸気機関を用いて昼夜二交代で操業し，大規模経営に成功した。

※本問については，学術的には問題ないが，高等学校の一部の教科書にそれとは異なる表現が見られたため，全受験者が正解を解答したものとみなして加点する措置が取られたことが大学から公表されている。

N．国内における綿糸生産が増大した結果，1890 年には綿糸の生産高が輸入高を上まわり，輸入綿糸を駆逐することに成功した。

O．日清戦争頃から中国・朝鮮への綿糸輸出が増大した結果，1897 年には綿糸の輸出高が輸入高を上まわり，綿糸紡績業は輸出産業に転換した。

III 解答

A．モザンビーク　B．羽田孜　C．細川護熙
D．橋本龍太郎　E．財政構造改革　F．北海道拓殖
G．小渕恵三　H．自由

◀解　説▶

≪1990 年代の政治と経済≫

▶A．難問。モザンビークが正解。1992 年の PKO 協力法の制定後，1993 年には，内戦が続いたアフリカのモザンビークにおける国連平和維持活動（PKO）に自衛隊が派遣された。

▶B．羽田孜は，1993 年に自民党を離党して新生党を結成した。1994 年，細川護熙内閣ののちに，羽田孜内閣が成立したが，短命に終わった。

▶C．細川護熙は，1992 年に日本新党を結成し，1993 年の総選挙で自民党が大敗北して宮沢喜一内閣が退陣すると，非自民 8 党派の連立政権の首相となった。

▶D．橋本龍太郎は，自民党・社会党・新党さきがけの連立政権で，社会

党を首班とする村山富市内閣が1996年に退陣すると，連立政権を引き継いで自民党を首班とする内閣を発足させた。

▶E．難問。財政構造改革法は，橋本龍太郎内閣のもとで1997年に成立した。財政健全化を目指したが，経済危機に直面して景気後退が進んだ。小渕恵三内閣は，1998年に財政構造改革法停止法を成立させて景気回復を優先した。

▶F．難問。北海道拓殖銀行は，1900年，北海道開拓の資金供給を目的に設立された特殊銀行で，1950年に普通銀行に転換した。1997年に巨額の不良債権を抱えて経営破綻した。

▶G．小渕恵三は，1998年に参議院議員選挙の敗北の責任をとって退陣した橋本龍太郎内閣のあとをうけて首相となり，当初は自民党単独内閣を組織した。

▶H．難問。自由党は，新進党の分裂後，1998年に小沢一郎を党首として結成された。自由党は，参議院で過半数を確保してねじれを解消したい自民党との協議を進め，1999年1月に政権参加を実現し，小渕恵三内閣は自由党との連立政権となった。

Ⅳ　解答

問1．山名氏清　問2．土岐　問3．足利義満
問4．山名持豊〔山名宗全〕　問5．義就
問6．足利義教　問7．嘉吉の変　問8．斯波義廉　問9．北条氏綱
問10．足利義政は，義満・義教の政治姿勢にならい，有力守護家の家督相続に介入して勢力削減をはかったが，将軍の政治力低下もあり，乱の一因となる管領家の家督争いを助長した。(80字以内)

◀解　説▶

≪室町幕府と守護大名≫

▶問1．山名氏清は，足利義満に挑発された甥の山名満幸に焚きつけられ，1391年に挙兵して京都に攻め入ったが，義満率いる幕府軍に討ち取られた。これを明徳の乱という。まず，史料(イ)の出典の『明徳記』から明徳の乱を想起する。ついで問3の解答から「貴殿様」（下線c）が足利義満とわかれば，その挑発を受けていることが史料(イ)から読み取れるので，甥とともに挙兵した「奥州」が山名氏清であると判断できる。

▶問2．土岐が正解。1390年，足利義満は有力守護である土岐氏の内紛

に介入して討伐し，勢力を削減した。「一家ヲ亡サルベキ御結構」（下線b）は討伐されて滅ぼされるの意味で，前年にその被害を受けたと設問にあることから判断する。

▶問 3．足利義満が正解。「鹿苑院殿」は出家した義満の法号である。義満が京都の北山に壮麗な山荘を建て，死後，鹿苑寺となったことを想起し，義満を指していると判断する。史料(ハ)に「鹿苑院殿」が元服する際に細川頼之が加冠したと述べられていることも，解答の手がかりとなる。

▶問 4．山名持豊が正解。山名氏は 11 カ国の守護を兼ね，六分の一殿と呼ばれるほどの勢力を誇った。有力守護の勢力削減を企図した足利義満は，山名時義の死後に生じた山名氏の内紛に介入し，まず氏清と満幸に命じて時義の子時熙らを討たせた。「与州」（下線ｄ）は山名時義を指しており，その孫は応仁の乱の中心人物となった山名持豊である。

▶問 5．やや難。応仁の乱において，山名持豊が率いる西軍に属した畠山氏は畠山義就である。義就の父にあたる「畠山尾張守」（下線ｅ）とは畠山持国である。

▶問 6．足利義教が正解。史料(ロ)によれば，「永享」年間に「畠山尾張守」（下線ｅ）が没落した理由として，関東出兵の命令に難色を示したので，退去を言いつけられたと述べられている。一連のことは「永享」年間に在位した将軍が命じていると判断し，足利義教を答える。「普広院」は義教の法号である。問 7 の設問文に 5 ヶ月後の事件で落命したと述べられていることも，解答の手がかりとなる。

▶問 7．嘉吉の変は，1441 年，将軍足利義教が有力守護の赤松満祐によって殺害された事件である。

▶問 8．難問。斯波義廉が正解。史料(ホ)の「右兵衛佐」（下線ｈ）は斯波義敏で，守護代の「甲斐」（下線ｇ）氏と対立し，主従間で合戦となった。将軍足利義政は，「甲斐」氏を支援して，渋川氏出身の斯波義廉に家督を相続させた。問 10 の設問文から足利義政の治世の出来事で，応仁の乱と関係する家督争いと想起できるが，斯波義廉を導き出すのは難しい。

▶問 9．難問。北条氏綱が正解。伊豆の大名となった「伊勢守」（下線ｉ）の甥とは北条早雲（伊勢宗瑞）である。その子北条氏綱は小田原城を拠点に南関東に勢力を拡大した。設問中の「その子」に注目して解答する必要がある。

▶問 10．史料(イ)～(ヘ)を踏まえて，足利義政の政治姿勢と応仁の乱勃発との関係性を論じることが求められている。6つの難解な初見史料の読解が必要で，かなりの難問である。史料のうち(ホ)・(ヘ)は，応仁の乱勃発の背景となった管領斯波家の家督争いが述べられている。足利義政は，史料(ホ)では斯波義敏と家臣の甲斐氏との内紛に介入し，甲斐氏を支持して義敏を排除したが，史料(ヘ)では義敏を赦免して復権させている。義政が斯波家の家督争いに介入する政治姿勢をとり，それがかえって事態を複雑化させ，家督争いを助長したことがわかる。史料(イ)は足利義満が山名氏の家督相続に介入して勢力削減をはかったこと，史料(ロ)は足利義教が管領畠山家の家督交代を強権的に進めたことが述べられている。また，史料(ハ)・(ニ)によれば，義政は義満にならって元服の儀式を行い，義教のように将軍専制を志向したとわかるので，義政は義満・義教の政治姿勢を踏襲して管領家の家督争いに介入したと判断できる。しかし，義満・義教の頃と比べて将軍権力は弱体化していたから場当たり的な対応となり，家督争いをいっそう激化させ，応仁の乱を引き起こすことにつながったのである。足利義政の政治姿勢と応仁の乱勃発との関係性を，有力守護家の家督相続への介入という視点でまとめたい。

V　解答

問１．1789 年　問２．徳川家斉　問３．浅草御蔵
問４．札差　問５．六　問６．棄捐　問７．天保
問８．蔦屋重三郎
問９．幕府役人として寛政の改革を担う旗本・御家人の経済的苦境を救い，生活安定をはかるため，札差に古い債務の破棄などを命じた。その結果，打撃を受けた札差は旗本・御家人への融資を控えるようになり，混乱を招いた。(100 字以内)

◀解　説▶

≪寛政の改革と棄捐令≫

▶問１．難問。1789 年が正解。史料の冒頭に「御旗本・御家人勝手向御救いのため，蔵宿借金仕法御改正」とあり，旗本・御家人の暮らし向きを改善するため，蔵宿からの借金の仕方の改正を命じたことがわかる。ここから寛政の改革で出された棄捐令とわかるが，正確な西暦年を答えるのは難しい。

▶問2．徳川家斉は，11代将軍に就任後，松平定信を老中に登用して寛政の改革にあたらせた。

▶問3．難問。浅草御蔵は，浅草の隅田川沿いに設けられた幕府最大の米蔵で，旗本・御家人に対する俸禄米（蔵米）の支給を主な役割とした。

▶問4．札差は，旗本・御家人の代理として俸禄米（蔵米）の受取・売却を行った商人をいう。俸禄米を担保に金貸しなども行い，巨利を得ていた。蔵宿は札差の別称である。

▶問5．難問。空欄には六が入る。棄捐令では，6年以前（1784年以前）の借金について債務の破棄を命じた。

▶問6．棄捐とは貸借関係の破棄をいう。史料が棄捐令であると判断できていれば，漢字2文字の指示から棄捐を解答として導き出せる。

▶問7．難問。空欄には天保が入る。享保の改革以後，幕府は触を類別に編集する御触書集成の編纂事業を進めた。編纂開始の年代から寛保・宝暦・天明・天保の4つが成立した。棄捐令など寛政の改革に関する触は，御触書天保集成に収録されている。

▶問8．蔦屋重三郎は，本屋である耕書堂を経営し，恋川春町の黄表紙や山東京伝の洒落本などを刊行したが，寛政の改革で処罰され，財産の半分を没収された。

▶問9．棄捐令が出された理由とその結果が問われている。理由は，史料の冒頭に「御旗本・御家人勝手向御救いのため，蔵宿借金仕法御改正」とあることをふまえ，寛政の改革との関係に留意してまとめればよい。旗本・御家人の経済的苦境を救う必要があったのは，幕府役人として改革政治を担う存在だったからである。結果は，一部の教科書にしか説明されていないので難しい。債務の破棄を命じれば，どのような事態が生じるかを考えてみよう。札差が打撃を受け，新たな融資を控えるようになると推測できる。なお，この混乱に対し，幕府は札差に救済融資を行った。

❖講　評

2023年度も大問5題の構成で，Ⅰ・Ⅱは語句選択，Ⅲは記述，Ⅳ・Ⅴは論述を含む史料問題という例年通りの構成であった。Ⅰ・Ⅱの選択問題は慶應義塾大学としては標準レベルだが，Ⅲの記述問題は漢字表記を含めてかなり難しい。史料問題のうち，Ⅳは記述・論述ともに相当の難問である。Ⅴも難問が含まれている。全体として2022年度よりかなり難化している。

Ⅰは，古代の対外関係に関する問題文の空欄補充である。選択肢に正解となる適当な語句がない場合は「0」を選択する設問が，2023年度は2つあった。M・Nが難問であり，D・I・K・L・Qは差がつく設問である。

Ⅱは，古代〜近代の絹と木綿に関する問題文の空欄補充である。2022年度と同じく，選択肢に正解となる適当な語句がない場合は「0」を選択する形式だった。Iはやや難，D・Jは差がつきそうだが，標準的なレベルの設問が大半なので，得点を積み上げておきたい。

Ⅲは，1990年代の政治・経済をテーマとする穴埋めの記述問題で，A・E・F・Hではかなり細かい知識が問われている。教科書に記述があるとはいえ，平成期まで学習が及んでいなかった受験生は苦戦しただろう。平成期の首相を押さえていたかどうかがポイントで，正確に漢字で表記するのも難しかった。

Ⅳは，6つの初見史料をもとに，室町幕府と守護大名に関する事項が問われている。設問を手がかりに史料を読み込む必要があり，問われている事項の難易度も高い。解答に時間を要するという点でも，2023年度で一番の難問であった。論述問題も史料内容の読み取りが求められており，史料解釈も容易ではないから，解答の方向性を見出すことは難しかった。

Ⅴは，棄捐令の史料をもとに，寛政の改革に関する事項が問われている。市販の史料集に掲載されている史料だが，問1・問3・問5・問7は難問である。論述問題は，史料内容をふまえる必要はあるが，読み取りはあまり求められていない。棄損令が出された理由の論述は寛政の改革との関係に言及できたかで差がついただろう。結果は一部の教科書にしか記述はないが，推測は可能である。

2023年度の論述問題は，Ⅳは史料内容の読み取りを求めるタイプ，Ⅴは読み取りとあまり関係がないタイプの出題であった。過去にも両方のタイプが出題されているので，多くの過去問にあたっておくとよい。

世界史

I 解答

A．太陰太陽暦　B．アリスタルコス
C．プトレマイオス　D．ジョルダーノ=ブルーノ
E．ケプラー　F．ヴィルヘルム2世　G．ライト兄弟　H．ドレスデン
I．大陸間弾道ミサイル〔ICBM〕　J．アポロ11号
設問(1)テオティワカン文明　設問(2)フランチェスコ修道会
設問(3)ダントン　設問(4)宣教師外交　設問(5)フルシチョフ

◀解　説▶

≪天文学と飛行に関する歴史≫

▶A．太陰太陽暦は月の満ち欠けに太陽運行を加味し，閏月を挿入する暦で，古代メソポタミアのほか中国でも用いられた。一方，古代エジプトでは太陽暦が用いられ，前1世紀にローマのカエサルがこれを採用してユリウス暦を制定した。現行の太陽暦であるグレゴリウス暦（16世紀制定）はこのユリウス暦をもととしたものである。また，イスラーム世界では現在も純粋な太陰暦が用いられている。

▶B．アリスタルコスが活躍したヘレニズム時代にはアレクサンドリアのムセイオンで自然科学が発達し，ムセイオンの館長を務めたエラトステネスは地球の周囲を科学的に測定した。なお，アリスタルコスの出身であるサモス島は，古代ギリシアの哲学者・数学者であるピタゴラスの出身地としても知られる。

▶C．プトレマイオスはローマ時代のギリシアの天文学者で，英語ではトレミー。彼の著書『天文学大全』（『アルマゲスト』）は後世のヨーロッパ世界に影響を与えただけでなく，アラビア語にも訳されてイスラーム世界においても支配的学説となった。

▶D・E．地動説を唱えたジョルダーノ=ブルーノはルネサンス末期の哲学者で，彼が火刑に処された1600年は16世紀最後の年にあたる。つづく17世紀は「科学革命」の時代と呼ばれ，地動説を唱えたガリレイや惑星運行の法則を理論化したケプラー，そして万有引力の法則を発見したニュートンなどが活動し，近代科学技術の発達を準備する時代となった。ジョ

ルダーノ=ブルーノはやや難。

▶F．「19世紀末から20世紀初頭」のドイツ皇帝は1888年に即位したヴィルヘルム2世。首相ビスマルクを1890年に事実上罷免し，「世界政策」と呼ばれる帝国主義政策を展開した。

▶G．ライト兄弟（兄ウィルバー，弟オービル）はグライダーによる飛行実験を重ねたのち，1903年，アメリカのノースカロライナ州のキティーホークの海岸で，ガソリンエンジンを搭載した有人の動力飛行機の実験に成功した。

▶H．難問。1945年2月に米英軍によって行われたドレスデン大空襲では都市の大部分が破壊され，多くの犠牲者が出た。その後1945年4月にヒトラーが自殺，5月7日にドイツは無条件降伏し，第二次世界大戦におけるヨーロッパの戦争が終結した。

▶I．やや難。兵器は使用目的によって戦略兵器や戦域兵器などに分けられる。戦略兵器は相手の国全体を破壊しうる能力を持つ兵器で，長射程の大陸間弾道ミサイル（ICBM）や潜水艦発射弾道ミサイルなどが該当する。一方，戦域兵器は一定の地域内での戦闘を想定した兵器で，中距離弾道ミサイルなどが該当する。「有効射程距離が5500キロメートルを超え」や「陸上発射型」から大陸間弾道ミサイル（ICBM）が正解である。

▶J．人間の月面着陸と地球帰還をめざすアポロ計画は，アメリカ航空宇宙局（NASA）を中心に行われた。1961年に始まり，1969年にアポロ11号が初の月面着陸に成功，1972年のアポロ17号で終了した。

▶設問⑴メキシコ高原から中央アメリカにかけて成立した古代文明をメソアメリカ文明（中米文明）と呼び，テオティワカン文明のほかオルメカ文明やアステカ文明，マヤ文明などが知られる。

▶設問⑵中部イタリアのアッシジに創設されたフランチェスコ修道会は海外伝道にも注力した。モンゴル帝国を訪れたプラノ=カルピニやルブルック，元の大都を訪れて中国最初のカトリック布教者となったモンテ=コルヴィノは同修道会の修道士である。

▶設問⑶やや難。ダントンが山岳派右派を主導したのに対し，山岳派最左派として活動したのがエベール。両名ともロベスピエールと対立して1794年に処刑された。

▶設問⑷20世紀前半のアメリカ外交政策の呼称には，ウッドロー=ウィルソン大統領の宣教師外交のほか，セオドア=ローズヴェルト大統領のカリブ海政策に対する棍棒外交や，タフト大統領のカリブ海・中南米および東アジア外交に対するドル外交などがある。

▶設問(5)スターリンの死後，共産党第一書記となったフルシチョフは，1956年にスターリン批判を行い，コミンフォルム解散を主導した。また，1962年のキューバ危機に対処し，翌1963年には部分的核実験停止条約に調印した。

Ⅱ 解答

A．バヤジット1世　B．トプカプ　C．ラマダーン　D．サマルカンド　E．パンノニア　F．イスマーイール　G．アドリア　H．シパーヒー　I．トゥグルク　J．セリム2世

設問(1)マームーン　設問(2)インノケンティウス3世

設問(3)ルーム=セルジューク朝　設問(4)1826　設問(5)マンサ=ムーサ

◀解　説▶

≪19世紀までのオスマン帝国史≫

▶A．バヤジット1世は，リード文中にある「ニコポリスの戦い」に勝利したが，アンカラの戦いでティムールに敗れて捕虜になっている。

▶B．やや難。メフメト2世が建設を始めたトプカプ宮殿は，その後歴代のスルタンが増改築を加え，オスマン帝国の政治の中心となった。

▶C．ラマダーンにあたるイスラーム暦の9月は，ムハンマドが初めて神の啓示を受けた月である。ラマダーンの断食は，信仰告白，礼拝，ザカート（喜捨），メッカ巡礼とともに五行に含まれる。

▶D．ティムール朝の都は第3代シャー=ルフの時代にヘラートへ移ったが，2つ目の空欄の後に「ティムールが首都として再建」とあるので，サマルカンドと特定できる。

▶E．マジャール人は10世紀にザクセン朝のオットー1世に敗れた後，現在のハンガリーを中心とするパンノニア平原に入りハンガリー王国を建てた。

▶F．イスマーイールはトルコ系騎馬軍団キジルバシュの支持を受けてサファヴィー朝を建国し，シーア派の十二イマーム派を国教とした。

▶G．「アドリア海の女王」と呼ばれたヴェネツィアは，イタリア半島と

バルカン半島に挟まれたアドリア海に面する北イタリアに位置し，東方貿易によって莫大な富を得た。

▶H．シパーヒーはオスマン帝国のトルコ系騎士で，ティマールと呼ばれる封土とその徴税権を与えられるとともに，軍事義務を負った。

▶I．デリー=スルタン朝は奴隷王朝，ハルジー朝，トゥグルク朝，サイイド朝，ロディー朝の 5 王朝。

▶J．難問。オスマン帝国がヨーロッパ諸国に与えた通商上の特権をカピチュレーションというが，セリム 2 世はこのカピチュレーションをフランスに対して最初に公認したスルタンとしても覚えておきたい。

▶設問(1)やや難。アッバース朝第 7 代カリフのマームーンによって設立された「知恵の館（バイト=アルヒクマ）」で翻訳・保存されたギリシア語文献は，のちに西欧で起こった 12 世紀ルネサンスに大きく寄与した。

▶設問(2)インノケンティウス 3 世は教皇権の絶頂期にあたり，英王ジョン，仏王フィリップ 2 世を臣従させ，またアルビジョワ十字軍を主導した。

▶設問(3) 1071 年のマンジケルト（マラーズギルド）の戦いでセルジューク朝がビザンツ帝国に勝利したのち，セルジューク朝の一族がニケーアを都にルーム=セルジューク朝を建てた。ルーム=セルジューク朝は第 1 回十字軍に敗れたのちコンヤに遷都している。

▶設問(4)難問。1826 年にイェニチェリ軍団を廃止したマフムト 2 世の方針は子のアブデュルメジト 1 世に継承され，彼のもとでギュルハネ勅令を機にタンジマートが始まった。

▶設問(5)マンサ=ムーサ（別名カンカン=ムーサ）はマリ王国へのイスラーム文化の導入にも努め，ニジェール川流域の都市トンブクトゥにはモスクが建設された。

Ⅲ　解答

A．ソロモン　B．ソロン　C．ディオクレティアヌス　D．司教　E．アタナシウス　F．1356　G．ボーダン　H．ドイツ騎士団　I．ハイチ　J．コシュート

◀解　説▶

≪ヨーロッパにおける国家と政治体制≫

▶A．ソロモン王の治世は後世「ソロモンの栄華」とうたわれた。なお，ソロモン王の死後，イスラエル王国は北のイスラエル王国と南のユダ王国

に分裂した。

▶B．ソロンはアテネの執政官で，財産政治のほか借金の帳消しや債務奴隷の禁止を行った。

▶C．ローマ帝政は，初代皇帝アウグストゥスから始まる元首政（プリンキパトゥス）と，ディオクレティアヌス帝以降の専制君主政（ドミナトゥス）に分けられる。軍人皇帝時代の混乱を収めたディオクレティアヌス帝は，皇帝崇拝を強制するとともに四帝分治制を開始した。

▶D．ローマ教皇を頂点として，大司教・司教・司祭で構成されるピラミッド型の階層はヒエラルキア（聖職階層制）と呼ばれる。

▶E．アタナシウス派は，325年のニケーア公会議において正統とされた。クローヴィスは正統のアタナシウス派に改宗することによって，ローマ人貴族層の支持を得ることになり，フランク王国発展の基礎が築かれた。

▶F．1273年にハプスブルク家のルドルフ1世が皇帝に選出されて大空位時代が終了した後，1356年に発布されたのが金印勅書。神聖ローマ皇帝の選出権を持つ7人の選帝侯の家柄およびその権利が定められた。

▶G．ボーダンはユグノー戦争時代のフランスの政治家・思想家で，王権という絶対的権力による秩序回復を説いた。ルイ14世に仕え，王権神授説を理論づけたボシュエとの区別を確実にしておきたい。

▶H．ドイツ騎士団が世俗化したプロイセン公国は，ホーエンツォレルン家が支配するブランデンブルク選帝侯国と17世紀に合邦し，18世紀初頭，スペイン継承戦争を機に王国に昇格した。

▶I．フランスの植民地サン=ドマングではトゥサン=ルヴェルチュールが黒人奴隷反乱を指導したが，フランス軍に敗れて捕らえられ，1803年に獄死した。その翌年の1804年にハイチはラテンアメリカで初めての黒人共和国として独立を達成している。

▶J．コシュートは1848年革命に際して改革を主導し，ハンガリー内閣の初代蔵相となった。翌年独立を宣言して執政となったが，オーストリア軍に敗れて亡命した。

Ⅳ　解答

A．政治協商会議　B．土地改革　C．板門店
D．ダライ=ラマ14世　E．新疆ウイグル
F．トンキン湾事件　G．キッシンジャー　H．ポル=ポト　I．華国鋒

J．一国二

◀解　説▶

≪中華人民共和国史，東南アジア史≫

▶A．やや難。政治協商会議は，1945年の双十協定を受けて1946年に重慶で開かれた。国共内戦再開後，1949年に北京で開かれた人民政治協商会議と混同しやすいので注意が必要である。

▶B．やや難。中国共産党は，1947年採択の土地法大綱に基づいて富農の余剰の土地や財産を没収する土地改革を一部地域で進めた。中華人民共和国建国後，1950年には新たに土地改革法が公布され，地主の土地の再分配などが行われた。

▶C．板門店（パンムンジョム）は韓国と北朝鮮の軍事境界線上に位置する。休戦協定成立後，一帯は非武装地帯となっている。

▶D．チベットは，ダライ=ラマ13世が清朝の崩壊に乗じて1913年に事実上の独立を宣言したが，1959年に大規模な反政府運動が起こる中でダライ=ラマ14世がインドに亡命した。

▶E．新疆ウイグル自治区は中国の自治区で，トルコ系ムスリムのウイグル人が多く居住している。

▶F．アメリカのジョンソン大統領は，トンキン湾事件によってベトナムへの軍事介入を本格化させ，北爆と地上部隊の大量派遣に踏み出した。

▶G．キッシンジャーはアメリカの国際政治学者で，共和党ニクソン政権下で大統領補佐官として1971年に訪中した。1973年からは国務長官を務め，ニクソン大統領辞任（1974年）後も，次のフォード政権のもとで国務長官として活躍している。

▶H．ポル=ポトは，急進的左派勢力の赤色クメール（クメール=ルージュ）を主導した。政権獲得後は，農村への強制移住策や反対者の大量虐殺などを行った。

▶I．1976年1月に周恩来首相が死去すると，華国鋒は毛沢東の指名を受けて首相代行となった。同年9月に毛沢東が死去すると，華国鋒首相は四人組を逮捕し，党主席と中央軍事委員会主席を兼任した。

▶J．一国二制度は，「一つの国，二つの制度」の略称。一つの国の中で社会主義体制と資本主義体制の二つの制度の共存を認めた。

❖講　評

Ⅰは古代から現代までの天文学の発展と飛行や宇宙開発の歴史をテーマにした大問。Aの太陰太陽暦，Dのジョルダーノ=ブルーノ，Hのドレスデン大空襲，Ⅰの大陸間弾道ミサイル（ICBM），設問(3)のダントンなどの難度が高い。暦の種類と用いられた地域，また地動説・天動説の展開とそれぞれの提唱者はよく出題されるテーマ史なので，これを機に理解を深めておきたい。

Ⅱは 19 世紀までのオスマン帝国の歴史から出題された大問。Bのトプカプ宮殿，設問(1)のマームーン，設問(4)の 1826 年（イェニチェリ軍団廃止の年号）はやや細かい知識であった。またJのセリム 2 世は空欄の前後にカピチュレーションに関する指摘もなく，特定が難しかった。その他は教科書レベルの標準的問題であったので，取りこぼしのないようにしたい。

Ⅲは古代から近代までの，主にヨーロッパ地域の国家と政治体制をテーマとした大問。ほとんどの問題が教科書レベルであり，得点源としたい大問である。Gの『国家論』は，その刊行がユグノー戦争中であったこともよく問われる。また，Jのコシュートは「ハンガリー内閣の初代蔵相」という説明に戸惑ったかもしれないが，1848 年革命時のハンガリーにおける独立運動を率いた政治家を想起すればよい。

Ⅳは中華人民共和国の歴史を主とした大問である。Aの政治協商会議，Bの土地改革がやや難であった。土地改革は歴史用語として押さえていなかったかもしれないが，教科書にはよく書かれている内容であるので再読しておきたい。Eの新疆ウイグルとⅠの華国鋒は漢字を正しく書く必要がある。中国史は大問で出題されることも多く，漢字の正確さで得点差がつきがちなので，十分注意したい。

2023 年度は 2022 年度と比べ問題の分量に変化はなかった。難問の数は 2022 年度よりも若干減少したが，それでも教科書の一部にしか掲載されていないような歴史用語も出題されており，全体的にはやはり相当ハイレベルな問題と言える。また，全問記述式であることから正確な知識が必要で，中国史などでは漢字表記が必須である。現代史からも出題されており，古代から現代まで偏りのないよう，かつ深い理解を伴った学習を心がけたい。

る。設問Ⅱの意見論述問題では、課題文の示唆する内容をふまえて論点を定め、四〇〇字という厳しい字数制限のなかで論旨の明快な文章を作成する必要がある。試験時間・字数制限・課題文の内容などから総合的に判断するに、難度の高い出題であるといえよう。

落）。これらを自分なりの観点から捉え直し、意見を述べることになる。「人間の創造性」という設定を広範なものと感じるかもしれないが、設問Ⅰでまとめた課題文の内容をふまえれば、論点はある程度定まってくることだろう。〔解答例〕では、キーワードである「思考の創造」を「旧来の発想に縛られない新たな思考によるパラダイムシフト」として捉え、「人間の創造性は人間ならではの想像力によって成立するのだ」と結論づけた。ふだん「当たり前」として看過している事象について、今ある如くに据えるためにはどのような「発想」があったのか、考えをめぐらせてみるとよいだろう。課題文と同じく芸術を扱ってもよいが、その場合には課題文をふまえつつも、その主張の単なる後追いにならないよう注意し、別の切り口から論じたい。例えば、デュシャンは「思考を創造」したと言えるが、その後の「アート」は何を創造したと言えるか、冒頭の段落で紹介されているエピソードのように、蜘蛛の巣に美を見出すのはひとつの解釈だが、解釈にはどこまで創造性を認めうるか、などを論じることもできよう。ただいずれにせよ、字数制限はややシビアなので、まとまりのある論にするにはある程度以上の筆力が必要となる。

❖講　評

二〇二三年度も、要約問題が一問、意見論述問題が一問という形式が踏襲された。字数制限は、設問Ⅰが三〇〇字以上三六〇字以内、設問Ⅱが三二〇字以上四〇〇字以内である。例年、長めの課題文が用意されており、変わりがない。「芸術」（や「アート」）の捉え方を中心とする課題文は平易な文体で読みやすく、内容理解にさほどの困難はない。「芸術」を「人間を人間たらしめることの根源にある営み」と意味付けて、人間の精神活動や文化について深く考えさせる文章であり、文学部志望者としての教養の幅や現代社会に対する問題意識のありようが問われている。高度な読解力・思考力・表現力・構成力が要求される、人文科学系学部らしい出題であるといえる。

設問Ⅰの要約問題では、数多く示される芸術家の創作活動の説明や作品紹介の話題に翻弄されることなく、筆者の主張の主軸を捉えてひと続きの論として読み取る力、そして、その論理の流れを反映させて端的に表現する力が求められ

▲解　説▼

《「人間の創造性」について》

▼設問Ⅰ　課題文全体を要約することが求められている。冒頭の段落で「あらゆるモノや事象が芸術となる可能性をもった時代をわたしたちが生きている」といった根源的な話題が示され、次いで、第二段落でジョン・ケージ、第三段落でエルヴィン・シュールホフ、第十・十一段落でマルセル・デュシャンといったように、芸術家たちの具体的な作品紹介が続くため、馴染みの薄い話題や初めて目にする名前に当惑した受験者も少なからずいたことだろう。しかし、論の主軸は、デュシャンについて第十三段落で「彼は、…思考を創造することをもって芸術とした」と意味付けるところから始まり、第十六～二十段落でそうした芸術を日本では「アート」として従来の卓越した技巧を必要とする芸術作品と区別していること、およびその背景が示された上で、第二十三段落以降は、芸術は人間を人間たらしめる根源的な営みであるとの主張が展開されている。要約するに、こうした流れで展開している課題文の中盤以降の内容とそれらの関係性を捉え、筆者の思考の流れが反映するよう、話題の順に従ってまとめることになる。とはいえ、論の主軸が明示されてはおらず、また、派生的な話題も少なくないため、中心的な話題は何であるのかを常に意識しながら読むことが求められよう。そして、実際に要約文を作成する際には、話題同士の関係性を明確にするよう心がける必要がある。元の文脈の中では内容によって緩やかな論理展開が保たれていたが、要約文としての切り詰めた表現にした場合、事柄の列挙になってしまうことが少なくない。要約文自体の論理の流れを保つよう注意したい。

▼設問Ⅱ　「人間の創造性」について、課題文をふまえて自分の意見を述べることが求められている。課題文で「創造性」について直接的に述べている部分はない。よって、芸術を主題としない場合、芸術の「思考の創造」（第十四段落）という意味付けに着目したり、「生命を超越した『無いのに在るもの』の存在を確信」（最後から二段落目）という箇所を「創造性」と結びつけて捉えることなどによって、課題文の内容をはっきりとふまえてみせることが必要だ。また、「創造（性）」は「人間だけ」がもつとされる「想像力」によって生じるという部分にも着目したい（第二十五段

小論文

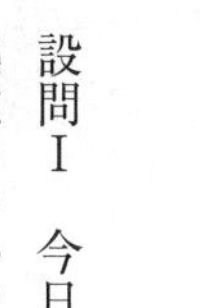

設問Ⅰ　今日はあらゆるモノや事象が芸術となる可能性をもった時代であり、芸術と非芸術の境界は個人的な感覚のなかでさえ曖昧だ。デュシャンは、便器を「泉」と題して展覧会への出品を試み、思考を創造することをもって芸術とした。日本では、こうした発想や考え方に重点をおくものを「アート」と称して、鍛錬された技術のうえに成立する「芸術」とは区別した。これは、「芸術」という言葉に伝統と権威のイメージが固着した日本ならではの苦肉の策だった。しかし、そもそも芸術もアートも、その歴史は人類の起源にまで遡るものである。芸術とは日常の向こう側にあるものの鼓動に耳を傾けることであり、ひとは生命を超越した「無いのに在るもの」の存在を確信して初めて生の充実を得られる。人間を人間たらしめることの根源にある営みが芸術なのである。（三〇〇字以上三六〇字以内）

設問Ⅱ　課題文によれば、芸術とは目に見える世界の向こう側にある世界を見、聴き、語ろうとし、日常の秩序とは違う原理を求める思考を創造することである。芸術の定義として大いに納得した。その一方で、こうした思考の創造は、芸術のみならず文明の発展に全般的に関わるものであると考えた。旧来の発想に縛られない新たな思考によるパラダイムシフトの例は、地動説や進化論など科学の分野においても数多い。また、コロナ禍により、社会生活上の常識を見直すことになったのは記憶に新しい。人間は、常識にとらわれず日常の秩序とは違う原理を求め、その結果、新たな思考を創造してきたのだ。こうしたパラダイムシフトは、他でもない「人間だけが獲得してしまった想像力」によって生じる。芸術や神話・宗教はもちろん、科学も目には見えない原理を想像することから始まったと言える。このように、人間の創造性は人間ならではの想像力によって成立するのだ。（三二〇字以上四〇〇字以内）

//////////////////// · memo · ////////////////////

2022年度

解答編

解答編

英語

解答　(Ⅰ)—(A)

(Ⅱ)便利さは，規模の経済と習慣の力によって独占を招く。(25 字以内)

(Ⅲ)全訳下線部(3)参照。

(Ⅳ)人々を労働から解放する便利さの追求は，かつての特権的自由を一般大衆にもたらす。(40 字以内)

(Ⅴ)—(ア)

(Ⅵ)全訳下線部(6)参照。

(Ⅶ)全訳下線部(7)参照。

(Ⅷ)便利さに最高の価値を与えることで，人生に意味を与える努力や挑戦が奪われ，個性をもった人間としての存在が脅威にさらされる。人間には試練や困難を克服する経験が必要で，不便さを受け入れて努力する喜びや満足を得ることが自分を確立する助けになるから。(100 字以上 120 字以内)

(Ⅸ)＜解答例 1＞If we don't spend time interacting with each other, we are at risk of losing something essential to human experience.

＜解答例 2＞When we don't take the time to interact with one another, there is a risk of losing what is indispensable to the human experience.

◆全　訳◆

≪便利さがもたらす功罪≫

便利さは，今日の世界で，最も過小評価され，最も理解されていない影響力である。人間の決断のけん引役としては，フロイトの無意識的な性的欲求が持つ道徳にはずれた興奮や，経済学者的な動機が持つ数学的な優雅さを約束しないかもしれない。便利さは退屈だ。しかし，退屈なことは取るに足りないということではない。

21 世紀の先進国で，便利さ――すなわち，より効率的でより簡単に私的な仕事を行う方法――は，我々個人の生活と我々の経済を形成するおそらく最も強い影響力として現れた。このことは，とりわけアメリカに当てはまり，自由と個性に対する賛歌にもかかわらず，人は実際には便利さが最高の価値なのだろうかと疑問に思うことがある。

ツイッターの共同創業者であるエヴァン=ウィリアムズが最近述べたように，「便利さがすべてを決定する」のだ。便利さが我々に代わって意思決定を行い，それによって，我々が自分の本当の好みだと思いたいものを覆してしまうように思われる。（私はコーヒーを入れる方が好きだが，スターバックスのインスタントコーヒーはとても便利なので，「より好きな」ことをめったにやらない。）簡単なことが望ましく，一番簡単であれば最高だ。

便利さは他の選択肢を考慮に値しないものにしてしまう力を持っている。一度洗濯機を使ったならば，手で服を洗濯するのは，たとえ安上がりであろうとも，不合理に思われる。ストリーミングサービスのテレビを経験した後では，規定の時間に番組を見るために待つのは，ばかばかしく，少し威厳がないようにさえ思われる。便利さに抵抗すること――携帯電話を所有しないこと，グーグルを使わないこと――は，狂信的とは言わないまでも，風変わりだと思われることが多いような，ある種特別なこだわりを必要とするようになった。

個人の決定を形作るものとして影響を持つにもかかわらず，便利さが持つより大きな力は集合体でなされる決定から生じる可能性があり，そこではそれが現代の経済を構築するために多くのことをしている。特に，科学技術関連産業では，便利さを巡る戦いは業界の支配を巡る戦いである。

アメリカ人は，自分たちは競争と選択肢の激増と弱者を重んじると言う。しかし，我々の便利さ好きは，規模の経済と習慣の力の組み合わせによって，さらなる便利さを生じさせている。アマゾンを使うのが簡単であればあるほど，アマゾンはより力を持つようになる――こうして，アマゾンを使うことはより簡単になる。便利さと独占は生来の仲間だ。

便利さが増すことを考慮すると――理想として，価値として，生活様式として――我々が便利さに執着することが我々と我々の国に何をしているかは問う価値がある。私は，便利さが悪の力だと言いたいのではない。

物事を簡単にすることは悪ではない。それどころか，それは，かつてはあまりにも厄介で想定できないと思われた可能性を開くことがしばしばあり，概して生活の耐えがたさを和らげてくれるものだ。日々の単調な仕事に弱い人にとってはとりわけそうだ。

しかし，便利さは常によいものだと考えるのが間違いなのは，それは我々が大切にしている他の理想と複雑な関係があるからだ。解放の手段として理解され，促進されてはいるが，便利さには暗い側面がある。円滑で努力を必要としない効率のよさを約束して，人生に意味を与える手助けとなる努力や挑戦のようなものを消し去ってしまう恐れがある。(3)便利さは，我々を解放するために作り出されたが，我々がいとわずにやろうとすることを制限するものになりうるし，それゆえに巧妙なやり方で我々を隷属させる可能性がある。

原則として不便さを受け入れるならば道理にはずれている。しかし，便利さにすべてを決めさせる場合には，我々はあまりにも多くのことを放棄している。

今日の我々が知っている便利さは，19 世紀後期と 20 世紀初期の産物であり，その時代には，労力を省いてくれる家庭向けの装置が発明されて市場に出された。画期的な出来事としては，ポークビーンズの缶詰といった初の「インスタント食品」の発明，初の電気洗濯機，オールドダッチのクレンザーのような洗剤，電気掃除機やインスタントケーキミックスや電子レンジなどを含むその他の驚くべきものなどがある。

便利さは，19 世紀後期のもう一つの思想である産業の効率化とそれに付随する「科学的管理」の家庭版だった。それは工場の精神を家庭生活に適応させることを意味した。

現在はどれほどありふれているように思われても，人類を労働から解放した偉大なものとして，便利さはユートピア的な理想だった。時間を節約し，単調な仕事を排除することで，余暇の可能性を生み出すことになる。余暇とともに，学びや趣味や我々にとって本当に重要かもしれない他のどんなことにでも時間を割ける可能性が生じる。便利さによって，かつては貴族階級だけが手にしていた自己修養のような自由を，一般大衆が手に入れられるようになる。このようにして，便利さは，万人を平等にするものにもなる。

この考え方――解放運動としての便利さ――は，人を酔わせるかもしれない。ひどく興奮させる描写が，20 世紀半ばの SF や未来学者の空想の中にある。『ポピュラーメカニクス』のような真面目な雑誌から，そして，『ジェットソンズ』のような滑稽なテレビ番組から，我々は未来の生活は完璧に便利になると学んだ。食べ物はボタン一つで準備される。動く歩道があれば歩く面倒はなくなる。衣類は自然にきれいになるか，一日着たあとには自動的に消滅する。いよいよ存在するための努力の終わりを考えることになるかもしれない。

便利さという夢は，肉体労働という悪夢を前提としている。しかし，肉体労働は常に悪夢なのか。我々は本当に肉体労働のすべてから解放されることを欲しているのだろうか。我々の人間性は，不便な行動や時間のかかる仕事の中で表現されることもあるようだ。こういうわけで，便利さが進む時には，それに抵抗する人たちが常に存在するのだろう。確かに彼らが抵抗するのは頑固さゆえで（しかも彼らはそれをする贅沢が許されているからだが），しかし，自分たちが何者なのかという自覚，自分たちにとって重要なものを管理するという感覚に対する脅威を感じているからでもある。

1960 年代後期までに，最初の便利さ革命はプスプスと音を立て始めた。完全な便利さへの期待は，もはや社会の最大の願望には見えなかった。便利さは服従を意味していた。反体制文化は，自分自身を表現すること，個人の潜在能力を発揮すること，自然の厄介さを打ち負かそうと絶えず努力するのではなく自然と調和して生きること，が人々には必要だ，というものだった。ギターを弾くことは便利ではなかった。自分の野菜を育てることも自分のオートバイを直すことも便利ではなかった。しかし，それにもかかわらず――いやむしろ，結果的に――そのようなことには価値があると見なされた。人々は再び，個性を求めていた。

おそらく，そうなると，便利な科学技術という第二の波――我々が生きている時代――が，この理想を取り入れるのは避けられない。それは個性を「便利化する」だろう。

人はこの時代の始まりを 1979 年のソニー製ウォークマンが現れた時だと考えるかもしれない。便利さのイデオロギーにおけるわずかだが根本的な転換を，ウォークマンに見ることができる。(6)もし，最初の便利さ革命があなたのために生活と仕事を楽なものにすることを約束したのであれば，第二の便利さ革命はあなた自身になるのを簡単にすることを約束したのだ。新しい科学技術は個性の触媒だった。それは自己表現に効率性を与えた。

ウォークマンとイヤホンをつけて通りをぶらつき歩く，1980 年代初めの女性について考えよう。彼女は自分好みの音響環境に包まれている。彼女は，公の場にいながら，かつては自分の部屋でしか経験できなかった自己表現の一種を楽しんでいる。新しい科学技術のおかげで，自分一人に向けてではあっても，自分が何者かをより簡単に見せることができている。彼女は自分の映画の中の主役となり，世界中を気取って歩くのだ。

この空想はとても魅惑的なので，我々の存在を支配するようになった。ここ数十年間に作り出された最も強力かつ重要な科学技術は，個人の好みに合ったものにすることと個性のために便利さを提供している。ビデオカセットレコーダー，プレイリスト，フェイスブックのページ，インスタグラムのアカウントについて考えてみよう。この種の便利さは，もはや肉体労働を軽減することではない――いずれにせよ，我々の多くはたいして肉体労働をおこなっていないが。それは，自分を表現する選択肢の中から選ぶために必要とされる，心的資源，知的努力を最小限に抑えることだ。便利さとは，ワンクリック購入，ワンストップ・ショッピング（注：1カ所ですべての買い物をすること），「プラグ・アンド・プレイ」（注：コンピューターに周辺機器を接続するとすぐに使えるようにしてくれる機能）という一体となった経験のことなのだ。その理想は，努力のいらない個人的な選択である。

もちろん我々は便利さのためなら進んで割増料金を支払う――しばしば，支払おうと認識しているのよりも多い金額を。例えば，1990 年代後期，ナップスターのような音楽配信の技術によって，オンライン上で音楽を無料で入手することが可能になり，多くの人々がこの選択肢を利用した。しかし，音楽を無料で手に入れることは簡単なままなのに，今はもう誰も実際にはそうしていない。なぜか？　2003 年に iTunes ストアが導入され，違法に音楽をダウンロードするよりも，購入する方がはるかに便利になったからだ。便利さは無料を打ち負かした。

次から次へと仕事が簡単になるにつれ，便利さに対する期待はますます高まり，その他何にでも，簡単でなければ取り残されるように圧力がかけられる。我々は即時性に甘やかされて，古い水準の努力や時間が必要なままの仕事にいら立つようになる。列に並ばずに電話でコンサートのチケットが買える時に，選挙で投票しようと列に並んで待つことはいらいらする。これは，とりわけ，それまで列に並んで待つ必要がなかった人たちに当てはまる（これは若者の投票率が低いことの説明に役立つかもしれない）。

私が言おうとしている逆説的な真実は，今日の個性化の科学技術は集団的個性化の科学技術だということだ。カスタマイズすることが驚くほどに均質化をもたらす可能性がある。全員か，私の世代のほぼ全員が，フェイスブックに登録している。それは友人や家族の状態を把握する一番便利な方法で，彼らは理屈では，あなたとあなたの人生の特徴を表すはずだ。しかし，フェイスブックは我々全員を同じにするようだ。(7)その形式と約束ごとは，背景画像として特にどの海辺や山脈の写真を選ぶかというような，最も表面的な個性の表現以外のすべてを我々から奪う。

私は，物事を簡単にすることが重要な方法であり我々の役に立つ可能性があるということを否定したくはない。以前は選択肢が少ししか，あるいはまったくなかったところ（レストラン，タクシーサービス，オープンソースの百科事典）にたくさんの選択肢が与えられている。しかし，人間であることは，選択肢を持ち，それを行使することだけではない。押しつけられた状況にどう対処するのかということ，価値のある試練を乗り越えて難しい課題を終えること——我々自身になるための助けとなる努力——もそうである。これほど多くの妨害や障害や要件や準備が取り除かれてしまった時，人間の経験には何が起こるのか？

今日の便利さ礼賛は，困難が人間の経験の本質的な特徴であることを認めることができない。便利さはすべてが目的地で，旅ではない。しかし，山に登ることは，頂上までケーブルカーに乗ることとは違う。たとえ最終的には同じ場所にいるとしても。我々は，主に結果を，あるいは結果しか気にしない人間になりつつある。我々は，人生経験のほとんどを路面電車の乗り継ぎにしてしまう危険にさらされている。

便利さがさらなる便利さをもたらすだけにならないように，便利さはそれ自体よりもすばらしい何かの役に立たなければならない。ベティ=フリーダンは，1963 年に書いた名著『新しい女性の創造』で，家庭用の科学技術が女性のために何をしたかを考察し，それはさらなる要求を作り出したに過ぎないと結論づけた。「労力を省く新しい電化製品があるにもかかわらず」,「現代のアメリカの主婦はおそらく，彼女たちの祖母たちよりも多くの時間を家事に費やしている」と彼女は書いた。物事がより簡単になると，我々はさらなる「簡単な」仕事で時間を埋めようと努めることが可能だ。ある時点で，人生を定義づける努力は，小さな雑用とささいな決定による専横となる。

あらゆることが「簡単な」世界で生きることのありがたくない結果は，唯一の重要な技能がマルチタスク処理能力であるということだ。極端なところでは，我々は実際には何もしない。我々はなされることを手配するだけでよいのだが，それは脆弱な生活基盤だ。

我々は意識的に不便さを受け入れる必要がある――常にではなくても，もっと多くの場合に。今日，個性は，少なくともいくつかの不便な選択をする中に存在するようになった。かき回して自分のバターを作る必要もなければ，狩りで自分の肉を手に入れる必要もないが，あなたが何者かになりたいのであれば，便利さを他のすべてのものに勝る価値にしてはいけない。努力はいつも問題だというわけではない。時には，努力は解決策になる。あなたは何者なのかという質問の解答になりうるのだ。

不便さを受け入れるというのは妙に聞こえるかもしれないが，しかしそういうものとは考えずに，我々はもうそれをしている。問題を隠すかのように，我々は不便な選択肢に他の名前を与えている。我々はそれらを趣味，副業，天職，熱中と呼んでいる。これらは，我々を定義づける助けとなる非手段的な活動だ。それらは我々に個性を与える。なぜなら，それらは，たとえば，木を彫る，加工していない材料を混ぜる，壊れた電化製品を直す，コードを書く，波とタイミングを合わせる，走っていて足と肺が言うことを聞かなくなる時点に直面する，などで見られるような，意味のある抵抗――自然の法則，我々自身の体の限界――に遭うことを伴うからだ。

そのような活動は時間を要するが，同時に我々に時間を返してもくれる。それらは我々を挫折と失敗の危険にさらすが，同時に世界と世界の中での我々の立場について教えてもくれる。

だから，便利さの専横について考えよう。感覚を鈍らせる便利さの力にもっと頻繁に抵抗を試みよう。そして何が起こるか見てみよう。我々は時間がかかることや難しいことをする喜びや，最も簡単なことをしない満足を決して忘れてはいけない。不便な選択肢の集まりは，我々と完全で効率のよい服従の生活との間にあるものすべてなのかもしれない。

◀解　説▶

▶(I)空所を含む文が，For all ～「～にもかかわらず」で始まっていることに着目すると，空所には individual decisions「個人の決定」と対照的な決定を表すような語が入るとわかる。(A) aggregate「集合，集合体」を入れれば，decisions made in aggregate「集合体でなされる決定」の意味となり，「個人の決定」と対比をなす。また，空所の語は，直後の関係副詞 where の先行詞になっており，(A)を入れれば，「集合体では，便利さの持つ力が現代の経済を構築するために多くのことをしている」となって文意が通る。さらに，直後の文に Particularly in tech-related industries「特に，科学技術関連産業では」とあって，「科学技術関連産業」が空所に入る語の例に該当するという文脈にも合う。(B)の integrity は「高潔さ，無欠性」の意味，(C)は in public で「人前で，公然と」，(D)は in turn で「順番に，今度は」の意味となり，いずれも文脈に合わない。

▶(II)下線部(2)は「便利さと独占は生来の仲間だ」の意味。bedfellow「仲間，寝床を共にする人」 第6段第2・3文（Yet our taste … to use Amazon.）から，便利さと独占の関係を説明すればよい。第2文では「規模の経済と習慣の力の組み合わせによって，便利さがさらなる便利さを生む」と述べている。beget「～を生じさせる」 economics of scale「規模の経済（生産規模が拡大するにつれて，製品1単位当たりの平均費用が低下すること）」 第3文（The easier it …）では，アマゾンを例にあげて，便利さが巨大な独占企業を生み出し，その結果，さらに便利になる，という仕組みを説明していると考えられる。「独占」は，同段第1文（Americans say they …）中の「競争と選択肢の激増と弱者を重んじること」とは相いれないものだという文脈も押さえておきたい。〔解答〕では，第2文のキーワード「規模の経済と習慣の力」を加えて，便利さがいかに独占を生み出すかを説明する。

▶(III) it は2つあるが，どちらも第8段第2文（Though understood and …）の主語 convenience「便利さ」を指している。Created to free us は，過去分詞で始まる分詞構文で，譲歩を表し，意味上の主語は it（＝convenience）である。a constraint on ～ は「～を制限するもの」の意味。what は関係代名詞で，on の目的語であり，関係代名詞節の we are willing to do ～「我々は～をするのをいとわない」の do の目的語にもなっている。subtle には「微妙な」や「巧妙な」の意味があるが，in a subtle way は，enslave「～を奴隷にする，隷属させる」を修飾しているので，「巧妙な方法で」と訳す方が適切だろう。

▶(Ⅳ) leveler は「平等にするもの」の意味で，下線部は「便利さは，万人を平等にするものにもなる」の意味。下線部直前の In this way「このようにして」は，第 12 段第 1 ～ 4 文（However mundane it …to the aristocracy.）の内容を受けたものだが，40 字以内という制限字数があるので，できるだけ簡潔にまとめる必要がある。最も重要な情報は，第 4 文（Convenience would make …）の「貴族階級だけが行っていた自己修養を一般大衆も行えるようになる」という内容である。第 4 文は，SVOC の構文の目的語が後置されたもの。the kind of freedom for self-cultivation を，形容詞句 once available only to the aristocracy が後置修飾し，全体として長い目的語となっているので，文末に置かれている。general population「一般の集団，一般人」 self-cultivation「自己修養」 aristocracy「貴族階級」

▶(Ⅴ)第 15 段第 1・2 文（By the late … greatest aspiration.）では，第一の便利さ革命が勢いを失い始め，社会が完璧な便利さを望まなくなっていたと述べられている。sputter は「(ろうそくなどが) パチパチと音を立て（て消え）る」の意味。prospect「予想，期待」 aspiration「強い願望」 空所(5)の直後の文（The counterculture was …）では，「反体制文化は，自分自身を表現すること，個人の潜在能力を発揮すること…が人々には必要だ，というものだった」と述べている。counterculture は「(1960 年代，70 年代などの若者の) 反体制文化」の意味。空所(5)には，反体制文化の掲げる主張と対立する内容の語を入れることになるから，(ア) conformity「(社会通念・体制・慣習などへの) 服従」が適切。最終段最終文（The constellation of …）で，便利さを追求する生活を a life of total, efficient conformity と述べていることにも着目したい。(イ) depravity「堕落」，(ウ) ideology「イデオロギー，観念形態」，(エ) technology「科学技術」は，いずれも文脈に合わない。

▶(Ⅵ)条件を表す if 節と主節でもって，最初の便利さ革命と第二の便利さ革命の内容を対比させている点に留意しながら訳出していく。第二の便利さ革命については，下線部(6)直後の2つの文（The new technologies … on self-expression.）に簡潔に述べられており，第18段（Consider the woman …）と第19段（So alluring is …）でより具体的に述べられているので，その内容を反映させると，文末のto be youの部分は，「あなた自身になる〔でいる〕，あなたらしくなる〔いる〕」などの訳が考えられる。promise to *do*「～することを約束する」とmake O C「OをCにする」（主節の方は，形式目的語itを用いたmake it C to *do*）の表現が，if節と主節のどちらにも用いられている。

▶(Ⅶ)まず文構造を確認すると，主語はIts format and conventionsで，述語にstrip *A* of *B*「*A*から*B*をはぎ取る，奪う」の表現が用いられている。such as「～のような」以下は，the most superficial expressions of individualityを修飾している。主語のIts「それの」は，直前の文のFacebookを指すが，訳出しなくてもよい。format「形式，書式」 convention「約束ごと，慣習」 all but ～「～以外はすべて」 superficial「表面的な，うわべだけの」 whichは「どの～，どちらの」の意味の疑問詞で，whichからmountain rangeまでが動詞selectの目的語になる。particular「特にその」 mountain range「山脈」

▶(Ⅷ)下線部(8)は「だから，便利さの専横について考えよう。感覚を鈍らせる便利さの力にもっと頻繁に抵抗を試みよう」の意味。reflect on ～「～を熟考する」 tyranny「専横，専制」 stupefying「知覚（感覚）をまひさせる」

筆者の議論を振り返ると，第1～9段（Convenience is the … surrender too much.）で，「便利さに最高の価値を与えることは，人生に意味を与える努力や挑戦を失わせ，我々を隷属させる」と問題を提起している。第10～14段（Convenience as we … matter to them.）では最初の便利さ革命について，第15～22段（By the late … our background image.）では第二の便利さ革命について述べている。「最初の便利さ革命によって，労働から解放され，努力が不要になると，自分たちが何者なのかという自覚，自分たちにとって重要なものを管理するという感覚に対する脅威を感じるようになった」と述べ，「自己表現と個性化を可能にするはずだった第二の便利さ革命がもたらしたのは，努力せずに自分を表現すること，集団的な個性化，均質化に過ぎない」と述べている。第 23 段以降最終段までが，それまでの議論を踏まえた結論部になる。第 23～26 段（I do not … for a life.）では，「我々自身になるためには，押しつけられた状況や試練や困難を克服する努力が必要で，困難は人間の経験の本質的な要素である」こと，第 27 段～最終段（We need to … total, efficient conformity.）では，「不便さを受け入れ，困難に対して努力することの喜びや満足を得ることは，自分が何者かという問いの解決策になる」と述べている。

以上の議論を踏まえて，筆者は便利さが人間から何を奪うと考えているかを明らかにすることになるが，すべてを網羅しようとすると指定字数を超えてしまうので，結論部である第 23～29 段（I do not … our place in it.）の主張を中心に解答をまとめればよいだろう。

▶(IX)本文中の表現を利用してもよいし，それにこだわらずに英文を作ってもよい。「お互いに交流する」は interact with each other で表せる。「～に時間をかけない」の部分は，第 25 段第 3 文（“Even with all …）の spend time や，第 29 段第 1 文（Such activities take …）の take time などの表現を参考にすることができる。「～する危険がある」の部分は，第 24 段最終文の We are at risk of *doing* を用いてもよいし，there is a risk of *doing* で表すこともできる。「人間の経験に欠かせないもの」は something の後ろに形容詞句を置くか，関係代名詞 what の節を使って表せる。「～に欠かせない」は essential to ～ や indispensable to ～ などで表せる。

●語句・構文●

(第 1 段) underestimate「～を過小評価する」 illicit「不法の，道徳的に認められない」 incentive「動機，誘因」

(第 2 段) paean「賛歌，熱烈な賞賛」

(第 3 段) overturn「～をひっくり返す，覆す」

(第 4 段) unthinkable「思いもよらない，考慮に値しない」 irrational「不合理な，ばかげた」 prescribed「規定された，所定の」 undignified「威厳のない」 dedication「献身，専念」 eccentricity「風変わり，奇行」 fanaticism「狂信，熱狂的言動」 *A*, if not *B*「*B* とは言わないまでも（少なくとも）*A* である」

（第6段）prize「～を重んじる」 proliferation「激増，増殖」
（第7段）fixation with～「～への執着」 onerous「厄介な」 contemplate「～を熟慮する，想定する」 arduous「耐え難い，厳しい」 vulnerable「傷つきやすい，弱い」 drudgery「骨の折れる単調な仕事」
（第8段）err「間違いをする」 hold *A* dear「*A* を大事にする」 efficiency「効率のよさ」
（第9段）perverse「つむじ曲がりの，道理をわきまえない」 embrace「（考え・主義など）を受け入れる」 surrender「～を放棄する，引き渡す」
（第10段）milestone「（道標となる）画期的な出来事」 marvel「驚くべきもの」
（第11段）ethos「（社会・集団・個人などの）精神，気質」
（第12段）mundane「日常の，ありふれた」 第3文（And with leisure …）の whatever は，might really matter の主語になる複合関係代名詞。the possibility of から文末までが，第3文の主語になっている。
（第13段）liberation「解放運動」 intoxicating「人を酔わせる，夢中にさせる」 heady「酔わせる，興奮させる」 goofy「ばかな」 self-destruct「自爆する」
（第14段）be premised on～「～を前提とする」 emancipate「～を解放する」 stubbornness「頑固さ」
（第15段）nuisance「迷惑な人（もの，こと），厄介者」
（第16段）co-opt「～を取り入れる」
（第17段）date *A* to *B*「*A*（出来事）の年代を *B* と定める」 advent「出現」 catalyst「触媒，変化を促すもの」 selfhood「自我，個性」 confer「～を与える」
（第18段）acoustic「聴覚の，音響の」 den「私室，巣穴」 strut「気取って歩く」
（第19段）alluring「魅惑的な」 exertion「努力，（肉体や精神の）激しい活動」 seamless「縫い目のない，一体となった」
（第20段）premium「割増料金」 avail *oneself* of～「～を利用する」 beat out「（競争相手）を打ち負かす」
（第21段）exert *A* on *B* to *do*「～するようにと *B* に *A*（影響・圧力な

ど）を及ぼす」 immediacy「即時性」
（第22段） paradoxical「逆説的な」 homogenize「均質になる」 keep track of～「～の消息を追う，跡をたどる」
（第23段） face up to～「（困難など）に立ち向かう，対処する」 thrust「～を無理に押しつける」 impediment「障害，妨げ」
（第24段） cult「礼賛，崇拝」 constitutive「本質的な」 trolley「路面電車，トロリーバス」
（第25段） lest「～しないように」 lest に続く節内では，仮定法現在か，should, may, might を用いる。petty「ささいな，たいして重要でない」
（第26段） unwelcome「歓迎されない」 flimsy「脆い，薄っぺらな」
（第27段） reside「（性質などが）存在する」 churn「かき回して（バター）を作る」 allow *A* to *do*「*A* に～させておく」 transcend「～にまさる」
（第28段） as such「そういうものとして」 as if to *do*「あたかも～するかのように」 avocation「（趣味としての）副業」 calling「天職」 reward *A* with *B*「*A* に *B* で報いる」 as in～「～にあるように」 meld「～を混ぜる」 rebel against～「～に反抗する」
（第29段） frustration「挫折，欲求不満」
（最終段） constellation「（類似の物・性質などの）集まり，集合体」

❖講　評

2022年度も長文読解問題が1題のみ，語数は約2150語で，設問数は9問，設問内容はほぼ例年通りであった。

英文は，便利さを追求することがもたらす影響について述べたもの。難解な単語や複雑な構文はほとんど用いられておらず，辞書の使用も許されているので，内容を把握すること自体は難しくないだろう。

(I)，(V)の選択問題は，前後の文脈から判断することが必要で，空所補充する文だけで判断するような読み方では正解できない。(III)，(VI)，(VII)は英文和訳で，いずれも，文構造自体は比較的平易であるが，自然な日本語に直すには工夫が必要である。(II)，(IV)，(VIII)は日本語での内容説明問題。(II)と(IV)は，短い1文の（ほぼ）全体に下線が引かれ，「意味するところを」制限字数内で説明せよ，という設問であった。「日本語に訳しなさい」という指示ではないので，下線部周辺から解答すべき内容を特定して，解答に落とし込む必要がある。いずれの設問も指定字数が少なく簡潔にまとめるのに苦労するだろう。(Ⅷ)は，「著者の議論を振り返りつつ」と求められているので，情報の取捨選択が必要になる。十分に時間をかけて解答したい。(Ⅸ)の英作文は，例年通り本文中の表現を利用することができ，比較的平易なものであった。

なお，辞書の使用が認められているが，頻繁に辞書を引いているようでは時間が足りなくなる。例年通り，英語力に加えて，思考力，日本語の表現力が試された問題である。

日本史

I 解答

(イ)A－3　B－6　C－8　D－9
(ロ)E－0　F－1　G－8　H－9
(ハ)I－1　J－4　K－0　L－8
(ニ)M－2　N－7　O－8　P－4

◀解　説▶

≪古代～現代の交通≫

▶(イ)A．10 世紀前半に醍醐天皇の命で編纂された『延喜式』は，律令の施行細則である式を集大成した法典である。

B．律令体制のもと中央と地方を結ぶ官道には，約 16km（30 里）ごとに駅家が設けられ，官吏が公用に利用した。

C．問（問丸）は，はじめ主に年貢米の輸送を担ったが，商品流通の発達に伴い年貢以外の商品も扱う運送・倉庫業者となり，室町時代には問屋へと発展した。

D．鎌倉時代には貨幣経済が発達し，中国から輸入される宋銭が売買に利用された。

▶(ロ)E．空欄には道中奉行が入る。幹線道路とは五街道のことで，江戸幕府の直轄下に置かれ，17 世紀半ばから道中奉行によって管理された。

F．宿駅には問屋場が置かれ，問屋や年寄・帳付などの宿役人が，村々が人馬を差し出す伝馬役の差配，公用の書状や荷物の継ぎ送りに当たった。

G．書状や荷物の継ぎ送りに当たった幕府公用の飛脚を継飛脚という。

H．京都の豪商角倉了以は富士川・鴨川の整備や高瀬川の開削に貢献した。

▶(ハ)I．1870 年設置の工部省は，鉄道・造船・鉱山などお雇い外国人を中心に行う事業を管轄し，官営鉄道の敷設を進める中心的役割を担った。

J．1906 年，第 1 次西園寺公望内閣のもとで鉄道国有法が公布され，民営鉄道のうち主要幹線の買収がはかられた。

K．空欄には三島通庸が入る。福島県令として会津三方道路の建設を進めたが，不況下の農民に労役を課したことは反発を招き，1882 年の福島事件の原因となった。

L．1905 年のポーツマス条約で獲得した長春・旅順間の旧東清鉄道などを経営するために，1906 年に南満州鉄道株式会社（満鉄）が設立された。

▶(ニ)M．経済企画庁は 1956 年度の『経済白書』で 1955 年を回顧して「もはや戦後ではない」と記した。

N．1958～61 年の好景気を岩戸景気という。国民所得倍増計画が 1960 年成立の池田勇人内閣で定められたことと関連させて判断する。

O．1966～70 年の好景気をいざなぎ景気という。

P．やや難。東名高速道路は 1969 年に全通した。年時しか判断材料がないところが少し難しい。名神高速道路の全通は 1965 年である。

Ⅱ 解答

(イ)A－0　B－2　C－5　D－6

(ロ)E－4　F－8　G－2　H－6

(ハ)I－9　J－3　K－0　L－7

(ニ)M－4　N－2　O－1　P－3

◀解　説▶

≪中世の天皇≫

▶(イ)A．空欄には保元が入る。問題文から空欄Bの天皇の親政が 4 年弱で，平清盛が台頭した時期だとわかる。空欄Cを先に埋めて，平治の乱に先立つ戦乱と考えれば，1156 年の保元の乱を導き出せる。

B．難問。保元の乱で崇徳上皇方を破った後白河天皇は，その 2 年後に皇位を子の二条天皇に譲った。二条天皇は後白河上皇の院政を認めなかったため，朝廷内で後白河院政派と二条親政派の対立が生じた。

C・D．平清盛が関係した戦乱で，その後に清盛が武力を握ったと問題文にあるので，空欄Cは 1159 年の平治の乱と判断できる。その首謀者として空欄Dには藤原信頼を選ぶ。掌中においた二条天皇を清盛に奪われたのは信頼だが，源義朝と解答を迷ったかもしれない。

▶(ロ)E．問題文に乱後に幕府が皇位の継承に介入したとあるので，1221 年の承久の乱が該当する。

F．やや難。承久の乱後，幕府は仲恭天皇を廃し，後鳥羽上皇の直系ではない後堀河天皇を即位させた。

G・H．問題文には，空欄Gの天皇は空欄Hの天皇に譲位して院政を行い，最終的にその弟を後継者とし，南北朝内乱の遠因を作ったと述べられている。後嵯峨天皇は第2子の亀山天皇を愛し，第1子後深草天皇に譲位を迫ったことが大覚寺統・持明院統の対立の始まりとなったことから，空欄Gに後嵯峨，空欄Hに後深草を選ぶ。後嵯峨天皇の父は土御門上皇で，承久の乱には関与しなかったが，自ら幕府に申し出て土佐に流された。

▶(ハ)I．1392年，北朝の後小松天皇は，足利義満の説得に応じて入京した南朝の後亀山天皇から三種の神器を受け取り，南北朝の合体が実現された。

J．難問。『看聞日記』は貞成（さだふさ）親王の日記で，1416～48年における朝廷や幕府の内情を知る史料として知られる。

K.「赤松氏討伐を命ずる綸旨」と問題文にあるので，将軍足利義教が赤松満祐に殺害された1441年の嘉吉の乱が該当する。

L.「東軍本陣となった将軍御所」と問題文にあるので，1467年に始まり，京都を舞台に東軍・西軍が争った応仁の乱を答える。

▶(ニ)M．難問。正親町天皇は，毛利元就の献上金で即位の儀式をあげ，その後，織田信長や豊臣秀吉の援助で皇居造営などを行った。

N．問題文に「安芸の大名」とあることから，中国地方の戦国大名であった毛利元就を答える。毛利元就が安芸の戦国大名だと知っていても，確証は得にくかっただろう。

O・P．1588年，豊臣秀吉は京都に新築した聚楽第に後陽成天皇を迎えて歓待し，諸大名に天皇と秀吉への忠誠を誓わせた。

Ⅲ　解答

A．本朝通鑑　B．彰考　C．保科正之　D．閑谷
E．若衆　F．談林　G．町人　H．浮世

◀解　説▶

≪17世紀後半の学問と文化≫

▶A．『本朝通鑑』は，林羅山・鵞峰父子が幕府の事業として編纂した歴史書で，1670年に完成し，古代から後陽成天皇までを記している。

▶B．彰考館は，『大日本史』の編纂局で，編纂を始めた水戸藩主徳川光圀が江戸藩邸内に設け，命名した。

▶C．保科正之が正解。幼少で4代将軍に就任した徳川家綱を，会津藩主で家綱の叔父にあたる保科正之が補佐した。

▶D．閑谷学校は，岡山藩主池田光政が閑谷村に建てた郷学（郷校）で，

岡山藩の運営のもとで庶民教育が行われた。

▶E．若衆歌舞伎は少年が演じる歌舞伎をいう。女歌舞伎の禁止後に流行したが，女歌舞伎と同様に風紀上の弊害が大きいとして若衆歌舞伎も禁止され，成人男性だけの野郎歌舞伎になった。

▶F．談林派とは，西山宗因とその一派をいい，自由で平易な俳風で，奇抜な趣向を特徴とした。

▶G．町人物は，浮世草子のうち，主として町人の経済生活を描写した作品をいう。井原西鶴の『日本永代蔵』『世間胸算用』が代表例である。

▶H．浮世草子とは，それまでの教訓的な仮名草子と異なり，町人・武家社会の生活を写実的に描いた風俗小説。作品内容から好色物・武家物・町人物に大別される。

Ⅳ　解答

問1．沙石集　問2．来迎　問3．往生要集
問4．御霊会　問5．早良親王　問6．福原京
問7．嵯峨　問8．慶滋保胤　問9．白河

問10．摂関政治を抑えるため，上皇自身が直系子孫の天皇を後見しながら国政を主導する院政がとられた。院政では，受領からの成功，上皇の周辺に寄進された荘園や上皇が知行する院分国などからの収益が経済的基盤となった。(100 字以内)

◀解　説▶

≪古代・中世の信仰と政治≫

▶問1．『沙石集』は，僧侶の無住によって編纂された仏教説話集である。鎌倉時代中期に成立し，仮名まじりの文体で書かれている。

▶問2．やや難。来迎が正解。往生しようとしている人を迎えるために仏が来臨する場面を記した来迎図を想起し，解答に結びつけたい。

▶問3．恵心僧都は源信ともいい，『往生要集』を記して念仏往生の教えを説き，平安時代の浄土教の広まりに影響を与えた。

▶問4．平安時代には，怨霊や疫神をまつることで災厄から逃れようとする御霊信仰が広まった。その鎮魂のための儀礼を御霊会という。

▶問5．早良親王は，桓武天皇の弟で皇太子の地位にあったが，藤原種継暗殺事件で首謀者とされた。無実を訴える早良親王は食を絶って自死した。その後，桓武天皇の近親者に不幸が重なったのは，早良親王の怨霊による

ものとされた。

▶問６．下線部ｃの「治承四年」に注目し，治承・寿永の乱のなかで平氏が福原京に都を移したことを想起する。

▶問７．三筆とは嵯峨天皇・空海・橘逸勢をいう。天皇の呼称が問われており，空欄Ｃのあとに「天皇」と記されているので，「嵯峨」と答える。

▶問８．往生伝とは，往生をとげたと信じられた人々の伝記を集めた書物で，慶滋保胤の『日本往生極楽記』が日本最初とされている。

▶問９．白河は，平安京郊外の東北に位置し，院御所である白河殿や六勝寺の一つ法勝寺などが造営された。

▶問 10．史料㈭には，法勝寺をはじめとする六勝寺が造営されたことが述べられているので，「内容と関わる時期」は院政期とわかる。院政という政治形態と，その経済的基盤を説明すればよい。政治形態としては，摂関政治を抑えるため，上皇（院）が自分の子孫の直系に皇位を継承させ，その天皇を後見しながら国政を掌握し，専制的な政治権力を行使したことを説明する。経済的基盤は荘園と院分国である。院分国は実質的に上皇の知行国だから，知行国からの収入という指摘でもよい。また，六勝寺などの造営は受領の成功により費用調達した。

Ⅴ　解答

問１．(i)黒田清隆　(ii)薩摩藩　問２．フランス

問３．工女〔女工〕　問４．内務省　問５．三井

問６．政府は，民間工業を近代化し，貿易赤字を解消すべく主要輸出品である生糸の品質向上と生産拡大を目指していた。フランスの先進技術を導入した官営模範工場として設立し，工女の養成をはかるとともに，工女を通じて生産技術が民間に普及することをねらった。(120 字以内)

◀解　説▶

≪開拓使と富岡製糸場≫

▶問１．1869 年に蝦夷地を北海道と改称して開拓使が設置されると，開拓次官に就任した黒田清隆のもとで，アメリカ式の大農場制度や畜産技術の導入がはかられた。黒田清隆は，薩摩藩出身の藩閥政治家で，後に開拓使長官，第２代内閣総理大臣をつとめた。

▶問２．富岡製糸場では，機械類をフランスから輸入し，フランス人技師ブリューナの指導を得た。

▶問３．工場で働く女性を工女または女工といい，おもに繊維産業に従事した。富岡製糸場の工女の多くは士族の子女で，「富岡工女」と呼ばれた。

▶問４．1873 年に設立された内務省は，国内産業の改良・発展を目指し，製糸などの官営模範工場を経営した。1872 年の開業時，富岡製糸場の管轄は大蔵省だったが，1874 年に内務省の管轄となった。

▶問５．三井が正解。1884 年の工場払下げ概則撤廃後，官営事業の払下げが本格化し，富岡製糸場は 1893 年に政商の三井に払い下げられた。

▶問６．富岡製糸場を設立した政府のねらいが問われている。史料は，富岡製糸場に技術習得を目的とする女性を派遣したいという開拓使からの問いあわせに対して，管轄する大蔵省が許可の回答を与えたという内容である。これと問２・問３の解答をふまえて，フランスの先進技術の導入と工女の養成に政府のねらいがあったことを想起する。字数に余裕が生じるので，加味すべき要素を考えよう。官営模範工場であったことを前提に，なぜ先進技術の導入と工女の養成が必要だったかを考えるとよい。生糸は主要輸出品であり，輸出拡大のために品質向上と生産増大が求められていた。また，養成した工女によって生産技術が民間に普及し，民間産業の近代化を進めるねらいがあった。以上を加味して答案をまとめたい。

❖講　評

2022 年度も大問５題の構成で，Ⅰ・Ⅱは語句選択，Ⅲは記述，Ⅳ・Ⅴは論述を含む史料問題という例年通りの構成であった。Ⅰの選択問題，Ⅲの記述問題は易しいが，Ⅱの選択問題は一部に難問がある。Ⅳ・Ⅴの史料問題では，記述問題・論述問題ともに標準レベルである。全体としては，2021 年度より少し易しくなった印象がある。

Ⅰは，古代から現代の交通に関するさまざまな事項が問われている。選択肢に正解となる適当な語句がなく「０」を選択する設問が，2022 年度は２つあった。Ｍ～Ｐは正確な年代知識が必要とされている。ほとんどが易しい問題で構成されており，全問正解を目指そう。

Ⅱは，中世の天皇に関する問題文の空所補充である。2021 年度までは五択の語句選択だったが，2022 年度はⅠと同じく選択肢に正解となる適当な語句がない場合は「０」を選択する形式だった。消去法で選択肢を絞り込んでも，「０」の可能性もあるところがやっかいである。問題文を丁寧に読み，判断することが求められている。B・F・J・Mの難度が高い。

Ⅲは，17 世紀後半の学問と文化をテーマに，関連事項を問う穴埋めの記述問題である。難度の高い語句は問われてない。誤字に気をつけて高得点を目指したい。

Ⅳは，(イ)『沙石集』，(ロ)『日本三代実録』，(ハ)『方丈記』，(ニ)『池亭記』，(ホ)『愚管抄』を出典とする史料問題である。初見史料だが，記述問題はいずれも設問から解答を導き出せる。論述問題も，院政の政治形態と経済的基盤という基本テーマだから取り組みやすい。

Ⅴは，開拓使の公文書をもとに，富岡製糸場に関する事項が問われている。初見史料だが，記述問題はいずれも設問から解答を導き出せるし，問われている語句も基本事項である。論述問題は解答の方向性は見出しやすいが，何を加味してまとめるかの判断が必要であった。

2022 年度は，2021 年度と異なり，Ⅳ・Ⅴともに史料内容の読み取りはあまり求められていない。その点では取り組みやすかっただろう。史料内容の読み取りを求めるタイプと，読み取りを必要としないタイプの両者が出題されているので，多くの過去問にあたっておくとよい。

世界史

I 解答

A．カール5世　B．カトリーヌ=ド=メディシス
C．スウェーデン　D．フランツ1世　E．プガチョフ
F．エドワード6世　G．1588　H．寛容　I．アン女王　J．グリム
設問(1)―(オ)　設問(2)パリ条約　設問(3)リシュリュー
設問(4)フォークランド戦争　設問(5)ノックス

◀解　説▶

≪近世ヨーロッパの女王≫

▶A．カール5世は母方の祖父フェルナンドの死によって，1516年にスペイン王を継承しカルロス1世となった。1519年に父方の祖父マクシミリアン1世が死去すると，神聖ローマ皇帝位をフランス国王フランソワ1世と争い，選出されてカール5世として即位した。カルロス1世と迷うかもしれないが，2つ目の空欄の直前に「皇帝」とあるのに注意したい。「1555年」はアウクスブルクの和議が結ばれた年代なので，これもヒントになるだろう。

▶B．カトリーヌ=ド=メディシスはメディチ家の出身。1559年に夫のアンリ2世が事故死し，長男フランソワ2世の短い治世の後，次男シャルル9世が即位すると摂政としてフランスの実権を握った。ユグノー戦争では新旧両派の対立を利用して王権の強化をはかったが，やがてカトリックに傾倒しユグノーを弾圧，1572年のサンバルテルミの虐殺を主導した。ユグノー戦争との関連で問われていないためやや難しい。

▶C．「ウェストファリア条約」「西ポンメルン」「バルト海南岸に領土を拡大」「帝国議会に出席する権利」などからスウェーデンと判断したい。クリスティーナ女王は三十年戦争に介入したことで知られるグスタフ=アドルフの娘で，父王が戦死した後，王位を継承した。

▶D．難問。フランツ1世とマリア=テレジアの間にはヨーゼフ2世，レオポルド2世，マリ=アントワネットなど16人の子が生まれた。教科書や資料集にマリア=テレジアとその家族を描いた絵画が掲載されていることが多いので説明文もきちんと読んでおきたい。

▶E．プガチョフはコサックの首長。エカチェリーナ2世の農奴制強化・重税に対抗し，エカチェリーナ2世に廃された直後に死亡したとされるピョートル3世を僭称し，農奴解放を宣言して支持を集めたが処刑されている。

▶F．やや難。エドワード6世はヘンリ8世と3番目の王妃との間に生まれた唯一の男子。幼くして即位し，イギリス国教会にカルヴァン派の教義を取り込んで，1549年に一般祈禱書を制定した。エドワード6世が死去すると，ヘンリ8世と最初の王妃カザリン（Aの正解であるカール5世の叔母）の娘メアリが，メアリ1世として即位した。

▶H．寛容法により非国教徒は信仰の自由が認められたが，審査法が存続しているため公職につくことはできなかった。

▶I．アン女王はメアリ2世の妹。アン女王の時代に，ヨーロッパではスペイン継承戦争，北米植民地ではアン女王戦争が行われ，フランスに勝利をおさめた。

▶J．グリム兄弟がゲルマン神話や民話を収集して編集した『グリム童話集』は世界中に知られており，ロマン主義文学に分類されている。グリム兄弟が『グリム童話集』や『ドイツ語辞典』を編纂したのは，ドイツ統一のためドイツ人の国民意識を高めるためであった。

▶設問(1)選択肢中，現在も君主制の国はオランダとデンマーク。このうち「17世紀に共和制」であったのは，(オ)オランダ（ネーデルラント連邦共和国）で1581年に成立し，フランス革命軍の侵攻によって1795年に滅亡した。

▶設問(2)イギリスは1763年のパリ条約でフランスからミシシッピ川以東のルイジアナとカナダを獲得したほかに，スペインからフロリダを獲得している。

▶設問(3)リシュリューはルイ13世の宰相。アカデミー=フランセーズは，その後，科学や芸術の分野などにアカデミーが設立され，18世紀末にこれらが統合される形で再編が行われ，フランス学士院となった。

▶設問(4)イギリス領フォークランド諸島はアルゼンチンの沖合にある島々で，アルゼンチン側の呼称はマルビナス諸島。領有権を主張するアルゼンチン軍が侵攻したが，サッチャーは精鋭部隊を送り込んでこれを奪回した。

▶設問(5)難問。カルヴァンの教えを信奉したノックスは，1559年に反乱を起こしスコットランドでの宗教改革を開始した。

Ⅱ **解答**　A．マンスール　B．タバリー　C．スルタン
D．ガザーリー　E．アイユーブ
F．ホラズム=シャー〔ホラズム〕　G．モンケ〔モンケ=ハン〕
H．バイバルス　I．委任統治　J．フセイン〔フサイン〕
設問(1)ヒラーファト運動　設問(2)ニネヴェ　設問(3)1979
設問(4)シク王国　設問(5)タバコ=ボイコット運動

◀解　説▶

≪バグダードの歴史≫

▶A．やや難。マンスールはアッバース朝を開いたアブー=アルアッバースの異母兄。ウマイヤ朝の残党やシーア派の一派を鎮定して，アッバース朝支配体制を実質的に創設した。

▶B．やや難。タバリーはアッバース朝期にバグダードで活躍したイラン系イスラーム法学者・歴史家。

▶C．セルジューク朝のトゥグリル=ベクはシーア派のブワイフ朝を追ってバグダードに入り，アッバース朝カリフからスルタンの称号を与えられた。

▶D．ガザーリーは11～12世紀にセルジューク朝で活躍したイラン系イスラーム神学者。

▶E．アイユーブ朝は，クルド人のサラディンによってカイロを首都に建国されたが，彼の死後領域は一族によって分割され，このうちエジプトではマムルーク軍団によってマムルーク朝が成立している。

▶F．1077年にアム川下流からおこったホラズム=シャー朝は，セルジューク朝からイラン高原を，カラ=キタイからサマルカンドやブハラなどを奪い，13世紀初頭にはゴール朝を滅ぼしてアフガニスタンに進出した。

▶G．モンケはチンギス=ハンの末子トゥルイの長子。バトゥの他に弟フビライがいる。

▶H．やや難。バイバルスは1260年にパレスチナでモンゴル軍を破った後，スルタンに即位しマムルーク朝の国家体制を確立した。

▶I．委任統治はウィルソンが十四カ条で掲げていた民族自決の理念と，現実の植民地支配の利益との妥協をはかったもので，事実上は植民地とか

わらなかった。

▶J．1915 年イギリスとフセイン（フサイン）=マクマホン協定を結びアラブの独立を約束させたフセインは，翌年オスマン帝国に対して反乱を起こし，ヒジャーズ王国の建国を宣言した。

▶設問(1)難問。ヒラーファトは「カリフの地位」の意味。第一次世界大戦で敗戦国となったオスマン帝国では，セーヴル条約で広大な領土を失い，ムスタファ=ケマルがアンカラに臨時政府を樹立するなど，カリフの地位に危機が迫った。インドではこの状況をイギリスがカリフの地位を脅かしているととらえ，インドのムスリムの闘争にガンディーが指導するヒンドゥー教徒も参加し，インド反英運動が盛り上がりを見せた。

▶設問(2)ニネヴェは，アッシュルバニパル王が世界最古の図書館を造ったことで知られるティグリス川中流東岸の都市。19 世紀末に図書館跡とされる遺跡から大量の粘土板文書が発見された。

▶設問(3)イラン=イスラーム共和国はホメイニによる 1979 年のイラン革命で成立した。

▶設問(4)シク王国はランジット=シングにより 1799 年に建国されたが，2 度にわたるシク戦争を経て 1849 年にイギリスに併合された。シク教はイスラーム教の影響を受けたヒンドゥー教の一派で，一神教的性格を持ち，偶像崇拝やカースト制を否定する。

▶設問(5)タバコ=ボイコット運動は，パン=イスラーム主義の提唱者アフガーニーの呼びかけを受けて行われた。

III 解答

A．澶淵　B．遼　C．完顔阿骨打　D．淮河〔淮水〕
E．謀克　F．西廂記　G．1644　H．圏地
I．四庫全書　J．扶清滅洋

◀解　説▶

≪北方民族と中国≫

▶A．「和議」とあるので迷うかもしれないが，「1004 年」から素直に澶淵の盟と考えればよい。澶淵の盟では，宋が兄，遼が弟の関係，西夏との慶暦の和約（1044 年）では，宋が君，西夏が臣の関係であったが，金との紹興の和議（1142 年）では関係が逆転し，南宋が金に対して臣下の礼をとることになる。

▶B．契丹は，遼河上流一帯を居住地としていたことから遼という国号を用いた。

▶C．完顔阿骨打は女真の完顔部の首長。猛安・謀克の制度を導入し，女真文字を制定した。

▶D．淮河は華北と華南の境界に位置する。1142 年の紹興の和議で金と南宋の国境とされた。

▶E．猛安・謀克は金の軍事行政組織。300 戸を 1 謀克，10 謀克を 1 猛安とする行政組織を編成し，1 謀克から 100 人の兵士を集める軍事組織を兼ねた。

▶F．やや難。作者名を覚えていないと正答できない。元曲の主な作品としては，王実甫の『西廂記』，高明の『琵琶記』，馬致遠の『漢宮秋』が有名。

▶H．難問。圏地の圏は縄を使って土地を測量することを意味する。清では土地の測量に縄を使用して旗人に分与した。辮髪とともに漢人の反発を受けた占領政策の一つである。

▶I．『四庫全書』は乾隆帝により編纂された中国最大の叢書。当時の書籍を網羅して，経・史・子・集の 4 部に分類編集した。

▶J．扶清滅洋は「清を扶けて，洋（外国）を滅ぼす」という意味の排外主義的スローガン。

Ⅳ　解答

A．1492　B．ヤゲウォ〔ヤゲロー〕
C．イヴァン 3 世　D．ノヴゴロド　E．エトルリア
F．ピサ　G．ダヴィデ　H．ボッティチェリ　I．カトー=カンブレジ
J．マキァヴェリ

◀解　説▶

≪1492 年のヨーロッパ≫

▶B．1386 年，リトアニア大公ヤゲウォとポーランド女王ヤドヴィガが結婚して，リトアニア=ポーランド王国ヤゲウォ朝が誕生した。両国が同君連合を形成したのは，ドイツ騎士団の東方植民に対抗する目的もあった。ヤゲウォ朝が 1572 年に滅亡してポーランドは選挙王制となる。

▶C．「ビザンツ帝国最後の皇帝の姪と結婚」からイヴァン 3 世と判断できる。彼は 1480 年にモンゴル人支配から独立を達成する一方，ローマ帝

国の継承者を任じてツァーリの称号を用いた。

▶D．やや難。モスクワ大公国の「北西にあって9世紀以来経済的に栄える」から，ノヴゴロドと判断したい。

▶E．エトルリア人はイタリア半島の先住民。ラテン人が建国したローマも支配していたが，エトルリア人の王が前6世紀末にローマから追放され，ローマで共和政が成立したとされる。

▶F．ロマネスク様式の代表的建築物であるピサ大聖堂は，付随するピサの斜塔（鐘楼）でも有名。

▶G．「ダヴィデ像」はミケランジェロの代表的な彫刻像である。「ヴェッキオ宮殿前」というヒントにとまどうかもしれないが，素直にイタリア=ルネサンス時代の有名な彫刻を書けばよい。

▶H．「春（プリマヴェーラ）」は「ヴィーナスの誕生」とともにボッティチェリの代表作である。

▶I．カトー=カンブレジ条約は，フランスのアンリ2世，スペインのフェリペ2世，イギリスのエリザベス1世を中心に締結された。

▶J．マキァヴェリは『君主論』で，君主にはライオンのような勇猛さと狐のような狡猾さが必要であると述べた。目的のためには手段を選ばない権謀術数的な政治姿勢をマキァヴェリズムと呼ぶ。

❖講　評

Ⅰは近世ヨーロッパの女王をテーマにした問題。イサベル女王，クリスティーナ女王，マリア=テレジア，エカチェリーナ2世，メアリ1世，アン女王などに関連する事項が問われている。Aのカール5世，Bのカトリーヌ=ド=メディシスは家族関係から正解を特定するよりも空欄前後の年代やキーワードから考えていきたい。Fのエドワード6世はやや難。Dのフランツ1世と設問(5)のノックスは難問。教科書レベルの標準的問題を確実に得点することが望まれる。

Ⅱは古代から第一次世界大戦後までのバグダードの歴史に関する問題。アッバース朝，セルジューク朝，アイユーブ朝，マムルーク朝，委任統治などに関する知識が問われている。Aのマンスール，Bのタバリー，Hのバイバルスはやや細かい知識だが，その他はすべて教科書レベルの標準的問題なので，ここも確実に得点しておきたい。設問(1)のヒラーファト運動は難問であった。

Ⅲは北方民族と中国の関係をテーマとする問題で，政治・外交を中心に文化についても問われている。Fの『西廂記』は作者名と作品名を正確に記憶していたかが問われた。Hの圏地は記述式で書くのは難問であろう。中国史は漢字を正確に書けるかどうかで，得点差がつくので十分注意したい。

Ⅳは世界史上の節目となる年として 1492 年をあげ，当時のヨーロッパとそれに関連する知識を問う問題。ポーランド，ロシア，フィレンツェについて問われている。Dのノヴゴロドはやや細かく，Gのダヴィデもヒントがわかりにくいが，その他は標準的なので，取りこぼしのないようにしたい。

2022 年度は 2021 年度と比べ問題の分量に変化はなく，難問の数も同程度で，難易度に大きな変化はなかった。ただ，教科書レベルであってもごく一部の教科書にしか言及がないような歴史用語もかなり出題されているため，その点で得点差が出る出題となっている。また，正解となる歴史事項は標準的なものであっても，それを求める過程が難しい問題も毎年のように出題されている。全問記述式であることから正確な知識が必要であり，中国史では漢字表記が求められることから相当ハイレベルな出題と考えたい。

う厳しい字数制限の中で論旨の明快な文章を作成する必要がある。試験時間・字数制限・課題文の内容などから総合的に判断するに、難度の高い出題であるといえよう。

ことが肝要だ。論述の骨子を定めたら、具体的な事例によって自分の考えと論を深めるのもよいだろう。課題文の指摘する問題が、自分にとってどのような意味をもつのかを考えることにより、論は確かなものになる。

〈解答例〉では、課題文の趣旨をふまえ、限定的な「正しさ」を普遍的なものと思い込むことを問題として指摘した。「社会規範が求める『正しさ』などはあくまでも限定的・暫定的なものであると自覚し、自分が『当たり前』に囚われていないかを常に検証して、自分の考える『正しさ』を更新し続けること」の必要性を論じた。また、似通った論旨にはなるが、自分がいかなる「正しさ」にコミットしているかを自覚することの重要性を論じる、というのも論述の方向として考えられるだろう。何事においても、「当たり前」として看過していたのでは物事の本質を捉えることができない。常日頃から、「なぜそうなのか」「どうしてそう言えるのか」との疑問をもち、思索する習慣を身につけたい。

❖講　評

二〇二二年度も、要約問題が一問、意見論述問題が一問という形式に変わりはない。要約問題である設問Ⅰの制限字数は、二〇二〇年度までと同様の三〇〇字以上三六〇字以内であった。例年、長めの課題文が用意されているが、これにも変わりがない。

今回の出題は、「正しさ」の意味という物事のあり方の根源的な部分を問うことを通して、人間や文化、社会について深く考えさせるものであり、受験生の教養や世界認識のあり方、さらには文学部志望者としての資質が問われていると言えよう。高度な読解力・思考力・表現力・構成力が要求される、人文科学系学部らしい出題であった。

設問Ⅰの要約問題では、二人の哲学者の議論の微細な差異に惑わされることなく筆者が目を向ける共通点を見出し、そのうえで主張とつながるポイントを正確にとらえて読解する力、そして、その論理の流れを反映させて端的に表現する力が求められる。設問Ⅱの意見論述問題では、課題文の示唆する内容をふまえて自論の方向性を定め、四〇〇字とい

して、自分の考える「正しさ」を更新し続けることなのではないか。（三二〇字以上四〇〇字以内）

▲解　説▼

≪「正しさ」とは何か≫

▼設問Ⅰ　課題文全体を要約することが求められている。文章の前半（第一・二節）は、リベラル派哲学者のユルゲン＝ハーバーマスによる「正しさ」についての説と、それに対する筆者の見解が述べられている。課題文後半（第三節）の冒頭に「しかし、『理想にすぎない』といって切り捨てる前にもう一例、リベラリズムの論客の議論を検討してみましょう」とあるので、前半のハーバーマスの議論が理想論であるという筆者の意味付けと、後半が、他のリベラル派哲学者の説の例示及びその検討であることがわかる。よって、ロールズの論については、一例目のハーバーマスと引き比べつつ読むことになる。そして、後半の末尾の、先の二例をふまえて「正しさ」について述べている部分が、筆者の主張の中心であることがわかる。ハーバーマスとロールズに関しては、特定の理念への全員のコミットを前提とするという共通性が指摘されているため、これが明確になるよう焦点化し、限られた字数に収まるようコンパクトな表現でまとめたい。そのうえで、最終段落の内容を先の例と結び付けて述べる。その際、これまでの文章の流れを意識して、最終段落の内容だけが浮いてしまわないよう注意が必要だ。要約することで切り詰めた表現となって話題の関係性がわかりにくくなり、話題を羅列しただけになってしまうことが少なくない。必要なフレーズを補うなどして、要約文自体の論理の流れを保ちたい。

▼設問Ⅱ　「正しさ」について、課題文をふまえて自分の意見を述べることが求められている。課題文をふまえる視点はいくつか考えられる。〔解答例〕のように、リベラル派の二人の哲学者に共通する理想論的な「正しさ」のもつ問題性を糸口にするのもよいだろう。また、最終段落の「『権利』とは、いったいどのような意味で『正しい』といいうるものなのでしょうか」との問いかけに答える形で述べるのもよい。いずれにせよ、すべての人のコミットメントを前提とした上で初めて成立するような理念的な「正しさ」には問題がある、という課題文の趣旨を基盤として論じる

小論文

解答例

設問Ⅰ　ハーバーマスは、市場原理で決まる資本主義的な「正しさ」の設定に抗して、公共的な「正しさ」を再構築する必要があると訴えた。しかし、この主張は、理念上の「正しさ」にすべての人々がコミットすることを前提とするもので、構造的な困難さを抱えている。また、同じくリベラル派のロールズは、人間の自然状態を自分の社会的ポジションを知らない状態とし、この状態では、人は自分が最も不利な条件で生まれた可能性を考えて誰もが平等な社会を望むと考えた。しかし、これもまた、特定の原理へのコミットを前提とした「正しさ」である。近代社会における「正しさ」をとらえるには、近代社会の成立に不可欠と考えられる「自由」と「平等」が、なぜ人間の基本的な「権利」として「正しい」といえるのか、「権利」が成立するところまで掘り下げて考える必要がある。

（三〇〇字以上三六〇字以内）

設問Ⅱ　どれほど理性的な「正しさ」でも、社会において普遍的に通用するものはなく、限定的にしか成立しない。リベラル派の「正しさ」の成立が、彼らの理想論的原理へのコミットを前提としているように、現代社会もまた、そこで「当たり前」とされる「正しさ」に従うよう人々に要求し、それを是とする人だけが自分たちを「正しい」と思い込んでいる。社会規範に適合したというだけであるにもかかわらず、それを普遍的な「正しさ」だと勘違いしているのだ。

世界中のさまざまな紛争を鑑みるに、それぞれが宗教的、歴史的、道義的な「正しさ」を自認し、相手を非難している。普遍的な「正しさ」などはないことの証左である。そのなかで私たちがすべきことは、社会規範が求める「正しさ」などはあくまでも限定的・暫定的なものであると自覚し、自分が「当たり前」に囚われていないかを常に検証

2021年度

解答編

解答編

英語

解答　(I)—(D)

(II)このまま軽装で先に進めば命を落とす危険があった。(25 字以内)

(III)—(イ)

(IV)先史時代の人は無知で野蛮だという固定観念は，ほんの少し調べただけで崩れる。(40 字以内)

(V)全訳下線部(5)参照。

(VI)全訳下線部(6)参照。

(VII)全訳下線部(7)参照。

(VIII)現存する最古の診断記録に書かれた「治療法はない」という言葉から医師と患者の姿を見て取った著者は，古代の人々を集団としてとらえるのではなく，個々人に焦点を当て，彼らがどんな人物であったかを明らかにすることの重要性を認識したから。(100 字以上 120 字以内)

(IX)＜解答例 1 ＞Those of us living in the era of globalization tend to mistakenly equate English fluency with breadth of international perspective.

＜解答例 2 ＞Living in the age of internationalization, we are likely to mistakenly identify fluency in English with broad international views.

◆全　訳◆

≪「人類史上初」を探究する≫

1991 年，世界で最も興味深い殺人事件の被害者が，エッツタール・アルプス山中，オーストリア国境から 15 フィートのイタリア北東部，海抜 1 万 500 フィート地点で見つかった。エッツイと名づけられたその男性は約 5,300 年前に背中を矢で射られたのだが，彼の体はそれ以来，人類の歴史において最も注意深く研究される死体となっている。2017 年秋，私は殺害現場を訪ねることにした。私にとってこれが初めての犯罪捜査であったが，優れた殺人捜査刑事なら誰でも行うであろうと考えられるやり方で始めた。被害者の最後の道のりをたどったのだ。

驚くべきことに，殺人が起こったのは大ピラミッドの建設の1千年近く前であったにもかかわらず，彼の跡をたどることは実際に可能だった。科学者たちが被害者の消化器官から得られた花粉がどこから来たものかということに加えて花粉の重なりも特定してくれたので，私たちは現在，エッツイの最後の12時間について，どんな探偵が提供するよりもはるかに正確な報告書を手にしている。

エッツイの最後の山歩きが行われたのは，第一次世界大戦後にオーストリアから割譲され，現在は北部イタリアの一部になっている場所だが，私が訪れたときには，誰かがそこに住む人々にその事実を知らせたことがあったのかどうかはっきりしない様子だった。建築物，食べ物，文化，標識，それに挨拶でさえ，あまりにも全般的にオーストリア的だったので，私は国境を越えていないことを地図で確かめた。

私は朝早く山歩きを始めたのだが，エッツイは死んだ日，体調がよかったにちがいないとすぐにわかった。エッツタール・アルプスは私が慣れ親しんでいたシエラ・ネバダ山脈の丘陵地帯のように緩やかに高くなるのではない。それどころか，渓谷から急勾配で上昇しているので，エッツイが選んだなだらかな方の道でさえも，雪と霧の中に昇っていく急角度の山道をジグザグに進んでいた。

研究者たちは，エッツイは頂上でゆっくりと昼食を楽しんだ後まもなく死んだことを明らかにしているが，そのことから彼が私よりもはるかに優秀な気象学者であったことがわかる。私が山頂に到着した時には雪が降り始めて濃い霧が登山道を覆っており，彼の永眠の地へ向かう厄介な斜面をじっと見つめていると，数人の登山者が――その日初めて目にした――アイゼンを装着しているのを見つけた。私たちに共通する単語は多くなかったが，私のテニスシューズを指さすジェスチャーをいくつか交わした後に，もし私が（登山を）続ければ，エッツイの永眠の地が私自身の永眠の地になる恐れがあるという理解を共有した。殺害の現場から4分の1マイルにも満たない地点，自宅から6千マイルの地点で，この場合は，その現場を調査した考古学者にインタビューすれば十分だと言わざるを得ないと私は決断した。

打ち切りとなった殺人現場への旅は，この本を出すための壮大な 3 年がかりの企画の一部だった。それは，人類の最も偉大な「初」への探究として始まったが，すぐに拡大してそれを招いた人物の紹介を付け加えた。先史時代の発見について学べば学ぶほど，それを行った人について知りたくなった。だが，先史について復元されたもののほとんどは個人の存在を完全に無視し，人々ではなく，「～人」について議論している。

そこで，私は我々のはるか昔の歴史から注目すべき「人々」を見つけることに着手した。100 人を超える専門家にインタビューし，何十冊もの本と何百もの研究論文を読んだ。インターネットから黒曜石を取り寄せ，それでひげを剃ろうとした。人類最初の芸術作品がある場所を訪ねた。火打ち石と黄鉄鉱で火をおこした。古代の弓の複製を放った。ビールを醸造するために薄い粥を腐らせた。そして，あともう少しで，エッツイに彼の永眠の地で合流するところだった。

最終的に，筆記の発明以前に生きた，あるいは記録を残さずに生きた古代の 17 人を見つけ出した。これらの人々は，学者にはその存在が知られていて，その途方もない，あるいは決定的な行動が現代生活の基礎になっている人々だ。そして私は，考古学者から技術者，遺伝学者から法律家，占星術師から醸造所の責任者まであらゆる人々に，これらの名前のわからない人たちはどんな人物だったのか，彼らは何を考えていたのか，どこで生まれたのか，どんな言葉を話したのか（もし話したのならば！），何を着ていたのか，何を信じていたのか，どこに住んでいたのか，どのように死んだのか，どのようにその発見を行ったのか，そして最も大切なこととして，なぜそれが重要なのかを尋ねた。

何千年も離れたところから見ると，文化，技術，進化の変化は滑らかな直線上を進んでいるように思われる。石器は徐々に金属に取って代わられ，毛皮は徐々に織物に取って代わられ，採集された果実は徐々に栽培された穀物に取って代わられた。ゆっくりと移り変わっているように見えるせいで，一見必然的な人類の歴史の軌跡――一見遅々として進まない人類の進化の速度――において，おそらくただの一人も個人が重要な役割を果たすことはなかったと決めてかかりたくなる。

しかし，このゆるやかに進む変化は我々現代人の視点によって作り出された錯覚である。それは技術や進化さえもが常にどのように起きているか，つまり，発作的な不規則さで，最前線にいる個人と共に起きているということを無視している。丸太転がしが必然的に荷馬車へ移行するわけではない。そうではなく，誰かが車輪と車軸を発明し――多くの学者に古今を通じて最大の道具の発明だと考えられている――誰かが最初の弓矢を放った――おそらくこれまで世界でも例を見ないほど大成功した武器だ。有史時代の範囲が不十分なために，我々は彼らの名前を失ってしまったが，名前などは些細なことで，現代の科学は今日，先史の天才たちについてははるかに意味深い詳細情報を提供している。

この二つの単語――「天才」と「先史の」――が組み合わされることがめったにないのは，漫画，昔の風刺漫画の固定観念や，道具や技術を知性と誤って同一視したいという誘惑のせいである。「先史の」は筆記の発明以前に生きた人々のことだけを表すはずなのだが，最初に挙げられている同義語は「原始的な」で，それに含まれた意味は明らかだ。すなわち，「有史以前に」生きていた人々は，無知な野蛮人。まぬけ。暗い洞窟に住み，うめきながらマンモスの肉をムシャムシャ食べる獣のような人間。

しかし，ほとんどの固定観念と同じように，この固定観念はほんの少し調べるだけで崩れる。いわゆる穴居人――その大部分は洞窟に住んでさえいなかったが――は，食糧が大量生産され，職業が専門化している時代に生きる我々よりもはるかに幅広い知識基盤を必要とした。彼らの生存は，周囲の状況に関する百科事典的な知識にかかっていた。それぞれが，食べるもの，住むところ，使うもののほぼすべてを見つけ，集め，狩猟し，殺し，作らなければならなかった。彼らはどの植物が命を奪い，どの植物が栄養になり，どの植物がどの季節にどこで育つのかを知る必要があった。彼らは自分たちの餌食の季節移動のパターンを知る必要があった。私が話をした学者たちによれば，(5)天才は古代において今日よりも稀であったという証拠はなく，少なくとも古代の方が今日より多く見られたという証拠はいくつかある。

先史時代に天才が生きていたと主張すると論争の的になる，あるいは推論にすぎないとすら感じられる。しかし，そうあるべきではない。

先史時代の人々にそれ相応の数の愚か者，道化者，まぬけ，裏切り者，臆病者，ならず者，悪意に満ちて復讐を求める精神病質者がいたのと同じように，ダ=ヴィンチやニュートンに相当する人たちもいた。それは単なる推測ではない。それは証明が可能，検証が可能で，議論の余地がない事実だ。その証拠は，フランスの洞窟の壁に描かれ，中東の粘土板に刻み込まれ，南太平洋の島々で見つかり，ロシアで4つの車輪の上に埋められている。ニュートンが微積分学を発明したことで賞賛されるのであれば，数学そのものを発明した人について我々はどう考えるべきか。コロンブスが南北アメリカに偶然出くわしたために祝ってもらえるのならば，それよりも1万6千年前に実際にそれらを発見した人のことをどう考えるべきか。そして，コロンブスが大陸を（たまたま）見つける5百年前に，世界で最も孤立した列島を探し求めて見つけた人物はどうなのか。

「先史」とは，彼らの名前や話が記録に残らなかったことを意味するだけで，それ以上のことはない。彼らの生涯はその後に生きた人々の生涯と同様に素晴らしく，少なくとも場合によっては，いっそう素晴らしいものだった。

常識というものがはるか昔にこのことを示唆すべきだった。現代科学がすべての疑念を取り除いてくれた。

(6)今まで，こうした古代の個々人についてほとんど何も書かれてこなかったのは，一つには彼らについて語るべきことがほとんどなかったからだ。昔の考古学者たちは骨や道具を見つけたが，その所有者の人間性や個性や動機について言及するには十分ではなかった。

しかし，過去数十年間に，現代科学は驚くほどに我々の古代の出来事を明らかにしてきた。DNA を取り出して分析する技術のおかげで，古代の骨が驚くべき新しい物語――居住可能な世界の限界で生き延びた人々や疫病の発生源や衣服の発明の物語さえ――を語る。古言語学者は，人口移動，生活様式，発明の場所までも――おそらくは，車輪そのものの発祥の地も含めて――を明らかにするために，古代の言語を復元した。

昔かたぎの考古学もこの 20 年で劇的な変化を経験した。(7)発見の数が爆発的に増加し，執筆から出版までの待ち時間に必然的に生じるであろう新発見に対して許しを請う文言を著者がきまって入れるほどだ。先史時代について書くことは，新しい発見のせいだけではなく，古い発見に使用される新しい道具のせいで，もぐらたたきゲームになってしまった。

近年の人類学の研究はこうした古代の人々の思考様式さえ明らかにして

いる。（カリフォルニア大学）サンタバーバラ校のドナルド=ブラウンのような学者らによる研究では，パプアニューギニアの高地人とロウアーマンハッタンの通りの銀行員ほどに一見異なる何百もの人間の文化に見られる驚くべき一貫性を暴露している。ブラウンや他の研究者による類似点を探す調査によって，人類学者が「ヒューマン・ユニバーサル（全人類の普遍的特性）」と呼ぶもののリスト，つまり，ありとあらゆる文化で示される，意味深くてとりわけ固有の特徴をまとめたものが作り出されている。

マルコ=ポーロが 13 世紀に長い旅から戻った時，タイとミャンマーのパダウン族やカヤン族が行っていた首を伸ばす習慣の話はヨーロッパに衝撃を与えた。しかし，首を伸ばすことと西洋の蝶ネクタイは 2 つの非常に異なる思考様式の産物に思われるかもしれないが，それらは個別化と身体装飾を求める普遍的な人間の欲求に起因している。もしもポーロが自分に装飾を施す人がいない文化を見つけていたならば，そちらの方がはるかに奇妙だったであろう――だが，人類学者の誰一人としてそのような発見をしたものはない。身体装飾はブラウンのような人類学者たちが明らかにした数百ものヒューマン・ユニバーサルのうちの 1 つで，多くの研究者たちは，このような普遍的特性は考古学上の遺物が残っていない古代の文化を考察するための最良のレンズを提示していると考えている。それらは個人の特徴を述べはしないが，人間であるとはどういうことかを述べる助けになっている。

我々の遠い過去を調査するために現在用いている強力な道具にもかかわらず，多くの根本的な疑問が残っている。2 名の考古学の世界的権威にホモサピエンスはいつ完全な言語を話し始め，現代の人類のように考えるようになったのかを尋ねると，彼らの答えは 10 万年以上も違っていた。我々の過去についての扱いにくい不透明さとはそういうものだ。

とは言っても，現代の道具を使って，学者たちは現在，古代の人類の歴史の中で最も偉大な人々，偉大な瞬間，偉大な初の出来事について，これまでになく知識に基づいた推測をすることができる。

私は以前，一風変わった人類初について考えをめぐらしたことがあったが――新しくてとりわけ奇妙な何かに挑戦するとき，我々の多くが行っているだろうが――ある古代エジプトの医者が彼の患者の乳房の腫瘍について記述した心に強く訴える記録を読むまでは，私はこの問題について深く考えていなかった。歴史家たちは，それが最初に記録された癌の症例だと考えている。腫瘍の広がりについて長く詳しく述べた説明の最後に，医者は「治療法はない」とだけ加えている。

私はこの古来の病気に苦しむこの古代の女性の具体性に，心を動かすものを見出した。具体性，個性，それが古代「人」についての典型的な説明に欠けているのだと気づいた。だから私は，古代に起きた人類史上初についてだけでなく，それを成し遂げた人々を明らかにすることにしたのだ。

◀解　説▶

▶(I)空所(1)を含む節を導いている非制限用法の関係代名詞 which の先行詞は，直前の that 節の「エッツイは頂上でゆっくりと昼食を楽しんだ後まもなく死んだ」という内容である。直後の文（Snow had begun …）の前半部で「私が山頂に到着した時には雪が降り始めて濃い霧が登山道を覆っていた」と述べていることから，気象に関係する語の(D) meteorologist「気象学者」が入るとわかる。「頂上でゆっくりと昼食を楽しんだ」ということは，エッツイが天候を読んで行動していたことを示唆していると解釈できる。(A) archaeologist「考古学者」，(B) enthusiast「熱狂者」，(C) linguist「言語学者」はいずれも内容に合わない。leisurely「時間をかけた，くつろいだ」 blanket「～を一面に覆う」

▶(II)まず，下線部(2)を含む文（We didn't share …）の意味を確認すると，下線部(2)は an understanding の同格節で，「私たちに共通する単語は多くなかったが，私のテニスシューズを指さすジェスチャーをいくつか交わした後に，私たちは（that 以下の）理解を共有した」となる。よって，ジェスチャーが示す意味を述べていることになるので，ジェスチャーの意味を明確にしてから，下線部(2)の意味を確認することが大切である。文の主語 we は，直前の文（Snow had begun …）の後半部（and as I …）に出てくる a few mountaineers「数名の登山者」と筆者である。直前の文では，「筆者が目的地へ向かう斜面を見つめていると，登山者たちがアイゼンを装着しているのを見つけた」という内容が述べられている。このことから，目的地へ向かうには登山用の靴が必要で，テニスシューズで向かうのは危険だということをジェスチャーが示していたと解釈できる。以上の文脈を踏まえること。at risk of *doing* は「～する危険にさらされて」の意味で，make O C は「O を C にする」の意味。my own の後ろには

final resting place「永眠の地」が省略されている。これを補って訳せば「もし私が続ければ，エッツイの永眠の地が私自身の永眠の地になる恐れがある」となる。したがって，下線部(2)の意味するところとは，「登山に適さない靴で先に進めば，筆者は命を落とす危険がある」ということになる。contemplate「～をじっと見つめる」 traverse「山の斜面・岩壁などを横切って進むこと，トラバースして進む岩壁」 spot *A doing*「*A* が～しているのを見つける」 strap「～を革ひもで縛りつける」 crampon「(登山・氷雪上の歩行用に靴底に付ける) アイゼン」

▶(Ⅲ)空所(3)を含む文の主語 this gradation「このゆるやかに進む変化」とは，第 9 段（When viewed from …）で述べられている，「文化，技術，進歩における見かけ上のゆっくりと徐々に進む変化」のことを指している。第 10 段第 1 文（But this gradation …）では，「このゆるやかに進む変化は錯覚である」と述べ，空所(3)に入る語がその錯覚を生み出していると述べている。第 9 段第 1 文に When viewed from the distance of many thousands of years「何千年も離れたところから見ると」と述べられていることから，文化や技術や進化がゆっくりと徐々に進んでいるように見えるのは，現代の我々の視点から見た場合であるとわかる。よって，(イ) perspective「視点」が正解。さらに，第 10 段第 2 文（It neglects the …）の It は，our modern [(3)] を指しており，It が our modern perspective と考えて読めば，「我々現代人の視点は技術や進化が常にどのように起きているかを無視している」という内容となり文脈に合う。他の選択肢，(ア) forethought「(事前の) 考慮，(将来に備える) 深慮」，(ウ) merit「美点，取り柄」，(エ) lifestyle「生活様式」は前後の文脈に合わない。

▶(Ⅳ) this one の one は stereotype「固定観念」を受けたもので，下線部(4)は「この固定観念はほんの少し調べるだけで崩れる」の意味。collapse「崩壊する」 under「(負担・圧迫) を受けて」 interrogation「尋問，取り調べ」 this one の具体的な内容は，第 11 段第 1 文（Those two words …）で述べられている。同段第 2 文（Though “prehistoric” is …）の後半部で the implications are clear「それに含まれた意味は明らかだ」と述べたあと，コロン（：）以下に「『有史以前に』生きていた人々は，無知な野蛮人だった」と簡潔に表されている。これを固定観念の内容としてまとめればよい。 implication「含まれた（裏面の）意味」 dawn「夜明け，始まり」 illiterate「教養のない，無学の」 savage「野蛮人」

▶(V)下線部(5)は there is ～ の構文。no evidence の後ろに同格節を導く接続詞 that が省略されている点に注意。後半部では，at least の後ろに there's が省略されている。全体で，there's no evidence (that) ～, and at least (there's) some evidence that …「～という証拠はなく，少なくとも…という証拠はいくつかある」の意味になる。*A* is less＋原級＋than *B* は「*A* は *B* ほど～ではない」の意味で，比較の対象になっているのは，副詞句の in ancient history「古代に」と today「今日」である。less common は「あまり見られない，稀な」の意味。any は比較級に付けて程度を強調する。後半部 that 節中の they は geniuses を指す。so は前半部の common の代用で，省略された語句を補うと，they were more common in ancient history than today となる。

▶(VI)下線部(6)は individuals までが主節で，partly because 以下が従属節。2つの little はどちらも「(程度・量が）ほとんどない」という否定的な意味を表す代名詞として用いられており，2つ目の little のように形容詞用法に準じて very, so, too などの副詞に修飾されることがある。主節は，little が主語で，現在完了の受動態が用いられている。these ancient individuals は，第 14 段（Just as prehistoric …）で述べられている，先史時代に偉大なことを成し遂げた個々人のことを指すが，具体的な訳出は不要。partly because ～ は「一つには～の理由である」の意味。to say は little を修飾する不定詞で，say の後ろに about these ancient individuals を補って考えればよく，「(彼らについて）語るべきことはほとんどなかった」の意味になる。

▶(VII)下線部(7)は The number of discoveries「発見の数」が主語で，has exploded「爆発的に増加した」が動詞で，SV の構文になっている。to the degree that ～は「～という程度にまで」の意味だが，「(爆発的に増加した）結果～するほどだ」のように前から順に訳してもよい。degree に続く that 節中の主語は authors「著者」で，動詞は include「(人などが)～を含める，入れる」，目的語が a plea for forgiveness「許しを請う弁解」となる。forgiveness for ～は「～に対する許し」の意で，for the inevitable revelations は forgiveness を修飾し，「必然的に生じる新発見に対する許し」のかたまりを作っている。inevitable「必然的な，必ず起こる」 revelation「意外な新事実，新発見」 revelations の後ろの that は，the inevitable revelations を先行詞とする主格の関係代名詞。invariably「いつも，例外なくきまって」 waiting period「待ち時間」

▶(Ⅷ)第 24 段第 1 文（I had previously …）から，この診断記録を読む前には，これまでに語ったような問題を著者が深く考えていなかったことがわかる。つまり，著者がこの問題を考えるようになったきっかけが，この診断記録の最後に記された言葉ということである。下線部(8)を含む文で，「著者は癌に苦しむ女性の具体性に心を動かすものを見出した」という内容が述べられ，その直後の文（A specificity, and …）で「具体性，個性が古代『人』についての典型的な説明に欠けていると気づいた。だから，古代に起きた人類史上初についてだけでなく，それを成し遂げた人々を明らかにすることにした」と述べている。specificity は「特性，具体性」の意味。まず，ここまでを整理すると，「著者は診断記録の最後の言葉によって，古代の人の具体性と個性を取り上げることの大切さに気づき，人類史上初をテーマにした探究では出来事だけではなく，それを行った人々を明らかにすると決意した」ということが読み取れる。

一方，設問には「著者の議論を整理しつつ」とあるので，関連する箇所から著者の主張をまとめる必要がある。最終段第 2 文（A specificity, and …）の内容に関連しているのは，第 6 〜 8 段（The aborted trip … why it mattered.）で，第 6 段最終文（Yet most reconstructions …）では「だが，先史について復元されたもののほとんどは個人の存在を完全に無視し，人々ではなく，『〜人』について議論している」と述べている。この文と最終段第 2 文で用いられている peoples という表現は，人々を個別にとらえるのではなく，ひとくくりにして集団としてとらえていることを意味している。第 7 段第 1 文（So I set …）で people が斜字体で表されているのは，筆者が，集団ではなく，「人々」を見つけ出す作業を始めたことを明確にしたいためである。第 8 段最終文（Then I asked …）では，見つけ出した古代の 17 人について，彼らが行ったことに加えて，彼らがどんな人物だったかを明らかにするために数々の質問をしたことが述べられている。これらのことから，著者は，古代の人々を集団としてとらえるのではなく，各人がどんな人物であったかを明らかにすることが重要だと議論していることがわかる。解答では，診断記録を読んだことがこの議論の始まりであったという展開と，議論の内容を説明する。

▶(IX)本文中の表現を利用してもよいし，それにこだわらずに英文を作ってもよい。「～の時代に生きる私たち」の部分は，第 12 段第 2 文の those of us living in the era of ～ を用いることができる。＜解答例 2＞のように分詞構文で表してもよい。「～しがちである」は tend to *do* や be likely to *do* などで表せる。「～と…を同一視する」の部分は，第 11 段第 1 文の equate *A* with *B* の表現で表せるし，identify *A* with *B* で表すこともできる。「誤って」は，第 11 段第 1 文では mistakenly を with の前に置いているが，修飾する動詞に近づける方が自然だろう。「国際的な視野の広がり」は，(III)で選択した perspective を用いて，breadth of international perspective のようにしてもよいし，より簡潔に broad international views のような表現を用いてもよいだろう。

●語句・構文●

(第 1 段) dub *A* *B*「*A* に *B* というあだ名をつける」 corpse「(人間の) 死体」 as は「(～する) ように」の意味の様態を表す接続詞で，as any good homicide detective would に，I presumed が挿入されている。retrace「(旅路など) をたどる」

(第 2 段) remarkably (文修飾で)「驚くべきことに」 layer「層，重ね」 pollen「花粉」 digestive system「消化器系」 accounting「(収支などの) 報告書」 bloodhound「ブラッドハウンド (警察犬)，探偵」

(第 3 段) slice off *A* from *B*「*A* を *B* から切り取る」 inform *A* of *B*「*A* に *B* を知らせる」 comprehensively「包括的に」

(第 4 段) trek「山歩き」 in fine shape「体調がよくて」 foothill「(山脈のふもとにある) 丘陵地帯」 rocket「(ロケットのように) 急上昇する」 switchback「ジグザグの多い山岳道路」

(第 5 段) suffice「(物・事が) 十分である」

(第 6 段) abort「(計画など) を打ち切る」 profile「人物の紹介」 reconstruction「復元されたもの」

(第 7 段) set out to *do*「～することに取りかかる」 obsidian「黒曜石」 flint「火打ち石」 pyrite「黄鉄鉱」 gruel「薄い粥」 brew「(ビールなど) を醸造する」

(第 8 段) 第 2 文 (These are people …) の whom は主格なので通例は

whoを用いるが，ここでは他動詞knowにひかれてwhomが用いられている。fateful「決定的に重大な」 geneticist「遺伝学者」 astrologist「占星術師」 brewmaster「醸造所の責任者」 anonymous「名前のわからない」

（第9段） give way to～「～に取って代わられる」 woven fabric「織物」 cultivate「～を栽培する」 tempting「心をそそる」 single「（否定語を伴って）ただの一つも」 trajectory「軌道，道筋」 glacial「氷河の進行を思わせる，進行ののろい」

（第10段） in fits and starts「発作的な不規則さで」 forefront「最前線」 axle「車軸」 imperfect「不十分な」

（第11段） caricature「風刺漫画」 equate A with B「AとBを同一視する」 synonym「同義語」 moron「まぬけ」 brute「獣のような人」 munch on～「～をムシャムシャ食べる」 grunt「うめき声」

（第12段） caveman「穴居人」 encyclopedic「百科事典的な」 migration「（鳥などの）移動」 prey「餌食」

（第13段） controversial「議論の的になる」 speculative「推論にすぎない」 assert「～ということを主張する」

（第14段） 第1文（Just as prehistoric …）のas～, so…は「～と同様に…である」の意味で，asとsoの後ろには節が続く。強調のためにasの前にjustを置くこともある。soに続くＳＶが倒置することが多い。nitwit「愚か者」 buffoon「道化者」 dope「まぬけ」 traitor「裏切り者」 scallywag「ならず者」 psychopath「精神病質者」 equivalent「相当物」 speculation「（根拠のない）推測」 provable「証明できる」 verifiable「検証できる」 indisputable「議論の余地のない」 scratch「～をひっかいて刻む」 clay「粘土」 tablet「（筆記用）書き板」 be feted「（人が）もてなしを受ける，賞賛される」 calculus「微積分学」 stumble upon～「偶然～に出くわす」 archipelago「列島，諸島」

（第15段） unrecorded「記録されていない」

（第17段） speak to～「（事・問題）に言及する」

（第18段） illuminate「～に光を当てる，～を解明する」 startling「驚くべき」 edge「境目」 habitable「住むのに適した」 plague「疫病」 paleo-「古，旧，原始，先史」の意の連結形。

(第 19 段) prehistory「先史時代（の事柄）」 apply *A* to *B*「*A* を *B* に適用する」

(第 20 段) anthropological「人類学の」 mind-set「思考様式，心的傾向」 expose「～を暴露する，あばく」 consistency「(主義・言動の) 一貫性」 as different as *A* and *B*「*A* と *B* ほど違う」 highlander「高地人」 universal「(ある民族・全人類の) 普遍的特性」 revealing「意味深い」

(第 21 段) voyage「(特に遠い国・土地への長い) 船旅」 elongation「伸ばすこと」 vastly「非常に」 stem from ～「～に起因する」 individualization「個別化，個性化」 第 4 文 (Body decoration is …) の through which to view …の which は，lens「レンズ，(比喩的に用いて) 判断の目」を先行詞とする関係代名詞で，〈前置詞＋関係代名詞＋to 不定詞〉の句を作っている。同じ文中の関係代名詞 whose の先行詞は ancient cultures である。archaeological「考古学上の」 remain「遺物」

(第 22 段) *Homo sapiens*「ホモサピエンス（現世人の学名）」 stubborn「頑固な，扱いにくい」 opaqueness「不透明であること」 最終文の Such は「そのようなもの」の意味で，文の補語になる。ここでは，直前の文の内容を指している。Such が文頭に来て，倒置が起きている。

(第 23 段) educated「(推測が) 知識（経験）に基づく」

(第 24 段) ponder「～を熟考する」 bizarre「奇妙な」 poignant「(物語などが) 心に強く訴える」

❖講　評

2021 年度も長文読解問題が 1 題のみ，語数は約 1930 語で，設問数は 9 問，設問内容はほぼ例年通りであった。

英文は，人類史上初の偉業を成し遂げた古代の人々を探究した筆者が，その過程で体験した旅や考察したことを述べたもの。難解な単語や複雑な構文はほとんど用いられていないので，易しい英文という印象を受けたかもしれない。一方で，筆者の主張は一貫しているものの，その議論は多岐にわたり，話の展開がやや複雑で，一読しただけで全体の流れを把握することは難しかっただろう。

(I)，(III)の選択問題は紛らわしい選択肢がなく，文脈がつかめれば迷わず選べるだろう。(V)，(VI)，(VII)は英文和訳で，(V)と(VI)は比較的平易な問題であるが，(VII)は複文構造を見極めることと自然な日本語に直す力が必要でやや難しい。(II)，(IV)，(VIII)は内容説明問題。(II)は，省略表現に気づければ文意の把握は難しくないが，字数制限内に収めるには簡潔にまとめる必要がある。(IV)の指示語の内容は容易に把握できるだろうが，述語の比喩的な表現をこなれた日本語にする必要がある。(VIII)は，「著者が，下線部(8)のように捉えたのはなぜか」という質問に対する答えの根拠を見つけることが難しい。(IX)の英作文は，例年通り本文中の表現を利用することができ，比較的平易なものであった。

なお，辞書の使用が認められているが，頻繁に辞書を引いているようでは時間が足りなくなる。例年通り，英語力に加えて，思考力，日本語の表現力が試された問題である。

日本史

I 解答

(イ)A－4　B－6　C－3　D－1
(ロ)E－3　F－4　G－9
(ハ)H－9　I－2　J－7　K－0
(ニ)L－4　M－0　N－1

◀解　説▶

≪宮都と古代・中世の京都≫

▶(イ)A．672 年の壬申の乱に勝利した大海人皇子は，翌年，飛鳥浄御原宮で即位して天武天皇となった。

B．天武天皇の死後，皇后が持統天皇として即位し，694 年に藤原京に遷都した。

C．元明天皇は唐の都長安にならった平城京を造営し，710 年に遷都した。

D．1の難波宮が正解。740 年に藤原広嗣の乱が鎮圧されると，聖武天皇は数年間平城京を離れ，都を山背の恭仁京，摂津の難波宮，近江の紫香楽宮に移した。聖武天皇による遷都を覚えていれば，文中に恭仁京と紫香楽宮が出てくるので，消去法から導き出せる。

▶(ロ)E．難問。慶滋保胤の著作『池亭記』には，京都の有り様や自身の隠遁生活が記されている。

F．4の院御所が正解。上皇の居所を院御所という。白河上皇・鳥羽上皇は京都の郊外の白河・鳥羽に離宮を造営し，白河殿・鳥羽殿とよばれた。

G．やや難。法住寺殿は後白河上皇の院御所で，近くには蓮華王院が造営された。

▶(ハ)H．9の禅宗が正解。建仁寺は臨済宗の開祖栄西が建立した寺で，京都五山の第三位となっている。

I．文中の 1331 年と持明院統から判断したい。1331 年，大覚寺統の後醍醐天皇が討幕を計画して失敗した元弘の変が起こると，鎌倉幕府に推されて持明院統の光厳天皇が即位した。

J．1378 年，足利義満は京都の室町に壮麗な邸宅をつくり，花の御所とよばれた。

K．空欄には町衆が入る。富裕な商工業者である町衆は，京都の町の中心的構成員である。町を自治的に運営するとともに，応仁の乱で焼かれた京都の復興を担った。

▶(ニ)L．京都では町衆を中心とする日蓮宗の信者が法華一揆を形成した。1536 年，法華一揆は延暦寺と衝突し，焼き打ちを受けた。この戦いを天文法華の乱という。

M．やや難。1587 年の時期から豊臣秀吉を想起したい。豊臣秀吉は，1585 年に関白，86 年には太政大臣に任命されると，京都の都市改造に着手した。1588 年には，新築の聚楽第に後陽成天皇を招き，諸大名に天皇と秀吉への忠誠を誓わせている。

N．１の本山が正解。江戸幕府は，宗派ごとに本山・本寺の地位を保障して末寺を組織させた。京都には浄土真宗の本山である東西の本願寺のように，本山・本寺が集中している。

II　解答

(イ)A－4　B－3　C－2　D－3　E－2　F－4
G－3　H－3　I－1　J－4

(ロ)K－3　L－2　M－1　N－4　O－5　P－4　Q－1　R－2
S－5　T－1

◀解　説▶

≪中世の政治と文化≫

▶(イ)A．４の藤原定家が正解。文中に「歌人」,「小倉百人一首」の撰者,「嫡男の為家」とある。空欄Eをうめて，『新古今和歌集』の撰者であるとわかれば導き出せる。

B．藤原兼実は五摂家の一つ九条家の祖で，源頼朝の支援を得て摂政・関白となった。

C．天台座主の地位にあった慈円は，藤原兼実の弟で，道理による歴史の解釈を試みた『愚管抄』を著したほか，歌人としても知られる。

D・E・F．文中に 1221 年に敗れて配流されたとあるので，1221 年の承久の乱を想起し，『新古今和歌集』から隠岐に流された後鳥羽上皇を答える。『新古今和歌集』は後鳥羽上皇の命によって編纂され，編者は藤原定家・藤原家隆らがつとめた。

G．３代将軍源実朝の死後，九条道家の子藤原（九条）頼経が幼くして後継者に迎えられ，４代将軍となった。

H．やや難。３の下野が正解。氏の名が本拠とする地名に由来すると考え，「宇都宮」から下野国（現在の栃木県）の有力御家人であったと推定する。

I．やや難。1185 年，北条時政が初代の京都守護に任命された。和田義盛が侍所，大江広元が政所，三善康信が問注所，北条時房が六波羅探題のそれぞれ初代長官であったという知識から，消去法を用いて判断したい。

J．『十六夜日記』は藤原為家の妻阿仏尼の著作で，実子為相と継子為氏の所領争いに関与して，訴訟のために鎌倉に赴いた際の紀行文である。

▶(ロ)K．観応の擾乱は，1350 年に始まる足利尊氏・直義両派の紛争と，それに連動した争乱である。この混乱に乗じて南朝は一時京都を奪還した。

L．２の二条良基が正解。文中に北朝の関白をつとめ，勅撰和歌集に准ずる連歌集を編纂し，連歌の規則書を集大成したとあることから導き出せる。

M．1356 年に二条良基が編纂した『菟玖波集』が，翌年に勅撰和歌集に準じる扱いとされたことで，連歌は和歌と同等の地位を築いた。

N．二条良基は，1372 年に『応安新式』を制定し，連歌の規則を集大成した。

O．今川了俊は，1371 年に九州探題となり，九州の南朝勢力を制圧することに成功した。

P．やや難。４の世阿弥が正解。本文に猿楽を大成したとあるので，正解は観阿弥・世阿弥父子に絞られるが,「まだ少年の頃に」とあることをヒントにして，世阿弥を導き出したい。

Q・R．本文に公家社会に君臨できる官職で，平清盛も就任したとあるので，空欄Rは太政大臣である。３代将軍足利義満は，将軍を辞して太政大臣に就任し，朝廷に対しても実権をふるった。

S・T.『樵談治要』は一条兼良の著作で，1480 年，９代将軍足利義尚の求めに応じて執筆された政治上の意見書である。

III 解答

A．プチャーチン（プゥチャーチン）　B．３
C．屯田兵　D．津田三蔵　E．大逆　F．児島惟謙
G．青木周蔵　H．３

◀解　説▶

≪幕末・明治期の日露関係≫

▶A．1853年のペリー艦隊の浦賀来航に続いて，ロシア使節プチャーチンも長崎に来航し，開国と国境の画定を求め，翌54年に再来航して条約に調印した。

▶B．日露和親条約では，下田・箱館のほか長崎を加えた3港の開港を取り決めた。

▶C．1874年，明治新政府は屯田兵制度を設け，北海道の開拓と防衛にあたらせた。

▶D．1891年，ロシア皇太子が滋賀県大津で警備の巡査津田三蔵に切りつけられて負傷した。これを大津事件という。

▶E．大逆罪とは，刑法にある皇室に対する罪刑で，天皇・皇太子に対して危害を加える者は死刑と規定された。

▶F．大審院長児島惟謙は，大逆罪の適用を求める政府の圧力を退け，司法権の独立を守った。

▶G．外務大臣青木周蔵は，イギリスとの条約改正交渉に取り組み，法権回復で同意を得たが，大津事件が起きたため引責辞任した。

▶H．難問。日本は，下関条約で取り決めた賠償金2億両に加え，遼東半島還付の代償3千万両を清から獲得することになった。

Ⅳ　解答

問1．A．裴世清　B．留学生　C．弘文院
D．良岑安世

問2．大化改新　問3．聖武天皇　問4．宇佐神宮〔宇佐八幡宮〕

問5．文章経国

問6．遣唐使は先進的な唐の政治制度を伝え，律令に基づく政治機構の確立に貢献した。また，唐の書物や思想を伝え，貴族による漢詩文の習熟を促した。こうした長い期間の中国文化の吸収と定着が，国風文化の前提となった。（100字以内）

◀解　説▶

≪古代の対外関係と文化≫

▶問1．A．607年，小野妹子は遣隋使となり，「日出づる処の天子」に始まる国書を提出して，煬帝の不興を買った。しかし，翌年煬帝は返礼の

使者裴世清を遣わした。史料(イ)は裴世清が帰国する際の記事である。設問に「隋の使者」とあるので，裴世清を答える。

B．難問。下線ｃは吉備真備のことで，唐に派遣された際の立場は留学生である。留学生は，遣隋使・遣唐使に従って中国に渡り，長期に渡って学んだ者をいい，仏教研究を目的に派遣された学問僧とは区別された。

C．弘文院が正解。大学別曹は貴族が子弟の教育のために設けた寄宿施設で，大学で学ぶ学生の便宜をはかるべく書籍の収蔵などが行われた。

D．難問。史料(ニ)は問５の設問文から 827 年に成立した漢詩文集の序とわかる。淳和天皇の命で編纂された勅撰漢詩文集は『経国集』で，その編者は良岑安世である。

▶問２．大化改新が正解。遣隋使に同行した高向玄理と旻は，長期の中国滞在の後に帰国し，乙巳の変後の新政権では国博士となった。

▶問３．唐から帰国した吉備真備は，玄昉とともに聖武天皇に重用され，橘諸兄政権で活躍した。

▶問４．下線ｄの人物は，問１の設問文から和気氏とわかる。769 年に称徳天皇が宇佐神宮の神託によって道鏡に皇位を譲ろうとした事件で，和気清麻呂が神意を聞く使いとなったことを想起し，宇佐神宮を答える。

▶問５．文章経国が正解。『経国集』の「経国」とは国家を経営することをいう。９世紀前半には，文芸を中心に国家の隆盛をめざす文章経国の思想が広まり，貴族にとって教養として漢詩文をつくることが重視された。

▶問６．史料(ホ)には「大唐の凋弊」が述べられているので，唐の衰退を理由に停止された遣唐使についての問題である。遣唐使の派遣が果たしてきた役割について，「政治機構」「漢詩文」「国風文化」の３つの指定語句を用いて説明することが求められている。本問は，一連の史料内容をふまえて考察するとよい。史料(イ)・(ロ)に出てくる高向玄理・旻・吉備真備は，唐の先進的な政治制度を学んで帰国し，政界で重用された人物である。遣唐使が伝えた政治制度は，律令に基づく政治機構を完成に導いたのである。史料(ロ)には吉備真備が献上した唐の書物が出てくる。史料(ハ)から弘文院に「内外の経書」が収蔵されたことがわかる。史料(ニ)の勅撰漢詩文集は，漢詩文が貴族の必須の教養となったことを示している。これらから，遣唐使は唐の書物や思想をもたらし，貴族による漢詩文の習熟が進んだことがわかる。指定語句のうち，「国風文化」の使い方が少し難しいが，長い期間にわたる中国文化の吸収・定着が国風文化の前提となったという視点で説明すればよい。

V　**解答**　問1．折たく柴の記　問2．長崎　問3．海船互市
問4．徳川家継　問5．唐人　問6．二〔弐〕
問7．間部詮房
問8．産出量が減少した金銀が長崎貿易で大量に海外流出していることが問題となり，加えて輸出用の銅も不足した。そこで，清船・オランダ船の来航数と貿易額を制限し，金銀銅の海外流出を抑制することを意図した。（100 字以内）

◀解　説▶

≪新井白石と長崎貿易≫

▶問1．問7の設問に，史料(イ)の著者は側用人と政策を実施していたとある。史料(イ)を読むと，著者は宝貨（金銀）の海外流出を懸念している。これらから，著者を新井白石と判断し，自伝『折たく柴の記』を答える。

▶問2・問3．新井白石は，1715 年，海船互市新例を出して長崎貿易の貿易額を制限した。

▶問4．新井白石による正徳の政治は，6代将軍徳川家宣と7代将軍徳川家継の治世に行われた。どちらを答えるか迷うが，1716 年に家継が死去して，8代将軍徳川吉宗が就任し，享保の改革を始めたことをヒントに，海船互市新例が出された 1715 年の将軍は徳川家継と判断したい。

▶問5．難問。唐人が正解。長崎貿易の制限であり，次の箇条に「阿蘭陀人」とあるので，中国人を示す語句が入ることは推察できるが，史料の条文をよく読んでいないと正解するのは難しい。

▶問6．海船互市新例では，オランダ船の来航は年間2隻に制限された。

▶問7．正徳の政治において，新井白石は側用人間部詮房と政策を実施したが，7代将軍徳川家継が死去し，紀伊藩主徳川吉宗が8代将軍に迎えられると，両人ともに失脚した。

▶問8．「この政策」は，史料(ロ)に示された長崎貿易を制限する政策である。その背景と意図を述べることが求められている。海船互市新例が出された背景と意図は，基本的には教科書で学んだ知識・理解で説明できる。国内で産出量が減少した金銀が，長崎貿易を通じて大量に海外に流出して

いたことが背景で，清船・オランダ船の来航数と貿易額を制限して，金銀の海外流出を防ごうとしたことが意図である。史料内容にも注意を払いたい。史料(イ)では輸出用の銅不足が長崎貿易に支障をきたしたとあり，史料(ロ)では輸出用の銅の限度も示されている。金銀の流出に加えて銅の流出も問題となっており，海舶互市新例は銅の流出を抑制する意図もあった。史料内容から銅にも言及して，答案をまとめたい。

❖講　評

2021 年度も大問 5 題の構成で，Ⅰ・Ⅱは語句選択，Ⅲは記述，Ⅳ・Ⅴは論述を含む史料問題という例年通りの構成であった。Ⅰ～Ⅲの選択・記述問題は，一部に難問があるが，標準からやや易しめの設問が多い。論述問題は，Ⅳは指定語句の使い方がやや難しい。一方，Ⅴはよく問われるテーマの論述問題である。全体としては，例年並みの難易度といえそうである。

Ⅰは，宮都と古代・中世の京都に関する様々な事項が問われている。選択肢に正解となる適当な語句がない（「０」を選択する）設問が，2021 年度は 2 つあった。Ｍは選択肢に惑わされると間違えやすい。Ｅは難問で，『日本往生極楽記』を選んだ受験生が多かったと思われる。

Ⅱは，(イ)藤原定家，(ロ)二条良基に関する問題文の空所補充で，５択の語句選択で問われた。年代を問う設問は，2020 年度は 4 問出題されたが，2021 年度は出題されなかった。Ｈ・Ｉ・Ｐがやや難だが，問題文を丁寧に読み，選択肢を慎重に吟味して正解に迫りたい。

Ⅲは，幕末・明治期の日露関係をテーマに，関連事項を問う空所補充の記述問題である。問われている語句・数字は，Ｈを除いて基本的・標準的なものばかりである。誤字に気をつけて高得点を目指したい。

Ⅳは，(イ)『日本書紀』，(ロ)『続日本紀』，(ハ)『日本後紀』，(ニ)『経国集』，(ホ)『菅家文草』を出典とする史料問題である。(イ)以外は初見史料であろう。記述問題は設問文から正解を導き出せるものが多いが，問１のＢ・Ｄは難問である。論述問題は，指定語句が示す解答の方向性をふまえ，答案をまとめるのが難しかった。一連の史料の内容のつながりを意識して解答の方向性を見出そう。

Ⅴは，『折たく柴の記』「海舶互市新例」の史料をもとに，新井白石と長崎貿易に関する事項が問われている。「海舶互市新例」は市販の史料集に掲載されており，事前に読んでいた受験生もいるだろう。記述問題は，海舶互市新例であることがわかれば易しいが，問５は史料上の用語を問う難問である。論述問題は，よく問われるテーマだが，史料内容をおさえて答案をまとめる必要がある。

2021 年度の論述問題は，Ⅳ・Ⅴともに史料内容の読み取りが求められる出題であったが，史料内容の読み取りを求めるタイプと，読み取りを必要としないタイプの両者が過去には出題されているので，多くの過去問にあたっておくとよい。

世界史

I **解答**　A．サルデス　B．アッピア　C．クスコ　D．駅伝
E．トゥール・ポワティエ間　F．運河
G．スティーヴンソン　H．ダイムラー　I．アウトバーン　J．パリ
設問(1)カタコンベ　設問(2)アンセルムス　設問(3)ピレネー山脈
設問(4)エーベルト　設問(5)アラブ石油輸出国機構（OAPEC）

◀解　説▶

≪街道・道路の歴史≫

▶A．サルデスを都としたリディア王国で造られた金属貨幣が，世界最古とされる。

▶B．アッピア街道は，前 312 年に監察官アッピウス=クラウディウスにより建設が始まったとされる最古の軍用道路。街道は石で舗装されており，現在も一部は自動車道として使用されている。

▶C．クスコは標高 3400m に位置するインカ帝国の首都。クスコから東西南北の 4 地方に至る道路網が延び，駅伝制が整備されていた。

▶D．駅伝制はモンゴル帝国でもチンギス=ハンによって導入され，その後整備・拡大された。モンゴル帝国・元朝ではジャムチ（站赤）と呼ばれた。

▶E．ポワティエでは百年戦争中の 1356 年にも戦いが行われており，エドワード黒太子率いるイングランド軍がフランス軍に勝利した。

▶F．運河は大量に石炭を運ぶ交通機関として注目され，産業革命初期には主要な工業都市を結ぶ運河網が次々と建設された。一時はイギリス中に網の目のように運河が建設され「運河時代」と呼ばれたが，19 世紀に入り鉄道時代を迎えると急速に使用されなくなった。

▶G．レール上を走る蒸気機関車を開発したのはイギリスのトレヴィシック。1825 年，スティーヴンソンがストックトン・ダーリントン間で客車・貨車の牽引で実用化に成功。30 年にマンチェスター・リヴァプール間で，蒸気機関車「ロケット号」による営業運転が開始された。

▶H．ダイムラーは 1883 年に自動車エンジンの原型となる内燃機関の発

明に成功し，86年にはガソリン自動車を完成させて，90年にダイムラー社を設立した。1883年に設立されたベンツ社と1926年に合併し，ダイムラー・ベンツとなった。

▶I．アウトバーンはドイツ語で「自動車専用道路」のこと。アウトバーンはヒトラーの業績とされているが，リード文にある通り，それ以前から計画されていた。

▶J．難問。2015年に採択された，地球温暖化対策に関する国際協定であるパリ協定からの離脱を，2019年にアメリカのトランプ大統領が表明し，翌20年に正式に離脱した。しかし2021年1月，就任直後のバイデン大統領により復帰が決定され，2月に正式に復帰した。

▶設問(1)ローマのカタコンベは総延長560キロにも及ぶ。カタコンベは教会の原型であり，壁面・天上の壁画は初期キリスト教美術を代表するものである。

▶設問(2)アンセルムスは実在論の代表的論者。普遍論争において，「普遍は実在性をもち，個に先だって存在する」と主張した。

▶設問(4)エーベルトは社会民主党。1919年1月に左派のスパルタクス団の蜂起を鎮圧した後，臨時大統領となり，ヴァイマル共和国が発足すると正式の大統領に選ばれた。

▶設問(5)アラブ石油輸出国機構（OAPEC）は1968年にサウジアラビア・クウェート・リビアによって設立された産油国の協力組織で，現在の加盟国は10カ国。OAPECは第4次中東戦争最中の1973年10月17日，イスラエルの友好国に石油の全面禁輸を宣言した。その前日には石油輸出国機構（OPEC）が原油価格の引き上げを宣言しており，安価な中東石油に依存していた先進工業諸国に大きな経済的打撃を与え，第1次石油危機（オイル=ショック）と言われた。

II 解答

A．大院君　B．遼東半島　C．門戸開放
D．大韓帝国　E．安重根　F．科挙　G．中国同盟会
H．武昌　I．宣統　J．チョイバルサン
設問(1)仁川　設問(2)甲申政変　設問(3)ドンズー（東遊）運動
設問(4)民主と科学　設問(5)1919

◀解　説▶

≪東アジア近代史≫

▶A．高宗の実父である大院君は摂政として鎖国政策を推進した。1882 年の壬午軍乱に乗じて閔氏勢力の一掃を企てたが，清軍の介入で失敗に終わった。

▶B．三国干渉で中国に返還した遼東半島にはロシアが進出し，1898 年に旅順・大連を租借した。

▶C．ジョン=ヘイはマッキンリー大統領の国務長官。1898 年にアメリカ・スペイン戦争（米西戦争）でフィリピンを獲得したアメリカは，そこを足場に中国への進出を図ったが，すでに中国分割が進んでおり，進出の遅れを取り戻すべく門戸開放宣言を出した。1899 年の門戸開放・機会均等，1900 年の領土保全を内容とし，以後のアメリカの対アジア外交の原則となった。

▶D．大韓帝国は下関条約で認められた自主独立の国であることを明示するための措置で，朝鮮国王の称号も皇帝に改め，新元号「光武」を施行した。

▶E．安重根は韓国で抗日運動の民族英雄とされている。伊藤博文暗殺を機に，日本は韓国併合条約（1910 年）を締結し，朝鮮の日本植民地化を完成させた。

▶F．義和団事件後，西太后政権の下で実施された光緒新政の一環として科挙が廃止された。以後は，官吏養成のための学校が設立され，また中央の官吏になるには海外留学経験が重要視されるようになったことから，大勢の留学生が外国，特に日本に派遣された。

▶G．中国同盟会は孫文らの興中会，章炳麟らの光復会，黄興・宋教仁らの華興会などが結集して，日本の東京で組織された。

▶H．1911 年 10 月 10 日，四川暴動鎮圧のため出動命令を受けた湖北新軍の革命派が武昌で蜂起，黎元洪を湖北軍政府都督に擁立して湖北省の独立を宣言した。革命は華中・華北に波及し，多くの省が清からの独立を宣言した。

▶I．宣統帝（溥儀）は光緒帝の甥。1908 年に光緒帝の死により 2 歳で即位し，1912 年袁世凱により退位させられた。1932 年には日本軍によって担ぎ出されて満州国の執政となり，1934 年皇帝となった。

▶J．ロシア革命の影響を受けたチョイバルサンは，1920年にスヘバートルらとモンゴル人民党（のちモンゴル人民革命党に改称）を結成した。翌年ソ連の赤軍の支援を受けて中華民国から独立，1924年にはモンゴル人民共和国を成立させ，ソ連に次ぐ世界で2番目の社会主義国となった。1939年から1952年に亡くなるまで首相兼外相を務めたチョイバルサンは，個人崇拝と独裁的傾向を強め，「モンゴルのスターリン」と呼ばれた。

▶設問⑴仁川はソウルの西にある黄海に面した海港都市。朝鮮戦争中の1950年9月にマッカーサーによって上陸作戦が展開され，戦況を一変させたことでも知られる。

▶設問⑵開化派は清仏戦争による清の混乱に乗じて甲申政変を起こしたが，清の介入により僅か3日で失敗に終わり，金玉均らは日本に亡命した。

▶設問⑶ドンズー（東遊）運動では200人を超すベトナム人青年が来日した。しかし，1907年の日仏協約締結後，フランス政府の要請を受けた日本政府が彼らを国外追放にしたため，運動は挫折した。

▶設問⑷陳独秀は中国の儒教思想を克服するためには西欧文明を全面的に取り入れることが必要であるとし，「民主」と「科学」という2つのキーワードで西欧の新しい思想，近代文明を紹介した。

▶設問⑸ウィルソンの十四カ条の「民族自決」に大きな期待を寄せていた朝鮮では，1919年3月1日に「独立宣言」が発せられると，日本の支配に対する独立運動（三・一独立運動）が広まった。二十一カ条要求に対する反発の強まっていた中国では，1919年のヴェルサイユ条約に抗議する運動が全国的に広まった（五・四運動）。

Ⅲ 解答

A．キジルバシュ　B．タブリーズ　C．ティムール　D．ヒヴァ　E．パーニーパット　F．1517　G．ブハラ　H．モハーチ　I．シナン　J．アッバース1世

◀解　説▶

≪サファヴィー朝の歴史≫

▶A．難問。「赤い頭」を意味するキジルバシュの名はターバンに由来する。彼らは赤い心棒に十二イマームを象徴する12の襞のあるターバンを巻いていた。サファヴィー朝支配が安定してくると，特権的保守勢力となったキジルバシュは中央集権の妨げとなり，アッバース1世はその排除に

努めることになる。

▶B．タブリーズはイラン北西部に位置する，アゼルバイジャン地方の中心都市。1258 年に建てられたイル=ハン国の都が置かれた。

▶C．ティムール朝第 3 代シャー=ルフの時代に首都はヘラートに遷されたが，その後政権はヘラートとサマルカンドに分裂した。1500 年にサマルカンド政権，1507 年にヘラート政権がウズベク人のシャイバーン朝に滅ぼされた。

▶D．やや難。ヒヴァはアム川下流の交通の要地として栄えた都市。ヒヴァ=ハン国は 1873 年にロシアの支配下に入り，ロシア革命後の 1920 年に併合された。

▶E．パーニーパットはデリーの北にある軍事的要衝。バーブルは鉄砲と騎兵を併用してロディー朝軍を破った。

▶F．マムルーク朝は 1509 年，ディウ沖海戦でポルトガルに敗れた。アラビア海の制海権を失ったマムルーク朝は急速に衰退し，1517 年オスマン帝国に滅ぼされる。

▶G．やや難。2 つ目の G の直前，「サーマーン朝の首都」が手がかりとなる。ブハラはザラフシャン川下流にある交通の要衝で，875 年に建国されたサーマーン朝の首都として繁栄した。ブハラ=ハン国は 1868 年にロシアの支配下に入り，1920 年に併合された。

▶H．やや難。モハーチは現ハンガリー南部のドナウ河畔にある平原地帯。モハーチの戦いでベーメン・ハンガリー王のラヨシュ 2 世が戦死したため，その両国の王位はハプスブルク家が継承することとなった。

▶I．難問。シナンはギリシア系キリスト教徒であったといわれ，デヴシルメによってイェニチェリとなり，技術将校として活躍した。スレイマン=モスクに代表される 400 以上の公共建築に関わったとされ，ミマール=シナンと呼ばれるが，ミマールは建築家のことである。

▶J．サファヴィー朝第 5 代の王（シャー）にして最盛期の王であるアッバース 1 世は，新都イスファハーンを建設し，1597 年にタブリーズから遷都した。イスファハーンは国際商業・文化の中心地として繁栄し，「イスファハーンは世界の半分」と言われた。

Ⅳ 解答

A．マカートニー　B．カボット　C．ハドソン
D．ウェールズ　E．ジェームズ　F．クロムウェル
G．代表　H．ベンガル　I．ジャガイモ　J．アボリジニー

◀解　説▶

≪イギリス帝国史≫

▶A．マカートニーは皇帝への最敬礼である三跪九叩頭の礼をとることを要求されたが，屈辱的であるとしてこれを拒否した。乾隆帝は度量の広いところを見せるために謁見を許したが，清は貿易を恩恵とみなすなどの独自の考え方をいっさい崩さず，貿易交渉は一切行われなかった。1816年に派遣されたアマーストは三跪九叩頭の礼を拒否したため，嘉慶帝に謁見することもできなかった。

▶B．カボット父子はジェノヴァ出身の航海者。

▶C．ハドソン湾は，1610年にこの地を探検したイギリス人探検家ハドソンにちなんで命名された。その後，その支配をめぐってイギリスとフランスが争ったが，1713年のユトレヒト条約でニューファンドランド・アカディアとともにイギリス領となった。

▶D．「1536年の合同」でウェールズと判断できる。ウェールズはヘンリ8世の時代にイングランドに併合され，現在の「大ブリテン・北アイルランド連合王国」を構成している。

▶E．ジェームズ6世の母はエリザベス1世に処刑されたスコットランド女王メアリ=スチュアート。イングランド国王としてはジェームズ1世。

▶F．王党派の拠点とみなされたアイルランドは，1649年クロムウェルに征服され，アイルランド人が貧しい小作人としてイギリスに搾取される体制が出来上がった。

▶G．「代表なくして課税なし」はパトリック=ヘンリーが提案した，印紙法に反対するスローガン。1765年のヴァージニア植民地議会で提案・決議された。パトリック=ヘンリーは1775年には「自由か死か」演説を行い，独立への世論を高めた。

▶H．この戦いは1757年のプラッシーの戦い。クライヴの指揮するイギリス東インド会社軍がフランス軍の支援を受けたベンガル太守シラージュ=ウッダウラを破った。この戦いを契機にイギリス東インド会社がベンガル地方のディーワーニー（徴税権）を獲得し，単なる貿易商社から植民地

統治機関へと性格を変えていった。

▶Ｉ．ジャガイモ飢饉が起きたのは 1840 年代半ば。アイルランドの小作人はジャガイモを常食としており，ジャガイモの疫病による凶作で大飢饉となった。100 万人以上が餓死し，その後わずか数年間で 100 万人以上の人が移民としてアメリカ合衆国に渡った。ケネディ大統領はそうした移民の子孫である。

▶Ｊ．アボリジニーはオーストラリアの先住民。ニュージーランドのマオリ人と間違わないように。

❖講　評

Ⅰは，街道・道路の歴史をテーマにした問題。アケメネス朝の王の道，アッピア街道，駅伝制，イギリスの運河時代，アウトバーンなどについて問われている。Ｊのパリ協定は 2015 年に採択された協定なので，現代情勢に注意を払っていないと難問となる。Ｈのダイムラーは文化史の問題で，盲点となりやすい。その他は教科書レベルの標準的問題なので，ここは確実に得点しておきたい。

Ⅱは，19 世紀後半から 20 世紀中頃までの東アジア近代史に関する問題。日本・中国・朝鮮の関係史を中心に，モンゴルやベトナムについても問われている。Ｊのチョイバルサンや設問(1)の仁川はやや細かい知識だが，すべて教科書レベルの標準的問題なので，ここも確実に得点しておきたい。

Ⅲは，16 世紀にイランに成立したサファヴィー朝を中心に，近世の西アジアから中央アジアの歴史に関する問題。オスマン帝国との抗争は頻出のテーマであるが，ウズベク人との抗争についてはあまり問われることがないため全体的に難しく，ここで得点差がついた可能性がある。特にＤのヒヴァとＧのブハラは，ウズベク人の建国した３ハン国として名前は知っていても，選択に迷った受験生が多くいたと思われる。また，Ａのキジルバシュや Ｊのシナンも難問である。Ｈのモハーチの戦いも記載されている教科書が少なく難しいが，慶應義塾大学文学部の受験生としては知っておいて欲しい事項である。

Ⅳは，イギリス帝国史に関する問題。イギリス本国史の他に，中国やアメリカ・インド・アイルランド・オーストラリアなどの植民地との関係史についても問われている。Dのウェールズは判断にやや時間がかかるだろうが，難しくはない。その他はすべて標準的問題なので，取りこぼさないようにしたい。

2021 年度は 2020 年度と比べ問題の分量に変化はなく，難問の数も同程度で，難易度に大きな変化はない。ただし，教科書レベルであってもごく一部の教科書にしか言及がないような歴史用語もかなり出題されている。また，正解となる歴史事項は標準的なものであっても，それを求める過程が難しい問題もある。さらに全問記述式であり，正確な知識が要求される。全体としてかなりハイレベルな出題であるといえるだろう。

進めることができるだろう。

〔解答例〕では、解釈は常に変容し更新されるという筆者の見解をふまえ、現代の価値観を是として疑うことをしない現代人の問題性を、自己の価値観を確立するという観点から指摘した。私たち自身の観点から物事を自分なりに意味付けることができなければならない。そのためには、私たちが無批判に受け入れがちな、流行の、あるいは多数派の考え方を問い直して、私たち自身の価値観を確立する必要がある。〔解答例〕は、正解の出ない問題を考え続けることをそのための手段として位置付け、この点に、「正解の出ない問題に取り組むこと」の意義を見出した。

❖講　評

二〇二一年度も、要約問題が一問、意見論述問題が一問という形式に変わりはない。要約問題である設問Ⅰは、これまで三〇〇字以上三六〇字以内という字数制限であったが、三二〇字以上四〇〇字以内となった。例年、長めの課題文が用意されているが、これには変わりがない。

今回の出題では、「正解の出ない問題に取り組むことの意義」という、学問の本質、とりわけ人文科学系学問の本質に関わる内容を扱っている。人間や文化、社会について直接的に考えさせる出題であり、受験者の教養や世界認識のあり方、さらには文学部志望者としての資質が問われていると言えよう。高度な読解力・思考力・表現力・構成力が要求される、文学部らしい出題であった。

設問Ⅰの要約問題では、前半および後半それぞれの大意とその関係性を捉え、数多い引用文に惑わされることなく議論の大枠に沿って読解する力、そして、その議論の流れを反映させて端的に表現する力が求められる。設問Ⅱの意見論述問題では、課題文の示唆する内容をふまえて自論の方向性を定め、四〇〇字という厳しい字数制限の中で論旨の明快な文章を作成する必要がある。試験時間・字数制限・課題文の内容などから総合的に判断するに、難度の高い出題であるといえよう。

導き、その価値観との対決を経て自身の価値観が確立されるのである。（三二〇字以上四〇〇字以内）

◀解　説▶

≪正解の出ない問題に取り組むことの意義≫

▼設問Ⅰ　課題文全体を要約することが求められている。前半では、『徒然草』の「つれづれ」という言葉をめぐって、近代から現代までに至る解釈の変遷が示されている。最後から6段落目（「以上、近代から現代にいたるまで」）では、そうした解釈について「その時期の思想や文学観のトレンドが、そのまま反映している」という指摘からはじまり、「今後も世界観や美意識が変容していけば、解釈も更新されていく」と続いている。最後から2段落目に、筆者の考える古典を読むことの意義が示されて、課題文が締めくくられている。文章構成を把握して課題文の大意を捉えるのは、さほど難しくなかっただろう。しかし、島津久基を始めとする数多く引用されている評論家による「つれづれ」の解釈について、解答にどの程度含めるべきか迷った受験者も少なくなかったのではないか。「つれづれ」解釈各論の細かな差異を明らかにしたりそれらを網羅的に紹介したりするには、字数的に無理がある。したがって、変遷の大枠を捉えて示す程度にとどめ、後半に述べられている筆者の主張をしっかりと盛り込んで要約するのが適切である。

▼設問Ⅱ　正解の出ない問題に取り組むことの意義について、課題文をふまえて自分の意見を述べることが求められている。課題文には、「正解を求めるという行為自体に、じつは大きな意味がある」、「人間や社会、生き方や美意識といった、すぐれて現代的な問題について内省するきっかけを、古典は与えてくれる」、「いま、自分の立っている場所を疑え。そしてその是非を問い直せ」などと筆者の主張が示されている。設問文に「この文章をふまえて」とあるので、先に引用した主張の方向性で、「正解の出ない問題に取り組むことの意義」を具体的に考えてみるのがよいだろう。うまく考えが出てこないときは、これらの主張の逆を想定してみるのも一案だ。「正解という結果だけを求める」、「現代においては、人間や社会の問題について内省されていない」、「自分の立っている場所を疑わず、是非を問わない」ことで生じるであろう問題が、「正解の出ない問題に取り組むこと」と何か関わりをもちはしないかと、考えを

小論文

解答例

設問Ⅰ　『徒然草』の「つれづれ」という言葉は近代から現代に至るまで様々に解釈され、その解釈にはその時期の思想や文学観が反映されている。大正末期、従来の「退屈」説に対し、自己内省の静寂の境地とする解釈が示された。この影響を受けた昭和前期の評論家たちは「つれづれ」に崇高な精神的境位を認めた。この理解は国文学の世界に逆輸入され、ひとつの系譜として続くが、昭和三十年代後半に、「退屈」説への回帰が生じた。「つれづれ＝退屈」とするこの解釈は現在まで続いている。その解釈も、今後、世界観や美意識の変容とともに更新されていく。このように、古典の解釈には時代ごとに見出される相対的な正解しかなく、絶対的な正解はない。だからといって、その営為に意味がないわけではない。古典を解釈するという正解を求める行為自体に大きな意味がある。人間や社会、生き方や美意識といった現代的な問題について内省するきっかけを、古典は与えてくれる。（三二〇字以上四〇〇字以内）

設問Ⅱ　正解の出ない問題に取り組むことの意義は、物事の自分にとっての意味を捉えることにあると考える。時代や文化の価値観を反映して変容し続ける解釈のほんの一こまを、私たちは普遍と見誤り、無批判に受容しがちである。実際、私たちは、「流行」「多数派」などの潮流に流され、しかもその中にいるという安堵感を得続けるべく、そこから外れないための注意を怠らず、ＳＮＳでは同調する評価を求めて止まない。このあり方では、物事の自分にとっての意味を捉えることは難しい。筆者の「いま、自分の立っている場所を疑え。そしてその是非を問い直せ」との言葉は、このような状態への警鐘として重く響く。当たり前の問い直しと自身の価値観の確立が求められている。その端緒は、正解の出ない問題に取り組むことにある。一筋縄ではいかない問題との格闘が私たちを自明な価値観の問い直しへと

//////////////////// ·memo· ////////////////////

2020年度

解答編

解答編

■英語■

解答　(Ⅰ)—(D)

(Ⅱ)全訳下線部(2)参照。

(Ⅲ)全訳下線部(3)参照。

(Ⅳ)人の思考は様々に異なるために，その行動も異なるという理解。(30字以内)

(Ⅴ)—(ア)

(Ⅵ)全訳下線部(6)参照。

(Ⅶ)—(b)

(Ⅷ)子どもは2～6歳で人の考えや行動が様々であることを理解し始め，他者の思考，感情，行動を予測し，他者の心を操り，嘘をつくようになるが，空想の友達を持つことによって，心の働きへの理解がより深まり，他者について予測し，思いやる能力が高まる。(100字以上120字以内)

(Ⅸ)＜解答例1＞There is no getting around the fact that we tend to give priority to our own convenience.

＜解答例2＞It is impossible to deny the fact that people are apt to give preference to their own interests.

◆全　訳◆

≪空想の友達が子どもの発達に与える影響≫

空想の友達は，幼児期によく見られる実に興味深い現象で，多くの心理学的推測を生じさせてきた。しかし，驚くべきことに，最近になるまで実際に体系的な研究を行った人はいなかった。心理学者のマージョリー=テイラーはこの問題に対処しようと決めた（彼女は，自分の娘が幼児期の多くの時間を犬のアンバーになって過ごし，その後はハリウッド女優になりきっていたことに触発されたのだ)。彼女の研究では，ナッツィとナッツィという，騒々しいが愛らしい，鮮やかな色の鳥たちが少女の部屋の窓の外の木に住んでいて，絶え間のないおしゃべりで少女を楽しませるときもあればいらいらさせるときもある，という話や，マーガリンという，金髪のおさげを床まで垂らした女の子が，自分を創り出した3歳の子に，プレイグループに必要とされることを説明してくれるだけでなく，後にはその男の子の妹が幼稚園に通い始めるのを助けてくれる，という話に出合う。しかし，テイラーによれば，空想の友達は驚くほどよく見られるという。

テイラーは，無作為に選んだ3～4歳児とその親に，空想の友達について一連の具体的な質問をした。大部分の子ども，正確には63パーセントの子どもたちが，鮮明な，多くがやや異様な，空想の生き物について説明した。テイラーは数回にわたって同じ質問をし，それぞれの子どもが行った空想の友達の説明に全く矛盾がないことがわかった。(2)さらに，子どもたちの説明はその親たちが独自に行った説明と一致していた。このことから，子どもたちは本当に自分の空想の友達について説明していたのであって，面接官を喜ばせるためにとっさに作り出したのではないことがわかった。

少々気がめいることには，男の子は並はずれた力を持つ強い生き物になりたがる傾向が強く見られるのに対し，女の子はかわいそうに思って世話をする小さな動物を作り出す傾向がある。私の三人の息子たちには両方の傾向が見られた。長男の分身は，恐ろしいスーパーヒーローのギャラクシーマン。次男の友達は，知識人で，少しこっけいで，少し意地の悪そうなマッドサイエンティストのターマンソン博士。その後，彼らの仲間に加わったのは，三男のポケットに住むとても小さくて貧乏な双子だった。

少なくとも一部の子どもたちは，表向きは空想の友達と関係を絶った後も，長い間にわたって密かに付き合いを続けているようだ。フリーダ=カーロは自画像に幼児期の空想の友達を描き，カート=コバーンは自殺するときにボーダという空想の友達に宛てた遺書を残した（確かに，これらの例は，気味の悪いことに関する親の懸念を裏付けるものに思えるかもしれない）。空想の友達はまた，兄弟・姉妹の間で受け継がれることがある。だが，たいていの場合，最終的にはほとんど跡形もなく子どもの心から消え去る。

一般的なごっこ遊びと同様に，(3)空想の友達の鮮明さのため，特に空想の友達の引き起こす感情が鮮明であるために，過去の心理学者たちは，空想の友達は子どもが現実をしっかりと把握できていないことを示していると結論づけた。フロイト派の人々は概して，空想の友達を，何らかの治療の必要性を示す指標――治療を必要とする神経症的状態の兆候――として見てきた。大衆文化では，『シャイニング』のようなホラー映画でも，『ハーヴェイ』のような感傷的な映画でも，空想の友達は同じように精神分析的な役割を果たしている。

しかし実際には，空想の友達は天才の兆候でも狂気の兆候でもない。全体的に見ると，空想の友達を持っている子どもが他の子どもと比べて著しく賢いとか，創造力に富んでいるとか，内気であるとか，頭がおかしいとかいうことはない。空想の友達は，悩みやトラウマによって生じたものではなく，異常行動の前兆でもない。生活の中で問題解決の助けとして空想の友達を使っている子どもも実際にいるようだが，ほとんどの場合には全くの遊びのようだった。

子どもが成長すると，空想の友達はたいてい，新しい種類の空想行動に取って代わられる。「パラコズム（準宇宙）」とは，空想の人間ではなく空想の社会である。それは，独自の言語，地理，歴史を持つ創作された宇宙である。ブロンテ姉妹は子どものときにいくつかの準宇宙を創作したし，映画『乙女の祈り』が着想を得た，10 代の殺人犯たち（そのうちの一人は，現実に，成長して作家アン=ペリーとなった）も同じだった。

テイラーは自身の面接技術を使い，ごく普通の，文学的でもなく，殺意もない 10 歳児たちの多くも，ごくありふれた 4 歳児のほとんどが空想の友達を作るように，自分の準宇宙を作ることを確かめた。例えば，ある子どもは，砂丘犬と呼ばれる巨大な猟犬，ブルー（肌が青い人型生物），七列の歯を持つ邪悪な種族のダイア・グリムが住む惑星ロー・ティクリスを作り出した。ロー・ティクリスは，その男の子が 9 歳から 12 歳になるまでは生活の重要な一部だったが，もっと幼い頃の空想の友達と同じように，その後は消えてなくなった。そしてもちろん，年長の子どもたちが大好きな本やゲームの多く――『ハリー・ポッター』や『ナルニア国物語』から『ダンジョンズ＆ドラゴンズ』や『ウォークラフト』まで――も，準宇宙を伴っている。準宇宙が空想の友達ほど知られていないのは，一つには空想の友達ほど一般的ではないせい，また一つには，空想の友達よりも秘密にされていて，大人たちに伝えられることが少ないせいだろう。

幼い子どもはなぜ空想の友達を作るのか？　空想の友達は，人がどうあるのか，人がいかに行動するのかを反映している。空想の友達が最も盛んなのは，だいたい 2 歳から 6 歳にかけてである。この時期はまた，子どもたちが日常の心理学――心の因果説――を作り出す時期であることがわかっている。2 歳から 6 歳にかけて，子どもは自分の心と他人の心の働きに関する基本的な事実を見つける。彼らは心の因果地図を編み出す。彼らは，食べ物と成長あるいは病気の関係を理解し始めるのと同じように，願望と信念，感情と行動の間に因果関係があることを理解し始める。この心の理論の中心となる教義の一つは，人は様々な信念，知覚，感情，願望を持ち，それらの違いが様々な行動につながるということである。人の思考が様々であるために，人の行動は異なる。

まだ話もできない赤ん坊でさえ，すでに人々の異なり方について何かしら理解しているようで，赤ん坊はその理解に基づいて，新しい意外な因果の予測を立てることができる。例えば，生後 14 カ月と 18 カ月の赤ん坊に，食べ物が入った 2 つのボウル――ブロッコリーが入ったボウルと，ゴールドフィッシュ・クラッカーが入ったボウル――を見せた。予想通り，赤ん坊は全員クラッカーが大好きで，ブロッコリーが大嫌いだった。その後，実験者がそれぞれのボウルから食べ物を少しずつ味見した。彼女は，クラッカーは大嫌いで，ブロッコリーはおいしいかのように振る舞った。「うぁ，まずい――クラッカー」，「うーん，おいしい――ブロッコリー」と言って，自分の好みが赤ん坊たちの反対であることを知らせたのである。そして，手を差し出して，「少しちょうだい」と言った。

赤ん坊たちは予想に反する実験者の好みに少しびっくりしていた――しばらくの間じっとして何もしなかった。それでもやはり，14 カ月の赤ん坊たちは実験者にクラッカーを与えた。ところが，18 カ月の赤ん坊たちは，ゴールドフィッシュ・クラッカーを拒絶するほど頭のおかしい人をそれまで見たことがなかったにもかかわらず，正しい予測を行った。(6)彼らは優しく，それが自分たちにとってどんなに奇妙に思えようとも，実験者が喜ぶだろうと思ったことをした。それまで一度もやったことがなかったにもかかわらず，おもちゃを取るのに熊手を使うことにすぐに気づいたように，彼らはクラッカーではなくブロッコリーを実験者に渡すべきだとすぐにわかった。ひとたび熊手とおもちゃの働きを理解すれば，遠くにあるおもちゃを動かすために新しいことができる。ひとたび人の好みの働きを理解すれば，その人を喜ばせる新しいことができるのだ。

子どもは，成長と病気，生と死を関連づける生物学の因果地図を構築するのと同じように，心理状態を互いに結びつけたり，心理状態を自分の外の世界と結びつけたりする地図も構築する。その地図を手にすることで，子どもは人間の行動について可能な限りの組み合わせと順列を探り，人が考え，感じ，行うかもしれないあらゆる未知の事柄を想像することができる。『セサミストリート』のオスカー・ザ・グラウチは，この能力を刺激する。オスカーは我々が嫌うものすべてを好む，という一般的な原則をひとたび知れば，幼い子どもたちはうれしそうに，オスカーはゴミや臭い食べ物やミミズを好むが，子犬やチョコレートが大嫌いだとか，泥をあげれば喜ぶが，花をあげても喜ばないと予測できるのだ。

予想通り，そのような因果地図があれば，子どもたちは他人の心を変えるために行動することができる。アンはブロッコリーに目がないとわかれば，彼女にブロッコリーを贈って私が望むことをさせたり，ブロッコリーを与えずに彼女をじらしたり，あるいは，ゆでたての青々としたブロッコリーがのった大皿を贈ることで彼女の気を引いたりできる，と私にはわかる――これらの手法は，もし彼女が実際にはクラッカーしか好きでないなら，役に立たないどころか害になるだろう。もし彼女に戸棚のクラッカーを取ってもらいたいならば，クラッカーがそこにあることを彼女に知らせるべきだ，とも私にはわかる。もし彼女がクラッカーを見ていないのであれば，ただ頼むだけでは役に立たないからだ。しかし，彼女にクラッカーを取られたくないのならば，私は嘘をついて戸棚は空だと彼女に言うことができる。

心の理論によって行動を説明できる子どもたちはまた，良くも悪くも，他人の心を変えるのがより巧みなようだ。心をよく理解している子どもたちは，そうでない子どもたちよりも人付き合いがうまいが，嘘をつくのもうまい。彼らの方が同情的であるが，人の心をとらえるのもうまい。成功した政治家なら誰でも知っているように，人の動き方を理解することは，人を喜ばせる――あるいは，自分の目的のために人を操る――のに役立つ。4歳児は，自分の選挙区の有権者ともいうべき親に対しては特に，驚くほど狡猾な政治家になれる。

嘘をつくことは，心の働き方を理解することが持つ利点の，とりわけ生々しい例である。マキャベリ本人であれば言えたように，嘘をつくことはマキャベリ的知性の最も効果的な形態の一つである。他者――味方と敵の双方――を欺くという我々人間の能力は，複雑な社会生活を生き抜く上で大きな強みである。とても幼い子どもも嘘をつくかもしれないが，あまりうまくはない。私の妹は昔，母親に向かって，「一人で渡ったんじゃないわ！」と通りの反対側から叫んだことがあった。小さい子どもたちがかくれんぼをするとき，よく知られているように，頭はテーブルの下に入れ，お尻が丸見えになっているものだ。

同じことが実験でも見られる。ある研究では，実験者が子どもたちにふたをした箱を見せ，中にはおもちゃが入っていると伝え，のぞかないようにと言った。それから，実験者は部屋を出た。子どもたちにとって，好奇心は何よりも強い衝動なので，誘惑に耐えられる子どもはほとんどいなかった。実験者は戻ってきて，箱をのぞいたかどうか，そして中に何が入っていたかを尋ねた。3歳児でさえ，箱の中をのぞいていないと言った。しかし，その後すぐ，彼らは中に何があったか実験者に答えてしまった！効果的な方法でだますことができるのは，子どもが5歳くらいになってからなのだ。

マージョリー=テイラーは，空想の友達がいる子どもは他の子どもと比べて，賢さの点では概して違わないけれども，より発達した心の理論を持っている傾向があることを見つけた。空想の友達がいる子どもは，そうでない子どもよりも，他人がどう考え，感じ，行動するかを予測するのに優れていた。同様に，通説に反して，社交的な子どもの方が内気で孤独な子どもよりも，実際には空想の友達がいる傾向が強かった。大人の視点から見ると，空想の友達には不気味なところがあるという事実は認めざるを得ない。しかし実際には，子どもに関する限り，空想の友達はごく普通なだけでなく，社会的な能力の表れでもある。空想の友達を持つことは，現実の友達の代わりでも，精神療法の一種でもない。空想の友達がいる子どもは本当に人を気遣い，人がそこにいないときでもその人のことを考えるのが好きなのだ。

◀解　説▶

▶(I)空所(1)を含む節の主語 they は，同じ文（Imaginary companions are

…）の前半部の主語 imaginary companions「空想の友達」を指している。また，空所に入る名詞は，inspire「〜を起こさせる，生じさせる」の目的語である。よって，空所には〈空想の友達が生じさせてきたもの〉が入ることになる。続く第 2 文（But, surprisingly, …）で，「しかし，最近になるまで実際に体系的な研究を行った人はいなかった」と述べられていることから，(A)「合意」や(C)「判断」は不適切だとわかる。第 1 段から第 4 段までは，空所に入る語の判断材料は出てこないが，第 5 段（As with pretend …）では，過去において心理学者たちが空想の友達の存在を治療が必要な精神状態を示すものと結論づけていたことが述べられ，第 6 段（But imaginary companions …）では，空想の友達の存在が，天才あるいは狂気の兆候であるとか，子どもの特性や心理状態を示すものと考えられていたことが示唆されている。これらのことから，心理学的に様々な推測がなされていたとわかるので，(D)「推測」が適切だと判断できる。(B)は「非常な驚き」の意味で，不適切。

▶(Ⅱ)下線部(2)は SVO の構造で，主語の their descriptions は，直前の文（Taylor repeated the …）の内容から，「子どもたちによる空想の友達の説明」だとわかる。description は「描写，説明」の意味。match は「〜と一致する」の意味。independent は「独自の，独立した」の意味で，ここでは，子どもとは別に，親が子どもの空想の友達について説明したことを指している。「独自の説明」という直訳ではわかりにくいので，言葉を補う必要がある。下線部に続く最終文（This showed that …）の This は，直前の 2 文の内容を受けているので，最終文の意味を把握することが適切な訳出の助けになるだろう。

▶(Ⅲ)まず，下線部(3)の文構造を確認する。最初の the vividness から generate までが主語で，led が述語動詞となり，S lead *A* to *do*「S（物・事）が *A*（人）を〜する気にさせる」の無生物主語の構文になっている。vividness は「鮮明さ，生々しさ」の意味。the emotions の後ろには関係代名詞が省略されている。関係代名詞節の主語 they は imaginary companions を指し，その述語動詞 generate は「(感情など) を引き起こす」の意味。conclude that 〜「〜であると結論づける」の that 節中の they も，imaginary companions を指す。indicate は「〜を示す，〜のしるしである」の意。shaky は「不完全な，あやふやな」の意，

grasp は「理解，把握」の意で，children's shaky grasp of reality を直訳すると，「子どもたちの不完全な現実の把握」となるが，自然な日本語になるよう工夫するべきである。

▶(Ⅳ)下線部(4)が示す内容は，同じ文（Even babies who …）の前半部の to understand something about the ways that people might differ である。that は関係副詞で，in which で言い換えることができ，「人々の異なり方について何かしら理解している」の意味になる。the ways that people might differ「人々の異なり方」が，直前の第 9 段（Why do young …）の内容を受けたものであることを踏まえて，第 9 段最終文（People behave differently …）「人の思考が様々であるために，人の行動は異なる」という内容を加え，30 字以内にまとめる。

▶(Ⅴ)空所(5)の直後の節（she were disgusted …）に仮定法過去が使われている。空所を含む文が「彼女は，クラッカーは大嫌いで，ブロッコリーはおいしいかのように振る舞った」の意味になるように，(ア)「あたかも～であるかのように」を選ぶ。直後の文（She said, "Eew, …）は実験者の行動を具体的に述べたものであり，この内容にも合う。disgust「(人）をむかつかせる」 yuck「ゲーッ（嫌悪・不快を表す)」 yum「おいしい」

その他の選択肢は，(イ)「～のときは特に」，(ウ)「たとえ～ではあっても」，(エ)「～するために」の意味。

▶(Ⅵ)下線部(6)は，コンマの前後で大きく 2 つに分けられる。前半部が主節で，They が主語，did が述語動詞，関係代名詞 what の導く節が目的語になっている。what の後ろには they thought が挿入されていて，what は would make の主語となる主格の関係代名詞である。make O C で「O を C にする」の意味になる。sweetly は「優しく，親切に」の意で，コンマの前までは，「彼らは優しく，実験者を喜ばせるだろうと彼らが思ったことをした」の意味になる。「彼ら」とは，直前の文（But although …）中の the eighteen-month-olds「生後 18 カ月の赤ん坊たち」のことだが，訳出しなくてもよいだろう。後半部は，however＋形容詞＋S V の形で譲歩の節を導き，「それが彼らにとってどんなに奇妙に思えようとも」の意味になる。weird は「奇妙な，見たこともないような」の意味。it は「クラッカーを嫌い，ブロッコリーを好むこと」を指すが，訳出は不要。

▶(Ⅶ)下線部(7)を含む文（You can see …）は，「同じことが実験で見られる」の意味。第 14 段（Children who can …）と第 15 段（Lying is a …）では，心の働きをよく理解できるようになると嘘をつくのがうまくなること，子どもがまだとても幼いときは嘘をつくのが下手なことが述べられている。下線部の直後の文（In one study …）から同段最終文（Only at five …）では，「3 歳児では嘘のつき方がうまくないが，5 歳になると効果的に嘘をつくようになる」という実験結果が示されている。したがって，(b)「嘘をつくようになることは成長の一部である」が選べる。(a)「一人で通りを渡ることは危険である」(c)「閉じられている箱をのぞくことは人を欺くことだ」(d)「幼い子どもたちは人の心をとらえる」

▶(VIII)子どもの発達について述べている箇所を確認していく。まず，第 9 段（Why do young …）の第 3 ～ 5 文（The heyday of … the minds of others work.）で「空想の友達が最も盛んである 2 歳から 6 歳の頃に，子どもは自分の心と他人の心の働きに関する基本的な事実を知る」と述べられ，同段第 6 ～最終文（They formulate … kinds of minds.）で「人の思考が様々であるために行動が異なることを理解し始める」という内容が述べられる。第 10 段（Even babies who …）から第 12 段（Just as children …）では，「その理解に基づいて，子どもは他者の思考，感情，行動について予測を立てられるようになる」と述べられている。第 13 段（As we might …）から第 16 段（You can see …）では，「心の理論によって行動を説明できるようになると，他人の心を操ったり，上手に嘘をついたりする」ことが述べられる。最終段（Marjorie Taylor discovered …）では，「空想の友達がいる子どもは，そうでない子どもと比較して，より発達した心の理論を持ち，他者の思考，感情，行動について予測するのがうまく，より社交的であった」というマージョリー=テイラーの研究結果を紹介し，「空想の友達は社会的能力の表れである」と述べ，「空想の友達がいる子どもは本当に人を気遣い，人がそこにいないときでもその人のことを考えるのが好きなのだ」と結んでいる。これらの内容を「どのような効果があると著者は考えているか」という設問の答えとなるようにまとめる。

▶(IX)本文中の表現を利用してもよいし，それにこだわらずに英文を作ってもよい。「～という事実は，否定のしようがない」の部分は，〈解答例 1〉のように，最終段第 4 文の There's no getting around the fact that ～ を用いることができる。There is no *doing* は「～することはできない」の表現，get around ～ は「(事実など) を認めようとしない，～を避ける」の意味。「否定する」は deny を用いてもよい。The fact can't be denied that ～ のように表すこともできる。「～しがちだ」の部分は，tend to *do* や be apt〔likely〕to *do* で表す。「～を優先する」は，prioritize / give priority to ～ / give preference to ～ などで表せる。「自分の都合」は，*one's* own convenience のほか，「自分の利益」と解釈して *one's* own interests と表すこともできる。

●語句・構文●

(第1段) remedy「(問題など) を改善する，～に対処する」 the likes of ～「～のようなもの」 raucous「騒々しい」 incessant「絶え間のない」 braid「編んだ髪，おさげ髪」 exigencies「差し迫った必要，急務，要件」 transition「移行」

(第2段) somewhat「多少」 bizarre「異様な」 consistent「一貫した，矛盾がない」 make *A* up「*A* (話など) をでっち上げる」 on the spur of the moment「とっさに，衝動的に」

(第3段) depressingly「気がめいることに」 penchant for ～「～に対する強い好み」 pity「～をかわいそうに思う」 alter ego「分身，別の自己」 egg-headed「(頭でっかちの) 知識人の」 comic「こっけいな」 sinister「悪意のありそうな」 needy「貧乏な」

(第4段) publicly「表向きには，公式に」 admittedly「確かに，明らかに」 parental「親の」 weirdness「気味悪さ」

(第5段) as with ～「～と同様に」 pretend play「ごっこ遊び」 in general「一般の」 typically「概して」 indicator「指標」 therapeutic「治療の」 neuroticism「神経症的状態」 psychoanalytic「精神分析の」

(第6段) indication「兆候」 on the whole「全体として」 markedly「著しく」 distress「悩み」 trauma「トラウマ，心的外傷」 precursor「前兆」 pathology「異常行動」 sort out ～「～を解決する」 plain「全くの」

(第7段) replace「～に取って代わる」 para-「準…，疑似…」 -cosm「…宇宙，…世界」 distinctive「特有の」 as *do* S「Sも同じだが」

(第8段) unliterary「文学的でない」 unmurderous「殺意を持たない」

gigantic「巨大な」 hound「猟犬」 dune「砂丘」 humanoid「人間型ロボット，人間に似た生物」 第 3 文（Rho Ticris was …）の when は非制限用法の関係副詞で，「そしてそのとき…」の意味。and then で言い換えられる。

（第 9 段）heyday「最盛期」 causal「因果関係を示す」 formulate「～を体系化する，編み出す」 tenet「教義，主義」

（第 10 段）can't stand「～に我慢できない，～が大嫌いである」

（第 11 段）startle「～をびっくりさせる」 perverse「（予想に）反する」 awhile「しばらくの間」 nevertheless「それでもやはり」 rake「熊手」

（第 12 段）construct「（理論・計画など）を組み立てる，構築する」 explore「（問題・可能性など）を探求する，探る」 combinations and permutations「組み合わせと順列」 play on ～「（人の感情など）をかき立てる，刺激する」

（第 13 段）allow *A* to *do*「〈物・事が〉*A*（人）が～できるようにする」 passion「愛着」 bribe *A* to *do*「*A*（人）に賄賂を贈って～させる」 tease「～をじらす，いじめる」 withhold「～を与えずにおく」 present *A* with *B*「*A*（人）に *B*（物）を贈呈する」 platter「大皿」 stuff「（漠然と）物，食べ物」 worse than useless「有害無益な」 make sure (that) ～「必ず～であるように手配する」 keep *A* from *doing*「*A* が～するのを防ぐ」

（第 14 段）in terms of ～「～によって，～の点から見て」 adept at ～「～に熟達した」 for good or ill「良くも悪くも」 alter「～を変える」 socially「社交的に，社会的に」 skillful「熟達した，上手な」 sympathetic「同情に満ちた，思いやりのある」 get under *one's* skin「①～の心を強くとらえる ②～をいらだたせる」 manipulate「（人・世論など）を操る」 crafty「ずるい，悪賢い」 constituent「選挙有権者」

（第 15 段）deceive「～を欺く」 ally「同盟国，味方」 hide-and-seek「かくれんぼ」 notoriously「悪名高く」 behind「尻」 stick「突き出る」 visibly「目に見えて」 view「視界」

（第 16 段）peek「そっとのぞく」 curiosity「好奇心」 drive「衝動」 resist「～に抵抗する」 temptation「誘惑，衝動」 最終文（Only at five …）は，否定的な意味を含む only が文頭に置かれているので倒置になっている。or so は，数量表現のあとに置かれて，「～かそれくらい」の意味。

（最終段）第1文（Marjorie Taylor discovered …）の no smarter overall の後ろには，than other children が省略されている。no は比較級にかかり，比較の対象となる人〔物〕の間の差がないことを表す。overall「概して」 contrary to ～「～に反して」 popular「民間に流布している」 there is something＋形容詞＋about ～「～には…なところがある」 spooky「不気味な」 as far as *A* go(es)「*A* に関する限りでは」 commonplace「ごく普通の」 competence「能力」 replacement「代わりのもの」

❖講　評

2020年度も長文読解問題が1題のみ，語数は約1870語で，設問数は9問，設問内容はほぼ例年通りであった。

英文は，幼児期に空想の友達を持つことが子どもの心の発達にどのような影響を与えるかについて述べたもの。空想の友達や生き物の描写はわかりにくいが，論点となる心の発達に関わる説明には難解な単語や複雑な構文はほとんど見られず，内容的にも理解しやすい。

(Ⅰ)，(Ⅴ)，(Ⅶ)は記号選択問題で，(Ⅴ)は文法的な手がかりがあるし，(Ⅶ)は前の段落からの流れを把握していれば迷わずに解答できる。(Ⅰ)は本文全体を読み終えてからの方が正解を導きやすくなる設問であった。

(Ⅱ)，(Ⅲ)，(Ⅵ)は英文和訳で，いずれも文構造はさほど複雑ではなく，用いられている単語も平易なものである。しかし，文脈にあった適切な訳を作るとなると，いずれも決して容易ではない。特に(Ⅲ)は，文意を正確に把握できているかが問われており，差が出る問題と言える。

(Ⅳ)，(Ⅷ)は内容説明問題で，(Ⅳ)は該当箇所を見つけやすく制限字数でまとめるのも難しくない。(Ⅷ)は，最終段落だけでなく，文章全体を見渡した上で筆者の考えをまとめる必要がある。(Ⅸ)の英作文は，例年通り本文中の表現を利用することができ，標準的なものであった。

なお，辞書の使用が認められているが，頻繁に辞書を引いているようでは時間が足りなくなる。例年通り，英語力に加えて，思考力，日本語の表現力が試される問題である。

日本史

I 解答

(イ)A－6　B－5　C－3　D－9

(ロ)E－4　F－1　G－5

(ハ)H－1　I－3　J－7　K－9

(ニ)L－2　M－5　N－7

◀解　説▶

≪古代～中世の対外関係≫

▶(イ)A．６の遣唐使が正解。「９世紀」にも派遣されていたことから判断する。

B．５の新羅が正解。「朝鮮半島」にあり，「10世紀まで存続した」ことから判断する。

C．円仁は，最澄の弟子で，838年に入唐して密教を学び，帰国後，天台宗の密教化を進めた。円仁の門流は延暦寺を拠点とする山門派を形成し，円珍の門流で園城寺を拠点とする寺門派と対立した。

D．『入唐求法巡礼行記』は円仁の旅行記で，五台山へ巡礼し，847年に新羅商人の商船で唐から帰国するまでの経緯が記されている。

▶(ロ)E．やや難。鴻臚館は，古代の外交使節を接待した施設である。大宰府に置かれた鴻臚館は，遣唐使の宿舎などに利用され，遣唐使の停止後は来航した宋商人が居留し，貿易の場として用いられた。

F．１の博多が正解。(ニ)にも空欄Fがあり，明に派遣された商人が拠点とする貿易港と推定されることが，ヒントになっている。

G．５の大輪田泊が正解。瀬戸内海航路を掌握する平清盛は，摂津の大輪田泊を修築して宋商人の畿内への招来につとめ，日宋貿易を推進したとされている。

▶(ハ)H．元は，1279年に宋（南宋）を滅ぼし，1281年に弘安の役と呼ばれる２度目の日本侵攻を試みた。

I．やや難。３の新安が正解。1976年に韓国の新安沖で発見された沈没船は，東福寺再建の費用を得るために日本から元に派遣され，1323年に元から日本に向かう途中で遭難したと考えられている。

J．海禁政策とは，中国人の海上進出を禁止する一方で，周辺諸国の国王の遣使を促し，恩恵的な朝貢貿易を認めることをいう。

K．9の倭寇が正解。明は大宰府を占拠していた南朝方の懐良親王を「日本国王」に冊封し，倭寇の禁圧を求めた。しかし効果は乏しく，懐良親王の没落後，国交は断絶した。

▶(ニ)L．肥富(こいつみ)は，遣明船の副使をつとめた博多商人で，1401年に正使の禅僧祖阿とともに明に派遣され，国交を開くことに成功した。

M．足利義満は，明の永楽帝から「日本国王」に冊封され，1404年から公式の日明貿易を開始した。

N．勘合は，明皇帝から日本国王に交付された証票で，遣明船は持参を義務づけられた。

Ⅱ 解答

(イ)A－2 B－1 C－3 D－5 E－4 F－3
(ロ)G－1 H－5 I－2 J－3 K－4 L－2 M－1
(ハ)N－2 O－5 P－5 Q－4 R－4 S－3 T－1

◀解 説▶

≪近世の対外関係と洋学≫

▶(イ)A・B．1600年，オランダ船リーフデ号が豊後の臼杵湾に漂着した。日本に到達した最初のオランダ船である。

C．イギリス人ウィリアム=アダムズはリーフデ号の水先案内人（按針役）で，江戸に招かれて徳川家康の外交顧問となった。三浦半島に領地を与えられ，三浦按針の日本名を名乗った。

D．5の平戸が正解。オランダは1609年，イギリスは1613年に，幕府から貿易の許可を受け，肥前の平戸に商館を開いた。

E．ノビスパンとはスペイン領のメキシコをいう。徳川家康はスペインとの貿易に積極的だった。

F．京都の商人田中勝介は，徳川家康の命を受け，ドン=ロドリゴに同行してメキシコに渡り，スペイン船の来航を求めた。

▶(ロ)G．宣教師シドッチは，1708年，布教を企てて屋久島に潜入したが，捕らえられた。

H．5の西洋紀聞が正解。シドッチは江戸で新井白石の尋問を受け，白石は尋問を通じて得た知識をもとに，『采覧異言』と『西洋紀聞』を著した。

Ｉ．高松藩の足軽の家に生まれた平賀源内は，長崎遊学後，エレキテルの実験や寒暖計の製作などで注目された。「物理学」から類推すればよい。

Ｊ・Ｋ．津山藩医の宇田川玄随は，オランダの内科書の翻訳である『西説内科撰要』を著した。「オランダの医学書を訳して」をヒントにして，選択肢にある人物と著作の組み合わせを考えるとよい。

Ｌ．仙台藩医の工藤平助は，『赤蝦夷風説考』を著して蝦夷地開発とロシア貿易を論じ，田沼意次に献策した。

Ｍ．出羽の農家出身の最上徳内は，田沼意次が派遣した蝦夷地調査団に加わり，開発やロシア貿易の可能性を調査した。

▶(ハ)Ｎ．難問。2の1802年が正解。幕府は，1799年にまず東蝦夷地を仮上知とし，1802年に永久の直轄地とした。さらに1807年には松前藩を転封して西蝦夷地も直轄とし，全蝦夷地を松前奉行に支配させた。

Ｏ．ロシア使節レザノフは，1804年にラクスマンの持ち帰った入港許可証を持って長崎に来航し，通商を求めた。幕府の冷淡な対応と要求の拒絶は，ロシア軍艦による樺太や択捉島の襲撃事件につながった。

Ｐ．長崎奉行松平康英は，1808年，イギリス軍艦フェートン号がオランダ船のだ捕をねらって長崎港に侵入した事件の責任を取って自刃した。

Ｑ．1825年，幕府は異国船打払令（無二念打払令）を出して外国船の撃退を命じた。

Ｒ．1837年，アメリカ商船モリソン号は漂流民を送還し，通商を求めるために浦賀に来航したが，幕府は異国船打払令に基づいて砲撃を行った。

Ｓ．3の高野長英が正解。オランダ商館医シーボルトは，長崎郊外に鳴滝塾を開き，高野長英らの人材を育てた。

Ｔ．1の高橋景保が正解。シーボルト事件の際，彼に国外持ち出し禁止の日本地図を渡した天文方の高橋景保らも処罰された。

Ⅲ 解答

Ａ．国造　Ｂ．屯倉　Ｃ．舎人　Ｄ．郡司　Ｅ．国司
Ｆ．郡家〔郡衙〕　Ｇ．正倉　Ｈ．義倉

◀解　説▶

≪古代の地方支配≫

▶Ａ．国造が正解。ヤマト政権は服属した地方豪族を国造に任じ，領域内

の支配権を認める一方で，さまざまな奉仕を義務づけた。

▶B．屯倉が正解。各地に設けられたヤマト政権の直轄地を屯倉，直轄民を名代・子代の部という。これらの管理は，国造に委ねられることもあった。

▶C．舎人が正解。国造の子弟は，大王のもとに舎人として出仕し，大王の直属軍を構成した。

▶D．郡司が正解。律令制の導入が進む過程で，国造の支配領域は再編されて評となり，大宝律令によって郡と改称された。律令制下の地方官である郡司は，もとの国造などの在地の豪族が終身制で任命された。

▶E．国司が正解。律令制下の地方官である国司は，中央の官人が一定の任期で派遣された。国司は，郡司のもつ伝統的な支配力に依拠しながら，国内の統治にあたった。

▶F．郡家は，各郡における郡司の行政拠点で，役所群や郡司の居館，倉庫群などの施設が設けられた。

▶G．正倉は，古代の官衙に付属する倉庫をいい，各地の郡家や造東大寺司などに設けられた。東大寺の正倉院宝庫のみ現存する。郡家の正倉にはさまざまな用途にあてられた稲が蓄えられ，734年に正税として一本化された。

▶H．義倉は，凶作に備えて人民に粟を差し出させ，備蓄した倉庫，またはその制度をいう。

Ⅳ 解答

問1．A．日本往生極楽記　B．念仏　C．法成寺　D．万葉集

問2．枕草子　問3．藤原良房　問4．六波羅蜜寺

問5．源信〔恵信僧都〕 問6．八代集

問7．摂関政治期の一般の政務は太政官の公卿が審議し，天皇の決裁を経て太政官符・宣旨などの文書を用いて命令された。重要事項は内裏の近衛の陣で行う陣定で審議し，各公卿の意見が求められ，天皇の決裁の参考にされた。(100字以内)

◀解　説▶

≪摂関期の文化と政治≫

▶問1．A.『日本往生極楽記』は，慶滋保胤が書いた日本最初の往生伝

である。往生伝とは，念仏信仰の功徳で，極楽往生を遂げたとされる人々の伝記を集めたものをいう。

B．念仏が正解。極楽浄土への往生を願って阿弥陀仏の姿を心の中で祈ることや，名号「南無阿弥陀仏」を口に唱えることをいう。前者を観想念仏，後者を称名念仏（口称念仏）というので，設問の問いかけにやや戸惑うかもしれない。

C．法成寺が正解。藤原道長の日記を『御堂関白記』と呼ぶことを想起して，「御堂殿」が道長であると判断する。道長が建立し，その壮麗さをうたわれた寺院は法成寺である。

D．万葉集が正解。「759 年までの歌」と「約 4500 首」から，奈良時代の歌集である万葉集と判断する。

▶問 2．『枕草子』は，一条天皇の皇后定子に仕えた清少納言が，かなを用いて記した随筆である。

▶問 3．藤原良房が正解。858 年，幼少の清和天皇を即位させた良房は，臣下で初めて摂政となった。良房の邸宅は「染殿」と呼ばれた。

▶問 4．六波羅蜜寺が正解。まず，「『市聖』と呼ばれた僧侶」が空也であると判断する。空也が念仏行脚している姿を表した木像は，鎌倉時代の康勝によって製作され，六波羅蜜寺に所蔵されている。

▶問 5．源信が正解。(ハ)の冒頭には「往生極楽の教行」とあるから，その教えを論じた著作と推測し，出典を『往生要集』と判断したい。「予」は，その著者だから源信である。『往生要集』の序文を既知の史料として読んでいないと，解答は難しいところがある。

▶問 6．八代集が正解。(ホ)は「延喜五年」に「紀貫之」らに命じて編集させたとあるので，出典は『古今和歌集』〈仮名序〉である。『古今和歌集』以後，鎌倉時代の『新古今和歌集』まで計 8 回にわたって勅撰和歌集が編集された。これを総称して八代集という。

▶問 7．下線 c は藤原道長であるから，道長が権力を握っていた頃の政務の運営について，「陣定」「太政官」「公卿」の 3 つの指定語句を用いて説明することが求められている。一連の史料に政務の運営について述べた記述はないので，史料内容をふまえる必要はない。

道長が権力を握っていた頃とは，摂関政治の全盛期である。摂関政治のもとでも，天皇が太政官を通じて中央・地方の官吏を指揮し，全国を支配するかたちがとられた。政務の運営は，二つに場合分けして説明する必要がある。一つは，一般の政務の場合である。律令制のもとでの政務は，太政大臣・左大臣など太政官の公卿が審議して進められた。このあり方は摂関政治でも同様で，おもな政務は太政官の公卿が審議し，天皇の決裁を経て政策が実行に移された。天皇が幼少の場合は摂政が決裁した。政策を中央・地方に命じるにあたっては，太政官符・宣旨などの文書が用いられた。もう一つは，外交や財政などの重要事項の場合である。この場合は，内裏の近衛の陣で行われる陣定と呼ばれる会議で，公卿各々の意見が求められ，その意見を参考に天皇が決裁した。なお，政務運営と密接に関わる官人の人事権が，摂政・関白に掌握されていたことを述べてもよい。

V　**解答**　問1．1931 年 9 月　問2．柳条湖　問3．堂島米市場
問4．管理通貨制度　問5．桜会　問6．時局匡救事業
問7．1930 年は昭和恐慌と豊作が米価の暴落をもたらし，1931 年は東北・北海道の大凶作により，農家収入は激減した。また，不況により都市の失業者が帰農したため農村人口は過剰となり，農家の困窮に拍車をかけた。(100 字以内)

◀解　説▶

≪満州事変と農業恐慌≫

▶問1．1931 年 9 月が正解。史料には「日支衝突」（下線部 a）とあり，日中間の軍事紛争が起こった年月を考えればよい。この軍事紛争が勃発した年は，イギリスにおける「金本位制ノ停止」（下線部 c）が実行され，三月事件と十月事件が企てられた（問 5 の設問）とあるので，1931 年と判断できる。すなわち，19 日に伝えられた「日支衝突」とは，1931 年 9 月 18 日に，関東軍が奉天郊外の柳条湖で南満州鉄道の線路を爆破し，中国軍のしわざとして軍事行動を開始した柳条湖事件とわかる。

▶問2．柳条湖が正解。問 1 の〔解説〕を参照されたい。満州事変は，柳条湖事件から始まった。

▶問3．堂島米市場が正解。「清算米先物」（下線部 b）とは，将来の売買についてあらかじめ現時点で約束をする先物取引を指している。大坂の堂島米市場は，享保の改革で米価の安定をめざすために公認され，先物取引所の先駆けと評価されている。

▶問４．管理通貨制度が正解。1931 年 12 月，犬養毅内閣が成立すると，高橋是清蔵相は金輸出再禁止を断行し，日本経済は金本位制を離れて管理通貨制度に移行した。

▶問５．桜会は，橋本欣五郎率いる陸軍青年将校の秘密結社で，軍部政権樹立のクーデタを計画していた。1931 年に未然に摘発された事件は，三月事件・十月事件と呼ばれ，政界に大きな衝撃を与えた。

▶問６．時局匡救事業とは，農村救済請願運動の高まりを背景に，1932 年度から始められた公共土木事業で，農民を日雇い労働に雇用して現金収入の途を与えたことをいう。「匡救」の漢字を間違えないよう注意したい。

▶問７．本史料の作成年は 1931 年である。1930 年と 1931 年に農家が困窮を極めた理由を述べればよい。条件として「作況・米価・労働者移動の観点」から述べることが求められている。史料内容をふまえることは求められていないが，史料には９月以前は天候不順であったこと，米価が乱高下していることが述べられているので，意識しておきたい。本問は，昭和恐慌が農村に波及した農業恐慌の状況を理解しているかが問われている。1930 年に昭和恐慌が発生すると米価は暴落した。同年は豊作でもあったため，さらに米価が押し下げられることとなり，「豊作貧乏」の状況が発生した。翌 1931 年は一転して東北・北海道を中心に大凶作に見舞われた。このような理解を前提に，作況・米価の観点として，1930 年の昭和恐慌と豊作が米価の暴落をもたらしたこと，1931 年には大凶作となったことを指摘し，農家収入が激減したと述べる。一方，昭和恐慌は不況による都市労働者の失業をもたらした。都市労働者は，農村出身者や農村からの出稼ぎが多くを占めており，失業者が帰農するという状況を生み出した。労働者移動の観点として，都市の失業者の帰農を指摘し，農村人口が過剰となって困窮に拍車をかけたことを述べる。

❖講　評

2020 年度も大問５題の構成で，Ⅰ・Ⅱは語句選択，Ⅲは記述，Ⅳ・Ⅴは論述を含む史料問題という例年通りの構成であった。Ⅰ～Ⅲの選択・記述問題は，一部に難問があるものの，全体としては易しめの設問が多い。論述問題は，Ⅳ・Ⅴともに，知識・理解を前提とする出題であったことに特徴がある。全体の難易度としては，2019 年度と比べて易化している。

Ⅰは，古代～中世の対外関係をテーマに，東アジア諸国との交流の諸相が問われている。選択肢に正解となる適当な語句がない場合は「0」を選択する設問形式だが，2020年度は一つもなかった。E・Ⅰがやや難しい。

Ⅱは，(イ)近世初期の対外関係，(ロ)洋学の展開，(ハ)近世後期の対外関係が，五択の語句選択で問われた。年代を問う設問は，2020年度は4問で2019年度より増加した。Nはかなり細かい年代で難問である。Ⅰ・J・Kは解答を特定する情報が少なく，選択肢を慎重に吟味する姿勢が求められている。

Ⅲは，ヤマト政権下の国造と律令制下の郡司をテーマに，古代の地方支配を問う穴埋めの記述問題である。問われている語句は基本的・標準的なものばかりで，誤字に気をつけて全問正解を目指したい。C・G・Hの出来不出来が得点差につながりそうである。

Ⅳは，(イ)『枕草子』，(ロ)『日本往生極楽記』，(ハ)『往生要集』，(ニ)『徒然草』，(ホ)『古今和歌集』〈仮名序〉を出典とする史料問題である。(ハ)以外は初見史料であろう。問1～問6の記述問題は設問の文章だけで解答を導き出せるものがほとんどであった。問7の論述問題も教科書の記述をベースにまとめられる内容であるから，取り組みやすかっただろう。政務の運営を場合分けしてまとめられるかどうかがポイントであった。

Ⅴは，「米価変動」に関する史料をもとに，1930年代の政治・社会の状況が問われている。まず，史料を読んで年代を判定することがポイントとなるが，問3以降の記述問題は史料内容が把握できなくても解答できる。問5・問6を正解できるかが，得点差につながるだろう。問7の論述問題は知識・理解を問うタイプで，提示された条件に従って解答をまとめることが求められている。

2020年度の論述問題は，Ⅳ・Ⅴともに教科書に基づく知識・理解を解答するタイプの出題だったが，例年は史料内容の読み取りができないと解答できない出題が見られるので，多くの過去問にあたっておくとよい。

世界史

I

解答　A．ラ=ファイエット　B．クルップ　C．ノーベル　D．マルヌ　E．ロイド=ジョージ　F．スペイン　G．ルシタニア　H．マクドナルド　I．ポワンカレ　J．わが闘争

設問(1)ヴァルミー　設問(2)アレクサンドル1世　設問(3)ウィンザー朝

設問(4)モンロー　設問(5) 1917

◀解　説▶

≪戦争の近代化とその変容≫

▶A．ラ=ファイエットは自由主義貴族。義勇兵としてアメリカ独立戦争に参加し，独立軍のワシントンの参謀としてヨークタウンの戦いの勝利に貢献した。帰国後，フランス革命では国民軍司令官として活躍し，人権宣言の起草にあたった。1830年の七月革命にも関わっている。

▶B．1811年創業のクルップは，2代目のアルフレートのときにドイツの富国強兵策にうまく乗り，大砲や鉄道関連設備の製造などで一大コンツェルンに成長した。いわゆる「死の商人」の典型で，国内だけではなく世界各国に兵器を販売した。

▶C．ノーベルは，1867年にダイナマイト，1887年には無煙火薬を発明し，巨万の富を手に入れた。晩年は戦争否定の平和運動にひかれ，遺言によりスウェーデン王立アカデミーに信託された遺産を基金としてノーベル賞が設けられた。

▶D．ドイツはロシアとフランスの東西の敵と戦う二正面作戦を避けて，先にフランスとの短期決戦に出るシュリーフェン=プランを立てた。そこでドイツ軍は中立国のベルギーを侵犯してフランスに侵攻したが，パリ東方のマルヌ川で仏英軍に進撃を食い止められ，以後西部戦線は膠着状態におちいった。

▶E．ロイド=ジョージは1916年から1922年まで挙国一致連立内閣の首相を務めた。パリ講和会議ではイギリス代表として出席し，フランスのクレマンソー首相とともに対独強硬論を主張した。

▶F．1868年，スペインで自由主義者らによる革命が起き，ブルボン朝

が倒れて女王イサベラ２世がフランスに亡命，新たに立憲王政が始まることになった。ビスマルクはプロイセン王家であるホーエンツォレルン家につながるレオポルトを推薦したが，これはフランスにとって 16 世紀にハプスブルク家に挟撃された悪夢を思い起こさせるものであったため，ナポレオン３世が猛烈に反対した。このスペイン王位継承問題を利用して，ビスマルクは情報操作によってドイツ・フランスの世論を刺激し（エムス電報事件），ナポレオン３世を戦争に踏み切らせた。

▶G．ルシタニア号は大西洋航路で運行されていたイギリスの大型客船。1915 年５月７日にアイルランド沖でドイツ潜水艦の無警告攻撃で沈没し，1198 人が犠牲になり，その中に 128 名のアメリカ人がいた。

▶H．1924 年に成立した第１次マクドナルド内閣は，イギリス最初の労働党内閣であるが，自由党との連立内閣であった。1929 年に成立した第２次マクドナルド内閣は，前年の男女平等選挙権を認めた第５回選挙法改正後の選挙で勝利しての労働党単独内閣であった。

▶I．ポワンカレは 1922～24 年の右派内閣で首相と外相を兼任し，対独強攻策をとり，ルール占領（1923～25 年）を強行した。

▶J．『わが闘争』は，1923 年のミュンヘン一揆の失敗後，ヒトラーが獄中で口述筆記し，出獄後に刊行された。嘘や事実の歪曲が多いが，ヒトラー政権下ではドイツ国民のバイブルとして扱われた。

▶設問(1)ヴァルミーはフランス北東部の小村。戦いが行われた 1792 年９月 20 日は国民公会が開催された日でもあり，翌９月 21 日に王政が廃止され共和政の樹立が宣言された（第一共和政）。

▶設問(2) 1805 年，アレクサンドル１世は神聖ローマ皇帝フランツ２世とともに，アウステルリッツでナポレオン１世と戦い，敗れた（三帝会戦）。アレクサンドル１世は神聖同盟を提唱したことでも知られる。

▶設問(3)王朝名であるハノーヴァーは敵国ドイツに由来することから，王宮所在地にちなみ現在のウィンザー朝に改めた。

▶設問(4)第５代合衆国大統領モンローは 1823 年にモンロー教書を発表した。その目的には，ヨーロッパ諸国によるラテンアメリカ諸国の独立への干渉を排除すること，アメリカ大陸の太平洋岸を南下する動きを見せるロシアを牽制することなどがあった。

▶設問(5)ルシタニア号事件（1915 年）でドイツに対するアメリカの世論

が悪化したので，ドイツは無制限潜水艦作戦を一旦は停止したが，戦局の悪化から1917年2月に再開した。これに対し，ウィルソン大統領は「平和と民主主義，人間の権利を守る」戦いと位置づけて，1917年4月に参戦した。

II 解答

A．ティルス　B．アウグスティヌス　C．後ウマイヤ　D．シーア　E．アズハル　F．ムワッヒド　G．世界史序説

設問(1)1798　設問(2)シャープール1世　設問(3)1962　設問(4)バスラ

設問(5)イブン=ルシュド　設問(6)フラグ　設問(7)クシュ王国

設問(8)イタリア王国

◀解　説▶

≪チュニジアの歴史≫

▶A．ティルスは，フェニキア人が現在のレバノン南西部の地中海沿岸に建設した海港都市国家。前9世紀に植民市カルタゴを建設した。

▶B．「最大の教父」「マニ教にも傾倒した」を手がかりにアウグスティヌスと判断できる。主著は『神の国』『告白録』。

▶C．ウマイヤ朝の末裔がイベリア半島に逃れ，756年に後ウマイヤ朝を建設した。909年，シーア派のファーティマ朝がチュニジアに成立し，当初からカリフを称すると，後ウマイヤ朝の最盛期の君主アブド=アッラフマーン3世もカリフを称し，アッバース朝のカリフを含め3人のカリフが鼎立することになった。

▶D．シーア派の主流となっているのは十二イマーム派で，第4代正統カリフのアリーを初代のイマームとし，12代イマームは「隠れイマーム」となって，終末に再臨するとされる。サファヴィー朝で国教となり，現在のイランもこの宗派である。この十二イマーム派から分派したのがイスマーイール派で，シーア派の中で最も過激な派である。

▶E．970年，アズハル=モスクが建設され，972年に付属のマドラサ（学院）が設置された。現在もアズハル大学として続いており，イスラーム法学の最高権威の大学とされている。

▶F．ベルベル人の王朝であるムラービト朝とムワッヒド朝は区別しにくいが，ここでは「1269年滅亡」がムワッヒド朝と判断する手がかりであ

ろう。ムラービト朝がムワッヒド朝に滅ぼされたのは 1147 年である。

▶G．イブン=ハルドゥーンは『世界史序説』で，農民や遊牧社会と都市との関係から独自の歴史理論を展開した。

▶設問(2)シャープール 1 世は 260 年にアルメニアに進出し，ローマ帝国軍をエデッサの戦いで破り，軍人皇帝ウァレリアヌスを捕虜とした。マニはシャープール 1 世に重用された。

▶設問(3)アルジェリアは 1830 年にシャルル 10 世の侵略を受け，フランスの植民地となった。アルジェリア人による民族解放戦線（FLN）が結成され，1954 年に武装蜂起して独立戦争が始まった。1962 年 3 月，軍の反対がありながらも，ド=ゴール大統領はエヴィアン協定でアルジェリアの独立を承認した。

▶設問(4)やや難。バスラはイラク南東部のユーフラテス川河口に近い港湾都市。7 世紀に第 2 代カリフのウマルによりミスル（軍営都市）として建設された。バスラのほかに有名なミスルとしては，イラクのクーファ，エジプトのフスタートがある。

▶設問(5)イブン=ルシュドの注釈書の多くが 13 世紀にトレドでラテン語に翻訳され，中世ヨーロッパのスコラ哲学に大きな影響を与えた。ラテン名はアヴェロエス。

▶設問(6)フラグはチンギス=ハンの末子トゥルイの子で，モンゴル帝国第 4 代皇帝モンケ=ハンの弟。モンケ=ハンの命で西アジアに遠征し，1258 年アッバース朝を滅ぼして，タブリーズを都とするイル=ハン国を建設した。

▶設問(7)クシュ王国は黒人最古の王国。エジプトに進出して建てた第 25 王朝がアッシリアの攻撃を受けてヌビアに戻り，前 670 年頃にメロエに遷都した。以後，後期クシュ王国はメロエ王国と呼ばれ，製鉄と商業で繁栄したが，350 年頃エチオピアのアクスム王国に滅ぼされた。

▶設問(8)リビアは 16 世紀からオスマン帝国の支配を受け，トリポリ・キレナイカと呼ばれていたが，1911～12 年のイタリア=トルコ戦争でイタリア王国の植民地となり，古代ローマ時代のリビアに改称された。

III 解答

A．靖康の変 B．臨安 C．囲田 D．湖広 E．朱元璋 F．永楽 G．郷紳 H．水滸伝 I．李贄〔李卓吾〕 J．坤輿万国全図

◀解 説▶

≪宋～明代の江南の歴史≫

▶A．北宋が滅亡した事件である靖康の変が起こったのは 1126～27 年。

▶B．臨安は大運河の南端に位置する港市で，「臨時の都」の意で臨安といった。また，「仮の都」の意味で行在（あんざい）とも呼ばれたことから，マルコ=ポーロによる『世界の記述（東方見聞録）』の中では「キンザイ（キンサイ）」と書かれている。

▶C．やや難。囲田が造営されたことで，稲田の面積が急速に拡大し，「蘇湖（江浙）熟すれば天下足る」という状況になったが，その維持には多大な労力を必要としたため，それをになう有力地主層の台頭をまねいた。

▶D．湖広地方は長江中流域の湖北省・湖南省の一帯。湖北省の中心都市は武漢。

▶E．朱元璋は安徽省の貧農出身で，1368 年に金陵（現在の南京）で即位して明を建国した。中国の皇帝で農民出身は朱元璋と漢の高祖劉邦だけである。

▶F．永楽帝は朱元璋の四男・朱棣（しゅてい）で，燕王に封じられていた。1399 年に挙兵，甥の建文帝から帝位を奪取して 1402 年に即位した（靖難の役）。

▶G．郷紳の多くは富裕な大土地所有者であり，地方官や富商などと結託して貧農層を圧迫することもあった。そのため，しばしば抗租運動など襲撃の対象となったので，彼らは自衛組織を持つようになった。

▶H．『水滸伝』は，北宋末期の山東の梁山泊に集まった 108 人の豪傑の武勇を描いた作品で，明代に編纂された民衆文学の代表とされる。

▶I．やや難。リード文中の「『童心』説」から李贄を導けるだろう。李贄は福建省のイスラーム教徒の家に生まれたといわれるが，世俗の権威を否定し，儒教に基づく封建倫理を批判するなどしたため，危険思想とされて逮捕され，獄中で自殺した。

▶J．「坤輿万国全図」はマテオ=リッチの指導のもと，1602 年に北京で刊行された木版刷りの大型地図。「坤」は大地，「輿」は乗り物を意味するので，「坤輿」は乗り物としての大地，つまり地球のことである。

Ⅳ 解答

A．旧約聖書　B．ダヴィデ　C．アッシリア
D．キュロス２世　E．カロリング　F．ゲットー
G．カペー　H．イサベル　I．フェリペ２世　J．モンテーニュ

◀解　説▶

≪ユダヤ人の歴史≫

▶A．『旧約聖書』は，ヤハウェによる天地創造から，ヘブライ人の古史，預言者の言葉，詩歌などからなるが，特に最初の「創世記」「出エジプト記」など五つの書が，「モーセ五書」（トーラー）と呼ばれ，重視される。

▶B．ダヴィデはヘブライ人の理想の王で，ペリシテ人やカナーン人を征服して，都イェルサレムを建設した。ミケランジェロの代表作「ダヴィデ像」は，ペリシテ人の巨人ゴリアテとの戦いに挑むダヴィデの姿である。

▶C．メソポタミア北部に興ったアッシリアは，小アジア方面との中継貿易によって栄えたが，前 15 世紀には一時ミタンニ王国に服属した。しかし，その後独立を回復し，鉄製の武器と戦車・騎馬隊などを用いて強大となり，メソポタミアを統一，イスラエル王国を征服し，ユダ王国を服属させた。前７世紀にアッシュルバニパル王がエジプトを含む全オリエントを征服して最初の世界帝国となった。

▶D．キュロス２世はアケメネス朝の建国者。前 550 年にメディア，前 547 年にリディアを征服，前 539 年には新バビロニアを滅ぼしてユダヤ人を解放した。

▶E．やや難。ルートヴィヒ１世はカロリング朝のカール大帝の息子。ルートヴィヒ１世の死後，遺領をめぐって争いが生じ，843 年のヴェルダン条約で王国は３分された。

▶F．ユダヤ人の隔離居住区であるゲットーは，16 世紀のヴェネツィアで最初にゲットーと呼ばれるようになった。ゲットーは高い壁をめぐらし，夜になると外部との門は閉ざされ，外出時はユダヤ人であることを示す目印をつけなければならなかった。

▶G．フィリップ４世（在位 1285～1314 年）はカペー朝最盛期の王。1303 年のアナーニ事件で教皇ボニファティウス８世を憤死させ，1309 年には教皇庁をアヴィニョンに移して国王の監視下に置いた（「教皇のバビロン捕囚」）。また，テンプル騎士団を解散させて財産を没収，財政基盤を確立した。

▶H．イサベルはコロンブスを援助したことでも知られるカスティリャ女王。

▶I．「即位直後の1556年」からフェリペ2世（在位1556～98年）と判断できる。父カルロス1世（神聖ローマ皇帝カール5世）はアウクスブルクの和議が結ばれた翌年の1556年に引退し，スペイン王位をフェリペ2世に譲った。

▶J．『エセー（随想録）』の著者からモンテーニュと判断できる。モンテーニュはボルドー市長を2期務め，ユグノー戦争では新旧両派の調停者の立場に立ち，その融和に努めた。

❖講　評

Ⅰはナポレオン戦争以降の戦争の近代化とその変容をテーマにした問題。徴兵制の発達，産業革命による兵器の近代化，第一次世界大戦の総力戦体制などを中心に問われている。Bのクルップ，Iのポワンカレはやや細かい知識であるが，その他は教科書レベルの標準的問題なので，ここは確実に得点しておきたい。

Ⅱはチュニジアの歴史に関する問題。古代のカルタゴと後ウマイヤ朝・ファーティマ朝・ムワッヒド朝のイスラーム王朝を中心に問われており，文化史の設問も見られる。設問(4)のバスラはやや難。設問(1)と設問(3)では直接年代が問われているが，やや細かい年代で難しいかもしれない。また，Fのムワッヒド朝は，滅びた年代を押さえていないとムラービト朝と区別できず，迷った受験生がいたと思われる。その他は基本的なものばかりなので，確実に得点しておきたい。

Ⅲは宋～明代の江南地方の歴史をテーマにした問題で，政治・社会・経済・文化にわたって幅広く問われている。Cの囲田とIの李贄が難しいが，その他はすべて基本的事項である。ただし，Iの李贄はもちろんのこと，Hの水滸伝，Jの坤輿万国全図などの漢字を正確に書けるかどうかで，得点に大きな差が出る。

Ⅳは古代から16世紀頃までのユダヤ人の歴史に関する問題。Eのカロリング朝がやや難しいが，ルートヴィヒ1世を知らなくても，「9世紀前半」からカール大帝の関係者であることは推測できる。その他は標準的問題なので，取りこぼさないようにしたい。

2020年度は2019年度と比べ，問題の分量に変化はないが，難問がやや減ったことにより，やや易化した。ただし，教科書レベルであってもごく一部の教科書にしか言及がないような歴史用語もかなり出題されている。また，正解となる歴史事項は標準的なものであっても，それを求める過程が難しい問題もある。さらに全問記述式であり，正確な知識が要求される。全体として，かなりハイレベルな出題である。

て述べることはできる。もっとも、設問文にある「この文章をふまえて」の条件から外れて情緒的な内容にならないよう注意が必要だ。

❖講　評

二〇二〇年度も、要約問題が一問、意見論述問題が一問という形式に変わりはない。少々長めである課題文の分量も論述の総字数も、例年どおりである。

多文化共生のための分散的ネットワーク社会とそれに応じた組織原理の必要性についてという今日的な国際関係論の課題文を、これまでの傾向と異なるものと感じた受験生も多かったことだろう。しかし、「この文章をふまえて」とはあるものの、問われているのは、「集団に属するということ」、つまり集団と個人の関係であり、人間や文化、社会について深く考えさせる内容で、従来の出題傾向に連なるものである。高度な読解力・思考力・表現力・構成力が要求される、人文社会系学部として適切な出題であった。

設問Ⅰの要約問題では、課題文の全体的な流れをふまえ、話題を精選してその関係性を把握して端的に整理する力が必要である。設問Ⅱの意見論述問題では、四〇〇字というかなり厳しい字数制限の中で、課題文の勘所を適切に押さえた論旨の明快な文章を作成する必要がある。試験時間・字数制限・課題文の内容などから総合的に判断するに、難度の高い出題であるといえよう。

◀解　説▶

≪「多文化共生社会」の可能性≫

▼設問Ⅰ　課題文全体を要約することが求められている。中心的な論点だけを抽出した「要旨」同然のものや、単なる話題のつぎはぎにならないよう注意したい。具体的には、大きく分けられた四つの段落を手がかりにするとよいだろう。それぞれの段落（仮に①～④とする）の話題は次のとおりである。

①　西洋世界における多文化主義政策の崩壊

②　アジアやアフリカなど非西洋世界における多文化共生社会の実際

③　参入と退出の自由な「群島」の共存という多文化共生社会の理念形

④　分散的ネットワーク社会への再移行という未来像と「調整と育成」という組織原理

①と②の対比によって論は進められていく。②で多様な人の緩やかな共存としての多文化共生社会の実例を、③はそのような社会の仕組みや条件等への言及、そして④は、今日における実現可能性について実例を根拠に具体的に述べている。こうした課題文全体の流れを把握し、それを要約文に反映させることが必要である。

▼設問Ⅱ　集団に属するということについて、課題文をふまえて自分の意見を述べることが求められている。課題文では、参入と退出が自由である組織の存在を前提にして多文化共生社会の実現可能性が述べられている。しかし、これをすべての「集団」に適用することはできないだろう。家族・親族などの親密な集団からは脱退が容易ではないからである。とはいえ、就労の場や働き方に関しては、筆者の意見は大いに参考になると思われる。〔解答例〕では、個人の才能を生かす集団のあり方を課題文に即して考察しながら、集団に属することを、今の自分にとって必要な場に仮に身を置いていると考えるべきと主張した。課題文から着目したのは、「調整と育成」という組織原理と、集団への参入と集団からの退出が自由であることの二つである。

課題文の指摘する内容を勘案するに、部活動や友人関係などの身近な集団も、参入、退出の自由な集団の事例とし

小論文

解答例

設問Ⅰ　移民を自国の文化に円滑に統合するため欧米諸国が政策として採用してきた多文化主義は、もはや破綻したといえる。しかし、多様な人々が互いの違いを認めたうえで分かれて暮らしながら共存するあり方は、アジアやアフリカなどの非西欧社会で実際に成立している。このような社会の理念は、多様な人々が自由に集団に参入し、また、集団から自由に退出できることを認めるリベラリズムである。哲学者クカサスは、リベラルな社会のあり様を、競合し重なり合う多くの権威によって構成される「群島」の共存として描き出している。マローンによれば、人類世界は、そうした多元的な社会へと移行しつつあり、これからの指導者に求められるのは、「調整と育成」という組織原理である。優れた指導者がこの原理で組織を運営することで、多様な人間が集まり、自主的な秩序が生まれるだろう。（三〇〇字以上三六〇字以内）

設問Ⅱ　課題文の内容をふまえて言えば、集団が個人の才能を生かすためには、指導者は、個人に意思決定の機会があるように、また、課題解決の仕方に関して自由裁量の余地が個人に残るように、集団を調整しなければならない。このような調整を経た集団に帰属できてようやく、個人は、才能を集団のために発揮できるようになり、様々な能力を高めていける。このような「調整と育成」が約束されている集団に対して、個人は集団の自分にとっての意義を実感するのである。しかし、「調整と育成」がつねに個人に対して有効に働くとはかぎらない。指導者や集団の目的が変われば、窮屈な思いをする個人もでてくるだろう。そのような個人は別の集団に帰属した方がよい。そのためには、個人が様々な集団に自由に参入し、また、そこから退出できる保証が必要である。集団に属するということは、今の自分にとって必要な場に仮に身を置いている、と考えるべきである。（三二〇字以上四〇〇字以内）

////////////////////// · memo · //////////////////////

/////////////////// · memo · ///////////////////

//////////////////// · memo · ////////////////////

大学赤本シリーズ

慶應義塾大学

文学部

別冊問題編

2025

矢印の方向に引くと
本体から取り外せます

目　次

問題編

2020 年度

2024年度

問題編

総合型選抜　自主応募制による推薦入学者選考

問題編

▶試験科目

教　科	内　　容
総合考査Ⅰ	小論文形式を採り，各種資料に対する理解力，文章構成・表現力，分析力等を総合的な視点から考査する
総合考査Ⅱ	与えられたテーマについての記述を評価する

▶備　考

上記考査および「調査書」「評価書」「自己推薦書」により選考を行う。

総合考査Ⅱ

（60分
解答例省略）

次の文章の中で、著者は客観性や数値化されたエビデンスに支配される社会のあり方に疑問を抱いている。そうした社会がもたらす問題の一例を述べた上で、客観性が重視される社会とどのように関わるべきなのか、あなたの意見を述べなさい。（320字以上400字以内）

大学一、二年生に向けた大人数の授業では、私が医療現場や貧困地区の子育て支援の現場で行ってきたインタビューを題材として用いることが多い。そうしたとき、学生から次のような質問を受けることがある。

「先生の言っていることに客観的な妥当性はあるのですか？」

私の研究は、困窮した当事者や彼らをサポートする支援者の語りを一人ずつ細かく分析するものであり、数値による証拠づけがない。そのため学生が客観性に欠けると感じるのは自然なことだ。一方で、学生と接していると、客観性と数値をそんなに信用して大丈夫なのだろうかと思うことがある。「客観性」「数値的なエビデンス」は、現代の社会では真理とみなされているが、客観的なデータでなかったとしても意味がある事象はあるはずだ。

（中略）

とはいえ数字を用いる科学の営みを否定したいわけではない。数字に基づく客観的な根拠はさまざまな点で有効であるし、それによって説明される事象が多いことは承知している。それでも、数字だけが優先されて、生活が完全に数字に支配されてしまうような社会のあり方に疑問があるのだ。数字への素朴な信仰、あるいは数値化できないはずのものを数字へと置き換えようとする傾向を問いなおしたい。

［村上靖彦『客観性の落とし穴』（筑摩書房、2023年）より。
原文に一部修正を加えたところがある。］

のである。その場合、服従する権威が何かは問題にならない。権威に服従している限り、その権威の一部になり、自分が強くなったように感じるのだ。

また、自分で決めれば誤ることがあるが、権威が決めてくれれば「安心」だ。また、権威に背けば孤独になってしまうが、権威の側にいれば「安心」だ。それに、権威に決定を委ねたら、たとえその決定が後に問題になっても自分の責任にはならないと思う。もちろん、正確には権威に決定を委ねたという責任はある。だが、それでも自分が決めたとは思いたくない。

フロムは、アイヒマンはわれわれすべての象徴であり、自分の中にもアイヒマンを見ることができるといっている。自分が権威に無批判に服従していることすら気づいていないのは、アイヒマンだけではないのである。

〔岸見一郎『エーリッヒ・フロム――孤独を恐れず自由に生きる』（講談社、二〇二二年）より。原文に一部編集を加えたところがある。〕

だけ耳を傾けることは容易ではない。なぜ容易ではないのか。

「良心は（語源のcon-scientiaが示しているように）自分の内にある知識であり、生きる技術における成功と失敗についての知識である」（前掲書）

良心（conscience）の語源はラテン語のconscientiaで、syneidesisというギリシア語を直訳したものである。conやsynは「一緒に」「共に」、scientia、eidesisは「知る」という意味なので、良心は、「何かを―誰かと共に―知る」の意味になる。例えば、自分が何らかの不正を犯したことを自分の内で認めるという場合である。このように、「自分自身と共に知ること」が、「良心」という意味に転化されていったのである。逆にいえば、不正を犯しても何ら罪の自覚を持たない人に良心はない、すなわち、そのような人は「自分自身と共に知ること」はないのだ。

また、「生きる技術における成功と失敗」とは、どうすることがうまくいくことか、あるいはいかないことなのかを知っていることが、生きる技術において成功していること、知らないことが失敗という意味である。

「良心は、われわれが人間として機能しているかを判断する」（前掲書）

自らの良心に則り正しく行動し思考していれば、自分が正しいことを自分の内で認めることができる。しかしそうでない行動、例えば賞賛だけを目的とした行動や、誰かの非難を恐れ、それを避けることだけを目的とした行動など、外的な要因のみをその原動力として引き起こされた行動は、不安や不快の感情しか作り出さない。良心はわれわれをわれわれ自身へと呼び戻す「真の自己の声」、自分からの「正しいか？」と呼びかける声に「イエス」と答えられる能力である。その能力がなければ、たとえ自分がしたことでも、本当に自分がしたとはいえないのだ。

フロムが、「ヒューマニズム的良心の目標は生産性であり、それゆえ、幸福である」（前掲書）というのも、この意味においてである。自らの良心の「正しいか？」と問う声に「イエス」と答えられること、それこそが、真に生産的なことであり、真の「幸福」なのである。

なぜ権威に「ノー」といえないのか

では、なぜ権威に従わないことは難しいのだろうか。

権威に従わず、何でも自分で決めようとすると二つの問題が起きる。一つは、権威に従わないと孤独になることである。(b)自分が他者から切り離されていることに気づき、無力感や不安に苛（さいな）まれる。それで自由を手放し権威に服従する。服従している限り、安全であり、守られていると感じる。孤独にならないためには自分で決めてはいけないを持たない人間はもはや人間ではなく、いつでも他の誰かと交換可能な単なる人材にすぎない。

フロムは、良心もまた「権威主義的良心」と「ヒューマニズム的良心」の二つに区別する。

「権威主義的良心」とは、親、国家、教会、あるいは、ある文化において権威と見なされる人物など、外的な権威が内面化された「声」である。これが内面化されることの問題は、単に外的権威が定めたものにすぎない法、およびその制裁が、自分自身の一部になってしまうことにある。そうなると、自分の外にある何かに責任を感じるのではなく、あたかも自分の内なる何ものか、つまり自分の良心に対して責任を感じるようになる。

このようにして、行為は内面化された「権威主義的良心」によって単純に外にある権威を恐れる場合よりも効果的に規制される。権威が外部のものなら、それから逃げ出すこともできるだろう。しかし、内面化され、自分自身の一部になってしまった権威からは、もはや逃げることはできない。フロイトがいう「超自我」は、この内面化された権威の一つの例である。

もっとも重要なのは、権威主義的な命令は、自分自身の価値判断によってなされるのではなく、もっぱらある権威者によってなされるという点にある。この規範がたまたま善であれば、権威主義的良心であっても行動を善の方向に導くだろう。しかし、それは良心の規範になったものが善だったからではなく、権威者に与えられた規範だったからにすぎない。

その場合、たとえ権威者から与えられた規範が悪しきものであったとしても、それもまた、同じく良心と呼ばれてしまう。先に見たアイヒマンのようなヒトラーの信奉者が、非人間的な行為をしていても自分の良心に従って行動していると考えていたのは、その典型的な事例である。

「権威主義的良心」にとって、「善」とは権威への従順であり、「悪」は不服従である。

「権威主義的状況における根本的な罪は、権威の支配に対する反抗である。そこでは、不服従は最大の罪、従順が最大の徳である」(*Man for Himself*)

もう一つの「ヒューマニズム的良心」について、フロムは次のように説明する。

「ヒューマニズム的良心は、われわれが懸命に喜ばせようとしたり、機嫌を損なわないようにしようとしたりする権威の内面化された声ではない。それは、すべての人間の内にあり、外部の罰や賞賛から独立したわれわれ自身の声である」(前掲書)

しかし、罰せられるとか賞賛されることとは関係なく、良心の声に

うことである」(*Man for Himself*)

(2)「権威主義的倫理」の一番の問題は、理性で考えないことである。理性を使うには、「私」の存在が必要である。だが、権威に従う時には理性が使われることはない。自分で考えなければ、決断の責任を取る必要がない。だからこそ、「ひと」はあえて理性で考えないのだ。

一方、「ヒューマニズム的倫理」は、徳と罪の基準を決めるのはあくまでも人間自身であり、人間を超えた権威ではないという原理にもとづく。さらには、「善」とは人間にとってよいものであり、「悪」とは人間にとって有害なものであるという原理にももとづく。フロムはこれを、「倫理的価値の唯一の基準は人間の幸福である」とも言い換えている。

この「ヒューマニズム的倫理」によれば、その行為で幸福になれるのであればその行為は「善」であり、幸福になれないのであれば「悪」である。すなわち、「善悪」とは、なにがしかの権威が自身の利益のために定めるものなどではなく、その基準はあくまでも個々の人間にあるのである。

理性と良心にもとづく価値判断

フロムは、倫理は理性から切り離すことができないという。

「倫理的行動は、理性の、価値判断をするという能力にもとづく。すなわち、理性が善悪を決定し、その決定にもとづいて行動するのである」(*The Sane Society*)

人が価値判断をするのは理性によってである。人間には、何が善であり幸福なのかを判断することができる。ただし、常に正しい判断ができるのではなく、判断を誤ることもある。

しかし、個人が自動機械になり、大きな「それ」にすでに仕えるようになってしまった現代において、どうすれば倫理が重要な部分になりうるのか。そこで、フロムが重視するのが、人間個々人の持つ「良心」である。

「良心はその本性において同調しない。良心は、他のすべての人が『イエス』といっても、『ノー』といえなければならない。この『ノー』をいえるためには、『ノー』がもとづく、判断の正しさが確かでなければならない」(前掲書)

「ひと」が皆賛成している時、良心に従い「それは違う」といえば孤立するのではないか、そう恐れ、人は「ひと」に同調してしまう。しかし、同調している限り、自分の良心の声を聞くことはできない。

フロムは、良心について、次のようにいっている。

「良心は、人間が自分をものや商品としてではなく、人間として経験する時にのみ存在する」(前掲書)

「ひと」に同調することは、自分を捨てることである。自分の考えの中にあって、個性を失わない時にだけ私は考え、理性を使うことができるのである。

「私」を持たないようになる教育を受けた人は、楽しい時間を過ごせても根源的に不幸である、そうフロムはいっている。

二種類の倫理――「権威主義的倫理」と「ヒューマニズム的倫理」

そして、この「非合理的権威」と「合理的権威」に対応して、倫理にも「権威主義的倫理」と「ヒューマニズム的倫理」の二つがあるとフロムはいう。

まず、「権威主義的倫理」だが、この倫理は人間が「善」と「悪」を自身で知る能力を否定する。善悪の規範を与えるのは個人を超越した権威である。このシステムを支えるのは、理性と知識ではなく、権威への畏怖とそれに従う者の弱さ、依存の感覚である。「権威主義的倫理」は、善悪とは何かという問いにもっぱら権威の利益の観点から答える。個人よりも、その権威者が代表する全体の利益が優先されるのだ。

このような権威に従うことで利益に与ることもあるかもしれない。権威者を庇い、仮にそれによって一時的に評判を落としたとしても、最終的にその権威者に引き立てられて昇進できれば、名誉欲は満たされ、経済的にも報われるというような場合である。それでも、この関係は搾取的だとフロムはいう。何か問題が起きた時、権威に従った人に責任が転嫁され、切り捨てられるからである。

このような「権威主義的倫理」の特質は、子どもの幼い判断や、平均的な大人の無反省な価値判断のうちに見られる。その場合、「善」の根拠は自分の内にではなく外部にある。すなわち、「善」とはそれを行えばほめられること、一方「悪」とは社会的な権威、あるいは多くの「ひと」の顰蹙を買ったり、罰せられたりすることである。そのため、他者から認められないことを恐れ、認められることが倫理的判断のほとんど唯一の動機になる。

なぜこのように、服従は徳であり、不服従は悪徳であると考えられてきたのか。それは、少数者が多数者を支配するためである。

アダムとイブが、善悪の知識の木の果実を食べ善悪を区別できるようになったことは、それ自体は悪ではなかった。しかし、神は、人間が神のように、つまり、自力で善悪を知ることを不服従と見た。この不服従が原罪となり、アダムとイブの子孫を堕落させた。人間を堕落から救済しうるのは神の恩寵という特別な業のみ、そう教えることで、教会は支配者の権威を支えたとフロムは考える。

「権威主義的倫理において許し難い罪は、従わないことである。すなわち、権威が持つ規範を定めるという権利、また権威によって定められた規範が、それに従う者にとって、もっとも有利であることを疑的権威」に自発的に従っていると信じてその実従っている「非合理的権威」を「それ」と呼ぶ。この「それ」は、英語原文はItだが、ドイツ語訳のdas Manの方が言葉として適切である。「ひとがしたり、考えたり、感じたりする」という時の「ひと」(man)は特定の人ではなく、「世間」に等しい。

明白に「非合理的権威」が存在していた時代には、それへの闘いや反抗があった。そして、そのような葛藤や闘いの中で、個性、とりわけ自己意識が発達した。疑い、抗議し、反抗することが、自分に「私」の存在を経験させるからである。だが、匿名の権威による支配に対しては、その存在を実感することができないので、そもそも反抗するという意識を持つことができない。かくして、「私」は自己意識を失い、たやすく「それ」の一部としての「ひと」になる。

この匿名の権威が働くメカニズムが「同調」である。私も皆がすることをしなければならない。他の人と違っていたり、はみ出したりしてはいけない。自分が正しいか間違っているかとたずねてもいけない。唯一問うべきは、世間に適応しているか、他の人と違っていないか。同調圧力に屈すると、私は個性を失い、「私」ではなくなる。

このような現代人の危機から人間を救い出すのが「理性」(reason)である。フロムの考える「理性」とは、単に合理性のみを追求するだけの冷たい思考ではない。「理性」とは、「考える」と「見抜く」という、フロムが人間にとってもっとも重要だと見なす行為の土台をなすものなのである。フロムは「理性」について、次のようにいっている。

「理性には関係づけと自己感覚が必要である。もしも私が印象や思考や意見の自動的な受け手にすぎなければ、それらを比較したり操作したりすることはできても、見抜くことはできない」(*The Sane Society*『正気の社会』)

ここでいう「見抜く」(penetrate, durchschauen)とは、「表面の背後にあるものを発見し、われわれを取り囲む現実の核心、本質を認識しようとすること」である。

続けて、私が私である時にだけ理性を使うことができるとフロムはいう。

「デカルトは、個人としての私が存していることを、私が考えるという事実から推論した。彼は論じた。『我疑う。ゆえに我思う。我思う。ゆえに我あり』と。この逆も真である。私が私であり、『それ』のただなかにあっても『私』としての個性を失っていない時にだけ、私は考えることができる、つまり、私の理性を行使することができる」(前掲書)。

「私が『それ』のただなかにあっても『私』としての個性を失っていない時」と訳したが、ここでも「それ」のドイツ語訳がdas Man(「ひと」)になっていることからわかるように、誰でもない「ひと」

「合理的権威」とは、客観的な能力に由来する権威である。例えば、専門家として皆から尊敬を受けるような能力は、合理的な根拠にもとづく権威であり、そのような権威には、他人に同意や賞賛を強要する必要はない。教師が学生に対して持つ権威が合理的である場合なども、その権威が「理性」の名において行使されるからである。理性は普遍的なので、それに従うことは、決して「服従」ではない。その場合、教師から誤りを指摘されたとしても学生は納得できるだろう。

フロムは合理的な権威を持つ人の下す判断を自分自身の理性を働かせた上で受け入れることを「自律的服従」と呼び、自分では判断せず、他者の意志や判断をそのまま受け入れる「他律的服従」と区別する。自律的な服従は、屈服ではなく、理性を用いて自分で確認し判断することである。合理的な権威は絶えずそれを吟味し批判することを許すだけではなく、それを要求しさえもする。批判されることを恐れ学生に批判を禁じる教師の権威はほんものの権威、すなわち、合理的な権威ではないのである。

一方、「非合理的な権威」の源にあるのは「人を支配する力」である。この権威は一方に支配する人物の力を、もう一方にその権威に従う人の不安を必要とする。合理的な権威と違って、この場合批判は許されない。

(1)<u>服従していることを自覚していない人はさらに問題である。</u>そのような人は、自分はただ単にそれが合理的で実際的なことだから従っているにすぎないと信じている。フロムはナチスによるユダヤ人大虐殺の責任者アドルフ・アイヒマンの事例をあげている。フロムは彼のような人を「組織人」と呼ぶ。そして、この「組織人」の象徴が、それが男性であれ女性であれあるいは子どもであれ、人間を単なる番号としか見ない、疎外された官僚である。服従しているという事実に気づかなければ反抗することはできない。フロムのいう「組織人」は、自分が服従していることを忘却した、疎外された人間の典型である。

匿名となった「権威」

二〇世紀の中葉に、権威はその性格を変えた、そうフロムは指摘する。権威が明白な存在から、匿名の目に見えない存在に変容したというのである。もはや誰も命令などしない。それでも人は見えない権威に従っている。明白な存在ではないので、従うことを強制されているとは感じない。それで人は、自分は自発的に従っている、すなわち「合理的な権威」に従っていると誤解する。

しかし、自分で考えずに従うのは、たとえ従う対象の持つ権威が「合理的権威」であったとしても「非合理的権威」への服従である。自分で考える能力を身につけなければ、権威に対して「ノー」といい、不服従の勇気を持つことはできない。フロムはこのような、人が「合理すなわち、ここでいう二分性（dichotomy）には、人間が生と死という矛盾の中に生きているという意味がある。人間であること自体に由来し、人間の努力によって変えることの不可能な困難なので「実存的二分性」というのである。

他方、個人の生活や社会生活においても多くの問題がある。こちらは基本的に人間が作り出したものであり、「実存的二分性」とは根本性質を別にする。

例えば、科学技術によってかつて不治だった病が治癒可能になったというように、それまで不可能だったことが可能になり、人間の生活のあり方が大きく変わることがある。しかし、こうした技術は人類の平和と人間の幸福のためにだけに使われるのではない。人類を一瞬で滅ぼすことができる核兵器もまた科学技術の産物である。(a)物質的に豊かになるために技術的な手段を数多く持っているにもかかわらず、それらを平和と幸福のためだけには使えないという矛盾の中を現代人は生きている。このような現代の矛盾を、「実存的二分性」と対比して、フロムは「歴史的二分性」と呼んでいる。

これは「実存的二分性」とは違って、時間がかかっても解決できるものである。困難解決のたゆまぬ努力こそは人類を進歩させてきた原動力である。それなのに、困難を前に何もしないのは、勇気と知識を欠いているからだとフロムはいう。

「実存的二分性」と「歴史的二分性」をあえて混同し、解決できることであるにもかかわらず、解決できないことを証明しようとする人がいる。そのような人はどれほど不条理な出来事が起きても、もう起きてしまった以上、それはあってはならないことではなかったと考える。

このように考え、起きたことを悲劇的な「運命」として受け入れてしまうと、問題の解決に向けての努力をしなくなる。そのような人間の側面が端的に現われるのが、権威による強制に遭遇する場合である。フロムは、受動のままに止まらないのが人間精神の特性であることは、ある一面においてたしかに事実だとしても、その一方、強力な権威によってある思想を強制されると、それを真実として受け入れるのもまた同じく人間の特性であるとする。

以下では、まず先に、人間における「歴史的二分性」の問題を考察する。その時にフロムが重視する概念が「権威」、そしてその「権威」への人間の反応のパターンである。

二種類の「権威」――「合理的権威」と「非合理的権威」

フロムは権威とは一般に信じられているような、単に独裁的で非合理なものではないとする。そして、権威も二つ、「合理的な権威」と「非合理的な権威」に区別する。

総合考査Ⅰ

（一二〇分 解答例省略）

次の文章は、岸見一郎『エーリッヒ・フロム——孤独を恐れず自由に生きる』の一部です。これを読んで、以下の設問に答えなさい。

【設問1】

傍線部(1)に「服従していることを自覚していない人はさらに問題である。」とありますが、それはなぜですか。著者の主張に基づいて説明しなさい。（二四〇字以上、三〇〇字以内）

【設問2】

傍線部(2)に「「権威主義的倫理」の一番の問題は、理性で考えないことである。理性を使うには、「私」の存在が必要である。」とありますが、それはなぜですか。著者の主張に基づいて説明しなさい。（二四〇字以上、三〇〇字以内）

【設問3】

波線部(a)を英語、ドイツ語、フランス語、中国語のいずれかに訳しなさい。

【設問4】

波線部(b)を英語、ドイツ語、フランス語、中国語のいずれかに訳しなさい。

どんなに恵まれた環境に生まれ育っても、人生の困難をすべて避けることはできない。フロムは、その避けては通れない困難を「実存的二分性」と「歴史的二分性」の二つに区別する。

「実存的二分性」とは、人間として生きている限り必ず直面する困難、端的にいえば「人間は必ず死ぬ」ということを前提とした概念である。

一般選抜

問題編

▶試験科目・配点

教　科	科　　　目	配　点
外国語	「コミュニケーション英語基礎・Ⅰ・Ⅱ・Ⅲ，英語表現Ⅰ・Ⅱ」，ドイツ語，フランス語，中国語のうち１科目選択	150 点
地　歴	日本史Ｂ，世界史Ｂのうち１科目選択	100 点
小論文	資料を与えて，理解と表現の能力を総合的に問う	100 点

▶備　考

- 「英語」以外の外国語は省略。
- 「英語」と「ドイツ語」の試験では，２冊まで辞書の使用が認められる（ただし，電子媒体を用いた辞書，付箋類を付した辞書の使用はできない）。
- 小論文は，高等学校の各教科の学習を通じて習得した知識と思考との総合的能力を問うことを主眼とする。与えられた資料に基づき，的確な理解と判断をもち，自らの意見をいかに適切な言葉をもって書き表し得るかを試すもので，併せて表記の正確さも求める。

英　語

（120分）

＊　英語辞書を２冊まで使用することができる。「英英辞典」「英和辞典」「和英辞典」「英仏辞典」，英和・和英兼用辞書など，英語辞書であれば，どのような辞書でも，どのような組み合わせでも自由。大小も問わない。

A．次の英文は Adam Gopnik による *The Real Work* (2023) に基づいている。これを読んで以下の設問に答えなさい。

1．［（１）］に入るもっとも適切な語を下から選び，記号で答えなさい。
（A）As　（B）For　（C）That　（D）When

2．下線部（２）が意味するところを50字以内の日本語で説明しなさい。

3．下線部（３）を日本語に訳しなさい。

4．［（４）］に入るもっとも適切な語を下から選び，記号で答えなさい。
（ア）lacked　（イ）loaned　（ウ）longed　（エ）looked

5．下線部（５）the ubiquity of mastery の例としてもっとも適切なものを下から選び，記号で答えなさい。
（a）eighteenth-century inventors
（b）fiendishly well-trained children
（c）strange idiosyncratic musicians
（d）twentieth-century housewives

6．下線部（６）を日本語に訳しなさい。

7．下線部（７）によって筆者が何を伝えようとしているのかを，具体的かつ簡潔に100字以上120字以内の日本語で説明しなさい。

B. Respond in English to the following question:

What are you a master of? Describe a skill that you have mastered, or have tried to master. What does this skill mean to you?

You are not required to reference Gopnik's text in your response. Your response will be evaluated on clarity of content as well as vocabulary and grammatical ability. Do not exceed the space provided for this question on the answer sheet.

〔解答欄〕約 21.3cm× 6 行

Doing begins by doubting. That's one of the great lessons we inherit from the scientific tradition. So before we start to do, let us start to doubt. And we can doubt by considering the case of one of the great doubt-provokers of the Enlightenment: the Turk. It was, as you may know, the first great automaton—a chess-playing machine that inflamed Europe in the late eighteenth century. (1) it was not actually an automaton and couldn't play chess didn't alter the effect it had on people at the time. Like many others, I have been fascinated by the Turk since I first read about it, in histories of magic and illusion. Then Tom Standage's fine 2002 horizontal social history of the machine and its times, called, simply, *The Turk*, clarified an often deliberately mystified history.

The Turk first appeared in Vienna in 1770 as a chess-playing machine--a mechanical figure of a bearded man dressed in Turkish clothing, seated above a cabinet with a chessboard on top. Its inventor and first operator, a Hungarian quasi-nobleman, scientist, and engineer named Wolfgang von Kempelen—one of those amazing Enlightenment figures who danced at eight weddings at once and still kept the beat—would assemble a paying audience, open the doors of the lower cabinet, and show the impressively whirring clockwork mechanisms that filled the inner compartments beneath the seated figure. Then he would close the cabinet and invite a challenger to play chess. The automaton—the robot, as we would say now—would gaze at the opponent's move, ponder, then raise its mechanical arm and make a stiff but certain move of its own. Mastery had been implanted in it; a computer, a living brain, had been taught somehow to play chess!

Before it was destroyed by fire in Philadelphia in the 1850s, the Turk toured Europe and America and played games with everyone from Benjamin Franklin to, by legend at least, Napoleon Bonaparte. It certainly once played a game with Philidor, the greatest chess master of the age. The Turk lost, but Philidor admitted that he had been hard-pressed to defeat it, a public relations triumph for Kempelen. Artificial intelligence, the eighteenth century believed, had arrived.

Of course, the thing was a fraud, or rather, a trick—a clever magician's illusion. A sliding sled on well-lubricated casters had been fitted inside the lower cabinet and the only real ingenuity was how this simple machine allowed a hidden chess player to glide easily, and silently, into a semi-seated position inside. There was a lot more room to hide in the cabinet than all that clockwork machinery suggested.

Now, the Turk fascinates me for several reasons, since it illuminates many odd and haunting holes in human reasoning and in our response to mastery. It reminds us, in Ottoman garb, that mastery is, among other things, a *performance*, and one that depends on our guesses, confident or not, about the identity of the master we're watching.

The first truth it embodied is that, (2) <u>once impressed, we quickly leave the ladder of incremental reasoning behind</u>. Common sense should have told the people who watched and challenged it that for the Turk to have *really* been a chess-playing machine, it would have had to have been the latest in a long sequence of such machines. For there to be a mechanical Turk who played chess, there would have had to have been, ten years before, a mechanical Greek who played checkers. It's true that the late eighteenth century was a great age of automatons, machines that could make programmed looms weave and mechanical birds sing—although always the same song, or tapestry, over and over. But the reality that chess-playing was an entirely different kind of creative activity seemed as obscure to them as it seems obvious to us now.

People were fooled because they were looking, as we always seem to do, for the elegant and instant solution to a problem, even when the cynical and ugly and incremental one is right. The great-grandfather of computer science, Charles Babbage, saw the Turk, and though he realized that it was probably a magic trick, he also asked himself what exactly would be required to produce an elegant solution. What kind of machine would you actually have to build if you could build a machine to play chess? What would its capacities need to be? Babbage's "difference engine"—the first computer—arose in part from his desire to believe that there was a beautiful solution to the problem of what we now call artificial intelligence, even if the one before him was not it.

We always want not just the right solution to a mystery; we want a *beautiful* solution. And when we meet a mysterious thing, we are always inclined to believe that it must therefore conceal an inner beauty. When we see an impregnable tower, we immediately are sure that there must be a princess inside. Doubtless there are many things that seem obscure to us—the origins of the universe, the nature of consciousness, the possibility of time travel—that will seem obvious in the future. But the solutions to their obscurity, too, will undoubtedly be clunky and ugly and more ingenious than sublime. The solution to the problem of consciousness will involve, so to speak, sliding sleds and hidden chess players.

But there is another aspect of the thing that haunts me too. Though some sought a beautiful solution when a cynical one was called for, plenty of people—Edgar Allan Poe*, for instance, who wrote a long analytic piece on the machine when it toured America, one of his first significant published works—realized that the Turk had to be what it actually was, a cabinet with a chess player inside. (3) <u>What seems to have stumped Poe and the other, shrewder Turk detectives was not the ugliness of the solution but the singularity of the implied chess player.</u> Where would you find a tiny chess genius, they wondered. Or could the operator be using fiendishly well-trained children? Even if you accepted the idea of an adult player, who could it be, this hidden, inscrutable but unquestionable *master*?

It turns out that the chess players who operated the Turk from inside were just ... chess players, an ever-changing sequence of strong but not star players, who needed the gig badly enough to be willing to spend a week or a month working sessions inside its smoky innards. Kempelen, and then after him a traveling showman named Maelzel, who bought and restored the automaton and took it to America, picked up chess players wherever they happened to be. In Paris, when the Turk played Philidor, Kempelen recruited a variety of strong but second-rank chess players from places like the Café de la Régence, the leading chess café in a city where coffeehouse life had bloomed to become a separate civil society of its own. They included a surprisingly tall player named Boncourt; a chess writer named Alexandre; and a now completely unknown chess player named Weyle.

For this was the most astonishing of Kempelen's insights, a sublime shortcut every bit as brilliant in its way as actually building a chess-playing machine. It was that, in the modern world, *mastery was widely available*. None of the names of the chess masters who played as the Turk were particularly remarkable then or famous now. They were students, second-rank players, not an enslaved little person or an inspired child among them. Merely strong chess players who needed the work—badly enough to put up with the discomforts and absurdities of slipping inside the Turk. The operators never [(4)] for someone to play the role. There was always someone available who was good enough to win, needed the gig, and didn't mind the working conditions. They would take the job and get inside the machine, get paid for it, and the Turk would move on to its next stop in Boston or Bruges, and Kempelen or Maelzel would go to another chess club and ask, Does anyone who isn't claustrophobic need a job? At one point, on board a boat taking the invention to America, Maelzel actually recruited a young French girl who had never played chess before and taught her a series of endgames. Chess players assure me that these are easier to play than it might seem, but they were still hard enough to add a note of risk.

Kempelen was a genius, certainly. But his genius didn't lay in programming a machine that was capable of playing chess. His genius was that he understood (5) the ubiquity of mastery. In a world seeking excellence, with millions of people crowded into competitive cities, excellence becomes surprisingly well distributed. The second-best chess player at a chess club is a far better chess player than you can imagine.

And therein lies what I think of now as the asymmetry of mastery: we overrate masters and underrate mastery. With the Turk, the simplest solution was the hardest, partly because those in the audience underestimated the space inside the cabinet but also because they overestimated just how good the chess player had to be. We always overestimate the space between the very good and the uniquely good. That inept soccer player we whistle at in despair is a better soccer player than we will ever meet. The few people who do grasp the asymmetry of mastery tend, like Kempelen and Maelzel, to profit greatly from it. (6) The greatest managers in any sport are those who know you can always find new and "lesser" players to play a vital role.

The sociologist Howie Becker tried to systematize this insight. The distinctive thing about "creativity," in his view, is not that it's rare but that it's so *common*, if often misidentified. Some of the most seemingly creative professions—for instance, playing classical music with an orchestra—are in fact the most routinized and rule-bound; others that we typically don't even count as creative—such as a woman at home cooking for her family (he was writing in the 1950s)—face new predicaments and find genuinely creative solutions. As with my mother, the mastery itself is not difficult; recognizing it, organizing it, rewarding it, *that's* the difficult part, and often subject to haphazard prejudice, not to mention, of course, deeply implanted bigotries and social oppressions, of the kind that reduced many brilliant, inspired home cooks to the status of "housewife."

And what of the handful of true, undisputed masters? What makes them unique, I've come to think, is not so much virtuosity but instead some strange idiosyncratic vibration of his or her own. What we call genius is most often inspired idiosyncrasy, and sometimes even inspired idiocy. Bob Dylan* started off as a bad musician, and then spent 10,000 hours practicing. But he did not become a better musician. He became Bob Dylan. And it should be said that some of those who possess ultimate mastery, as Bobby Fischer* and Michael Jackson* conspire to remind us, have hollow lives of surpassing unhappiness, as if the needed space for a soul were replaced by whirring clockwork. Perhaps our children sense this truth as they struggle to master things.

But of all the reflections the Turk may inspire, still another is the most important. It was the orchestration of effects *around* the Turk that elevated the merely okay player to exceptional player. It was not the clockwork specificity of the machine but the totality of the effects—not the automaton itself but the atmosphere around it—that made the idea work, that gave the impression of mastery. The Turk was a physical frame in which a chess player could, however uncomfortably, play. But it was also a kind of psychological "frame," an envelope of expectations that magnified the power of the chess player inside.

For the other thing that Kempelen understood is that once you put a very good chess player into a very impressive-looking and mysterious-looking piece of machinery, he or she becomes a *great* chess player. Excellence always takes place within a context of performance. The power of the machine lay in how it urged people to project onto it powers that it never possessed, but that, by the act of sympathetic imagination, became possible, and, in a wonderful natural joke, eventually realized. Crediting the machine with more than it could do, the audience made the machine more credible. (7) <u>Who was inside the machine? You were.</u>

*Edgar Allan Poe (1809–1849): An American writer.
*Bob Dylan (b. 1941): An American singer-songwriter and the 2016 recipient of the Nobel Prize in Literature.
*Bobby Fischer (1943–2008): A prominent American chess player.
*Michael Jackson (1958–2009): An American pop musician.

出典追記：The Real Work : On the Mystery of Mastery by Adam Gopnik, Liveright Publishing Corporation

日本史

（60分）

I　次の文章（イ）～（ニ）を読んで，文中の空欄（A）～（R）に該当する適当な語句をそれぞれの語群の中から選び，1～9の数字を，語群の中に適当な語句がない場合は0を，解答欄（解答用紙の右上）に記入しなさい。

（イ）日本列島の旧石器時代の石器には狩猟関係のものが目立ち，その代表例は槍先をはじめ多様な用途をもっていたと考えられる（　A　）である。旧石器時代の終わり頃には組み合わせ式の（　B　）も広く定着した。縄文時代になると（　C　）が狩猟用石器の中心になり，植物性食料の重要性が高まったことで，主に土掘り具として使用された（　D　）や，木の実などをすり潰す（　E　）などの石器が発達した。

1　石皿　　2　細石器　　3　石錐　　4　石匙　　5　石鏃
6　石棒　　7　打製石斧　　8　ナイフ形石器　　9　磨製石斧

（ロ）弥生時代になると集団間の争いが生じるようになり，唐古・鍵遺跡のような（　F　）が広く定着し，瀬戸内一帯には紫雲出山遺跡や会下山遺跡などの（　G　）もつくられた。武器形の祭器も各地でみられるようになり，中後期には九州北部を中心に（　H　）が大型化する。瀬戸内および山陰には（　I　）の埋納遺跡が数多く存在し，300以上の（　I　）が埋納された遺跡も見つかっている。

1　環状集落　　2　居館　　3　郡家　　4　高地性集落　　5　銅剣
6　銅鐸　　7　銅斧　　8　銅矛　　9　屋敷地

（ハ）（　J　）稲荷山古墳出土の金錯銘鉄剣と（　K　）江田船山古墳出土の銀象嵌銘鉄刀には，（　L　）天皇と考えられる同じ大王の名前が記されており，ヤマト政権の中心性が高まっていたことがうかがわれる。478年に宋の順帝に上表文を送った倭王（　M　）も（　L　）天皇であり，上表文では武力で日本列島の広い範囲を支配下に収めたことが主張されている。

1　熊本県　　2　群馬県　　3　継体　　4　島根県　　5　帥升
6　仁徳　　7　卑弥呼　　8　武　　9　雄略

（ニ）乙巳の変の後，政府は東北の領域拡大のため，越国に（　N　），続いて（　O　）を築いた。日本海側では8世紀初頭に出羽柵，そして出羽国が置かれ，その後出羽柵は出羽国北部に移設され（　P　）と改称された。太平洋側では，8世紀以降，多賀城を拠点に北上川沿いに城柵を設けていき，9世紀初頭には，その後長く鎮守府が置かれる（　Q　）や，陸奥国最北の城柵（　R　）を構築した。

1 秋田城　2 胆沢城　3 伊治城　4 磐舟柵　5 雄勝城
6 牡鹿柵　7 志波城　8 渟足柵　9 桃生城

Ⅱ 次の文章（イ）～（ハ）を読んで，文中の空欄（A）～（O）に該当する適当な語句をそれぞれの語群の中から選び，1～9の数字を，語群の中に適当な語句がない場合は0を，解答欄（解答用紙の右上）に記入しなさい。

（イ） 古代の教育機関は，中央に大学，地方に国学が設置された。有力な氏族は一族の子弟の教育のために，大学に付属する寄宿施設のようなものである大学別曹を設置した。大学別曹には，和気氏の（ A ），藤原氏の（ B ），橘氏の（ C ），在原氏や皇族の（ D ）がある。この他に，空海が京都に設立した（ E ）が庶民に門戸を開いた。

1 学館院　2 勧学院　3 弘文院　4 修学院　5 奨学院
6 神祇院　7 施薬院　8 朝堂院　9 遍知院

（ロ） 近世には18世紀以降の各藩の藩政改革にともなって，藩士の子弟の教育のために藩校が設立・再興されることがあった。肥後藩主細川重賢が設立した（ F ），米沢藩主上杉治憲が再興した（ G ），秋田藩主佐竹義和が設立した（ H ），さらに遅れて水戸藩主徳川斉昭が設立した（ I ）はいずれも彼らの藩政改革の一環に位置づけられる。民間でも私塾が創設されたが，なかでも大坂の5人の町人の出資により設立された（ J ）は後に準官学とされた。

1 懐徳堂　2 興譲館　3 古義堂　4 時習館　5 修猷館
6 造士館　7 花畠教場　8 明徳館　9 明倫館

（ハ） 幕末から明治期にかけて日本政府などによって招聘された外国人は，日本の学問の発展に大きく寄与した。芸術・美術の分野では，イタリア出身の彫刻家（ K ）は，工部美術学校で彫刻を教えており，日本出身の夫人も画家として知られる。イタリア出身の画家（ L ）は，工部美術学校で洋画を教え，不忍池を題材とした風景画などを制作したが，約2年の在日期間の後，病気により帰国した。イタリア出身の銅版画家（ M ）は，新しい技法によって，紙幣・切手・公債証書の原版を作成した。米国出身の美術研究家（ N ）は，来日当初は東京大学で哲学や政治学を教授していたが，日本美術を評価して東京美術学校の創立にも関わり，帰国後はボストン美術館東洋部長を務めた。英国出身の建築家（ O ）は，工部大学校で建築を教え，ニコライ堂や鹿鳴館を設計した。

1 W・ウィリス　2 E・キヨソネ　3 R・ケーベル　4 J・コンドル　5 H・ダイアー
6 G・ビゴー　7 A・フォンタネージ　8 V・ラグーザ　9 C・ワーグマン

Ⅲ　次の文章の空欄（A）～（H）に該当する適当な語句を解答欄に記入しなさい。

江戸時代の譜代大名は，幕府の役職に任じられて幕政を担った。彼らが奏者番と兼務で（　A　）に任じられると，関八州外の訴状受理なども扱った。（　A　）を務めた後，大坂城代，続いて（　B　）という要職に任じられる場合があった。（　B　）の初期の就任者としては，板倉（　C　）とその子の重宗が有名である。これらの要職を経験した後，老中に昇進する場合があったが，（　A　）の後に（　D　）を経て老中となる事例も確認できる。（　D　）は老中の補佐役であり，旗本・御家人の監察を主要任務とした。

一方，旗本も幕府の役職に就任した。例えば（　E　）という役職は，老中のもとで大名や幕政の監察を主要任務とし，道中奉行を兼務するものであった。同じく旗本役である（　F　）は，幕領の徴税・訴訟を管轄し，享保期に（　G　）方と勝手方に分けられた。（　A　）・（　F　）・町奉行と（　E　）らは，幕府の最高司法機関である（　H　）の構成員として，複数の管轄にまたがる訴訟などに対応した。

Ⅳ　今から800年前に死去した人物（　A　）とその一族に関する次の史料（イ）～（ハ）を読んで，設問に答えなさい。

（イ）　牧御方が姦謀を廻らし，a朝雅を以て関東将軍となし，b当将軍家（時にc遠州亭に御坐す）を謀り奉るべきの由，その聞こえあり。仍（よっ）てd尼御台所……羽林を迎え奉られ，即ち（　A　）亭に入御す……遠州俄かに以て落飾せしめ給う（年六十八）。

（ロ）　伊豆国e在庁（　B　）の子孫東夷等，承久以来，四海を掌に採り，朝家を蔑如し奉るの処，頃年の間，殊にf高時相模入道の一族，ただに武略芸業を以て朝威を軽んずるのみならず，剰（あまつさ）えg当今皇帝を隠州に左遷し奉り，宸襟を悩まして国を乱すの条，下剋上の至り，甚だ奇怪の間，且つは成敗を加えんがため，且つは還幸を成し奉らんがため，西海道十五箇国の内の群勢を召し集めらるるところなり。

（ハ）　或（ある）時h徳宗領ニ沙汰出来テ，地下（じげ）ノ公文ト相模守ト訴陳ニ番（つがう）事アリ。理非懸隔シテ，公文ガ申（もうす）処道理ナリケレ共，奉行・頭人・（　C　）皆徳宗領ニ憚テ，公文ヲ負シケルヲ，青砥左衛門只一人，権門ニモ不恐（おそれず），理ノ当ル処ヲ具（つぶさ）ニ申立テ，遂ニ相模守ヲゾ負シケル。

（原文を一部修正）

（注）　牧御方：「遠州」の妻　　羽林：「当将軍家」のこと
落飾：剃髪して仏門に入ること　　訴陳に番う：訴訟をする

問1　下線a「朝雅」の名字を記しなさい。

問2　下線b「当将軍家」とは誰のことか，氏名を記しなさい。

問3　下線c「遠州」は（　B　）と同一人物で，問2の人物の祖父にあたり，問2の人物が将軍職に就くとともに彼を後見し，ある役職の初代となったとされる。その職名を記しなさい。

問4　下線d「尼御台所」は，問2の人物の死後，事実上の将軍の地位に就くことになるが，それは誰か，氏名を記しなさい。

問5　下線e「在庁」とは何か，簡単に説明しなさい。　〔解答欄〕約18cm×1行

問6　下線f「高時相模入道」のもとで内管領として権勢をふるい，津軽安藤氏内紛の両当事者から賄賂を取るなど，当時の政治の腐敗を象徴する人物は誰か，氏名を記しなさい。

問7　下線g「当今皇帝」とは誰か，記しなさい。

問8　史料（ロ）は，問7の人物の子で，後に征夷大将軍となった人物の命令を伝える文書だが，その文書様式を何というか，記しなさい。

問9　（　C　）は（　A　）の子が創設し，重要政務や裁判の合議のために有力御家人等を任命した役職である。その職名を記しなさい。

問10　下線h「徳宗」は得宗とも書き，（　A　）の法名に由来する一族嫡流の呼称である。この一族の初代は史料（ロ）にあるように（　B　）であり，一族で初めて将軍をしのぐ権力を握ったのも彼であるにもかかわらず，なぜその子（　A　）の法名が家名として選ばれたと考えられるか，史料（イ）～（ハ）を踏まえて80字以内で論じなさい。

Ⅴ　次の史料を読んで設問に答えなさい。

我々は$_{a}$昭和（　A　）年10月31日，$_{b}$内閣総理大臣から，我が国をめぐる近来の$_{c}$国際経済の環境変化に対応して，中期的な視野から，我が国の今後の経済社会の構造及び運営に関する施策のあり方を検討するよう要請を受けた。（中略）

我が国の大幅な$_{d}$経常収支不均衡の継続は，我が国の経済運営においても，また，世界経済の調和ある発展という観点からも，危機的状況であると認識する必要がある。（中略）

国際協調型経済を実現し，国際国家日本を指向していくためには，内需主導型の経済成長を図るとともに，輸出入・$_{e}$産業構造の抜本的な転換を推進していくことが不可欠である。同時に，適切な（　B　）相場の実現及びその安定に努め，また，金融資本市場の自由化・国際化を一段とおし進めていく必要がある。（中略）

基幹的な農産物を除いて，内外価格差の著しい品目（農産加工品を含む）については，着実に$_{f}$輸入の拡大を図り，内外価格差の縮小と農業の合理化・効率化に努めるべきである。

（原文を一部修正）

問1　下線aの年に開催されたG5はドル高の是正に合意した。（　A　）に当てはまる適当な数字を記しなさい。

問2　下線bの氏名を記しなさい。

問3　下線cと関わり，ソ連共産党書記長への就任後にペレストロイカを推進した人物は誰か。

問4　下線dの状況下において欧米諸国で高まった激烈な対日非難の呼称をカタカナで記しなさい。

問5　下線eと関わり，石油危機以降に日本の企業は省エネルギー，人員削減，ME技術の利用による工場・オフィスの自動化を進めた。このような経営手法の名称を記しなさい。

問6　（　B　）に当てはまる適当な語句を漢字2文字で記しなさい。

問7　下線fについて，1986年から始まったGATTの多角的貿易交渉の名称を記しなさい。

問8　1987年から日本は内需主導型の景気回復を果たしたが，その後の「バブル経済」に結実した。「バブル経済」発生のしくみについて80字以内で説明しなさい。

世界史

(60分)

I 以下の文章を読み，空欄（ A ）～（ J ）に最も適切な語句またはアラビア数字（算用数字）を記入し，下線部（1）～（5）に関する各設問に答えなさい。

ロシアの国家的起源とされる統一的国家が成立するのは15世紀末のことである。1480年に「タタールのくびき」から脱したモスクワ大公国のイヴァン3世は，諸公国を征服してロシアの統一を実現し，ビザンツ帝国最後の皇帝の姪ソフィアとの結婚によって帝国の紋章である「双頭の鷲」を継承しつつ，自ら東ローマ皇帝の後継者として「ツァーリ（皇帝）」を名のった。さらに(1)ギリシア正教会の権威を背景として，その専制支配を強固なものとする。正教会の主教座は，14世紀にモンゴルの侵攻を受けて荒廃したキエフ（キーウ）からすでにモスクワに移されており，ビザンツ帝国滅亡後は「ツァーリ」が宗教上の権威をも独自に受け継いだ。彼の孫にあたるイヴァン4世になると，正式に全ロシアのツァーリを称しながら，ルーシの地にとどまらない「ロシア帝国」の建設へと舵を切っていく。専制政治を徹底したイヴァン4世は，大貴族を次々と抹殺したため，人々からは「雷帝」と恐れられた一方，士族層に支えられながら地方行政や軍制の改革を行い，全国的な身分制議会を創設するなど，中央集権化に努めた。イヴァン4世は，対外的にはヴォルガ川中流域のモンゴル系国家である（ A ）を征服し，南ロシアやシベリアへの領土拡大と，その地での(2)農奴制の土台構築を推し進めて，カスピ海へのルートを開いた。それ以降，ロシアのヴォルガ流域への入植が進んでいく。

ロシアの支配は，1581年にシベリア，1649年にはオホーツク海沿岸に達する。このように70年弱で太平洋に達した背景には，オビ川，エニセイ川，レナ川，アムール川などの河川水系と連水陸路の活用がある。ルーシの首領リューリクの後継者たちが，黒海に注ぐ大河である（ B ）川の水系を利用してキエフ公国を打ち建てたように，キエフ公国の時代にはすでに丸太を横に並べて船に分水嶺を越させる連水陸路によって，縦の河川が横のつながりをもっていた。17世紀になると，「柔らかな金」である毛皮，河川のチョウザメ，海岸のアザラシやセイウチなどが人びとを遠隔の地に引きつけ，入植者に供される黒土が広がるシベリアのステップに移住する人が多く東へ向かった。17世紀にシベリア全域がロシアの支配下に入るが，その名称は16世紀後半，イヴァン4世時代の（ C ）が占領したシビル＝ハン国に由来する。コサックの首領（ C ）は，イヴァン4世からシベリア開発の許可を得た豪商ストロガノフ家に仕えて，シベリア進出を主導した。新大陸の金採掘者と同じような熱気にとらわれて東方へと進んだ外来者に対する地元民の抵抗は，次々と粉砕された。世界有数の透明度を誇るバイカル湖畔近くに，中央アジアと極東を結ぶ交易の拠点となる都市イルクーツクが建設されたのは，17世紀半ばのことである。

ロシアがシベリアから南下してアムール川方面への進出をはかると，1650年以降，清との紛争が生じ，両国は1689年，ピョートル1世と康熙帝の時代に（　D　）条約を締結して，スタノヴォイ山脈とアルグン川を両国の国境線と定めた。これは清がヨーロッパの国と結んだ初めての対等な条約であった。モンゴル人が多く住む地域における両国の国境は，ピョートル2世の治世下，1727年にキャフタ条約によって確定された。

ピョートル1世の命令によってアジア・アメリカ間の探検を開始したデンマーク出身の探検家（　E　）は，カムチャッカ半島を越えてアラスカ「発見」などの成果を上げる。ロシアの東方進出は，北方方面においてアリューシャン列島とアラスカの併合へとつながり，18世紀前半から19世紀後半まで，長きにわたって北米大陸におけるロシアの植民地経営が行われた。(3)<u>ナポレオン</u>がモスクワを占領した1812年，カリフォルニアの領有も狙っていたロシアは，北部カリフォルニアの海岸にロス砦という小さい入植地を作る。しかし，その地は1841年にスイス系メキシコ人商人の手にわたり，（　F　）年にはアラスカが，アリューシャン列島とともにアメリカ合衆国に売却されることになった。他方，アメリカ合衆国は，1845年にメキシコの領土テキサスを併合し，それに伴う国境問題から発生したアメリカ＝メキシコ戦争に勝利して，カリフォルニア・ニューメキシコ両地方を1,500万ドルで獲得した。そして，アラスカ購入から2年後，アメリカ合衆国最初の大陸横断鉄道が開通して西部開拓が進み，1890年にアメリカ合衆国政府はフロンティアの消滅を宣言する。

ロシア帝国が西へと拡大する主要な契機をもたらしたのは，ピョートル1世がデンマーク，（　G　）と同盟を結び，バルト海南岸のスウェーデン領の分割をはかって1700年に引き起こした北方戦争である。この戦争において（　H　）が率いる大国スウェーデンが敗北して，バルト海の覇権はロシアに移り，ピョートル1世は隣国スウェーデンから奪った土地に，ロシア帝国の首都としてのペテルブルクを建設した。前世紀から諸外国の度重なる侵略と干渉を受けて現ウクライナ東部地域を失い，国力を衰退させていた（　G　）は，18世紀末に解体され，現在のウクライナ中部地域とベラルーシの東半分は皇帝エカチェリーナ2世のロシア，ウクライナ西部地域はハプスブルク家の領土になる。

北方戦争での勝利により，バルト諸地方の領有を認められたロシアは，その南下政策にも力を注ぐようになる。ロシアとオスマン帝国は少なくとも8次にわたる戦いを繰り広げ，その露土戦争そのものがヨーロッパの国際関係を大きく規定する要素になった。1829年のアドリアノープル条約を受けて開催された1830年のロンドン会議では，(4)<u>ギリシア</u>がイギリス・フランスによっても独立を承認され，初代国王を得て王国として誕生した。しかし，そののちイギリスが，オスマン帝国の領土保全へと外交方針を転じることになり，クリミア戦争において国際的に孤立したロシアは，イギリスとフランスに包囲されて，最大の激戦地となった（　I　）要塞の陥落によって劣勢が決定的になった。この要塞の攻防戦に従軍したトルストイは，陣中で『（　I　）物語』を記した。その講和条約として1856年に締結されたパリ条約によって，ロシアがモルダヴィア公国とワラキア公国の自治を認めた。そこで，1859年に両公国が合併して連合公国として成立し，1881年に（　J　）王国へと格上げされる道が拓かれた。南下政策を進めるロシアの足元にこのようなラテン系の国が誕生したことは，ナポレオン3世のヨーロッパにおける威光を高めた。

パン＝スラヴ主義を掲げるロシアは，さらに1875年の(5)ボスニア・ヘルツェゴヴィナ地方における農民蜂起を契機として，バルカンの正教徒保護を名目に，オスマン帝国との戦争を再び始めることになった。しかし，イギリスとの対決を恐れたロシアは，早々にサン＝ステファノ条約をオスマン帝国と結んだ。この条約は，列強が提示した1878年のベルリン条約で改廃されることになる。その結果，イギリスがロシアの傀儡国家と考えていたブルガリアが縮小され，オーストリアが戦争の発端となったボスニア・ヘルツェゴヴィナ地方の統治権を手に入れた。セルビアとモンテネグロの独立のかたちも，このベルリン条約によって定められることになる。イギリスは，ロシアが19世紀前半から進出を本格化させていた地中海東部地域において，戦略上重要なキプロスの管理権を獲得した。ロシアの南下政策により一段と激化した「東方問題」は，さらに東方にある中央アジアでの諸問題とは異なり，ここにいったんの結末を見るのである。

設問（1）9世紀に建国されたモラヴィア王国は，隣接するフランク王国に対抗するために，ビザンツ帝国からギリシア正教の導入をはかった。モラヴィア王国の要請を受けて，コンスタンティノープルから同王国に派遣された「スラヴ人の使徒」といわれる人物の名前を記しなさい。なお，その人物は，ロシア，ウクライナ，セルビアなどで使用されている文字の名称の由来になったとされている。

設問（2）ロシア皇帝のアレクサンドル2世が農奴解放令を発布したのは何年か，アラビア数字（算用数字）で記しなさい。

設問（3）1813年秋，ロシアが加わった新しい対仏大同盟の連合軍が，ナポレオン軍を決定的に破った戦いを何というか，記しなさい。

設問（4）フランスのロマン主義絵画の指導的な画家で，ギリシア独立戦争の際に「キオス島の虐殺」を描いて独立運動を支援した人物の名前を記しなさい。

設問（5）この地方の中心都市で，現在のボスニア＝ヘルツェゴヴィナの首都はどこか，記しなさい。

Ⅱ　以下の文章を読み，空欄（　A　）～（　I　）に最も適切な語句またはアラビア数字（算用数字）を入れ，下線部（1）～（6）に関する各設問に答えなさい。

ニジェール川は，アフリカ大陸において屈指の大河である。全長4,180キロメートルにもおよぶこの川の水源は，（　A　）共和国の山地にあり，そこで豊かな雨を集めて北上し，マリ共和国の首都バマコを通過してから中流部で大きな内陸デルタを形づくる。その後，川の流れは大きく湾曲して同共和国のガオのあたりで南へ向かい，ナイジェリア連邦共和国に入ってカメルーン共和国から来る支流のベヌエ川と合流し，(1)その河口の付近にまた大きなデルタを形成してから（　A　）湾へと注ぐ。乾燥した(2)サハラ砂漠の南縁に位置するサヘル地域，イネ科などの植物が繁茂するサバンナ，熱帯の多雨林地帯を貫流するニジェール川は，その流域に居住する農業・牧畜・漁業・商業など多様な生業形態の人々の暮らしを支え，西アフリカの歴史において大きな役割を担ってきた。

ニジェール川流域とその周辺では，早くから大規模な国家の形成がみられた。8～9世紀のアラビア語の史料に記録されているのが（　B　）王国である。(3)11世紀のイベリア半島の学者バクリーは，この王国の首都が王の都と商人の町から構成され，そこでは商人たちがイスラーム教を信仰し，モスクが数多くあったことを記しており，この時代にはイスラーム教が浸透しつつあったことがわかる。この首都であったとみられているのが，モーリタニア共和国の南東部，マリ共和国との国境近くにあるクンビ＝サレー遺跡であり，その人口規模は2万人に及んだと推定されている。

この王国が衰退した後に栄えたのがマリ王国である。マンデ系の人々が建てたと考えられているこの国は，ウーリ王の時代にその領土をニジェール川の中流域へと拡大した。そして，サハラ砂漠の交易都市としてこの頃に台頭したのが（　C　）とジェンネである。ニジェール川の大湾曲部に位置する（　C　）は，西アフリカにおけるイスラーム文化の中心地として重要な位置を占めることになる。なお，サハラ砂漠を縦断する交易では，森林地帯で採掘された金とサハラ砂漠で採集された岩塩が交換された。いわゆる塩金交易である。この西アフリカ産の金は，遠く地中海世界や西アジアへともたらされ，これらの地域の貨幣経済を支え続けた。

このマリ王国にかわって15世紀に一大勢力に発展したのが，ニジェール河岸の交易都市ガオを首都とするソンガイ王国である。ガオに関しては，14世紀半ばにそこを訪れた(4)イブン＝バットゥータもその繁栄ぶりを伝えている。ソンガイ王国は，15世紀末から16世紀初頭にかけてのアスキヤ＝ムハンマド王の治世にその全盛期をむかえた。この時代に同王国はイスラーム国家の体制を整え，その支配下の（　C　）も学問の町として大いに栄えて，マグリブやエジプトとの学術交流も盛んになった。しかし，16世紀末，このニジェール川流域の大国は，火器を装備したサアド朝軍の侵攻を受けて崩壊した。サアド朝は，モロッコ中南部の大アトラス山脈の北麓に位置する（　D　）をその首都とした。「モロッコ」の語源になったこの都市は，ムラービト朝の首都として建設され，サハラ交易の拠点として発展した。

ソンガイ王国に続いて台頭したのが，ニジェール川の支流があるナイジェリア北部のハウサランドの小王国群である。ハウサ系の人々が建てたこれらの都市国家は，当初はカノ，カツィナなど7つの国であったが，ハウサの勢力はさらに南へと展開し，やがて熱帯森林地帯に別の諸王国も形成された。

ハウサランドの王国の多くはソンガイ王国に服属していた。しかし，ソンガイ王国が衰微すると，安定した農業や牧畜業を基礎に商業活動を独自に活性化させていった。なお，ハウサの商人たちがハウサランドを中心にその商業圏を大きく拡張させていった結果，ハウサ語は現在でもサヘル地域の広域言語として多くの話者に用いられている。ハウサ諸王国へのイスラーム教の伝播は14世紀のことであり，マンデ系の人々によるものとみられている。そして，15世紀以降は，マグリブやエジプトと密に交流していた（　E　）王国からもイスラーム文化の影響がおよぶようになった。チャド湖の周辺に中心拠点を移動させながら発展したこの王国は，11世紀頃からイスラーム教を受容しはじめた。同王国は16世紀後半のイドリース＝アロマ王の治世にその最盛期に至り，現リビアの内陸部のフェッザーン地方までその領土を広げた。そして，チャド湖周辺からフェッザーンを経て，オスマン帝国が支配する地中海のトリポリ港へと延びるルートは，サハラ縦断の主要な交易路の一つとなった。

ハウサランドの南方のニジェール川下流域とその周辺には，13世紀頃からイフェ，オヨなどヨルバ人の小王国がいくつも形成された。そして，この地域で15世紀に勢力を拡大したのが（　F　）王国であった。この西ナイジェリアの王国は，来航した(5)ポルトガルとの交易によってさらに発展していった。この世紀のポルトガルでは，まず「航海王子」エンリケによってアフリカ西岸の探検が奨励され，インド洋航路への道がひらかれた。そして，1481年に国王となり，絶対王権の確立をめざした（　G　）は，この事業を受け継ぎ，さらに積極的におし進めた。彼の治世には，バルトロメウ＝ディアスが現在の(6)南アフリカ共和国の南端に位置する喜望峰に到達し，（　H　）年には，ポルトガルとスペインの間に海外領土の分割に関するトルデシリャス条約が締結された。

（　F　）王国とポルトガルの間の交易では，アフリカ産の象牙や胡椒などが武器や雑貨などと交換された。同王国が首長の一人を使節としてポルトガルに派遣し，ポルトガルの王がこれを歓迎して宴会を開いて返礼の贈物をするなど，当初，両国の関係は友好的であった。間もなくポルトガルに続いてイギリス，フランスなどのヨーロッパ諸国もこの湾岸地域に進出し，交易基地を建設するようになった。そして，西インド諸島や南北アメリカに作られたプランテーションの労働力として，アフリカ人奴隷を大量に運び出すようになっていった。17～18世紀には，大西洋を舞台として，ヨーロッパの武器や雑貨を西アフリカに運んで奴隷と交換し，それを南北アメリカやカリブ海地域に運んで砂糖・綿花などを得て，それらをヨーロッパへと運ぶ，というかたちの商業航海のサイクルである（　I　）貿易が隆盛した。19世紀初頭まで続いた奴隷貿易の時代に，西アフリカから連れ出されて大西洋を渡ったアフリカ人奴隷は膨大な数にのぼり，若年労働力の喪失は西アフリカの社会に深刻な負の影響を与えた。また，こうした湾岸地域におけるヨーロッパ人との大西洋交易の拡大は，西アフリカの海岸部の諸国家を繁栄させたが，ニジェール川流域の内陸諸都市の衰退にもつながったのである。

設問（1）ニジェール川河口の統治権をイギリスが保有することを確認した，1884～85年に開催されたアフリカ分割に関する列強の国際会議の名称を記しなさい。

設問（2）1890年代にこの砂漠地域に本格的に進出したフランスが，そのアフリカ横断政策において西アフリカ・サハラ地域との連結をめざし，1896年にフランス領ソマリランドとして植民地化したアフリカ北東部の拠点港の名を記しなさい。

設問（3）11世紀の後半にカスティリャ王国によって征服され，12～13世紀にアラビア語からラテン語への翻訳活動が大規模におこなわれた，マドリードの南西に位置する古都の名を記しなさい。

設問（4）このモロッコ生まれの大旅行家が訪れた東アフリカの諸都市のなかで，現タンザニアの南部の小島に位置し，12～15世紀に繁栄したが，ポルトガルによって破壊された港市の名を記しなさい。

設問（5）1510年にインド総督のアルブケルケによって占領され，ポルトガルのアジア交易の重要拠点とされ，1961年になってインドが武力で併合した，インド西岸の港市の名を記しなさい。

設問（6）国民党の党首として1989年に南アフリカ共和国の大統領に就任し，アパルトヘイト撤廃の政策を推進し，1993年にノーベル平和賞を受賞した人物の名を記しなさい。

Ⅲ　以下の文章を読み，空欄（　A　）～（　J　）に最も適切な語句を記入しなさい。

「わたしは戦いと一人の男を唄う。運命によってトロイアの岸から落ち延び，イタリアのラウィニアの岸へと初めてやってきた男の歌を。」古代ローマ最大の詩人のひとりが著した，ある英雄の冒険を描く叙事詩は，このように始まる。その題名『（　A　）』は，その主人公の名に由来する。この英雄の子孫からロムルスとレムスが生まれ，彼らがローマを建国したという伝説は，アウグストゥスの時代に，彼がロムルスの再来であるとの主張とともに大いに喧伝され，浸透した。この叙事詩の英雄が「イタリア」の外からやってきたと描かれている点に象徴されるように，地中海の中心部に位置するイタリア半島は，歴史を通じて様々な人びとの集団が行き来する舞台だった。

2世紀以降，異民族の姿がローマ帝国の軍団に見られるようになった。ローマ軍団は服属させた部族に兵士の供出を義務づけたし，帝国と何らかの契約を結んで領内に居住し従軍する部族もあった。個々人でローマ軍に志願する者もいた。しかし，4世紀後半以降，部族集団全体が，しばしば玉突き状に次々と，ライン川やドナウ川を越えてローマ帝国内に移動してくる事態のインパクトは大きかった。そうした移動には，ローマ皇帝による働きかけによって始まったものもあった。たとえば，東ゴート人は，4世紀後半までには黒海北岸からパンノニアおよびトラキアに移動していたが，5世紀後半に，王であった（　B　）に率いられてイタリアに入り，493年に東ゴート王国を建てた。これは，東ローマ皇帝ゼノンが，西ローマ帝国を滅亡させた傭兵隊長オドアケルを倒すように（　B　）を促したからである。

しかし，555年に東ローマ帝国のユスティニアヌス大帝が，この王国を滅亡させた。（　B　）の治世最末期に同王国の都（　C　）で建設が始められたサン＝ヴィターレ聖堂は，現在でも訪れる者を驚かせる壮麗さであり，その内陣にはユスティニアヌス大帝と皇后テオドラの権威を示す巨大なモザイク画が描かれている。こうして短期間ではあるが，イタリア半島全体は東ローマ帝国の一部として政治的に統一された。イタリア半島全体の政治的統一が再び見られるのは，19世紀のことである。

568年に10万人以上の規模で北イタリアに移動してきたのが，（　D　）人である。彼らはビザンツ帝国（東ローマ帝国）治下の（　C　）総督領を奪って王国を建てた。彼らの王国が6世紀末にローマを脅かしたときに同国王と直接交渉して和約を結んだのが，教皇グレゴリウス1世である。彼はイングランドを中心にゲルマン人への布教に力を尽くしただけでなく，西欧における修道院運動の規範となった「戒律」を定めた人物である聖（　E　）の伝記を著した。

（　D　）人の王として特筆されるのはロターリであり，彼らの伝統的法慣習を成文化した『ロターリ王法典』を643年に編纂させた。この王国が752年にローマを脅かしたとき，教皇ステファヌス3世はビザンツ皇帝に救援を求めたが，望んだかたちでは得られなかった。次に同教皇は，フランク王位を事実上握っていた（　F　）に対して「ローマのパトリキウス」の称号を与えるとともに，王としての塗油を行い，救援を要請した。要請に応じた（　F　）がイタリアに2度遠征し，奪還した（　C　）地方を教皇に献上したのが，教皇領の起源とされる出来事である。そのおよそ20年後の774年に（　D　）王国の首都パヴィーアはフランク王国軍によって陥落し，イタリア北部はフランク王国の支配領域に組み込まれることになった。このときのフランク王は，続く教皇たちを保護し，「ローマ人たちの皇帝」との称号と帝冠を教皇レオ3世によって与えられた。こうして教皇を保護する役割は，東の皇帝から西の皇帝へと移ったのである。しかし，この体制における安定の時代は短いものだった。

イタリア南部にも（　D　）人の勢力は広がっていた。北部の王国からも独立した勢力として，スポレートとヴェネヴェントに広大な征服地を得て，イタリア半島のかたちを長靴として把握したときに，かかとに当たるプーリアの一部にも勢力範囲を伸ばし，ビザンツ帝国の支配領域を削った。イタリア南部のこうした状態は，イタリア北部がフランク王の支配下に置かれるようになった後も，およそ3世紀にわたって続いた。また，長らくビザンツ帝国の支配下にあったシチリアは，9世紀を通じて，チュニジアを中心とするアグラブ朝による持続的な侵略を受けた結果，902年にアラブ勢力によるシチリア征服がほぼ完了する。南イタリアの状況が政治的に大きく変わるのは，11世紀に到来し，当初は傭兵として活動していたノルマン人勢力が力を蓄えていったことによる。1130年にノルマン人の（　G　）が両シチリア王国を成立させ，それ以後もノルマン人勢力下に南イタリアのほとんどすべての地域が含まれた結果，この地域は，ローマ＝カトリックとその公用語である（　H　）語によって特徴づけられるヨーロッパの文化圏に属することになった。

北部に視線を戻せば，955年の（　I　）の戦いの勝利によって，マジャール人による西ヨーロッパ侵入の試みを終わらせたオットー1世は，ローマでの混乱に介入して事態を収拾しようとし，教皇ヨハネス12世から962年に西ローマ皇帝の帝冠を受けた。いわゆる神聖ローマ帝国の成立である。しかしドイツに権力基盤がある皇帝がイタリアを実効支配するのは難しく，混乱の時代は続いた。世俗権力が実効的な支配能力を失い，教会や聖職者，弱者の保護なども果たされなくなった地域では，司教が，自身の教会の利益を代表するだけでなく，都市の代表として振る舞うことがあった。そして都市の住民団体が徐々に姿を見せ始め，11世紀末から12世紀にかけて，イタリア中部から北部の都市の史料に，都市民の代表としてのコンソリ（執政職）が現れるようになる。コンソリは，12世紀以降の北イタリア社会を特徴づける都市共同体の制度上の頂点に位置していた。都市共同体は，しばしば諸侯や司教などの支配を脱して自治権を確立し，周辺農村をも支配する事実上の領域国家を形成した。こうした自治都市は，イタリア語を用いて「(　J　)」と呼ばれる。ただし，こうした都市の事実上の政治的独立を，皇帝は好まなかった。12世紀から13世紀にかけて，ミラノを中心とする北イタリアの主だった都市が，教皇の支援を得て都市同盟を結び，共同で軍隊を整えたのは，皇帝フリードリヒ1世（バルバロッサ）らのイタリア政策に対抗するためであった。

Ⅳ　以下の文章を読み，空欄（　A　）～（　J　）に最も適切な語句を記入しなさい。

チベット高原は，「世界の屋根」と呼ばれることもある。寒冷な気候と険しい地形は，この地に独特の文化が生み出される要因となった。チベット系の民族は，主にチベット高原から青海・河西地方にかけて活動したが，4世紀には大挙して華北に進出した。匈奴，匈奴の一種族の羯，モンゴル系の鮮卑，チベット系の（　A　）と羌は，五胡と総称された。4世紀以降，五胡は華北で次々と王朝を起こした。（　A　）の苻氏は前秦を建国し，一時は華北を支配した。しかし，五胡十六国時代の大半は，華北に複数の政権が分立して，抗争を繰り広げる分裂の時代であった。4世紀初めに，鮮卑系の遊牧民が吐谷渾を建てて，チベット系の民族を支配した。吐谷渾は西域と中国の間の中継貿易で一時は繁栄したが，周辺諸国への遠征に積極的だった隋の第2代皇帝の（　B　）に討たれた。

チベットでは，7世紀に（　C　）が統一国家の吐蕃を建て，インドや中国の文化を取り入れて，国の礎を築いた。復興していた吐谷渾も，彼によって退けられた。吐蕃には，インドから仏教が伝わり，チベット仏教の基礎が形成された。カシミール地方のインド文字を基礎として作られたチベット文字は，主に仏典の翻訳や書写のために使われた。皇室の娘を嫁がせて周辺民族を懐柔する政策により，唐は文成公主を（　C　）の息子に嫁がせた。安史の乱の際には，吐蕃は一時，唐の都である長安を占領した。9世紀前半には，唐との間に講和条約が結ばれて，唐蕃会盟碑が建てられたが，9世紀後半になると，吐蕃の王家が東西に分裂して，衰退した。

唐代の雲南地方に建国されたのが，チベット＝ビルマ系ロロ族の王国である（　D　）である。この王国は，唐と吐蕃の対立に乗じて勢力を広げ，9世紀に全盛期を迎えた。仏教文化が盛んで，唐からは漢字・儒教・律令制を取り入れ，チベットやインドの文化も吸収していた。

チベット仏教は，10世紀以降に復興し，13世紀には元朝の保護の下で栄えた。フビライは，チベット仏教のサキャ派の高僧であるパスパを国師とした。フビライがパスパに作らせたパスパ文字は，公文書などに使用された。チベット仏教はチベットからモンゴル高原一帯の諸民族に信仰されるようになった。ところが，仏事供養や寺院建立にかかった莫大な費用は，元朝の財政難につながり，その打開策として乱発された交鈔によって，経済は混乱した。災害や疫病もあいまって，各地で反乱が起きた。14世紀半ばに，（　E　）教徒や弥勒教徒などによる紅巾の乱が起こり，明に大都を奪われた元は，モンゴル高原へと追いやられた。

明の一部の皇帝がチベット仏教を信奉したこともあり，チベットと明との間には深い関係があった。これに対し，世俗との過度な結びつきを戒め，チベット仏教を改革しようとしたのが，黄帽派（ゲルク派）の開祖である（　F　）である。黄帽派は，サキャ派にかわって，チベット仏教の指導的地位を占めるようになった。16世紀後半に，モンゴルの族長として活躍したアルタン＝ハンは黄帽派に帰依し，黄帽派の長に「大海のごとき上人」を意味するダライ＝ラマの称号を贈った。ダライ＝ラマは，観世音菩薩の化身として崇拝され，転生して代々人を救うと信じられている。17世紀には，ポタラ宮殿が（　G　）に建てられた。かつて吐蕃の都でもあった（　G　）は，チベットの政治と宗教の中心地であり，その名前は「仏の地」「極楽」を意味している。

李自成が明を滅ぼすと，明の武将であった呉三桂は清に降伏し，（　H　）の門を開いた。（　H　）は渤海湾に面した万里の長城東端に位置し，軍事・交通の要衝であった。呉三桂の先導によって，清軍は長城を越え，北京に進軍した。北京への遷都によって，ヌルハチ統治期以来の都であった（　I　）は，副都となった。清に協力した呉三桂らの漢人武将は，中国南部の諸地域に藩王として封じられたが，その勢力の強さは，清朝にとって脅威ともなった。第４代皇帝の康熙帝は三藩の乱や鄭氏政権を平定して，清朝の統治を安定させた。さらに，康熙帝はみずから軍を率いて，外モンゴルのジュンガルを破った。モンゴル人への影響力の大きいチベット仏教の本拠地であるチベットにも，大軍を送った。乾隆帝の時代には，清はジュンガルを滅ぼして，ジュンガル支配下のトルコ系ムスリムの地を新疆と名づけた。

モンゴル・青海・チベット・新疆は，北京に設けられた（　J　）という官庁によって統轄された。これらの地域では一定の自治が許され，モンゴルではモンゴル王侯が，チベットではダライ＝ラマが，新疆ではベグと呼ばれるウイグル人有力者が統治することが認められた。

一つのポイントは、競争の基準や対象をいかに顕在化させるか、もしくは顕在化させずにおくのか、という情報の操作である。伝統社会の方法に学んで、競争をあおるような序列を見えにくくし、争いを激化させる嫉妬や猜疑心を刺激しないよう意図的に曖昧さを残す工夫である。

あらゆる分野において、外から見たときの「分かりやすさ」を求めるのが現在の風潮である。だが棚上げされていた尖閣諸島領有問題が日本側の国有化宣言を発端に日中の対立を顕在化させたように、分かりやすさは争いを呼びこむことがある。明確な基準を頼りに分かった気になって忘れてしまうのではなく、まだよく分からないことを考え続けることこそ、争いの当事者らをつなぎとめる力になる。

なるほど、曖昧さは時に優柔不断や判断を遅らせるというコストを伴う。問題は、分かりやすさの中で置き去りにされるものをどのくらい重視するかであろう。たとえば、収益をめぐる競争環境の中で、どうにかして費用を節約したい企業が、悪いと知りながら廃棄物を不法投棄することがある。その結果、気づかれないまま環境が劣化し、災害リスクが高まることもあるだろう。この種の問題の場合は、むしろ競争の基準を分かりやすく表に出すことで、利益勘定に反映できる範囲で争いへの歯止めをかけるべきであろう。他方で、領土問題など既に緊張の焦点が明らかなものについては、それ以上、事を大きくせずに曖昧に処理することの利点がある。そう考えると、曖昧さは、競争をそれぞれの領域に収めて、争いへの転化を防ぐための工夫であったとみることができる。

ただし、こうした工夫は国や地域という「外壁」に囲まれて、依存関係が閉じているときに機能するものである。国境や競技のルールなどの明確な枠組みがなければ、勝ち負けの問題ではなくなってしまうからである。勝ち負けの判定が避けられない場合はある。しかし、そうした場面を上手く限定するところに、争わない社会への工夫の急所がある。

競争環境にさらされている諸個人は、どのような回路で社会に争いを展開していくのか。身の回りの集団のレベルで争いを収めることができなくなるのは単に個々人の意図や思惑の結果ではない。個と集団を健全な形で再び結び直し、競争が争いへと転化しないようにするには、競争によって可能になると考えられてきた自立や効率といった価値観そのものを見直さなくてはならない。

（佐藤仁『争わない社会　「開かれた依存関係」をつくる』より）

設問Ⅰ　この文章を三〇〇字以上三六〇字以内で要約しなさい。

設問Ⅱ　競争について、この文章をふまえて、あなたの考えを三二〇字以上四〇〇字以内で述べなさい。

刀』は、当時、「異常なほどに好戦的」と思われていた日本人が、同時に風流なものを好むといった性格を合わせもつ点に着目し、その「矛盾」の深層にある行動原理に迫ろうとした。彼女の分析の中で特に興味深いのが、日本人の「負けるが勝ち」という価値観を論じている箇所である。

ベネディクトは、日本の子供がおもちゃをめぐってきょうだい喧嘩をしたときの母親の仲裁方法に注目する。母親は年長者である兄の方をこう論す。「負けるが勝ちと言うでしょう。だから小さい子に負けてやりなさいな」。この場面に描かれているのは、目の前の負けた子供をその場しのぎで納得させ、「負けを受け入れる練習」をさせる様子だけではない。母親は「大きい子」の自尊心をくすぐりつつ、「遊び」を楽しくするには小さい子も大きい子も、それぞれ役割があるという、一段高いところに視点を誘導しているのである。負けの受け入れ方を工夫するのは、それが単に敗者の精神的な安定に役立つからではない。敗者が勝者にむやみに嫉妬することなく自分なりの道を歩めるよう励ますことになるからなのである。

日本社会は、あからさまな負け組をなるべく生まないような工夫を様々な集団の中で重ねてきた。たとえば中央省庁の最高ポストである「(事務)次官レース」に敗れた官僚たちを外郭団体などで遇する「天下り」は、外部からみると官民の癒着の象徴である。しかし官の視点から見れば、入省年次が上がるにつれて激化する出世競争に敗れた者たちを少しずつ納得させながら、組織のピラミッドを維持していくために有効な制度であった。

格差に由来する対立を未然に抑え込む工夫も、私たちの生活世界には散りばめられている。たとえば「気前の良さ」をカッコいいと見なす風潮である。富を手にした者には気前よく振る舞う責務が生じるという社会的圧力は多くの地域で見られる。身近な例で言えば、会社の飲み会で上司が多く支払うような会計の慣習である。お寺の寄進にも似たような機能がある。お寺の本堂には、それぞれの檀家が寄進した金額が貼り出されていることが多い。この慣習には、顔を知った者同士の「気前の良さ」を競争させることで再分配の仕組みをつくり、共同体を持続させる役割がある。

争うことなく競うために「負けの処理」が重要になることは各地の事例の示すところである。本章では、メキシコの農村のように負けの解釈自体を変える方法や、勝者から敗者への部分的な再分配を行ったり、競争の負け組をしかるべく処遇したりする方法を紹介した。勝敗を個人の能力だけによるものと見ず、天の采配と解釈することで争いを目立たなくするのが、集団内での争いをエスカレートさせない一つの工夫なのであった。

競争は人間社会に多くの恩恵をもたらした。しかし、競争が「向き」を変えて争いに転化すると、競争の果実は台無しになる。大規模な争いともなれば、社会は疲弊して、地球環境は傷つく。今ほどの経済規模でなかった時代から、人類はこの危険性に気づき、様々な工夫を社会に内部化することで争いがエスカレートしないよう試みてきた。だが、依存関係が特定の集団内部に閉じていた時代の社会で見られた仕掛けは、その集団内部での心の均衡を保つのには役立つが、個人単位の競争心に立脚した近代資本主義の世界でも有効だろうか。グローバル化が進行した現在、競争の利点を受け入れつつも、その影響を節度ある範囲に収め、戦争に転化してしまうなど、競争の副作用が重症化することを未然に防ぐような工夫とはどのようなものであろうか。

重視と表裏一体だったはずだからである。歴史的に見れば日本では、個の能力の違いを認めない集団主義へのアンチテーゼとして、競争原理がとらえられてきた面がある。問題にすべきは、競争か無競争かの二者択一ではなく、競争の領域と、個々の結果が生み出す影響の範囲をどのように限定するか、という点であろう。

競争の領域を広げるという話題をもう少し掘り下げてみよう。徒競走でいつも負ける子供が、いじめられて不登校になったという一つの極端な（しかし、十分ありうる）例を考えてみる。その子供の身になってみれば、これは自分の存在をかけた友達との間の争いである。ではこの場合に、争いを避けて競うことはできるだろうか。

一つ目の観点は、勝敗の判定基準の多元化によって、勝敗を一つの基準で決めない方向性がある。たとえばスキーのジャンプ競技では飛距離だけでなく着地のフォームも評価の対象となる。競争の効果が及ぶ範囲の限定は、逆説的に聞こえるかもしれないが、競争の領域と内容を増やすことで可能になる。

二つ目の観点は、競争に負けた人の処遇である。そこには何らかの競争に敗れたメンバーを学校や会社といった集団としてどのように遇するか、そして敗者本人がそれをどう受け止めるか、という二つの課題がある。たいていの競争では勝者になる人より敗者になる人が多いことを考えれば、これらの問題に上手く対処できるかどうかは、個々の集団の持続可能性に決定的な影響を与えるはずである。

住民同士の依存関係が深い伝統社会では、「負けの処理」に関する工夫が多く見られる。上手く処理できなければ共同体が壊れてしまうからである。一九六〇年代にメキシコの農村を研究した人類学者のジョージ・フォスターは、共同体の中で生じがちな羨望や嫉妬の気持ちを和らげることで「不幸の処理」の機能を果たしている文化的装置を発見した。それは、「善いものは数が限られているという世界観（Image of Limited Good）」である。フォスターの調査した集落では「望ましい物事——土地、富、健康、友情、愛、名誉など——は限られた存在量しかなく、その供給は常に不足している」という世界観が共有されていたという。

この世界観は、他者の成功を偶然や幸運、運命など、人知の及ばない力に帰するときの助けになる。自分の能力が劣っている可能性をまともに認めなくて済むからである。失敗や不運は個人の能力不足によるものではないと納得することで、人々は精神的に打ちのめされることなく、最低限の自尊心を維持できる。

また、望ましいものが限られているとすれば、自分の利得向上は誰かの利得を減じることでしか達成できない。だからこそ集団の構成員は「善いもの」の獲得を自慢するようなことはせず無用な嫉妬をあおることを避けようとする。他より多くを所有する人々は、宝くじのような偶然のメカニズムで思いがけず恩恵をこうむることができたのだと他人に説明することで、無用な羨望を抑え込むのである。この世界観によって争いに発展しうる嫉妬や羨望を抑止できているとすれば、それは伝統的な共同体に特有の閉じた依存関係でこそ機能する工夫であると考えてよい。

「負けの解釈」を工夫する伝統は日本にもあった。第二次世界大戦の直後に出版された日本文化論の名著であるルース・ベネディクトの『菊と第二に、価格競争の激化によって、モノの値段の背景にある人間の依存関係が見えなくなることである。価格を介して相手を打ち負かすという市場経済に特有の原理は、競争を下支えしている協力のすそ野（ここには、様々な無償労働を含む）に対する視野を狭めて、相互依存に基づく協力の価値を見えにくくする。その結果、報酬、インセンティブ、罰則といった「自己利益を追求する個人」の動機に働きかける、見えやすい制度づくりに人々の関心が偏ってしまう。格差と不平等がテロや地球環境問題の元凶であることは広く認められつつあるが、もし競争が格差の根源にあるとすれば、競争のあり方に手をつけることなく格差を根絶できようはずがない。

第三の限界は、競争が原料の確保とその利用手段の取り合いに焦点を置くために、経済活動そのものが究極的に依存している自然の存在を忘れさせることである。「肉や野菜はスーパーにあるもの」というイメージは、消費者の意識を自然そのものから切り離し、自然の存在を忘れさせる。生鮮食料品の値段が上がることに敏感ではあっても、食料品の生産そのものが化学肥料の投入などを伴って自然環境を劣化させている可能性は想像しにくいのである。こうして、人間同士の競争は自然の支配へと拡張し、人間と自然の関係を取り持っていた各種の秩序を崩壊させるに至った。多くの伝統社会がもっていた、森林や放牧地などの共有資源を維持するための秩序が、貨幣経済と国家経済に編入される過程で失われたのはタイの森林の例で見た通りである。競争至上主義に立てば、より効率的な社会運営のために伝統的な共有の制度が葬り去られることは当然である。市場経済の世界が生み出した競争は、いつの間にか環境や生活に直結する実体経済を侵すようになってしまった。

ならば、私たちは「無競争」を奨励すべきなのだろうか。結論を急ぐ前に、無競争の問題点も自覚しておく必要があるだろう。たとえば、日本の一部の小学校では「順位をつけない徒競走」が行われていて、その是非が話題になることがある。負けた子供に劣等感を植え付けることになるというのが順位をつけない主な理由だそうだ。徒競走だけではない。学校の成績においても優劣の序列につながる相対評価ではなく絶対評価の重要性が主張されることがある。この「勝ち負けをつけない」という考え方は、受験戦争の過熱と不登校を問題視した文部省（当時）が、臨時教育審議会の答申（一九八七年）の中で「個性重視」を謳うようになってから広まったものである。だが、勝ち負けをつけないのは学校教育のあり方として正しいのであろうか。問題は徒競走に順位をつけることではなく、徒競走で活躍できなかった子供が他の領域で活躍できるような環境を整えられているかどうかではないのか。

徒競走での上位入賞という稀少な地位は、その稀少性ゆえに価値がある。そうだとすれば、他の領域に別の稀少性をつくりだしていくのが競争と無競争の間を探る方法である。ある領域で画一的に競争をなくしてしまっても、それは徒競走という限られた領域における競争が見えなくなるというだけのことであり、子供たちの競争がなくなるわけではない。ならば、いろいろな競争の領域をつくり、一つの競争に負けることが決定的にその人を打ちのめさないようにするための工夫が求められるのではないだろうか。

その意味で、「個性重視」を謳って競争からこぼれ落ちた生徒の尊厳を守ろうとする措置は皮肉にも見える。というのも、そもそも競争とは個の制限してでも保護すべき稀少資源なのである。

他方で現場に目を移すと、地域の人々は森林局の役人の目から隠れるように森に入っては、生活に必要な物資を取り出していた。重要なのは、現場に暮らしているわけではない外部の有力者が稀少性の判定において大きな影響力をもつという点である。これまでは村人同士で調整すればよかった土地と森林に関する暗黙のルールは、国の政策や法律に置き換えられたとたんに機能しなくなり、人々の生活資源はローカルな管理者を失って争いの対象と化してしまった。

こう考えると、産業革命以降、稀少化する財や資源から排除されていく貧困層の存在が最初に社会問題化したのがアジアやアフリカの国々ではなく、欧米諸国であった理由が納得できる。放牧地の稀少化に伴って中世の末期から近代にかけての英国で二度ほど大規模に実施された共有地の囲い込み（エンクロージャー）は、共有地から締め出されて土地を失った人々を貧困に陥れた。このときの「貧しさ」は、そこにある資源の総量とは全く別の論理によって生み出されたのである。貧困が単純に財や資源の総量の問題であれば、まずは物質的に貧しい地域でこれらの概念が広がるはずである。実際には、そうではなく欧米諸国で貧困が社会問題化したということは、「貧しさ」が相対的に決まるものであることを示している。

何が「まっとうな生活」であるかは、経済発展の程度によって変わるので、それに合わせて何が稀少であるかも変わってくる。稀少性の知覚はタイの事例のように、かつては誰でも使えていた資源を競争の対象に変えるだけでなく、以前の贅沢品を新たな必需品に変えてしまう。稀少な贅沢品の獲得の本質的な目的がモノそのものではなく、他人との差異を生み出すことであれば終わりがないのは当然である。

「パン」をめぐる争いは、お腹が一杯になったところで終了しない。人はすぐに、他人よりも多く、おいしいパンを追い求めるよう駆り立てられる。「稀少性の拡大」が意味したのは、「稀少」の判定基準が一元化し、序列が明確化することであった。序列の明確化は競争の激化をあおり、競争は争いへと転化していく。

稀少な財・サービスをめぐる競争は、「発展の遠心力」となって末端の人々を生産に参加させ、財・サービスの総量を増やすという点で人類を豊かにした。しかし、そのプロセスに巻き込まれる一人ひとりの人間の視点からすれば、あらゆるものが稀少化して競争から逃れられなくなるのは苦しい。競争のよい面を維持しながら、その歪みを少しでも抑え込むにはどうすればよいのか。その答えは、競争と無競争の間に横たわっていそうである。まずは競争原理の限界を整理しておこう。

競争を通じて社会をよくするという考え方には三つの限界がある。第一に、ニーズや生きがいといった無形の価値を財やサービスといった利得に置き換えてしまうということである。大型のコーヒー・チェーン店が各地に広がる反面、その地域にしかなかった個性的な喫茶店がなくなっていくという多様性の消失も、競争の歪みの一つである。ガルブレイスが名著『ゆたかな社会』の中で論じたように、財・サービスの需要そのものは人間本来の選好というよりは、巧みな広告などの人為的な操作であおられている側面が強い。

2024年度　一般　小論文

小論文

（九〇分）

（注意）解答はたて書きで記入すること。

次の文章を読み、設問に答えなさい。

「競争」が自然選択を通じて成長や革新につながると考えられるようになったのは、十九世紀に入って産業社会が登場し、市場経済が資源配分メカニズムの中核的な役割を担うようになって以降である。

では競争の対象とは何であろうか。それは稀少な財・サービスと機会である。有名アーティストの公演チケットであれ、職場の管理職ポストであれ、限定品のブランドバッグであれ、それらは稀少と見なされるからこそ争いの対象になる。

そもそも稀少性とは、誰によって、どのように定義されるのか。私たちに馴染みがあるのは消費者の決める稀少性である。多くの消費者が求めるポケモンカードは、高値がついて稀少化する。カード制作会社が生産量を絞ることで、稀少性を操作できないわけではない。だが稀少であることそれ自体が広く認知されなくてはならないので、究極的には消費者の需要がカードの稀少性を左右する。

ここで注意を要するのは、市場でやりとりされる商品の枠からはみ出るような「資源」の稀少性が、政策的につくり出される場合である。たとえば私がかつて長期のフィールドワークを実施したタイ中西部の奥地で生活する人々にとって、森林の樹や草は自然に生い茂っているもので、そこから得られる諸資源は稀少であるとは認識されていなかった。しかし、その森林は国家から見ると、稀少な動植物を含む生物多様性の宝庫であり、重要な観光収入の源でもある。政府にとっては、森林は地域の人々の生活を

////////////////////// · memo · //////////////////////

///////////////////// · memo · /////////////////////

//////////////////// · memo · ////////////////////

/////////////////// · memo · ///////////////////

//////////////////// · memo · ////////////////////

2023年度

問題編

■総合型選抜 自主応募制による推薦入学者選考

▶試験科目

教　科	内　　　容
総合考査Ⅰ	小論文形式を採り，各種資料に対する理解力，文章構成・表現力，分析力等を総合的な視点から考査する
総合考査Ⅱ	与えられたテーマについての記述を評価する

▶備　考

上記考査および「調査書」「評価書」「自己推薦書」により選考を行う。

総合考査Ⅱ

（60 分
解答例省略）

次の文章の中で、著者は、人々の価値観の違いとどう向き合うのか問いかけ、相対主義の限界を指摘している。価値観が違う人とわかりあうため、私たちは相対主義の持つ問題をどのように克服すべきなのか、あなたの意見を述べなさい。（320字以上400字以内）

昨今、「正しさは人それぞれ」とか「みんなちがってみんないい」といった言葉や、「現代社会では価値観が多様化している」「価値観が違う人とは結局のところわかりあえない」といった言葉が流布しています。このような、「人や文化によって価値観が異なり、それぞれの価値観には優劣がつけられない」という考え方を相対主義といいます。「正しさは人それぞれ」ならまだしも、「絶対正しいことなんてない」とか、「何が正しいかなんて誰にも決められない」といったことさえ主張する人もけっこういます。

こうしたことを主張する人たちは、おそらく多様な他者や他文化を尊重しようと思っているのでしょう。そういう善意はよいものではありますが、はたして「正しさは人それぞれ」や「みんなちがってみんないい」という主張は、本当に多様な他者を尊重することにつながるのでしょうか。そもそも、「正しさ」を各人が勝手に決めてよいものなのか。それに、人間は本当にそれほど違っているのかも疑問です。

たしかに、価値観の異なる人と接触することがなかったり、異なっていても両立できるような価値観の場合には、「正しさは人それぞれ」と言っていても大きな問題は生じません。

（中略）

しかし、世の中には、両立しない意見の中から、どうにかして一つに決めなければならない場合があります。（中略）「みんなちがってみんないい」というわけにはいかないのです。

［山口裕之『「みんな違ってみんないい」のか？――相対主義と普遍主義の問題』（筑摩書房、2022年）より。原文に一部修正を加えたところがある］

すべてを周到に計画し、本心をひた隠しにするジュリアンの心理は、己れ自身を明確に捉え、堅固にコントロールしていると信じているときに、思いがけない形で破綻を見せることになる。パリに出て、侯爵令嬢との結婚が決まっている所に、ジュリアンを誹謗するレナール夫人の手紙が届く。それを見ると彼は、直ちにパリを後にして故郷ヴェリエールに馬車を走らせるのだ。教会で祈っているレナール夫人を背後から銃撃するためである。

何を思って彼は、このような激情に身を任せたのか？　レナール夫人の手を握る場面では、あれほど詳しい心理分析を書き記すスタンダールが、ここではまったく何も説明しない。ヴェリエールへの旅の途中、彼が何を考えたのかも一切記述されていない。それは作家自身も、その理由がわからなかったからである。書き進めているうちに、主人公は突然小説家の意志を超えて行動に躍り出る。小説家はただ息をひそめながらその後を追うだけである。実際、それはジュリアン自身にもわからなかったのであろう。思えばこの中傷の手紙で、ジュリアンの立場が決定的に崩れるわけではない。冷静に考えれば、侯爵令嬢との婚約もまだ破棄されると決まったわけではない。世間的な価値観からすれば、こんな突発的行動があらゆる合理的計算に反することは明らかである。冷静で計算高いジュリアンの性格にとっては、いかにも唐突な破綻なのである。

しかしジュリアン・ソレルは、ここで思いもかけない自分の真の姿に気づかされるのだ。計算高いジュリアンの底には、激情的に行動するこのようなジュリアンが隠されていたのである。それこそが、レナール夫人に対する獄中での和解と情愛深い相互理解に導くのである。ジュリアンは、今やしみったれた野心や策謀から一切自由になり、自己と世界の一新された姿を澄み切った心で眺め渡しながら、従容として断頭台の露に消えていく。人生を覆っていた霧が晴れ、その全体の真相が啓示されたかのように小説は終結を迎えるのである。

［田島正樹『文学部という冒険――文脈の自由を求めて』（ＮＴＴ出版、二〇二一年）より。原文に一部修正を加えたところがある］

る。ラスコリニコフの意識は、奇妙にもリザヴェータのことを失念しているように見えるからだ。だが、ただの無意味な偶然と見えていたこの不測事態が、結果的に彼の所業の罪深さを際立てることになるのである。それは、奇妙な偶然からラスコリニコフの運命に寄り添うことになる哀れな娼婦ソーニャの登場とともに、次第にくっきりとした姿を取って立ち現れる。

　真の悔悛は許しと愛が前提とならねばならない。全面的な許しがなければ、人は決して己れの罪を十分な深さにおいて認識することはできないのだ。かくて、忘却されたリザヴェータは、ソーニャへと姿を変えて回帰せねばならない。ソーニャの瞳の中にリザヴェータの許しを認めて初めて、ラスコリニコフの再生が始まる。こうして、ラスコリニコフの身勝手な理論と老婆の醜い姿によっておおわれてしまっている真実――ラスコリニコフの真の罪が、ソーニャの姿に重ねられたリザヴェータの眼差しによって暴露されるのである。それによって一分の隙もなく構築されていたはずの観念体系は、木っ端微塵に砕け落ちてしまう。そのとき、予期されなかったリザヴェータの出現という無意味に思われた偶然が、あらたに浮かび上がってきた罪と再生というキリスト論的ドラマの全体の中に、正しい位置と意味を得ることになろう。かくて、ラスコリニコフの独自の観念世界という疑似全体性が突き崩され、別の全体性に置き換わるのである。

(2)スタンダールの『赤と黒』の場合にも、似たようなことが生じている。貧しい製材業者の小せがれであるジュリアン・ソレルは、持ち前の美貌と才知を武器に、貴族社会の女たちのつてを使って成り上がろうとしている。ここでも、彼の野心に火をつけるのがナポレオンという自我理想であることはすでに述べたとおりだ。ナポレオンという徴（シーニュ）は、ユルトラ（極右王統派）の支配する王政復古期の反動フランスにおいて、ジュリアンが反抗心と自尊心を密かに堅持するよすがである。彼はナポレオンへの崇拝をひた隠しにせねばならないからこそ、己れの精神の自律性の拠点としてこの徴に固執しているのだ。

　ジュリアンは、あまりにも彼の野心と術策に心を奪われているため、己れの心の真実に気づかない。家庭教師先のレナール夫人をものにするために、夜陰に紛れて彼女の手を取ろうと決意する有名な場面があるが、ジュリアンにとってはレナール夫人を愛しているかどうか、愛されているかどうかは二の次である。彼は勇気を奮い起こすために、常々そうするようにナポレオンの戦闘に思いを馳せるが、そんなとき彼の心を支配しているのは、自分の意志が本物であるかということであり、それが意志の空想ではなく真の意志であることを、自分自身に対して実証することなのである。それは、明確で堅固な意志を持ち得ることこそ、ナポレオンのような英雄の証明であると彼が考えるためだ。

これに対して、ドストエフスキーの『罪と罰』やスタンダールの『赤と黒』は、同様に犯罪を描いているとしても、探偵小説とは見なされないだろう。ラスコリニコフにしてもジュリアン・ソレルにしても、ナポレオンという自我理想に照らして自己の欲望を形成している。小説は主人公の欲望を単に超自然的な凶悪性とみなすことなく、彼らがおかれた歴史的文脈の中で理解可能なものとして明らかにしているのである。かつての物語においては説明不可能なものとして神秘化されていたものが、近代小説においてはすべてが解明可能になる。それは、経験の全体性に訴えることによってである。(b)それはちょうど探偵小説における犯罪の謎が、そこで提示された証拠にのみ基づいて、解明されるのと同様である。ただ、探偵小説においては、犯罪の謎は解明されるのだが、犯罪者の心理は解明されることなく怪物的な凶悪さとして残されてしまうのである。

近代小説においては、主人公たちの欲望も、すべて経験の全体に訴えることによって解明可能なものと見なされねばならない。犯罪行為が、必然とは言えないにしても、それを取り巻く状況や主人公の心理から少なくとも自然なものとして、十分に理解可能なものでなければならない。

ラスコリニコフが、しがない学生の身分にもかかわらず、そこから成りあがって権力の頂点に立つという野心を持てたのには、ナポレオンのようなモデルがあったからであるが、そのようなモデルが自我理想として成立するにあたっては、当然、ロシアという停滞した社会に与えた衝撃と近代化への急速な動きがあった。それによって固定された社会構造が動揺し、また亀裂を生み出し、波に乗って上昇する人々と、また逆に貧窮へと没落していく人々を輩出していく。ラスコリニコフも、しだいに追い詰められていく中間層の一人だった。

社会の亀裂と危機を自分の危機として捉え、何とか打開しようとする青年として、彼自身の野心が育まれていく。ナポレオンは、そのような野心と幻想が結晶するための触媒になるのだ。ナポレオンのように何千人もの人を殺して英雄になれるのだとしたら、自分が金貸しの老婆一人を殺していけないわけがあろうか、という身勝手な理屈がそれである。

そしてその野心がそれなりに整合的な論理をもっていることが示されるが、彼の犯罪は金貸しの老婆を殺害するだけには終わらない。たまたまその犯行現場に姿を見せた彼女の義理の妹リザヴェータをも殺してしまう。当初の計画にはまったく含まれていなかった偶発事が出来し、主人公の完全と思われた周到な思惑は、こうして早くも瑕瑾をまぬがれないのだ。

このちょっとした計画の綻びは、最初は取るに足らないものに見え

3　物語と小説――意味の生成

そもそも「物語」という様式は何のために必要とされるのか？　それは一言で言うなら、意味の生成を表現するためである。数学的真理は、その証明がたとえ一行ずつ順を追って記述されなければならないとしても、原理的に一挙に見て取れるものであっても構わないはずだ。また、ある事件やある風景などが、一枚の絵に描かれることはあり得る。設計図や地図のように、対象を一挙に描くような表現もある。

しかし物語で描かなければならないのは、初めの状況ではまだ現れていなかった意味が、時間の経過とともに現れてくるということである。たとえば、『白鳥の湖』とか『眠り姫』では、初めには魔法にかけられて白鳥の姿に変えられている姫君や眠り込んでしまった宮殿が、王子様の活躍によって魔法が解ける。『竹取物語』や『一寸法師』では、初めに登場した主人公は異形の矮小さで現れているが、それが宮中に取り上げられるまでに成長する。『シンデレラ』でも、『美女と野獣』でも『醜いアヒルの子』でも、初めは惨めな存在であるが、時間とともに素晴らしい存在へと変身する。オヴィディウスに『変身物語』というギリシア神話をもとにした物語があるが、それはすべて変身を描いている。たとえば、ヘラの怒りを買って牛に変身させられたイオとか、機織りを誇った結果毒蜘蛛に変えられたアラクネや、アポロンの求愛を逃れて菩提樹に変身したダフネーなど、これらはすべて、新たな意味の生成を描いている。

前近代の多くの物語では、意味と価値の枠組みは前提されており、意味の生成や変化は、魔法など超自然的な力の介入によってなされるのが常である。『シンデレラ』や『竹取物語』における王権や宮殿が体現する価値と魔法の馬車や月世界の住人の設定、また、『白鳥の湖』における王子様と魔法や魔法使いという設定などもこれにあたる。

これに対して近代小説においては、あらゆる神秘や超現実的な魔法が消えている。したがって、すべての謎は経験的世界の枠組みの中で解かれなければならない。この点では、探偵小説もそうである。密室殺人の謎が提起されたのちに、実は犯人が魔法を使って呪い殺していた、というのでは探偵小説とは言えない。

しかし探偵小説では通常、殺人事件の凶悪性は自明の前提とされており、犯行に対して内在的な理解が描かれることはまずない。たとえば、シャーロック・ホームズでは、犯行は正常な市民の神経では理解しがたい怪物的な凶悪さ（モリアーティ）として描かれている。アガサ・クリスティの探偵小説でも、際立った凶悪さが強調されている。ただし、『オリエント急行殺人事件』では、犯人たちの犯行の原因を、犯人たちの凶悪性にではなく、彼らを復讐へと駆り立てた過去の凶悪事件の異常な凶悪性に基づけている。ここでも凶悪性の説明は断念されているのだ。

定められた順に並んでいる必要は必ずしもないようなものである。それぞれの巻は独立して絵巻物の絵のように鑑賞できるように仕立てられている。したがって我々は、そこに成長物語（教養小説）を読み取る必要はないし、主人公が社会と対決することで織りなすドラマを見る必要もない。それなりの筋がないことはないが、それは最終的に主人公の認識に結実するわけではない。

それに対して、近代小説においては、主人公の決断と行動を通じて、単に読者が何らかの運命や意味を読み取るだけでなく、主人公自身に認識がもたらされる。

『源氏物語』の中でも印象的な女君のひとり六条御息所は、嫉妬に苦しみ、生霊として葵上に憑りつくけれど、それは彼女自身の意志ではどうしようもない降りかかった災難にすぎない。近代以前の物語では、主人公は不条理な運命に翻弄されるだけで、運命の主人公になるわけではないのに対して、近代小説においては、主人公がしばしば誤った決断によって、思いがけない運命に翻弄される場合でも、結局はそれを自分の運命として引き受けて、自分の真の認識に導かれるのだ。

たとえば、バルザックの『あら皮』では、主人公は人生のどん底で不思議なあら皮を手に入れる。それは彼の欲望をなんでも満たしてくれる魔法のあら皮であった。それによって、一転して彼には次々に現世での成功が開かれてゆく。しかしやがて、大きな欲望が実現するごとに、手にしたあら皮がみるみる小さくなっていくことに気づくのである。

しかし重要なことは、バルザックの主人公は六条御息所とは違って、運命にもてあそばれるだけの受動的存在ではないということ。彼は、あら皮が彼自身の残りの生命であることを十分認識しながらも、あえて彼自身の欲望を放棄しようとはしない。(1)つまり、ここではあら皮の魔法は、もはや不可解な神秘ではなく、むしろ彼自身の強烈な意志と欲望のアレゴリー（寓意）になっているのだ。

近代小説では、『アラビアン・ナイト』や騎士物語では頻繁に出てくる魔法とか神秘は、そのままの形では登場しない。たとえ登場するにしても、『あら皮』のようにアレゴリーとして登場するだけである（ポーの幻想小説もドストエフスキーのいくつかの幻想的小説、たとえば『分身』とか『白痴』もそのようなものである）。

近代小説家は魔法や神秘は信じていないし、読者も信じないだろうと思っている。我々の経験的世界からは、それらはすっかり退場している（はずな）のだ。それゆえ、基本的には魔法や幽霊を登場させて我々の興味を引こうとするような従来の物語の手法は禁じ手となる。『スーパーマン』や『スパイダーマン』といったスーパーヒーローもの（これらも一種の魔法である）が、古典的近代文学に決してなり得ないのもそのためである。

感覚の耳にではなく、はるかに慕はしく
音のなき調べを魂に向けて
樹々の下に立つ若者よ、お前はその歌をやめることはできず、
樹々の葉も散り尽すことあたはず
凛々しい恋人よ、お前の口づけがつひに唇にふれることも決してない
ただその寸前に迫るのみ――だが、嘆くことなかれ
たとへお前が至福を得られずとも
彼女は色あせることはない、
お前は永久に彼女を恋慕ひ　彼女は永久に美しいのだから

（『ギリシアの壺に寄せるオード』より）

ギリシア人は、生の激動が、寄せてくる波頭のようにくっきりと浮き彫りにする一瞬一瞬の神的なものや偉大なもの（たとえばマラトンの戦いの勝利）を、万人がそのようなものとして見て取ることができることを自明のことと見なし、ただ、それを模倣し定着する技術のみを、詩人に期待した。

とはいえ、この技術に精粗や貴賤の差別が存在することを、彼らは当然のことと考えており、たとえば詩人はより高貴なもの、彫刻家は身体を使う労働のため、より卑しい仕事と見なされた。それゆえ彼らは、芸術という統一ジャンルを知らなかったといってよい。

その後、芸術は、宗教や王侯たちを飾るという従属的意味に甘んじる工芸的・装飾的自己理解の時代を経て、芸術の自律的価値を意識し主張する近代にいたる。近代においてはじめて、芸術が芸術という一つのジャンルにおいて自覚されるに至った。近代芸術にとって本質的なこととは一体何か？　その特徴を、特に文学を中心に見ていくことにしよう。

『アラビアン・ナイト』にしても『源氏物語』にしても、巻ごとに独立して享受されるものになっている。実際『源氏』が生み出された平安期には、主だった読者であった女房たちは、偶然に回ってきた巻から読んだだろうが、それで十分に享受可能なのである。『源氏物語』の主人公・光源氏は、その個性や主体性で際立つのではなく、自らが体現している特殊な権力関係（左右大臣の勢力の拮抗の上に君臨している桐壺帝の皇子にして臣下という身分）から、それぞれの場面の基本構造を規定している。それに対して、相手の女君たちは、それぞれの個性を際立てることになる。

光の君は、音楽で言えばカノンやシャコンヌにおけるバッソ・オスティナート（執拗低音）として反復しながら各巻を枠づけるが、女君たちはヴァリエーションとして個性を表現する。それらを一貫した順序で読み進む必要はない。カノンやシャコンヌのヴァリエーションが、

近代芸術だけを対象とするのではなく、あらゆる時代の作品を論じるのみならず、自然美も芸術美も共に取り扱う。美学の包括性や普遍性と、その特殊近代的出自は、どう理解すればよいのであろうか？　明らかに近代の所産である美学が、歴史を通覧して芸術一般を論じることができるのはなぜか？　また美学は本来、美の理論なのか、それとも芸術の理論なのか？　古代では美の理論であったもの（たとえばプラトンの『パイドロス』）が、近代にいたって芸術の理論に変貌したのはなぜか？　また、古代では芸術はミメーシス（模倣）と考えられる一方で、多くの芸術作品は虚構である。果たして、模倣と虚構いずれが作品の本質に近いのだろうか？

また、美学や芸術批評については、芸術作品の鑑賞にとって概念的説明は非本質的なものではないか、という根深い疑問が従来からある。芸術作品は、感性や直感に直接訴えるものではないのか？　それに対して、美学や批評の概念的思考は何かを付け加えることができるのだろうか？

また、さまざまな芸術作品が「芸術」という統一的ジャンルとして意識されたのが、近代を待って初めてであったのはなぜか？　あるいは我々は、芸術作品一般に対して、普遍的に通用する価値尺度を持っているのか？　それとも、個々の作品ごとに別々に論じる作品批評という形をとるほかないのか？

これらの難問は、いずれも美学と芸術批評にかかわっている。我々は、美学と批評という近代特有の現象を手掛かりに、文脈の意識が近代において取った形を追求することができるだろう。

2　近代芸術と近代以前

芸術が単なる事実の記録ではなく、本質を切り取ることによって、起こり得ることを知らせるという認識は過去にも見られるが（アリストテレスの『詩学』）、ありのままではかえって本質が覆われ、我々の知覚は欺かれるのだという自覚は、近代特有のものである。

(a)ギリシア人は、運動する現実の中に比類なきものが現れる神的な瞬間をとらえ、それを固定し、永遠化するものとして叙事詩を考えていた。英雄によって達成された神的な偉業は、詩人によって永遠化されるのである。他の芸術（彫刻、壺絵など）にも、叙事詩が決定的な影響を与えたため、それらには戦闘のような動的な主題には似合わない静まった印象を与えるものが多い。叙事詩の関心は、もっぱら瞬間を永遠化することにあったからである。それゆえ、たとえばキーツは、ギリシアの壺絵について次のように詠った。

耳に響く音楽は美しい、されど聴こえぬ調べこそ一層美しい
だからこそ、ゆかしき笛よ、響き続けよ

総合考査Ⅰ

（一二〇分　解答例省略）

次の文章は、田島正樹『文学部という冒険——文脈の自由を求めて』の一部です。これを読んで、以下の設問に答えなさい。

【設問1】

傍線部(1)に、「つまり、ここではあら皮の魔法は、もはや不可解な神秘ではなく、むしろ彼自身の強烈な意志と欲望のアレゴリー（寓意）になっているのだ」とありますが、なぜ「あら皮の魔法」が神秘ではなくアレゴリーになっているのか、著者の主張に基づいて説明しなさい。（二四〇字以上、三〇〇字以内）

【設問2】

傍線部(2)に、「スタンダールの『赤と黒』の場合にも、似たようなことが生じている」とありますが、『罪と罰』と『赤と黒』でどのように似たことが生じているのですか。著者の主張に基づいて説明しなさい。（二四〇字以上、三〇〇字以内）

【設問3】

波線部(a)を英語、ドイツ語、フランス語、中国語のいずれかに訳しなさい。

【設問4】

波線部(b)を英語、フランス語、ドイツ語、中国語のいずれかに訳しなさい。

1　美学をめぐる難問

近代においてはじめて、本来の美学や芸術批評が登場する。美学は

■一般選抜

問題編

▶試験科目・配点

教　科	科　　　　目	配　点
外国語	「コミュニケーション英語基礎・Ⅰ・Ⅱ・Ⅲ，英語表現Ⅰ・Ⅱ」，ドイツ語，フランス語，中国語のうち１科目選択	150 点
地　歴	日本史Ｂ，世界史Ｂのうち１科目選択	100 点
小論文	資料を与えて，理解と表現の能力を総合的に問う	100 点

▶備　考

- 「英語」以外の外国語は省略。
- 「英語」と「ドイツ語」の試験では，２冊まで辞書の使用が認められる（ただし，電子媒体を用いた辞書，付箋類を付した辞書の使用はできない)。
- 小論文は，高等学校の各教科の学習を通じて習得した知識と思考との総合的能力を問うことを主眼とする。与えられた資料に基づき，的確な理解と判断をもち，自らの意見をいかに適切な言葉をもって書き表し得るかを試すもので，併せて表記の正確さも求める。

英語

（120分）

＊ 英語辞書を２冊まで使用可。「英英辞典」「英和辞典」「和英辞典」「英仏辞典」，英和・和英兼用辞書など，英語辞書であれば，どのような辞書でも，どのような組み合わせでも自由。大小も問わない。

次の英文は Polly Barton による *Fifty Sounds* (2021) に基づいている。これを読んで以下の設問に答えなさい。

（Ⅰ）下線部（１）が意味するところを，30字以内の日本語で説明しなさい。

（Ⅱ）［（２）］に入るもっとも適切な語を下から選び，記号で答えなさい。

（A） comfortable with　（B） confused by

（C） familiar with　（D） sceptical of

（Ⅲ）下線部（３）を，this word の内容を明らかにしつつ，日本語に訳しなさい。

（Ⅳ）下線部（４）が意味するところを，50字以内の日本語で説明しなさい。

（Ⅴ）［（５）］に入るもっとも適切な語を下から選び，記号で答えなさい。

（ア） avoidable　（イ） daunting　（ウ） meaningful　（エ） thorough

（Ⅵ）下線部（６）を日本語に訳しなさい。

（Ⅶ）下線部（７）を日本語に訳しなさい。

（Ⅷ）著者が下線部（８）のように感じるのはなぜか。言語習得についての著者の思いや議論を踏まえながら，その理由を100字以上120字以内の日本語で説明しなさい。

(Ⅸ) 次の日本語を，なるべく自然な英語に訳しなさい。

私たちは，これまでの経験とは著しく異なる言語環境にドーンとぶつかることで，ときに打ちのめされそうになるだろう。

It's my lunch break and I'm being serenaded by a lime-green owl. 'Did you know!' the owl calls as it swaggers jauntily across my line of sight, 'There are more people learning languages on Duolingo in the US than there are people learning foreign languages in the entire US public school system!'

The year is 2019, and I will soon be travelling to Italy for the summer, which is why I have found myself being taught Italian vocabulary and grammar, along with a variety of trivia, by this digital apparition, the mascot of the language-learning app Duolingo. I learned of Duolingo's existence only recently, but it transpires to be phenomenally popular, offering courses in 23 languages to 300 million users worldwide. Initially, there seems to me something faintly Japanese about the wing-gestures made by the mascot, Duo, but I check and discover that the company originated in the States, as I suppose I should have guessed from the trivia-nugget above; it's the brainchild of Luis von Ahn and Severin Hacker, born out of the idea that 'free education will really change the world'.

Duo's screech is unvoiced but it sticks in my head nonetheless, whooping and half-demented, Disney-villainesque: *Did you know! Did you know! Did you know!* And no, as it happens, I didn't know. At least the first time big-eyed big-eyelashed Duo addressed me, I didn't know. By the tenth time it pops up on my screen I've begun to feel very familiar with this particular bit of trivia, and I also know something else: (1) <u>each run-in with it leaves me feeling a little unclean</u>, in a way I can't really account for.

As the fact I am spending my lunchtimes with Duo reveals, I am not entirely [(2)] its methods, and I don't find the comparison drawn between public-school language education and the Duolingo model outrageous, at least prima facie. Unlike a lot of language-focused applications, Duolingo is not devoid of audio content; it has clips of real people talking, and invites its users to speak phrases into the microphone, so they are at least interacting with how the language actually sounds, and feels in the mouth. While its level-unlocking structure drawn from the world of gaming means that users might be focusing on strategies to pass rather than to truly master, the same accusation could be levelled at language education in schools: there is, in short, a lot of hoop-jumping. You learn the language the way that the exam boards or the green owl want you to, but it is, at least, a start. If it makes language education accessible and enjoyable to those who might not otherwise have access to it, then that is surely a good thing.

So why, then, does Duo's factoid bring me such a sense of unease, and why do I begrudge his hooting pride? It dawns on me that the source of my discomfort resides, utterly unreasonably, with his use of the word 'learning'. (3) I say unreasonably, because I recognize that this word is used legitimately to cover a whole range of activities undertaken with varying degrees of intensity. The generous, rational part of me can see there is no cause to bar people from calling their five or twenty minutes a day on Duolingo 'learning a language'. But even as I have this thought, another part of me stamps its foot resentfully, the kind of foot-stamp that ends up hurting the stamper, and declares that the world has turned its eyes from what is real and true. This part wants to say its piece. It wants wider recognition that there is another, far less stable form of learning—a radium to Duolingo's lurid neon.

The language learning I want to talk about is a sensory bombardment. It is a possession, a bedevilment, a physical takeover; it is streams of sounds pouring in and striking off scattershot associations in a manner so chaotic and out of control that you are taken by the desire to block your ears—except that even when you do block your ears, your head remains an echo chamber. The language learning that fascinates me is not livening your commute and scoring a dopamine hit with another '5 in a row! Way to go!' Rather, it is never getting it right, hating yourself for never getting it right, staking your self-worth on getting it right next time. It is getting it right and feeling as if your entire existence has been validated. It is the kind of learning that makes you think: this is what I must have experienced in infancy except I have forgotten it, and at times it occurs to you that you have forgotten it not just because you were too young when it happened but because there is something so utterly destabilizing about the experience that we as dignified, shame-fearing humans are destined to repress it. It is a learning that doesn't know goals or boundaries, and which is commonly known as 'immersive'. The image that springs to mind is a lone figure wading gallantly into the sea, naked, without a single swimming lesson behind them.

As you'll have inferred from my self-righteous tone, I speak from experience. 'Immersion' is exactly what I did when I went to Japan, although probably it's more correct to say that immersion is what happened to me. (4) <u>If I'd known what I was getting myself into before I went out there I may well not have had the nerve to go, and knowing this, I don't go around patting myself on the back for having done it.</u> At least, I don't believe that I do, until I'm confronted with the pride of a green owl, and then I realize that there is some part of me that wants for this experience of mine to be recognized. Not only is this part not rational—it's furious with all the goal-driven rationality of the commute-friendly app.

In particular, what I'm burning to tell Duo is the following: Did you know! When you immerse yourself in a very different language as a total beginner, not only do you not have goals! You also have no system within which to conceptualize what those objectives could be—discounting, that is, overarching goals like 'learning to read', or 'becoming fluent', which themselves start to seem less and less [(5)] the more you poke around beneath their smooth surfaces!

Immersion in a foreign language is a bombardment of sounds, until you decide that you are going to actually do this thing and learn, and then it becomes a bombardment of imperatives: learn this, learn this, learn this. *Just start from the basics*, sings a voice in your head as you are tossed around in the waves of incomprehensibility. Yet as you continue to live in a language you don't know, it becomes increasingly obvious to you how much this category of 'basics' could theoretically encompass. Greetings and everyday interactions are of course basic, and there is always something embarrassing about not knowing basic forms of verbs. Everyone knows numbers are incredibly basic, as are colours, clothes, the subjects you study at school, animals, anything to do with weather, and adjectives for describing people. In fact, we could go ahead and say that every object is also basic, and there is something particularly alarming when you don't know how to say the first words you would have learned in your language(s) as a child: teddy, buggy, shoelace. And then there is the most fundamental-seeming vocabulary of all: abstract nouns, like justice, friendship, pleasure, evil, and vanity.

If the language in question has a writing system different from that you know, then even mastering 'the basics' of the spoken language isn't enough, because a whole new category of basics awaits you in the form of the written one. In particular, Japanese is the gift that keeps on giving in this regard, having as it does three different scripts: two phonetic ones, katakana and hiragana (collectively known as kana), with forty-six characters apiece; and then the kanji, or characters of Chinese origin, 2,136 of which have been officially deemed 'in common usage'. (6) Which means, there is never any shortage of basics to trip you up and convince you of how little you know.

Last week (this is true), I had to look up a kanji that turned out to mean 'owl'. It wasn't entirely new to me; I'd learned it somewhere down the line and then forgotten it, but the experience still brought me to my knees with shame. Yes, it's not a commonly used character, but then I'm supposed to be a translator. I should know something as basic as 'owl'.

As I sat staring down in despair at the owl kanji, wishing my self from two minutes ago had only managed to remember it, wondering how I could have failed to recognize a legless bird on a tree, I recalled without warning an incident from long ago, back when I'd been learning Japanese for little over two years and had just found a job at a small Japanese publishing company in London. One day I glanced up to see O, a senior employee, approaching my desk. In his hand were two of the slips that employees had to submit when requesting or reporting time off, and as he moved closer, I saw they were the ones I had recently filled in.

(7) 'Polly-chan,' he said, pulling up a chair beside me, looking at me in a way that managed to be both conspiratorial and didactic, 'Let's talk. Your kanji usage is all over the place.'

'Oh,' was all I had the wherewithal to reply. I felt simultaneously apprehensive about what was to come, and flattered that he was taking the time to school me individually.

'Sometimes you write them perfectly, and sometimes they're totally off.'

As he spoke, O's eyes drifted to my computer monitor, around whose edge I'd stuck up a number of kanji written out on small post-it notes. I remember that one of them was 'crow': the same as 'bird', but with the stroke symbolizing the eye missing. This had cropped up during one of the translations I'd been asked to do the previous week, and I hadn't known it.

'You don't need that,' O said, pointing at the crow. He began to hover his finger around the other post-its, informing me which I did and didn't need. Then, with hawk-like focus, his attention moved back to the offending slip.

'Look,' he said, his finger thumping the desk. 'Look what you've written here. This is missing a radical. You can't just miss parts of kanji like that, because then they mean something else entirely. You're trying to write "problem" and this says "mon".'

Maybe sensing that I was struggling a bit to keep up, he looked me right in the eye, and enunciated in English of a crispness that bordered on hostility, '"Mon" means "gate". You've written "gate".'

I looked down to see that he was, of course, right. My slip read something that might be rendered in English: 'Unforeseen absence due to health gate.'

Even ten years on, this episode feels as real and close as it ever did, and I can't resist the idea that, in some way, it still encapsulates my status in relation to Japan. (8) <u>To wit, I am always writing the gate.</u> It's a huge, lofty gate of the kind found in temples; I stand by its posts, passing in and out momentarily, variously welcomed, frowned at, and ousted by its keepers. Even when I'm inside, I'm perpetually aware how quickly I could again be pushed out, that I could find some basic item inexplicably missing from my knowledge. Sometimes I ask myself if things would be different if I'd done my undergraduate degree in Japanese, or a proper language course, or a PhD—if I'd entrusted the responsibility for accumulating the basics to a system larger than myself in some way. The answer, I think, is slightly. I imagine I would feel at least slightly less liable to have the rug pulled from underneath me, to realize suddenly that I'm on the wrong side of the gate.

For when learning takes a primarily autodidactic form, mastering something is dependent on noticing it, or having it pointed out to you. To the extent that you're not consulting other sources, obtaining an accurate view of the inventory of items to be learned is all down to exposure, and your ability to perceive that exposure, which is particularly relevant when we're speaking about aspects of language and culture radically different from anything we've experienced before. We can notice them, be outraged or intrigued by them, exoticize them, and therefore hoover them up, bump them to the top of our rota—or, else, we can fail to see them really, fail to appreciate them in their fullness. We are too busy thrashing around in the waves, gulping, spitting, and trying to stay afloat.

出典追記：Fifty Sounds by Polly Barton, Fitzcarraldo Editions

日本史

（60分）

I　次の文章（イ）～（ホ）を読んで，文中の空欄（A）～（R）に該当する適当な語句をそれぞれの語群の中から選び，1～9の数字を，語群の中に適当な語句がない場合は0を，解答欄に記入しなさい。

（イ）『後漢書』東夷伝には，紀元（　A　）年，倭の奴国の王の使者が後漢の都である（　B　）におもむいて，光武帝から印綬を与えられたとある。また「魏志」倭人伝には，争乱を経て女王に立てられた邪馬台国の卑弥呼が魏に使いを送り，魏から金印や（　C　）などを送られたと記されている。卑弥呼は晩年には（　D　）と争ったが，247年頃に亡くなった。中国の歴史書には，266年に晋の都（　B　）に，倭から遣使があったとする記事の後，約150年間は倭国に関する記載がみられなくなる。

1　洛陽　　2　38　　3　伊都国　　4　金銅像　　5　帯方郡
6　長安　　7　57　　8　107　　9　銅鏡

（ロ）ヤマト政権が成立し，3世紀中頃から後半になると，前方後円墳をはじめとする古墳が出現するが，出現期に最大の規模をもつ古墳は，奈良県桜井市の（　E　）である。ヤマト政権は，対外的には朝鮮半島南部の鉄資源を確保するために，早くから（　F　）と密接な関係をもっていたが，（　G　）には，4世紀後半には南下策を進めていた（　H　）と交戦をしたことが記されている。

1　高句麗　　2　大仙陵古墳　　3　加耶諸国　　4　好太王碑　　5　那須国造碑
6　百済　　7　黒塚古墳　　8　箸墓古墳　　9　隅田八幡神社人物画像鏡銘

（ハ）589年に隋が南北朝を統一したことは，東アジア諸国に影響を与え，倭でも国家組織の形成が進められた。（　I　）天皇の后であった推古天皇が即位すると，蘇我馬子や厩戸王らとともに，603年に（　J　）を定めるなど，中央行政機構の整備がなされた。また（　K　）によると，中国の地方官のような（　L　），里長のような伊尼翼という地方組織が存在したとされている。

1　評督　　2　敏達　　3　欽明　　4　憲法十七条　　5『宋書』
6　用明　　7『新唐書』　　8　冠位十二階　　9　軍尼

（ニ）701年正月，32年ぶりに任命された遣唐使は，（　M　）を使節団のトップとして，翌年6月に派遣された。『旧唐書』東夷伝日本条によると，（　M　）は学識や立ち居振る舞いから高く評価されたらしく，時の皇帝である（　N　）からは麟徳殿に招かれて宴を催されている。その後の

8 世紀の遣唐使は，約（　O　）年に一度の割合で派遣され，唐の先進的な制度や国際的な文化をもたらした。

1　阿倍仲麻呂　2　10　3　高宗　4　30　5　粟田真人
6　則天武后　7　中宗　8　吉備真備　9　20

（ホ）　8 世紀には，日本は唐のみならず，他の東アジア諸国とも通交した。727年に日本に使者を派遣した（　P　）は，唐・新羅との対抗関係から国交を求め友好的に通交した。（　P　）の都城跡からは，（　Q　）が発見されたことなどから，交流の痕跡が知られている。通交は10世紀初頭まで続いたが，926年に（　P　）は（　R　）によって滅ぼされた。

1　高麗　2　金　3　和同開珎　4　万年通宝　5　乾元大宝
6　契丹　7　渤海　8　北宋　9　呉越国

Ⅱ　次の文章（イ）～（ハ）を読んで，文中の空欄（A）～（O）に該当する適当な語句をそれぞれの語群の中から選び，1～9 の数字を，語群の中に適当な語句がない場合は 0 を，解答欄に記入しなさい。

（イ）日本における養蚕・製糸・絹織物業は，古くは記紀の説話の中に見られ，渡来人である（　A　）によってその進んだ技術が伝えられたことが記されている。律令下にあっては，税目の一つである（　B　）の中に絹・絁が含まれ，中世においては年貢・公事の中に絹製品が含まれていた。ただ，17世紀末までは，（　C　）織などの高級織物の原料には中国産の生糸が用いられており，国内の養蚕・製糸の技術はさほど高くはなかった。しかし，その後の貿易制限により生糸の輸入が抑制されるようになると，輸入代替として国内の養蚕・製糸業は高まりを見せ，江戸中期には輸入生糸に代わって国産生糸が主流となり，（　D　）の桐生をはじめ，地方の絹織物産地も発達した。

1　阿知使主　2　上野　3　西陣　4　下野　5　租
6　松坂　7　弓月君　8　庸　9　王仁

（ロ）綿はインド原産と言われ，古くは（　E　）編『類聚国史』に，三河に漂着した「崑崙人」（インド人と思われる）が綿の種子をもたらしたことが記されているが，これを機に綿作が日本に定着することはなかった。日朝貿易において綿織物が輸入されたが，主な用途としては兵衣・帆布などであり，主に麻の衣類を着ていた庶民の衣生活を根本的に変えることはなかった。なお，日朝貿易は（　F　）により一時中断したが，16世紀まで活発に行われた。日本での綿作は戦国期から江戸期初頭以降しだいに広がりを見せ，特に畿内では，鰯の大産地である（　G　）産の干鰯などの金肥を用いて，盛んに綿が生産されるようになった。19世紀に刊行された（　H　）著『広益国産考』には主要綿作地の状況が記されている。そして（　I　）織・久留米絣・河内木綿などの綿織物の特産物も生まれた。

1　応永の外寇　2　九十九里浜　3　菅野真道　4　菅原道真　5　太地浦
6　刀伊の入寇　7　小倉　8　博多　9　宮崎安貞

(ハ)　近世初期には日本の主要輸入品であった生糸は，その後の養蚕・製糸業の発達によって，幕末には主要輸出品に転換していた。(　J　)年に横浜が開港されて間もないうちは，生糸の次に輸出額が多かったのは(　K　)であったが，輸入品では綿織物や毛織物が主であった。貿易全体としては1866年までは日本の(　L　)超過が続いた。綿糸紡績業は，外国からの綿製品の流入に刺激され，明治以降機械化が進展し，1883年に設立された(　M　)紡績会社を嚆矢に，大規模な紡績会社が次々誕生した。その結果，1890年には綿糸の(　N　)高が(　O　)高を追い越し，1897年には(　L　)高が(　O　)高を追い越した。一方，生糸製糸業は，波はありつつも輸出産業として生産高を拡大していくが，機械化の面では綿糸紡績業に比べると後れをとった。

1　大阪　2　米　3　三重　4　生産　5　茶
6　輸出　7　輸入　8　1854　9　1858

Ⅲ　次の文章の空欄(A)～(H)に該当する適当な語句を解答欄に記入しなさい。

戦後日本の政治・経済情勢は1990年前後に変化した。国際情勢の変化に対応し，PKO協力法成立後の1993年に自衛隊はアフリカの(　A　)に派遣された。同年には国内の政治情勢も転換点を迎えた。同年6月に自由民主党は分裂し，(　B　)らは新党を結成した。翌月の衆議院議員総選挙で自民党は大敗北を喫し，日本新党の(　C　)を首相として連立政権が発足した。1994年には(　B　)が首相となったが，短命に終わった。1996年には(　D　)が首相として連立政権を引き継ぎ，1997年に(　E　)法を成立させて行財政改革の基本方針を定めた。同年に景気は後退し，11月には1900年設立の(　F　)銀行が破綻した。こうした状況から1998年7月に首相となった(　G　)は，所信表明で自らの内閣を「経済再生内閣」と銘打ち，同年に(　E　)法停止法を成立させた。(　G　)内閣は自民党単独内閣として成立したが，1999年1月の第1次内閣改造で(　H　)党との連立政権となった。

Ⅳ　次の史料（イ）～（ヘ）を読んで，設問に答えなさい。

（イ）　a奥州ニ申サレケルハ「抑(そもそも)京都ノ式，何トカ思食(おぼしめ)サレ候。只事ニフレテ諸事b一家ヲ亡サルベキ御結構也。其故ハ去年c貴殿様我等ニ仰付(おおせつけ)ラレテd与州ノ一跡ヲ失ハレ，又彼等ヲ御免アラバ……我等ヲ御退治ノ御沙汰ニ及ベキ御匠(たくみ)，色ニアラハレタリ。……一族悉(ことごと)ク同心シテ国ノ勢ヲ引率シ，方々ヨリ京都ヘ責登ラバ，今程誰カ在京ノ大名ノ中ニ当方ニ対揚シテ合戦ヲモ仕リ候ベキ」

（ロ）　永享十三年正月廿九日……e畠山尾張守面目を失ひて没落し，舎弟左馬助ニ家を給ふ。……関東へ罷り向かふべきの由，f仰せらるるに故障を申す。仍(よっ)て夜前に家を退くべきの由，f仰せ出さると云々。

（ハ）　文安六年四月十六日……この夜，室町殿御元服なり。加冠は細川武蔵守勝元，管領なり……今度，鹿苑院殿の応安元年四月御元服の時，細川武州頼之が加冠たるの御嘉例なり。

（ニ）　長禄二年四月七日……近日の御成敗，普広院の御代の如くたるべしと云々。

（ホ）　長禄三年正月十四日……越州・尾州合戦なり。共に以てg甲斐とh右兵衛佐と諍(いさかう)の故なり。主従の合戦，未曾有の次第なり。澆季(ぎょうき)と謂ふべし。但し甲斐の事，室町殿御引汲(いんぎゅう)の間，ややもすれば右兵衛佐方劣り見ゆるものなりと云々。

（ヘ）　寛正四年十一月十九日……武衛御免と云々。i伊勢守の申沙汰(もうしざた)なり。g甲斐・朝倉の生涯となるべしと云々。誠に以て天下の珍事たるべきか。

（原文を一部修正）

（注）　武衛：右兵衛佐と同一人物　　澆季：乱れた世，末世
　　　引汲：支援・加勢すること　　生涯：命を終えること，死を決するとき

問1　史料（イ）は『明徳記』である。娘婿で甥にあたる人物から焚きつけられて挙兵する下線a「奥州」は誰か，氏名を記しなさい。

問2　下線bのような被害を，この前年に受けた大名の苗字を記しなさい。

問3　下線c「貴殿様」は，史料（ハ）の「鹿苑院殿」と同一人物である。その氏名を記しなさい。

問4　下線d「与州」の孫で，応仁の乱における一方の中心人物の氏名を記しなさい。

問5　応仁の乱において問4の人物と同じ陣営で奮戦した，下線e「畠山尾張守」の子の名前を記しなさい。

問6　2つの下線fで「仰せ」ているのは，いずれも史料（ニ）の「普広院」と同一人物である。その氏名を記しなさい。

問7　史料（ロ）の5ヶ月後，問6の人物が落命する事件が起こった。この事件の名称を記しなさい。

問8　下線g「甲斐」氏は下線h「右兵衛佐」の重臣である。この甲斐氏らに擁立されて越前・尾張・遠江の守護となり，右兵衛佐と家督を争った渋川氏出身の人物は誰か，氏名を記しなさい。

問9　下線i「伊勢守」の甥は伊豆の大名となり，その子は小田原に本拠を移して関東の戦国大名として成長する基盤を築いた。小田原に本拠を移した人物の氏名を記しなさい。

問10　史料（ハ）（ホ）の「室町殿」はいずれも足利義政である。史料（イ）～（ヘ）を踏まえて，義政の政治姿勢と応仁の乱勃発との関連性について80字以内で論じなさい。

Ⅴ　次の史料を読んで，以下の設問に答えなさい。

此度，a御蔵米取御旗本・御家人勝手向御救いのため，b蔵宿借金仕法御改正仰せ出され候事。

一，御旗本・御家人b蔵宿共より借入金利足の儀は，向後金壱両ニ付銀六分宛の積り，利下ヶ申渡候間，借り方の儀ハ，是迄の通りb蔵宿と相対致すべき事。（中略）

一，旧来の借金は勿論，（　c　）ヶ年以前辰年までニ借請候金子は，古借新借の差別なく，（　d　）の積り相心得べき事。（下略）

『御触書（　e　）集成』より

（原文を一部修正）

（注）勝手向：暮らし向き　　向後：今後　　仕法：仕方

問1　この史料は西暦何年に出されたか，アラビア数字で答えなさい。

問2　この史料が出された時の将軍は誰か答えなさい。

問3　下線aについて，江戸にあった幕府最大の米蔵は，その地名から何と呼ばれるか答えなさい。

問4　下線bは，この場合，江戸では他に何と呼ばれたか答えなさい。

問5　（　c　）に入る漢数字を答えなさい。

問6　（　d　）に入る漢字2文字の言葉を答えなさい。

問7　（　e　）に入る年号を答えなさい。

問8　この頃の風紀取り締まりによって処罰を受けた，江戸に耕書堂を開いた版元は誰か答えなさい。

問9　この史料が出された理由とその結果について，100字以内で述べなさい。

世界史

（60分）

I　以下の文章を読み，空欄（　A　）～（　J　）に最も適切な語句を入れ，下線部（1）～（5）に関する各設問に答えなさい。

三田の夜空に星を見つけることは難しい。それほど，現代東京の夜は明るい。しかし，電灯発明以前の世界で，限られた灯火の下で暮らした人々は，夜の暗闇に文字通り包まれて暮らし，それゆえ頭上で燦然と輝く星々の存在は，彼らにとって極めて身近な存在であっただろう。また，案外忘れがちなのが，基本的に昼間にしか観測できない天体，すなわち(1)太陽であり，人類のあらゆる活動の源とも呼べるこの天体は，主に古代を通じて世界各地で信仰の対象となった。

天文学は，古代文明の勃興とほぼ軌を一にして世界各地で誕生し，太陽，月，惑星そして無数の恒星等の動きを観察・記録した。その膨大な記録を基に製作されたのが暦であり，農作業や宗教祭儀をはじめとする季節毎の作業の目安となった。なかでも，月の満ち欠けの周期を基準とした太陰暦は代表的なものであるが，この暦では実際の季節とのずれが生じてしまう。そこで，古代メソポタミアやその他の地域では，この暦を基本としつつも，月の満ち欠けのみならず太陽の運行も加味し，閏月を挿入することで季節とのずれの問題を解消した暦である（　A　）が採用された。

時代は下り，ヘレニズム時代のアレクサンドリアでは，サモス島出身の（　B　）が地球の自転と公転を主張し，太陽中心説と地動説の立場をとった。しかし，ローマ時代に，同じくアレクサンドリアで活動し『天文学大全』を著した（　C　）は，地球こそが宇宙の中心であり，太陽や惑星が地球の周囲をまわっているという天動説を主張した。この学説は，カトリック教会の支持を背景に，その後千年以上にわたってカトリック諸国において支配的となった。

しかし，15世紀以降，天動説に対する反論の声がヨーロッパ各地で上がることとなる。その代表格は，ポーランドの聖職者コペルニクスであるが，彼以前にも15世紀のニコラウス＝クザーヌスが，地球を宇宙の中心と見なすことに既に疑問を投げかけていた。コペルニクスによって理論化された地動説は，カトリック教会の強い反発に直面したが，少ないながらも支持者を得た。その一人がイタリアの哲学者（　D　）であり，彼は(2)ドミニコ修道会の修道院で学ぶなかでコペルニクスの考えに強く影響を受け，地動説を信奉するようになった。しかし，その後彼は，宗教裁判で異端の宣告を受け，8年余りの投獄生活の後，1600年にローマで処刑されることになる。それでも，地動説擁護の流れは潰えることはなく，ガリレイは17世紀初めに地動説を主張した。その結果，彼も（　D　）と同様に宗教裁判に付され，結局自らの主張の撤回を迫られた上で自宅蟄居を命ぜられることとなった。他方，ドイツでもコペルニクスの地動説は支持者を得て，とりわけ（　E　）は惑星運行に関する「（　E　）の法則（または3法則）」を理論化して地動説の数理的な基礎を確立し，そして同説に基づく『コペルニクス天文学概要』を著した。

このように，ルネサンスを経て天文学は大きな飛躍を遂げ，太陽系システムの実態が徐々に明らかになってきた。しかし，それらの成果はあくまでも地上で為されたものであり，肉眼・望遠鏡による観察や机上での計算等によるものであった。ところで，人類は，天上の星々と地上の自分たちとの間に広がる空間をどのように認識していたのだろうか。プラトンの弟子または友人とされるエウドクソスは，天球と呼ばれる球面が玉ねぎ状に幾重にも重なりつつ地球を中心に回転しており，その一番外側の天球に恒星がのって一日に一周すると考えた。また上述のコペルニクスは，宇宙を有限の閉じた空間と考えたが，（　D　）はコペルニクスとは異なり，宇宙は無限に広がる空間であると考えた。いずれにせよ，地上，すなわち地球と，遥か彼方の太陽や惑星との間に広がる茫漠たる空間，つまり大空とその先に続く宇宙空間は，依然として人類が足を踏み入れることのできない領域であった。

それでも，飛行への憧れは早くから多くの人々の心を掴み，ついに飛行実現の大きな一歩となったのが，18世紀末のフランスのモンゴルフィエ兄弟による熱気球の初飛行の成功であった。気球は基本的には風任せの乗り物であり，移動手段としては適していなかったが，その気球に内燃機関を搭載して実際の飛行を可能としたのが飛行船であった。特に，19世紀末から20世紀初頭，皇帝（　F　）の統治下のドイツにおいて，ツェッペリンが開発した大型飛行船は大きな反響を呼び，ドイツと南北アメリカを結ぶ大西洋横断の定期運航も担うようになった。しかし，飛行船はその空気抵抗の大きさゆえに高速飛行には不向きであった。その欠点を補い，結果的に航空の主役となったのが，私たちにも馴染み深い動力飛行機（以下，「飛行機」と呼ぶ）であり，アメリカのオハイオ州で自転車工房を営んでいた（　G　）が，1903年に有人による初飛行を遂げた時からその文字通りの飛躍が始まった。

こうした飛行技術の進展は，一見すると人類の大空に対する純粋な憧れや探求心によって育まれたように思えるが，しかし戦争という現実的動機や需要によって強く後押しされていたことも否めない。事実，(3)<u>気球は発明から程なくして偵察目的のためにフランス軍に採用された</u>。また，ツェッペリンの飛行船も，開発から間もなくして始まった(4)<u>第一次世界大戦</u>で，ドイツ軍機として多数の機体が使用され，イギリス等に対する爆撃に従事している。そして，それは飛行機についても同様であった。（　G　）は研究を続けるためにアメリカ軍と契約を結ぶことを望み，その結果，初飛行から数年後には軍が（　G　）から飛行機を購入している。当初は主に木材と布で作られていた飛行機の機体は，戦間期と第二次世界大戦を経て，その大部分が金属製となり，また速度，航続力，輸送能力も大幅に改善された。こうした発展は，戦後の民間航空の本格的な興隆につながっており，現代に生きる我々はその恩恵を大いに享受している。しかしその一方で，性能向上を背景に，第一次世界大戦中には後の戦略爆撃の嚆矢ともいうべき作戦が実施され，第二次世界大戦では日・独・米・英といった各国が苛烈な戦略爆撃を行った。例えば，日本軍による中国の重慶に対する爆撃や，連合国側による日本の東京やドイツの（　H　）に対する夜間無差別爆撃が挙げられる。（　H　）は，ザクセン選帝侯領を前身とするザクセン王国の首都であり，現代でもザクセン州の州都であるが，1945年２月のこの空襲によって壊滅的な被害を受けた。航空の発展によって多くの民間人が犠牲になったことも，また事実なのである。

飛行という観点では，この第二次世界大戦はもう一つの意味で大きな転換期となった。それは，ロケット技術の進展である。ドイツ軍は，一種のミサイル兵器であるV-2ロケットでロンドン等を攻撃したが，戦後になるとその技術は旧連合国側にもたらされ，それを基にとりわけアメリカとソ連は，自らの軍事的優位や国威発揚のために，ミサイルを含むロケット技術のさらなる発展にしのぎを削った。その結果，両国は，有効射程距離が5500キロメートルを超え，核弾頭を装着可能な陸上発射型の（ I ）を開発し，1950年代後半に相次いで実戦配備したことで，互いの国土を核攻撃の射程内に収めることとなった。一方，宇宙開発においても米ソ両国は激しい競争を繰り広げ，(5)1957年にソ連がいち早く世界初の人工衛星スプートニク1号の打ち上げに成功すると，アメリカは1969年に打ち上げられた（ J ）によって初の有人月面着陸に成功した。しかし冷戦終結後，アメリカとロシアは，日本や欧州諸国等とも協力して国際宇宙ステーションを建設し，宇宙空間で長期滞在しながら研究・実験・観測を行うことが可能となったのである。

設問（1）前1世紀から後6世紀にかけてメキシコ高原に成立した文明で，黒曜石製品の貿易で栄える一方，その中心都市では巨大な「太陽のピラミッド」が建設された文明の名称を記しなさい。

設問（2）ドミニコ修道会と並ぶ代表的な托鉢修道会の一つで，1209年，アッシジに創設された修道会の名称を記しなさい。

設問（3）フランス軍によって初の気球部隊が編成された1794年4月のフランスは，ロベスピエールらによる恐怖政治の只中にあったが，1792年に司法大臣に就任し，その後山岳派右派を主導して，恐怖政治の強化に反対した結果，ロベスピエールと対立して1794年4月に処刑された人物の名前を記しなさい。

設問（4）第一次世界大戦にアメリカが参戦した際の大統領はウッドロー＝ウィルソンであったが，アメリカ的理念を他国にも広め，それによってその国にも資本主義・民主主義体制を確立することを目指した彼の外交は何と呼ばれたか，その呼称を記しなさい。

設問（5）ソ連が世界初の人工衛星の打ち上げに成功した際のソ連共産党第一書記で，コミンフォルムの解散を主導した人物の名前を記しなさい。

Ⅱ　以下の文章を読み，空欄（　A　）～（　J　）に最も適切な語句を入れ，下線部（1）～（5）に関する各設問に答えなさい。

オスマン帝国は，13世紀末頃にアナトリア北西部で成立したトルコ系の地方政権を起源とする。14世紀半ばにバルカン半島への進出を本格化させ，1396年にはニコポリスの戦いでハンガリー王ジギスムントの率いる連合軍を撃破した。15世紀初頭，アナトリア中部のアンカラでティムール朝軍に大敗し，第４代スルタンである（　A　）が捕虜となったことで，帝国は統一を失い，存亡の危機に陥った。しかし，同世紀半ばまでに体制を立て直し，以後，ヨーロッパやアジアの各地に勢力を拡大させた。

オスマン帝国の第７代スルタンであるメフメト２世は，1453年にコンスタンティノープルを攻略し，ビザンツ帝国を滅ぼした。７世紀以来のムスリム勢力の宿願を果たし，「征服者」と称されたこのスルタンは，コンスタンティノープルを帝国の新たな首都に定め，その開発に努めた。ハギア＝ソフィア聖堂をモスクに改装し，ヨーロッパ勢力の反撃に備えて城壁を修復したほか，ボスフォラス海峡を臨む高台に新たな宮殿を建てた。この宮殿は，国政の中枢として機能し，後に（　B　）宮殿と呼ばれるようになる。（　B　）はトルコ語で「大砲門」を意味する。さらに，メフメト２世は都市に水道を引き，巨大な市場や商館，隊商宿，公衆浴場などを建て，住民の生活に必要な環境を整備した。また，かつてビザンツ皇帝の墓所として機能した聖使徒教会の跡地に壮大なファーティフ＝モスクを建設し，学院，図書館，病院，給食施設などもその周囲に併設した。この学院は，オスマン帝国の最高学府に位置づけられ，(1)イスラーム世界の学問の発達に大きな役割を果たした。給食施設では，これらの施設の職員や学院の学生，都市を訪れた者や貧しい者たちに対して，１日に２度の食事が無償で提供された。ムスリムにとっての断食の月であるイスラーム暦第９番目の月には，特別な食事が用意された。この月をアラビア語で（　C　）と呼ぶ。

オスマン帝国による征服以降，次第にイスタンブルとも呼ばれるようになるこの都市は，メフメト２世による開発を基礎として，オスマン帝国の政治・経済・文化の中心となった。そして，マムルーク朝の首都であるエジプトのカイロや，ティムール朝の首都であった中央アジアの（　D　）を凌ぐほどのイスラーム世界の一大都市に発展するのである。（　D　）は，13世紀前半にモンゴル軍の攻撃を受けて荒廃したが，1370年に政権を握ったティムールが首都として再建したことで，以後，繁栄を取り戻した。

コンスタンティノープルを征服した後，メフメト２世はバルカン半島やアナトリア，黒海沿岸部などの各地に遠征を繰り返した。西方では，ハンガリー王国が防衛上の拠点であるベオグラードの防御を固めつつあった。ハンガリー王国は，10世紀末にマジャール人がドナウ川中流の（　E　）平原に建てた王国である。メフメト２世は，バルカン半島以北への門戸を開くべく，ベオグラードを攻囲したが，フニャディ＝ヤーノシュの率いるハンガリー軍に退けられた。しかしその一方で，バルカン半島ではセルビアやボスニアなどを支配下に収め，アナトリアでは黒海沿岸の諸都市を制圧した後，ビザンツ皇族の流れを汲むトレビゾンド帝国を滅ぼした。1204年の(2)第４回十字軍によるコンスタンティノープルの征服を受けて成立したこの帝国は，政略結婚を重ねて周辺諸国との友好関係を保ちつつ，イラン・アナトリア・黒海を結ぶ交易路の要衝を支配し，メフメト2世によって滅ぼされるまで約250年にわたって存続した。アナトリア東部では，トルコ系遊牧民の部族連合であるアクコユンルが，君主ウズン＝ハサンのもとで勢力を拡大させていた。アクコユンルが次第にアナトリア中部への干渉を強めると，メフメト2世はアナトリア東部に進軍してアクコユンル軍を破り，アナトリア中部の支配を確立した。このときまでに(3)アナトリア中南部の重要都市コンヤもオスマン帝国の支配下に入った。黒海北岸では，クリミア半島の貿易港であるカッファをジェノヴァから奪取したほか，キプチャク＝ハン国の継承国家であるクリム＝ハン国を従属させた。

こうしてメフメト2世の治世には，バルカン半島とアナトリアのほぼ全域がオスマン帝国によって統一され，黒海は事実上，オスマン帝国の内海となった。その結果，オスマン帝国は，東欧のハンガリー王国や，エジプト・シリアを治めるマムルーク朝と対峙することとなった。東方では，ウズン＝ハサンを失ったアクコユンルが衰退すると，サファヴィー教団の教主である（　F　）が，1501年にタブリーズを占領し，サファヴィー朝を開いた。東方貿易によって繁栄し，「（　G　）海の女王」と称されたヴェネツィアは，オスマン帝国の勢力拡大に対抗し，各地でオスマン帝国と衝突した。

メフメト2世の征服活動を支えたのは強力な軍隊であった。その軍隊は，(4)イェニチェリを中心とするスルタン直属の常備軍団と，（　H　）と呼ばれる騎士の軍団を柱とする。トルコ語で「新しい兵士」を意味するイェニチェリは，最新の武器で武装した常備歩兵である。一糸乱れずに行動する彼らは，敵対する国々に大きな脅威を与えた。騎士である（　H　）は，軍事奉仕の義務を負い，その俸給として農村などからの徴税権を与えられた。戦時には，与えられた徴税権の額に応じて武器や従者などを整え，従軍した。また，農村などで税を徴収する立場にあった彼らは，オスマン帝国の地方統治にも重要な役割を果たした。

オスマン帝国によるバルカン半島とアナトリアの政治的統一は，東地中海交易の発展をもたらした。首都イスタンブルには，アナトリアの絹織物や毛織物，北方の毛皮，バルカン半島の穀物や家畜，ヨーロッパの毛織物，東南アジアの香辛料，インドの綿織物など，各地から多様な商品が集まった。オスマン帝国初期の首都であるアナトリア北西部のブルサは，イランから絹を運ぶ隊商の終着地として栄えた。そこにはイタリア諸都市のほか，バフマニー朝下のインドからも商人たちが訪れた。バフマニー朝は，デリー＝スルタン朝の第3の王朝である（　I　）朝から14世紀半ばに独立したイスラーム王朝である。他方，バルカン半島では，イスタンブルから（　G　）海沿岸に至る陸上交易が活発になり，各地で隊商宿が建設された。

16世紀初頭にオスマン帝国がシリアとエジプトを領有すると，イスタンブルの宮廷にはエジプトの穀物や砂糖，東南アジアの香辛料，(5)西アフリカの金などがエジプトから船で運ばれるようになり，イスタンブルとエジプトを結ぶ海路の重要性は一段と高まった。この海路の安全を確保するため，第10代スルタンであるスレイマン1世は，ロードス島に艦隊を派遣した。また，第11代スルタンであり，スレイマン1世の息子である（　J　）の治世には，ヴェネツィア領であったキプロス島の征服を果たした。この事件を契機として，ヴェネツィア・スペイン・ローマ教皇などの連合艦隊が組織され，ギリシア中西部のレパント沖でオスマン帝国艦隊と対戦することになるのである。

設問（1）9世紀前半，翻訳・研究機関である「知恵の館（バイト＝アルヒクマ）」をバグダードに設立し，ギリシア語文献のアラビア語への翻訳を推進した，アッバース朝第7代カリフの名前を記しなさい。

設問（2）第4回十字軍を提唱したローマ教皇の名前を記しなさい。

設問（3）11世紀後半にアナトリアで成立し，ニケーアやコンヤを都としてアナトリアのトルコ化・イスラーム化に大きな役割を果たした，トルコ系イスラーム王朝の名称を記しなさい。

設問（4）オスマン帝国の第30代スルタンであるマフムト2世がイェニチェリ軍団を廃止したのは何年か，アラビア数字（算用数字）で記しなさい。

設問（5）14世紀前半に「黄金の国」マリ王国の最盛期を現出し，大量の金を持参してメッカ巡礼を行ったと伝えられる同王国の王の名前を記しなさい。

Ⅲ　以下の文章を読み，空欄（　A　）～（　J　）に最も適切な語句やアラビア数字（算用数字）を記入しなさい。

人間は集団を形成し，その集団はしばしば国家と呼ばれるようなものに拡張される。国家が誰によって統治されるか，その長が統治する権威をどのようにして調達するかは，歴史を通じて問題でありつづけてきた。前12世紀までは古代イスラエルの人々は王を持たず，断続的に現れた「士師」と呼ばれる長たちによって治められていた。しかし，人々は「王」による統治を求めるようになったと旧約聖書は伝える。最高の智者と称えられ前10世紀にヤハウェの神殿建設を行ったイスラエル王国第3代の（　A　）王の死後，王国は二国に分裂する。ただし，いずれの国でも王政は存続した。

他方，古代ギリシアのアテネでは，前8世紀には貴族政治が行われていた。前594年に，当時の執政官である（　B　）は市民を財産によって4等級に分け，等級に応じて参政権を定める改革を行った。これにより平民の一部が政治参加できるようになった。その後，非合法の独裁者である僭主による僭主政治の時期を経て，直接民主政が行われるようになる。古代ローマでも，建国にまつわる伝承は，エトルリア人の第7代の王を前509年に追放して共和政を宣言したと伝える。しかし，前2世紀半ばからの「内乱の一世紀」を経て，ローマの政体は事実上の帝政へと移行する。とはいえ，（　C　）帝よりも前の皇帝たちは，「市民のなかの第一人者」を意味するプリンケプスという称号にちなむ元首政のもとで，形式上の共和政を継続したのだった。

ローマ帝国下のイスラエルで始まったキリスト教は帝国内各地に広がっていった。（　C　）帝などによる迫害もあったが，4世紀後半には国教化されるに至った。五本山と呼ばれるようになった帝国内の5つの重要な教会のうち，4世紀末に東西に二分割された帝国の西半分に位置していたのはローマの教会だけだった。ローマは使徒ペテロとパウロが殉教した地とされ，ローマ教会の指導者は，使徒ペテロの後継者として教皇と呼ばれた。ローマ教会は，階層制組織を発展させていく。その組織は，一般の信者，彼らにミサや洗礼，結婚式などを行う司祭，司祭の任命や指導を行う（　D　），さらに（　D　）区を複数統括する大（　D　），そして頂点に教皇を戴く，ピラミッド型をなした。

4 世紀以降，ローマ帝国内に大移動を行ったゲルマン人は，いくつもの国家を興したが，その多くは短期間で消滅した。しかし，5 世紀にフランク王国を建国したクローヴィスは，（　E　）派のキリスト教に改宗してローマ教会の支持を取りつけた。この王国は，分割相続と王位争いに悩まされつつも長期にわたって存続する。8 世紀にカロリング朝の時代に栄えるが，分割相続で 9 世紀に三分割された結果としてできた三王国は，のちのフランス，ドイツ，イタリアの基となる。962年のオットー1 世の戴冠を起源とする神聖ローマ皇帝については，13世紀の大空位時代を経て，皇帝カール 4 世が（　F　）年に金印勅書を発布する。それによって，聖俗の七選帝侯による多数決制が定められ，そうした選出方法が19世紀初めの帝国解体まで効力をもった。

16世紀から18世紀のヨーロッパでは，王権神授説を理論的支柱として，王権を絶対視する政治体制が多く見られた。16世紀後半に，宗教改革後の宗教戦争の最中にあったフランスでは，思想家の（　G　）が主著『国家論』のなかで，主権という概念をはじめて定式化し，この絶対的権力を有する王権が平和と秩序を回復できると論じた。ブルボン朝の王たちは，17世紀以降フランス革命の直前まで，身分制議会である全国三部会の招集を停止していた。イングランドでも，チャールズ 1 世は，「権利の請願」を提出して王権を制限しようとする議会を1629年に解散し，以後11年間にわたり議会をひらかない専制政治を行った。しかし，彼はピューリタン革命で議会派によって処刑されることになる。大陸ヨーロッパでは，啓蒙の担い手たる市民層が十分に育っていなかった地域において，君主が上から啓蒙改革を進めていく啓蒙専制主義の体制が目立った。その代表的な国が，フリードリヒ 2 世のもとで国力を増強したプロイセンである。1190年にアッコンで組織された（　H　）は，13世紀以降，活動の場をはるか北のエルベ川以東に移し，東方植民の中核を担い，広大な所領を生み出した。この（　H　）領が，16世紀の宗教改革によってプロイセン公国となり，18世紀初頭に王国に昇格したのである。

18世紀後半のアメリカやフランスでの政治的な革命は，世界各地に衝撃をあたえた。例えば，ラテンアメリカでは，1791年の黒人奴隷の反乱に端を発したフランスからの独立運動によって，1804年に黒人共和国として（　I　）が独立した。これらの政治変革とそれに対する反動は，各地で幾度も繰り返されることになる。1814年からその翌年にかけて，フランス革命とナポレオン戦争後のヨーロッパ秩序再建を企図して，ウィーン会議が開催された。そこでは，従来からの君主制に立脚する列強を中心に，自由主義・国民主義運動の抑圧と，列強間の勢力均衡が図られた。それによって成立したウィーン体制は，フランスの二月革命の影響でヨーロッパ各地で起こった1848年革命によって崩壊する。オーストリア領内のハンガリーでは，この革命によってハンガリー内閣の初代蔵相となった（　J　）を中心にして，ナショナリストが独立や農奴制廃止を求めて反乱したものの，鎮圧される。1848年革命の震源となった当のフランスでは，二月革命のわずか 4 年後に，第二帝政が国民投票によって成立するのである。

Ⅳ　以下の文章を読み，空欄（　A　）～（　J　）に最も適切な語句を記入しなさい。

第二次世界大戦後の中国では，国民党の一党独裁体制を打破して，憲政を実施することが焦点になった。1945年，国民党・共産党両党の会談が重慶で開かれて，10月10日に蒋介石と毛沢東が双十協定を結び，内戦の回避や（　A　）の開催を約束した。1946年に重慶で（　A　）が開催され，国共両党を含めた主要な政治勢力が戦後の中国のあり方を議論した。しかし，同年には国共内戦が本格化した。内戦期の国民党は，党幹部の腐敗や経済的な混乱で大衆の支持を失う一方，共産党は農村で（　B　）を実施して支持を広げていく。（　B　）によって地主の土地が再分配され，自作農が生産意欲を高めた。ただし，中国ではその後の農業の集団化によって，農民の土地所有権は失われた。

1949年10月，北京を首都とする中華人民共和国が建国されて，主席には毛沢東，首相には周恩来が就任した。中華人民共和国は，建国直後にソ連・東欧諸国・インドなどによって承認された。西側の主要国では，イギリスが1950年に中華人民共和国を承認した。建国後間もない中華人民共和国は，1950年６月に勃発した朝鮮戦争に，大きな影響を受けることになる。アメリカを中心とする国連軍が韓国を支援して中国国境近くまで接近すると，中国は北朝鮮を支援して人民義勇軍を派遣した。朝鮮半島ではその後，北緯38度線付近を挟んで攻防が続いたが，1953年に（　C　）で開かれた休戦会談において朝鮮戦争の休戦協定が成立した。

他方，中華人民共和国は，1951年に人民解放軍をチベットに派遣して進駐させた。自治をめぐって中央政府とチベットが対立し，1959年にラサで反乱が起こると，人民解放軍がこれを鎮圧した。この時，チベットの政治・宗教の最高責任者であった（　D　）はインドへと亡命し，それを契機に中印国境では武力衝突が起こった。なお，（　D　）は，1989年にノーベル平和賞を受賞している。また，1955年には，東トルキスタンを中心とする地域にウルムチを区都とする（　E　）自治区が成立した。（　E　）自治区や1965年に成立したチベット自治区では，その後の経済発展にともなって漢族の流入が増加すると，民族対立が激化して暴動も発生した。

東南アジアに目を転じると，ベトナム戦争は，第二次世界大戦後における最大級の戦争であった。南ベトナムが共産側となれば周辺諸国も共産化すると考えたアメリカ合衆国のジョンソン大統領は，1964年の（　F　）を口実に，本格的な軍事介入を行った。アメリカの駆逐艦が北ベトナムの魚雷艇の攻撃を受けて反撃したと発表されたが，この（　F　）はのちにアメリカのでっちあげだったことが判明した。アメリカは，1965年以降，北ベトナムに大規模な爆撃を行い，大軍をベトナムに派遣した。これに対してソ連と中国は，北ベトナムと南ベトナム解放民族戦線に大規模な軍事・経済援助を行った。

1969年にアメリカ合衆国の大統領に就任したニクソンは，アジアでのアメリカの軍事介入を縮小することを提唱した。1971年には，（　G　）が大統領補佐官として秘密裡に訪中して，米中和解の足がかりをつくると，翌年にニクソン大統領が訪中し，毛沢東とのあいだで関係正常化に合意した。また，1973年にはベトナム（パリ）和平協定が成立し，ニクソン大統領はアメリカ軍の南ベトナムからの撤退を実現させた。同年，（　G　）はベトナム和平の功績で，ノーベル平和賞を受賞した。

ベトナムでは，1976年に南北を統一したベトナム社会主義共和国が成立した。その頃，カンボジアでは親中国の（ H ）を首相とする民主カンプチア政府が成立した。しかし，反中国のベトナムとの間で国境問題が起こり，ベトナムが侵入したカンボジアでは，1979年にヘン＝サムリン政権が成立した。（ H ）派は中国の支援を受けながらゲリラ戦を展開し，人民解放軍はベトナムに侵攻して中越戦争が起こった。

中国では，1966年，毛沢東が実権奪取のためにプロレタリア文化大革命を発動し，大衆運動を利用した政治権力闘争に中国全土をまきこんでいった。しかし，1976年に周恩来と毛沢東があいついで死去すると，首相である（ I ）が，文化大革命を推進していた「四人組」を逮捕した。そして，1977年に文化大革命は終了を告げた。文化大革命終結後，実権を握った鄧小平は，経済建設を重視して，農業・工業・国防・科学技術の「四つの現代化」を推進し，改革・開放政策を実施した。ところが，1989年，学生や青年労働者などによる民主化要求運動がおこり，人民解放軍がこれを鎮圧した。この天安門事件によって，中国は国際的にきびしい批判を受けた。とはいえ，その後も改革・開放政策は推進されて，中国はめざましい経済発展を実現していく。

さらに，1997年にはイギリスから香港が，1999年にはポルトガルからマカオが中国に返還されて，これらの地域には（ J ）制度が適用された。それによって，特別行政区となった香港とマカオでは，社会主義の中国に返還された後も資本主義が存続した。

なぜか人間だけが獲得してしまった想像力によって、ひとは目に見える世界の向こう側にある世界を見、聴き、語ろうとする願望を持つにいたった。それこそが芸術の始まりだったはずだ。芸術は日常の秩序とはちがう原理を求める。中沢新一氏は、それを「社会的なものの外へ越え出ていこうとする衝動」と表現している(『芸術人類学』)。

それゆえに、便器の向こう側に新たな意味を探索しようとするアートも、さまざまな音を組み合わせ、未知なる世界に辿りつこうとする音楽も同じものだ。美学者・佐々木健一氏によれば「常に現状を超え出てゆこうとする精神の冒険性に根ざし、美的コミュニケーションを指向する活動」が芸術ということになる。

ひとは、ただ目の前にある現実を受け入れ生きるだけでは、その生に満足しないらしい。生命(いのち)を超越した「無いのに在るもの」の存在を確信して、初めて生の充実を得られるようだ。なぜ人類がそのようなこころを持って、この世界に登場したのかは謎というほかはない。ただ一ついえることは芸術(と宗教)だけが、人間の持って生まれた本質的な欠落感を埋める唯一の手がかりらしいことだ。人間を人間たらしめることの根源にある営みが、芸術であることに間違いはなさそうだ。

他の動物たちと同様、ただ生物としての生命をまっとうすればそれでよさそうなものを、ややこしいといえばややこしい話ではある。でも、それが人間存在の土台である以上文句をいっても始まらない。

(大嶋義実『演奏家が語る音楽の哲学』より)

設問Ⅰ　この文章を三〇〇字以上三六〇字以内で要約しなさい。

設問Ⅱ　人間の創造性について、この文章をふまえて、あなたの考えを三二〇字以上四〇〇字以内で述べなさい。

で差別化していることからもそれは分かる。とはいえ、どの言葉もあくまでアート＝芸術であることに変わりはない。日本における「芸術」と「アート」のような分離絶縁された構図ではなさそうだ。というのも、アート＝芸術というものはそれが何であれ、ひとの営みの果実と捉えられるからであるようだ。日本語に翻訳された芸術の語感からはそうした開放性が抜け落ちてしまった。代わってこの言葉には、外部からはうかがい知ることのできない特殊な世界の伝統と権威というイメージが貼りついたのだろう。旧来の縛りからの解放を謳う芸術の総称として日本でアートが用いられるようになったのも無理からぬことのようだ。

そう考えるとアーノンクール（一九二九―二〇一六）が挑んだ古楽復興運動は、それまでのクラシック界の常識と伝統（と信じられていたもの）からの逃走を試みた点で、まさしくアートだったのかもしれない。当時の権威主義的な演奏のあり方をいったん白紙に戻し、楽器の奏法も一からの見直しを図ったからだ。

誰もが疑いもしなかったヴィブラートに疑問を投げかけたことなどはその好例だ。ヴィブラートのない演奏など考えることすらできなかった二〇世紀半ばの音楽界に彼は「本当にそれは必然なのか」と問いを発した。古典的な音楽であるかぎり、演奏のために鍛錬された技の必要性が減じたわけではない。だが、伝統と称する権威にからめとられた奏法を見直そうとする運動は、過去の音楽の再現を通り越し、むしろアヴァンギャルドな芸術（音楽）＝アートであるかのように響きもした。彼は近年ひとびとのあいだで信じられてきた音楽上の語法が、じつは一九世紀以降に初めて音楽界に共有された理念によって生まれたものであり、それ以前の音楽はまったく違う価値観で奏されるべき、と主張する。返す刀で二〇世紀のスタンダードを築いた巨匠たちのバッハ、モーツァルト解釈をことごとく否定していった。大衆ウケする彼らの音楽は一八世紀の演奏習慣からは、大きく逸脱していたからだ。その結果、時代の反逆児アーノンクールの音楽は大御所たちに毛嫌いされることとなる。

さて、芸術であれアートであれ、その歴史が人類の起源にまで遡るものであることに疑いの余地はない。ラスコーに代表される洞窟壁画がクロマニョン人の手によることは知られている。最近の研究では、芸術的な能力は希薄だったとされてきたネアンデルタール人にも芸術活動の痕跡が見られるという。ネアンデルタール人はクロマニョン人出現以前、いまから四〇万年ほど前から二万年ほど前まで地球に生息していた人類といわれる。いくつかの洞窟壁画はこれまでの定説を覆し、ネアンデルタール人によるものであると主張する学者もいる。ことばを獲得する以前に彼らが、ことばのない歌によって意思疎通を図っていたとの説もある。なによりも死者に花を手向ける心性をすでに彼らは持っていたらしい。ひとの埋葬された跡から多量の花粉痕が見つかることで、それが分かるという。

死者を悼み弔うことは、そこに無いものとコミュニケイトしようとするこころにほかならない。それはとりもなおさず彼らが芸術的な精神活動の持ち主であったことの証だろう。日の当たる日常の向こう側にあるものの鼓動に耳を傾けること、それはすでに芸術だ。芸術の本質は、覆いの背後に息をひそめている真実へのアプローチにこそあるからだ。ひとを手厚く葬るという行為は、死の陰に隠された生の真実へと至ろうとする意思なしには生まれ得ないではないか。

をそらせようとしているものは何か』を考えてほしかった」と、説明されれば、「なるほど」と得心したにちがいない。それはたしかに思考の創造だ。

たとえそれが屁理屈だとしても、単なるゴミでさえもが考えようによっては芸術となりうる時代をわたしたちは肯定的に捉えるべきだろうか。いうまでもなく「何でもあり」（本当はそうでもないとはいえ）の芸術に首をかしげるひとびとも少なくはない。しかし、規則にがんじがらめになり、常に管理される社会に生きるよりは言祝ぐべき事態ではあろう。いや話は逆なのかもしれない。彼らのような芸術家を通して、ひとり一人があらゆる価値観をさし出すことのできる社会をわたしたちは目指しているように思える。すでに現状を自由の過剰と捉える者もいれば、未だ達成せずと考える者もいる。しかし少なくとも、異なる概念がせめぎ合う場を立ち上げ、またそれを維持することが芸術家に課せられた責務の一つであることに間違いはないようだ。

ところで、いつの頃からかデュシャンのそれや、ケージらの音響パフォーマンスともとれる音楽は、日本では「アート」と称されはじめた。当然ながら英語に芸術とアートの差異はない。他の欧米諸言語と対照しても同様だろう。「Art」（英）や「Kunst」（独）の訳語として「芸術」があてられたのだから区別のしようがない。だから本来はアートも芸術も同じ意味であり等価であるはずだ。ところが、日本では意識的にか無意識にか、芸術とアートが使い分けられている。

その線引きの根底にあるのは、鍛錬された技術のうえに成り立つ作品あるいはパフォーマンスと、発想や考え方に重点をおく作品（もしくはパフォーマンス）の差なのだろう。前者が「芸術」と呼ばれ、後者が「アート」と称されている。

一般的な感覚では、手仕事として精緻をきわめたミケランジェロやラファエロの作品は芸術といえても、サインをしただけの既製品を「芸術」と認めるにはどこか抵抗がある。音楽においても同様だ。演奏する（？）ためにはいかなるスキルも必要とされない「4分33秒」、したがって赤ん坊にでも演奏（？）できるそれは果たして芸術なのか。意図せず偶然響いた音響をして「芸術」と主張されても、頭のなかには？？が飛び交う。どう考えてもバッハやモーツァルト、ベートーヴェンの作品やその演奏と同列には扱いたくないというのが、ひとびとの本音ではないか。「果たして自分の頭は固いのではないか」などと自問し、戸惑いを覚えつつも、芸術としての便器に感じるもやもやをどうすることもできない。わが国で「芸術」と「アート」の使い分けが始まったのは、このような事情を解消するための苦肉の策だったにちがいない。

もちろん、アートにもそれなりの技巧は求められる。だとしても、その制作やパフォーマンスには、代々受け継がれ磨き尽くされた技が必ずしも必要とされるわけではない。鍛錬のうえに習熟される手技は、むしろ歴史の重圧を想起させる。そんな権威と閉塞感から脱出するためにも、「アート」には高度なワザに頼らなくてもいいアイデアや概念が必要とされるのではないか。

そうした感じ方は日本以外のひとびとにも共通ではあるようだ。古典的な芸術と区別するために「モダンアート＝現代芸術」や「コンテンポラリーアート＝同時代芸術」「コンセプチュアルアート＝概念芸術」などの言葉その意味で、ケージ、シュールホフの作品などは音楽に対する価値観の転換を図ったものにほかならない。おそらくそうした考えの先駆となり、新しい時代の新しい芸術のあり方に、誰よりも果敢に挑んだのが、美術家マルセル・デュシャン（一八八七―一九六八）ではなかったか。

一九一七年に発表された彼の「泉」を嚆矢として、芸術への挑発的な問いは発せられた。どこにでも売っている（いや、どこにでも売ってはいないけれど、しかるべきところにさえ行けば簡単に手に入る）男性用小便器に、デュシャンの手によって〈R.Mutt 1917〉とサインされたそれは、ニューヨークにおける「第一回アメリカ独立美術家協会展」に出品されようとしていた。彼が架空の人物リチャード・マット（Richard Mutt）氏になりすまして展覧会に応募したのだ。審査なし、年会費と出品料合わせて六ドルさえ払えば、誰のどんな作品であっても展示する、というのがその展覧会の売りだった。ところがその作品「泉」は「不謹慎」を理由に、ひとびとの目に触れることはなかった。内覧会オープンに残すところ一時間となるまで、これを展示するかどうかで内部では侃々諤々の議論があったという。審査基準はなかったにもかかわらずだ。展示拒否の結論に協会理事の一人でもあった本人は抗議の辞任をする。

その後彼は、自ら発行する小雑誌に以下のような文章で、協会の決定に反論を試みる。

> この展覧会には六ドルを払えば、アーティストは誰でもその作品を展示できるという。リチャード・マット氏は泉を送った。しかしこの作品は議論されることなく姿を消し、展示されなかった。マット氏の泉は何を根拠に拒否されたのか：――
>
> 1、ある者は、それは不道徳で、下品だと主張した。
>
> 2、他の者は、それは剽窃で、単なる配管設備だ、という。
>
> さて、マット氏の泉は不道徳ではない。浴槽が不道徳でないのと同じで、ばかばかしいはなしだ。それは誰でも毎日配管設備店のショーウィンドウで見ることができる。
>
> マット氏が自分の手でそれを作ったかどうかは重要なことではない。彼はそれを選んだ。彼は平凡な生活用品を取りあげ、新しい題名と視点のもとに本来の実用的な意味が消えるようにした――そう、あの物体に対して新しい思考を創造したのだ。（『百年の《泉》』、筆者訳）

つまり彼は、自分の手で何かモノを作るのではなく、思考を創造することをもって芸術とした。まさにコンセプチュアルアートの先駆けがこの一連の事件（？）といえる。

デュシャンは美術家のひと言ではくくれない二〇世紀を代表する芸術家だ。彼は画家から出発したものの、ひと言でいうなら芸術という分野に「何でもあり」を持ち込んだ元祖といってよかろう。便器はもとより、モナ・リザの複製画に髭を描き加えたり、やはりどこにでも売っているコート掛け（タイトル「罠」）や瓶乾燥機を作品とした。はたから見れば「やりたい放題」だ。新しい時代の芸術（運動）は便器が芸術となったその瞬間から始まったといえよう。だからガレキと立ち入りを拒むロープを作品として筆者が捉えてもおかしくはないわけだ。もしあの場に作者を名乗る人物が現れて「ロープとガレキを組み合わせることによって『わたしたちの目者はただ楽器の前にいるだけだ。しかるに、ステージからはなんら音の発せられないそのあいだ、聞こえてくる音響全部が彼の作品だ。それはひとびとの呼吸する音であり、しわぶきであり、ざわめきであり、椅子のきしみであり、空調の唸りであり、外を通る車のノイズであるかもしれない。奏者がいっさい音を出さないことを訝しむ聴衆に対する「本当にあなた方は何も聞こえないのですか」という問いかけそのものが、彼の芸術活動だ。

余談だが、じつは無音の音楽(?)を最初に書いたのはケージではない。彼よりも三三年早く音のない音楽(?)に気づいた人物がいる。エルヴィン・シュールホフ(一八九四―一九四二)というプラハ生まれのユダヤ人作曲家だ。一九一九年に発表された彼の「五つのピトレスク」というピアノ小曲集第三曲「未来に」と題されたその曲は、全三〇小節があらゆる種類の休符と感嘆符、疑問符等の記号、そして顔文字のようなものだけで埋められていた。一音も発せられないにもかかわらず右手は五分の三拍子、左手は一〇分の七拍子と指定もされている。そのうえ楽譜の冒頭には「常に表情豊かに感情をこめて自由に歌うように……」(『シュールホフ　フルートとピアノのためのソナタ』音楽之友社)との指示まである。これほど演奏困難な音楽はあるまい。彼はほかにも女性のあえぎ声と水の流れる音だけの「ソナタ・エロティカ――男たちだけのために」などという曲(?)を発表するなど、第一次世界大戦後、世界の虚無をアートにした音楽家だ。ナチスの悲劇に巻き込まれさえしなければ、戦後新たな音楽シーンを創り出す才能となったに違いない。

筆者は「それが一聴して音楽と認識できないものを音楽とは認めない」という立場ではある。しかしながら実際には、当初ランダムな音響の連続としてしか捉えられなかった音現象が、なにかをきっかけに音楽として聞こえてくることがある。「ソナタ・エロティカ」だって聴きようによってはたしかに音楽に聞こえなくもない。自ら演奏する場合など「これを音楽とは認めがたい」と、いやいや譜読みをしていた作品にもかかわらず、突如その響きが音楽として現前する瞬間さえある。

機械的、無機的に作曲されたはずの、偶然性と十二音技法を組み合わせた日本人作品のなかから、きわめて日本的な情緒が立ち昇ってきて驚いた経験がかつてあった。それもなぜか、古代の日本が大陸から盛んに文化的影響を受けていた時代の匂い(知っているはずはないのだけれど……)に幻惑されるような感覚だった。なんら脈絡のない(と思われる)音の連続であっても、条件が整えばそれを音楽と感じるセンサーがひとには備わっているようだ。

もちろん最後まで雑音と無意味な信号音が連続する「自称芸術」としか評価のくだしようのない作品もたくさん経験してきた。もしかしたら、そうしたものであってもセンサーの感度が上がれば、それを音楽として認識できるときが訪れるのかもしれない。

いまや芸術と非芸術の境界は個人的な感覚のなかでさえ、曖昧なもののようだ。

おそらくそれは「芸術とは何か」、裏を返せば「どうすれば芸術でなくなるのか」という、問題提起自体が芸術となりうる時代の混乱がもたらしたものだ。

小論文

（九〇分）

（注意）　解答はたて書きで記入すること。

次の文章を読み、設問に答えなさい。

近ごろ、豊かな自然のなかで作品展示が行われる芸術祭が各地で開催されているようだ。そこで主催者がしばしば耳にする言葉は「あれも作品ですか？」らしい。地元のオッちゃんから「これが作品なら、あれだってアートだ」などと、木漏れ日のなかキラメいて揺れる蜘蛛の巣を指されることもあるという。想像しただけでも美しいではないか。筆者など「そのとおりだ」と素直にうなずいてしまうことだろう。そういう目をもってすれば、なんだってそれらしく見える。こうしたイヴェントに参加すると、それまで当たり前のように思っていた自分の感覚に戸惑いを覚える。むしろ、そんな美意識の攪乱を自ら楽しむこと自体が、その目的ではあるのだろう。そういえば勤める大学のキャンパスの一角にガレキが積み上げられているのを、美術学部の作品発表かと勘違いしてじっと見ていたことがある。「先生、それ本当に廃棄物です」とやってきた学生にいわれても半信半疑だった。立ち入りを規制するロープにさえも、なにかメッセージが込められているかに思えていたからだ。芸大などという場所は、そもそもが世間から隔絶された異空間だ。深読みすればそのへんに転がっているゴミだって作品に見えてくる。あらゆるモノや事象が芸術となる可能性をもった時代をわたしたちが生きていることに間違いはなさそうだ。

音楽についていえば、この世を満たす音響現象はすべて芸術たりうる。それはかのジョン・ケージ（一九一二―一九九二）作曲「4分33秒」（一九五二年）を聴けば（？）一目（聴）瞭然だ。楽譜に音符は書かれていない。奏

・memo・

2022年度

問題編

■総合型選抜 自主応募制による推薦入学者選考

▶試験科目

教　科	内　容
総合考査Ⅰ	小論文形式を採り，各種資料に対する理解力，文章構成・表現力，分析力等を総合的な視点から考査する
総合考査Ⅱ	与えられたテーマについての記述を評価する

▶備　考

上記考査および「調査書」「評価書」「自己推薦書」により選考を行う。

総合考査Ⅱ

（60 分
解答例省略）

次の文章の中で、筆者は、自由によって保障される多様性が過度に強調されることの問題を指摘していますが、自由と多様性についてのあるべき姿について、あなたの考えを述べなさい。（320字以上400字以内）

自由は多様性を保障する。現代社会では感受性や考え方の違いに積極的な価値が認められており、生の内実はさまざまに形作られる。それだけではなく、誰もが自分を表現することができるように、サイバースペースでは、自己表現のためのプラットフォームが無数に整備されている。表現の自由は多様性を可視化するのである。

ところが、多様性が過度に強調されると、これは裏返って命法になる。あなたは自分なりの感受性や考え方を形成して、それを表現しなければならなくなるのだ。それは、多くの場合、他者との競合になるだろう。多様性は差異によって作られていくが、他者との差異を確立できない凡庸な人間は、生き方の多様性から置いてけぼりにされた気がする。世界から取り残された気がする。

［岩内章太郎『〈普遍性〉をつくる哲学 ――「幸福」と「自由」をいかに守るか』（NHK出版、2021年）より。原文に一部修正を加えたところがある］

命令は、連帯が必要とされる状況の個別性にもかかわらず、その個別性を貫いて通奏低音のように鳴り響く。倫理的連帯の普遍性はこうした遍在性を意味するのである。

〔馬渕浩二『連帯論――分かち合いの論理と倫理』（筑摩書房、二〇二一年）より。
原文に一部修正を加えたところがある〕

の規範的な側面を示すための語である。

倫理的連帯の遍在性

それでは、規範的な視点から見た場合、連帯の普遍性をどのように理解すべきだろうか。まず、注意すべきは倫理的連帯の範囲である。倫理的連帯は他者に対して開かれてあるよう、そして、他者とのあいだに相互扶助の関係を結ぶよう命じるだけであって、どのような他者とその関係を結ぶべきかを指定しない。つまり、倫理的連帯は、特定の集団の成員や特定の特徴を共有する者と連帯するよう命じるわけではない。その点で、倫理的連帯は開放性を備えている。それゆえ、倫理的連帯の命令に従うことには、見知らぬ他者と連帯することも含まれる。たとえば、私の目のまえに、これまで一度も出会ったことがない人物が倒れているとする。そのような他者とのあいだに相互扶助の関係を結ぶことを倫理的連帯は排除しないし、可能であるなら、そうすることを要求するはずである。倫理的連帯の普遍性は、このような開放性として理解される。

(2)この場合、この倫理的連帯の普遍性は、「人類全体との連帯」に備わる普遍性とは異なる。一人ひとりは、どのように考えても七八億人と繋がり、その者たちを扶助することはできない。それは、明らかに、物理空間的に不可能であるし、人間という有限な存在にそなわる能力の限界を超えている。そのような意味での普遍性は、はじめから不可能である。さきの例が示そうとしているのは、そのような普遍性ではない。私が出会うのは、人類のごく一部である。その意味においては、私が連帯関係を築くことができる範囲は狭い。だが、潜在的には、私は他の幾多の他者たちと連帯の関係を結ぶことができる。それが誰になるのか、何人になるのか、いつになるのか、どこにおいてなのか、どのようにしてなのか、そのことをあらかじめ知ることはできない。それは、その都度の私の生の状況と文脈に左右される。しかし、倫理的連帯は、連帯の関係を結ぶのが誰になるとしても、その誰かと連帯の関係を結びうるよう要求する。

さらに、各人が、それぞれに与えられた場面で連帯しようとするとき、つねに倫理的連帯が生起していることに注意すべきである。ある者が、テレビ画面に映し出される異国の貧しい子どもたちの姿に心を動かされ経済的支援の活動に関わるとき、あるいは国家権力に迫害された異国の者たちの行く末を案じて人権擁護の活動に加わるとき、その者は、個別の他者に個別の文脈で連帯している。有限な存在である人間は、すべての政治的連帯や市民的連帯や社会的連帯に関与することなどできず、自身が置かれた状況や文脈に要請されて特定の連帯に関与することができるだけである。だが、その特定の連帯に関与するとき、人は、連帯せよという倫理的連帯の命令に応答している。この

連帯と他者中心主義

相互扶助には贈与性という要素が含まれる以上、連帯という現象も程度の差はあれ他者中心主義の性格を帯びる。連帯が他者中心主義の性格を帯びるという事態を理解するために、「人は自分自身と連帯することはできない」というショルツの言葉を少しだけ自由に解釈してみよう。連帯するとは、定義上、他者と関わるということである。他者と連帯するとき、個人はその境界の外部に飛び出し、他者に開かれる。連帯的であるとは、他者に開かれていることを意味する。それだから、連帯するとき、個人は脱中心化される。連帯において、他者との関係の重心は自己から他者の方へと移動するのである。もちろん、連帯が制度化されると、その制度から自己利益を得ようと考える者たちが出現する。そのとき、連帯関係における重心は自己の方にやや移動する。そのことによって、連帯の協働モデルが説得力を増すような場面が発生するだろう。だが、そうだとしても、そのことによって他者中心主義の要素が消滅してしまうわけではない。

連帯の倫理、あるいは相互扶助の倫理というものが可能であるとすれば、それは他者の方に重心を移動させたものであろう。イマヌエル・カントの定言命法――「汝の人格やほかのあらゆるひとの人格のうちにある人間性を、いつも同時に目的として扱い、決してたんに手段としてのみ扱わないように行為せよ」――を変形することによって、この重心移動を表現することができるかもしれない。ライティネンは、そのことを試みた。

以下のように述べることによって、カントの有名な格言を転倒することさえできる。誰も、単に目的と見なされるべきではなく、むしろ、少なくともときには他者の目的を促進するための有用な手段と見なされるべきである。

連帯せよ――そのように呼びかけられるとき、自身の存在が他者たちに開かれてあること、自身の存在の一部を差し出し、他者たちと分かち合うことが、私たち一人ひとりに求められるのである。ここでは、このような分かち合いの呼びかけに「倫理的連帯」という名を与えよう。

ここで用語を整理しておく。前節において、人間存在の土台に連帯の構造があること、連帯の構造は相互扶助的性格を有することを確認してきた。本章では、このような人間存在を支える相互扶助的構造の異名として人間的連帯の語が用いられる。したがって、人間的連帯は、人間たちのあいだに事実として相互扶助的連帯が存在することを示す語であるから、おもに記述的に用いられる。他方、この相互扶助的連帯に関与するよう命じるのが倫理的連帯である。それは、人間的連帯ようなものとして理解されてしまうと、相互扶助の本質が見えなくなってしまう。相互扶助は、商品交換のようなものとしては不可能なのである。商品交換は、交換される物やサービスの等価性、また交換の同時性によって特徴づけられるだろうが、日々の相互扶助はそうした特徴から大きく逸脱している。もし、贈与に対して、即座に等価の贈与で応答するとすれば、それは、贈与が生み出す関係を解消することを意味するだろう。グッディンは次のように述べている。

厚意に対して、あまりにすぐに返礼する者は、あるいは友人が以前じぶんに与えてくれたものと同じ贈り物を正確に友人に返す者は、友人的な振る舞いを支配している規則ではなく、商業融資の返済を支配している規則に従っているのである。

商品交換は、そのような非友人的な規則に従うものである。交換者たちは、交換のあいだだけ接触し、交換が終われば交換者たちの関係は絶たれる。そして、その交換は等価物の交換でなければならない。これに対して、相互扶助の相互性は、そのようなものではない。すでに考察したように、ある人物が誰かを扶助したとしても、その見返りの扶助がいつ、どれだけ届けられるのか分からないし、そもそも届けられないかもしれない。それでも遂行されるのが相互扶助なのである。

ここで注意すべきは、強調点が置かれている場所である。ここでは、扶助する者は見返りを期待してはいないといったことが主張されているのではない。純粋な利他主義者や聖人君子でない以上、人は何らかのかたちで見返りを期待するはずである。しかし、期待通りに見返りが届けられるとは限らない。相互扶助の関係においては、商品交換のような相互性は成立しないからである。そのかぎり、相互扶助には、見返りのない贈与という契機が避け難く含まれる。この事実が強調されているだけなのである。

相互扶助の性格をこのように理解することによって、第1章で言及された連帯の二つのモデル――協働モデルと他者中心主義モデル――と、相互扶助との関係について解釈することが可能となる。連帯の協働モデルでは、共通の目標や利益を実現するために協力し、その負担を引き受けることが連帯と見なされるのであった。また、連帯の他者中心主義モデルにおいては、苦境に陥っている他者に対する助力に力点がおかれるのであった。一見すると、相互扶助は前者と親和的であるように感じられる。だが、相互扶助が帯びる贈与性を考慮に入れるなら、連帯の他者中心主義的モデルによっても相互扶助の一面を説明することができるのである。

である。ここから相互扶助の倫理が立ち上がる。

ある人が誰かを扶助するとき、その人は自身の存在の一部を、つまり労力や時間や所有物を他者に差し出し、他者と分かち合う。助け合いは分かち合いである。だから、相互扶助の倫理は分かち合いの倫理である。だが、分かち合いの倫理は正義の倫理ではない。相互扶助という語は相互性を含意するので、正義の概念と親和性が強いように見えるかもしれない。つまり、一者が与えたのと同じだけ他者も与えなければならないという均衡が含意されるように見えるかもしれない。しかし、相互扶助において大切なことは、まずは分かち合うことであって、相互扶助の倫理は正義や均衡とは異なる次元にある。分かち合いの倫理は分け前の正当性の倫理ではない。

もちろん、相互扶助が社会保険のようなかたちで制度化されるとき、誰がどれだけ負担し利益を手にするのかということに関する分配的正義の問題が前景化するだろうし、またヘクターの言う通りフリーライダーを防止することも切実な課題となるだろう。しかし、相互扶助は、そうした正義の問題から独立したトピックとして理解されなければならない。危機の状況においては、正義よりも連帯が強調される傾向がある。それは、危機の状況にあっては、制度的正義がうまく機能しないからであり、正義が不在であってもなお人々の共存が求められるからである。そのことは、相互扶助や連帯が正義と次元を異にするトピックであることの証拠であろう。

たしかに、相互扶助は扶助の相互性を含意するから、相互扶助の倫理においては、一者の扶助に対して他者が扶助で返すということが前提される。しかし、相互扶助の概念それ自体は、一者が他者に対して、いつ、どのように、どれほど扶助するのかという内容を指示しない。(b)一者が扶助したにもかかわらず、他者が扶助を返すことがない、ということも十分にありうる。たとえば、ある人物が困窮する他者に扶助したが、それにもかかわらず、その他者が絶命してしまうといった事態は十分に想定しうる。このような場合、扶助は相互的ではなく一方向的であって、見返りのない贈与であることになろう。また、ここでは説明の便宜上、相互扶助の関係を一対一の関係として説明しているが、実際にはそうではない場合が多い。一人を扶助するために、複数の者たちが力を合わせることが頻繁にある。複数の者たちが複数の者たちを扶助することもある。この場合、誰がどれだけ扶助したかということを突き止めることは困難であろう。そうであるにもかかわらず、相互扶助は行われる。その意味でも相互扶助には贈与の契機が含まれるはずなのである。

商品交換の一面性

そうした相互扶助の独特の性格が捨象され、相互扶助が商品交換の欠如存在としての人間は、その欠如を一人で満たすことは難しい。だが、人間は社会的物質代謝の流れに与することによって、その欠如を満たすことができるようになる。人々は支え合うことで、一人ひとりの脆弱性を和らげることができるのである。これが社会的連帯の基底的な構造であるとすれば、欠如と過剰の弁証法は社会的連帯においても働いている。また、老いや病によって、そして様々な不慮の出来事によって欠如を満たすことができないとき、人間は周囲の者たちの扶助によって、その生命を再生産する。今日、このような相互扶助の一斑は制度化され、社会保障制度として営まれている。この制度のもとでは、人々が少しずつ負担を受け入れることによって、他者の生命を支えるという困難な課題が果たされる。この市民的連帯においても、欠如と過剰の弁証法が働いている。あるいは、人々の物質代謝の途絶が、様々な制度の綻びや歪みによって引き起こされているとき、この制度を変革する必要が生まれる。しかし、制度の変革をたった一人で行うことは不可能である。なぜなら、制度は、定義上、多数の者たちによって担われるものだからである。一人ひとりの個人は制度をまえにして非力である。しかし、制度を変革するという政治的大義のもとで人々が力を合わせるとき、制度の変革が達成されることがある。このような政治的連帯にも欠如と過剰の弁証法が働いている。

連帯は、特定の目的や意図のもとで成立するから、その目的や意図の差異に応じて、成立する連帯の種類は異なる。だが、どのような種類の連帯であっても、それが連帯であるかぎり、かならず相互扶助の構造が備わり、そこでは欠如と過剰の弁証法が働いているはずである。このように理解することができるとすれば、人間的連帯は、他の種類の連帯と同水準に並ぶ連帯の一類型にすぎないのではない。むしろ、人間的連帯は、他の種類の連帯が連帯として存在するのを可能にする共通の分母なのである。そして、そうであることによって、人間的連帯は様々な連帯が生起する個々の場所で、それらの連帯を支えている。なぜなら、人間的連帯は人間が生活を営む場所に遍在している。人間的連帯は、人間の存在構造だからである。人間的連帯の普遍性というものは、このような人間的連帯の遍在性として理解することができるだろう。

相互扶助の倫理

人間は欠如存在であるが、複数の欠如存在が集合するとき、欠如と過剰の弁証法が働き、人間はその欠如を満たすことができるようになる。このような連帯の機制を通じて、欠如存在としての人間は、その生命を再生産することができる。人間は、この事実を知っている。一者の生は他者による扶助がなければ成り行かないし、他者の生も一者による扶助がなければ成り行かない。そのことを人間は知っているの絶したりすることによっても、この脆弱性はもたらされる。経済恐慌、政治腐敗、制度の綻び、戦争、革命、争乱など、様々な社会的事件によって社会的物質代謝は阻害される。そして、社会的物質代謝が阻害されることによって、個人の物質代謝も滞ることになる。

過剰の生成

欠如存在としての人間は、一人ひとりが孤絶しているなら、このような物質の剥奪に対してひどく脆弱である。だが、人間は、物質の欠如がもたらす脆弱性を完全に克服することはできないが、しかしそれを緩和させることはできる。他者たちの存在によって、そのことが可能になる。もちろん、他者たちの身体もまた同じように脆弱である。孤絶しているとき一人ひとりは脆弱で非力な存在であるのに、複数人が力を合わせ、支え合うとき、孤絶しては実現しえなかったことを果たすことができるようになる。

神ならぬ身体的存在としての人間は、そうであるがゆえに有限な存在であり、欠如と非力さを抱えたまま存在するほかない。そのような存在は、自身を自身だけで持続させることができない。だが、それらの存在が集合し、複数の存在として協働するとき、驚くべきことに、そのような困難は緩和され、孤立しては不可能であったことが可能になる。結合することによって、助け合うことによって過剰が生み出され、そのことによって一人では不可能であったことが可能なものに転化する。このような相互扶助に伴う欠如と過剰の弁証法は、人間存在の様々な水準を貫いて、それを構造的に規定している。このような人間存在の構造を連帯的と形容しよう。身体を有するがゆえに有限である人間は根幹において連帯的存在であるほかない。本章が提示する人間的連帯という語は、このような事態を表現する言葉なのである。

(1)つまり、人間的連帯は、人類全体を包括する連帯という意味ではなく、人間の存在構造を指し示す言葉として用いられている。人間的連帯とは、欠如と過剰の弁証法という視点から見出された人間の存在構造の異名なのである。

人間的連帯の普遍性

このように人間的連帯を理解するとき、人間的連帯の普遍性の問題に関しても、別様に考える可能性が開かれる。様々な場面で様々な連帯が生じるが、それらが連帯と呼ばれるかぎり、程度の差はあっても、それらには共通して相互扶助の構造が備わり、それゆえ欠如と過剰の弁証法が働いているはずである。そうした構造が伴わず、この弁証法が働いていないなら、連帯という語を用いることはできないはずだからである。そうだとしたら、人間的連帯は、様々な種類の連帯に通底する共通分母であると言うこともできる。

身体の非自足性ゆえに、人間は物質的な外部に依存せざるをえないだけではない。人間は、身体の非自足性によって、他者にも依存せざるをえない。ここでも物質の動きに焦点を合わせて考えてみる。すでに触れたように、物質代謝なしに身体を再生産することは不可能である。それでは、人間は、孤立した状態で物質代謝に与ることはできるだろうか。呼吸することはたった独りでも可能かもしれない。しかし、水を飲んだり、食物を食べたりすることはどうだろうか。あるいは、廃棄物や排泄物の処理はどうだろうか。大都市において顕著であるように、人は、自身の身体が取り込むもの、纏うもの、住まうものを、独力で手に入れることは困難である。食べ物は複雑なフードシステムを通じて、人々の手元に送り届けられる。清潔な水でさえ、上水道のようなシステムに支えられなければ口にすることができない。このように、多数の人々の繋がり、協働、分業のネットワークを通じて、身体が必要とする物質は送り届けられる。

　このような社会的な水準での物質の移動と循環を表すために、マルクスに倣い、「社会的物質代謝」という語を用いよう。一人ひとりの人間の物質代謝は、多くの場合、社会的物質代謝の一環として生じている。つまり、社会的物質代謝のネットワークに組み込まれなければ、個々人の物質的代謝は成立しがたい。そうだとすれば、身体の非自足性ゆえに、人間は、外的物質に依存しているだけでなく、社会的物質代謝を成り立たせる人々のネットワークに、そして、そのネットワークを構成している他者たちに依存する。

身体の脆弱性

　人間は身体であることによって欠如存在であり、外部の物質に依存する。そのため人間は、外部の物質が剝奪されることに対してひどく脆弱である。なぜなら、外部の物質が手に入れられないなら、それは身体の再生産が途絶することを、つまり死を意味するからである。物質の剝奪に対する脆弱性は、様々な方向からもたらされる。もっとも顕著な原因は、人間が身体的存在であることそれ自体にある。生命の宿る物質としての身体は、物質代謝を何度も繰り返さなければならない。このような反復の過程が途絶するとき、人間はみずからの身体を再生産することができなくなる。だが、この反復そのものを通じて、身体は誕生の瞬間から摩耗し劣化してゆく。セネカの述べる通り、「われわれに生命を与えた最初の時が、すでに生命を壊しはじめる」。身体は、かならず病み、老い、衰弱してゆく。

　さらにまた、物質の剝奪に対する身体の脆弱性は、身体を取り囲む外的環境によってもたらされる。外的自然の気まぐれによって災害や天候不順という災厄が人間にもたらされ、生命の再生産が困難になることがある。あるいは、社会的物質代謝が様々な理由で停滞したり途

身体と物質代謝

人間は身体的存在である。人間は身体から逃れられない。それゆえ、人間の生の輪郭は身体によって強く太く描かれる。身体であることによって、人間には何事かの可能性が与えられると同時に何事かの制約が課される。連帯の可能性も連帯の必然性も、身体が人間に課す可能性と制約という視点から明らかになる。そもそも、身体であるとはどういうことだろうか。少し考えてみよう。明らかに、身体は物質である。もちろん、物質を集めただけでは有機体とならないし、物質の単なる集合体には生命は宿らない。だが、物質でなければ、そして物質がなければ、身体の存立は不可能である。人間の身体の基礎にあるのは物質である。身体は生命の宿る物質である。(a)生命の宿る物質としての身体は、自身を再生産するために、自身の外部に存在する物質を内部に取り込んだり、ふたたびそれを排出したりしなければならない。身体であることによって、人間は空気を吸い、吐き、水で渇きを癒さなければならない。あるいは、身体であることによって、人間は、他の生命を食べ、内部に取り込まなければならない。また、不要となった物質を外部に排泄し続けなければならない。さらに、無毛の身体ゆえに、人間は何かを纏わねばならず、雨風を凌ぐために居を構えなければならない。人間は、徹頭徹尾、外部の物質に依存している。

『資本論』のマルクスに倣い、身体とその外部とのあいだに生起する物質の流れと循環を「物質代謝」(Stoffwechsel)と呼ぼう。マルクスが的確に論じたように、物質代謝はまずは労働において生起する。自然が贈与するものを原料や素材として用い、様々な有用物を生み出す労働の過程は、そこにおいて物質代謝が生起する過程である。このような労働によって、人間は衣食住をはじめとする様々な必要を満たす。とはいえ、自然とのあいだに生起する物質移動・物質交換は、労働の過程に限定されない。呼吸もそうであるし、廃棄物や排泄物、そして死して後の身体といったものを人間は自然の物質代謝に委ねている。ここでは、このようなもっと広い意味において物質代謝という語を用いる。このような物質代謝によって身体の再生産は可能になる。

欠如存在としての人間

人間の身体に物質代謝が運命づけられているかぎり、人間は自身の内部に完結することができない。身体は非自足的存在であって、その再生産に必要とされるものを外部の物質に依存し手に入れなければならないのである。そして、そのことは、身体が欠落あるいは欠如を抱えていることを意味する。城塚登(しろつかのぼる)の言葉を借りるなら、非自足性を帯びる身体は「欠如態」であり、身体的存在としての人間は「欠如存在」である。欠如存在として、人間は、その必要を満たすために外部に、とりわけ自然に依存しなければならない。

総合考査Ⅰ

（一二〇分）
（解答例省略）

次の文章は、馬渕浩二『連帯論――分かち合いの論理と倫理』の一部です。これを読んで、以下の設問に答えなさい。

【設問1】

傍線部(1)に、「つまり、人間的連帯は、人類全体を包括する連帯という意味ではなく、人間の存在構造を指し示す言葉として用いられている」とありますが、「人間の存在構造を指し示す」とはどのようなことですか。筆者の主張に基づいて説明しなさい。（二四〇字以上、三〇〇字以内）

【設問2】

傍線部(2)に、「この場合、この倫理的連帯の普遍性は、「人類全体との連帯」に備わる普遍性とは異なる」とありますが、この二つの普遍性はどのように異なっているのですか。筆者の主張に基づいて説明しなさい。（二四〇字以上、三〇〇字以内）

【設問3】

波線部(a)を英語、ドイツ語、フランス語、中国語のいずれかに訳しなさい。

【設問4】

波線部(b)を英語、ドイツ語、フランス語、中国語のいずれかに訳しなさい。

■一般選抜

問題編

▶試験科目・配点

教　科	科　　　　　　目	配　点
外国語	「コミュニケーション英語基礎・Ⅰ・Ⅱ・Ⅲ，英語表現Ⅰ・Ⅱ」，ドイツ語，フランス語，中国語のうち１科目選択	150 点
地　歴	日本史Ｂ，世界史Ｂのうち１科目選択	100 点
小論文	資料を与えて，理解と表現の能力を総合的に問う	100 点

▶備　考

- 「英語」以外の外国語は省略。
- 「英語」と「ドイツ語」の試験では，２冊まで辞書の使用が認められる（ただし，電子媒体を用いた辞書，付箋類を付した辞書の使用はできない)。
- 小論文は，高等学校の各教科の学習を通じて習得した知識と思考との総合的能力を問うことを主眼とする。与えられた資料に基づき，的確な理解と判断をもち，自らの意見をいかに適切な言葉をもって書き表し得るかを試すもので，併せて表記の正確さも求める。

英語

（120分）

＊　英語辞書を2冊まで使用可。「英英辞典」「英和辞典」「和英辞典」「英仏辞典」，英和・和英兼用辞書など，英語辞書であれば，どのような辞書でも，どのような組み合わせでも自由。大小も問わない。

次の英文は Tim Wu による "The Tyranny of Convenience" (2018) に基づいている。これを読んで以下の設問に答えなさい。

(Ⅰ) （1） に入るもっとも適切な語を下から選び，記号で答えなさい。
　(A) aggregate　(B) integrity　(C) public　(D) turn

(Ⅱ) 下線部（2）が意味するところを，25字以内の日本語で説明しなさい。

(Ⅲ) 下線部（3）を，it の内容を明らかにしつつ，日本語に訳しなさい。

(Ⅳ) 下線部（4）が意味するところを，40字以内の日本語で説明しなさい。

(Ⅴ) （5） に入るもっとも適切な語を下から選び，記号で答えなさい。
　(ア) conformity　(イ) depravity　(ウ) ideology　(エ) technology

(Ⅵ) 下線部（6）を日本語に訳しなさい。

(Ⅶ) 下線部（7）を日本語に訳しなさい。

(Ⅷ) 著者が下線部（8）のように勧めるのはなぜか。人間から convenience が奪うものについての著者の議論を振り返りつつ，その理由を100字以上120字以内の日本語で説明しなさい。

(Ⅸ) 次の日本語を英語に訳しなさい。

お互い交流することに時間をかけないでいると，人間の経験に欠かせないものを失う危険がある。

Convenience is the most underestimated and least understood force in the world today. As a driver of human decisions, it may not offer the illicit thrill of Freud's unconscious sexual desires or the mathematical elegance of the economist's incentives. Convenience is boring. But boring is not the same thing as trivial.

In the developed nations of the 21st century, convenience—that is, more efficient and easier ways of doing personal tasks—has emerged as perhaps the most powerful force shaping our individual lives and our economies. This is particularly true in America, where, despite all the paeans to freedom and individuality, one sometimes wonders whether convenience is in fact the supreme value.

As Evan Williams, a co-founder of Twitter, recently put it, "Convenience decides everything." Convenience seems to make our decisions for us, overturning what we like to imagine are our true preferences. (I prefer to brew my coffee, but Starbucks instant is so convenient I hardly ever do what I "prefer.") Easy is better, easiest is best.

Convenience has the ability to make other options unthinkable. Once you have used a washing machine, laundering clothes by hand seems irrational, even if it might be cheaper. After you have experienced streaming television, waiting to see a show at a prescribed hour seems silly, even a little undignified. To resist convenience—not to own a cellphone, not to use Google—has come to require a special kind of dedication that is often taken for eccentricity, if not fanaticism.

For all its influence as a shaper of individual decisions, the greater power of convenience may arise from decisions made in (1), where it is doing so much to structure the modern economy. Particularly in tech-related industries, the battle for convenience is the battle for industry dominance.

Americans say they prize competition, a proliferation of choices, the little guy. Yet our taste for convenience begets more convenience, through a combination of the economics of scale and the power of habit. The easier it is to use Amazon, the more powerful Amazon becomes—and thus the easier it becomes to use Amazon. (2) Convenience and monopoly seem to be natural bedfellows.

Given the growth of convenience—as an ideal, as a value, as a way of life—it is worth asking what our fixation with it is doing to us and to our country. I don't want to suggest that convenience is a force for evil. Making things easier isn't wicked. On the contrary, it often opens up possibilities that once seemed too onerous to contemplate, and it typically makes life less arduous, especially for those most vulnerable to life's drudgeries.

But we err in presuming convenience is always good, for it has a complex relationship with other ideals that we hold dear. Though understood and promoted as an instrument of liberation, convenience has a dark side. With its promise of smooth, effortless efficiency, it threatens to erase the sort of struggles and challenges that help give meaning to life. (3) Created to free us, it can become a constraint on what we are willing to do, and thus in a subtle way it can enslave us.

It would be perverse to embrace inconvenience as a general rule. But when we let convenience decide everything, we surrender too much.

Convenience as we now know it is a product of the late 19th and early 20th centuries, when labor-saving devices for the home were invented and marketed. Milestones include the invention of the first "convenience foods," such as canned pork and beans; the first electric clothes-washing machines; cleaning products like Old Dutch scouring powder; and other marvels including the electric vacuum cleaner, instant cake mix and the microwave oven.

Convenience was the household version of another late-19th-century idea, industrial efficiency, and its accompanying "scientific management." It represented the adaptation of the ethos of the factory to domestic life.

However mundane it seems now, convenience, the great liberator of humankind from labor, was a utopian ideal. By saving time and eliminating drudgery, it would create the possibility of leisure. And with leisure would come the possibility of devoting time to learning, hobbies or whatever else might really matter to us. Convenience would make available to the general population the kind of freedom for self-cultivation once available only to the aristocracy. In this way (4) convenience would also be the great leveler.

This idea—convenience as liberation—could be intoxicating. Its headiest depictions are in the science fiction and futurist imaginings of the mid-20th century. From serious magazines like "Popular Mechanics" and from goofy television programs like "The Jetsons," we learned that life in the future would be perfectly convenient. Food would be prepared with the push of a button. Moving sidewalks would do away with the annoyance of walking. Clothes would clean themselves or perhaps self-destruct after a day's wearing. The end of the struggle for existence could at last be contemplated.

The dream of convenience is premised on the nightmare of physical work. But is physical work always a nightmare? Do we really want to be emancipated from all of it? Perhaps our humanity is sometimes expressed in inconvenient actions and time-consuming pursuits. Perhaps this is why, with every advance of convenience, there have always been those who resist it. They resist out of stubbornness, yes (and because they have the luxury to do so), but also because they see a threat to their sense of who they are, to their feeling of control over things that matter to them.

By the late 1960s, the first convenience revolution had begun to sputter. The prospect of total convenience no longer seemed like society's greatest aspiration. Convenience meant [(5)]. The counterculture was about people's need to express themselves, to fulfill their individual potential, to live in harmony with nature rather than constantly seeking to overcome its nuisances. Playing the guitar was not convenient. Neither was growing one's own vegetables or fixing one's own motorcycle. But such things were seen to have value nevertheless—or rather, as a result. People were looking for individuality again.

Perhaps it was inevitable, then, that the second wave of convenience technologies—the period we are living in—would co-opt this ideal. It would "conveniencize" individuality.

You might date the beginning of this period to the advent of the Sony Walkman in 1979. With the Walkman, we can see a subtle but fundamental shift in the ideology of convenience. (6) <u>If the first convenience revolution promised to make life and work easier for you, the second promised to make it easier to be you.</u> The new technologies were catalysts of selfhood. They conferred efficiency on self-expression.

Consider the woman of the early 1980s, strolling down the street with her Walkman and earphones. She is enclosed in an acoustic environment of her choosing. She is enjoying, out in public, the kind of self-expression she once could experience only in her private den. A new technology is making it easier for her to show who she is, if only to herself. She struts around the world, the star of her own movie.

So alluring is this vision that it has come to dominate our existence. Most of the powerful and important technologies created over the past few decades deliver convenience in the service of personalization and individuality. Think of the VCR, the playlist, the Facebook page, the Instagram account. This kind of convenience is no longer about saving physical labor—many of us don't do much of that anyway. It is about minimizing the mental resources, the mental exertion, required to choose among the options that express ourselves. Convenience is one-click, one-stop shopping, the seamless experience of "plug and play." The ideal is personal preference with no effort.

We are willing to pay a premium for convenience, of course—more than we often realize we are willing to pay. During the late 1990s, for example, technologies of music distribution like Napster made it possible to get music online at no cost, and lots of people availed themselves of the option. But though it remains easy to get music free, no one really does it anymore. Why? Because the introduction of the iTunes store in 2003 made buying music even more convenient than illegally downloading it. Convenient beat out free.

As task after task becomes easier, the growing expectation of convenience exerts a pressure on everything else to be easy or get left behind. We are spoiled by immediacy and become annoyed by tasks that remain at the old level of effort and time. When you can skip the line and buy concert tickets on your phone, waiting in line to vote in an election is irritating. This is especially true for those who have never had to wait in lines (which may help explain the low rate at which young people vote).

The paradoxical truth I'm driving at is that today's technologies of individualization are technologies of mass individualization. Customization can be surprisingly homogenizing. Everyone, or nearly everyone in my generation, is on Facebook: It is the most convenient way to keep track of your friends and family, who in theory should represent what is unique about you and your life. Yet Facebook seems to make us all the same. (7) Its format and conventions strip us of all but the most superficial expressions of individuality, such as which particular photo of a beach or mountain range we select as our background image.

I do not want to deny that making things easier can serve us in important ways, giving us many choices (of restaurants, taxi services, open-source encyclopedias) where we used to have only a few or none. But being a person is only partly about having and exercising choices. It is also about how we face up to situations that are thrust upon us, about overcoming worthy challenges and finishing difficult tasks—the struggles that help make us who we are. What happens to human experience when so many obstacles and impediments and requirements and preparations have been removed?

Today's cult of convenience fails to acknowledge that difficulty is a constitutive feature of human experience. Convenience is all destination and no journey. But climbing a mountain is different from taking the tram to the top, even if you end up at the same place. We are becoming people who care mainly or only about outcomes. We are at risk of making most of our life experiences a series of trolley rides.

Convenience has to serve something greater than itself, lest it lead only to more convenience. In her 1963 classic book, "The Feminine Mystique," Betty Friedan looked at what household technologies had done for women and concluded that they had just created more demands. "Even with all the new labor-saving appliances," she wrote, "the modern American housewife probably spends more time on housework than her grandmother." When things become easier, we can seek to fill our time with more "easy" tasks. At some point, life's defining struggle becomes the tyranny of tiny chores and petty decisions.

An unwelcome consequence of living in a world where everything is "easy" is that the only skill that matters is the ability to multitask. At the extreme, we don't actually do anything; we only arrange what will be done, which is a flimsy basis for a life.

We need to consciously embrace the inconvenient—not always, but more of the time. Nowadays individuality has come to reside in making at least some inconvenient choices. You need not churn your own butter or hunt your own meat, but if you want to be someone, you cannot allow convenience to be the value that transcends all others. Struggle is not always a problem. Sometimes struggle is a solution. It can be the solution to the question of who you are.

Embracing inconvenience may sound odd, but we already do it without thinking of it as such. As if to mask the issue, we give other names to our inconvenient choices: We call them hobbies, avocations, callings, passions. These are the non-instrumental activities that help to define us. They reward us with character because they involve an encounter with meaningful resistance—with nature's laws, with the limits of our own bodies—as in carving wood, melding raw ingredients, fixing a broken appliance, writing code, timing waves or facing the point when the runner's legs and lungs begin to rebel against him.

Such activities take time, but they also give us time back. They expose us to the risk of frustration and failure, but they also can teach us something about the world and our place in it.

(8) <u>So let's reflect on the tyranny of convenience, try more often to resist its stupefying power</u>, and see what happens. We must never forget the joy of doing something slow and something difficult, the satisfaction of not doing

what is easiest. The constellation of inconvenient choices may be all that stands between us and a life of total, efficient conformity.

日本史

(60 分)

I　次の文章（イ）～（ニ）を読んで，文中の空欄（A）～（P）に該当する適当な語句をそれぞれの語群の中から選び，1～9の数字を，語群の中に適当な語句がない場合は0を，解答欄に記入しなさい。

（イ）10世紀前半に（　A　）天皇の命で編纂された『延喜式』には，全国の（　B　）が記載されている。（　B　）は中央と地方を結ぶ官道に約16kmごとに設けられ，広域的な陸上交通制度の一環をなした。海上交通では12世紀頃から各地の湊に（　C　）が発達し，商品の中継と委託販売などを担った。売買手段には貨幣が多く用いられるようになり，主として（　D　）が利用された。

1　村上　　2　朱雀　　3　醍醐　　4　富本銭　　5　宿駅
6　駅家　　7　借上　　8　問　　9　宋銭

（ロ）江戸幕府は陸上交通の整備に注力し，幹線道路は17世紀半ばから（　E　）が管理した。陸上交通では御用通行が優先され，（　F　）における宿役人は（　G　）が輸送する公用の書状，荷物の継ぎ送りに従事した。物資の大量輸送のために水上交通の利用も拡大し，京都の豪商（　H　）は富士川などの水路開発に貢献した。

1　問屋場　　2　帳付　　3　河村瑞賢　　4　伝馬役　　5　今井宗薫
6　助郷役　　7　関所　　8　継飛脚　　9　角倉了以

（ハ）1870年設置の（　I　）を中心に鉄道の敷設が進展し，1880年代からは民営鉄道の建設も盛んになった。これら民営鉄道のうち主要幹線は，1906年に（　J　）が率いる内閣の下で国有化された。政府は地方の交通インフラ整備にも着手し，1882～84年に福島県令を務めた（　K　）による会津三方道路の建設を一例に挙げることができる。日露戦争後には日本の満州進出が本格化し，南満州鉄道株式会社が設立された。同社はロシアから譲り受けた（　L　）・旅順間の旧東清鉄道などを経営した。

1　工部省　　2　桂太郎　　3　井上馨　　4　西園寺公望　　5　鉄道省
6　京城　　7　逓信省　　8　長春　　9　ハルビン

（ニ）（　M　）年度の『経済白書』は「もはや戦後ではない」と記し，（　N　）景気の下で政府は国民所得倍増計画を定めた。大衆消費社会の到来で自家用車が普及し，（　O　）景気が続く1969年には（　P　）が全通した。

1　1955　　2　1956　　3　オリンピック　　4　東名高速道路　　5　瀬戸大橋

6　1949　　7　岩戸　　8　いざなぎ　　9　名神高速道路

Ⅱ　次の文章（イ）～（ニ）を読んで，文中の空欄（A）～（P）に該当する適当な語句をそれぞれの語群の中から選び，1～9の数字を，語群の中に適当な語句がない場合は0を，解答欄に記入しなさい。

（イ）（　A　）の乱の2年後に父から位を譲られた（　B　）天皇は末代の賢王として知られる。遊興にふける父が天皇の位を得たのも，才能を期待された（　B　）への中継ぎとしてであった。（　C　）の乱に際しては，首謀者の（　D　）の手を逃れて平清盛邸に移ったことで，（　D　）の敗北が決定的となった。その後は父との二頭政治を経て，武力を握る清盛の支持も背景に実権を掌握したが，親政4年弱，23歳で病死した。

1　藤原通憲　　2　二条　　3　高倉　　4　承久　　5　平治
6　藤原信頼　　7　藤原頼長　　8　堀河　　9　治承・寿永

（ロ）（　E　）の乱後に幕府が位につけた（　F　）天皇の子四条天皇は，周囲の大人に対して仕掛けた悪戯に自ら引っ掛かって夭折してしまう。跡を継いだ又従兄の（　G　）天皇も，父が（　E　）の乱に関与しなかったことから幕府に選ばれた天皇だった。彼は初め（　H　）天皇に跡を譲って院政を行うが，最終的にはその弟を後継者としたことで，南北朝内乱の遠因を作った。

1　後宇多　　2　後嵯峨　　3　後醍醐　　4　承久　　5　平治
6　後深草　　7　後村上　　8　後堀河　　9　治承・寿永

（ハ）（　I　）天皇は，南朝から三種の神器を回収して皇統の再統一を果たすが，譲位後に子の称光天皇に先立たれ，『看聞日記』で知られる又従兄（　J　）親王の子後花園天皇へと皇統が移ることになる。後花園天皇は（　K　）の乱に際し，将軍を暗殺した赤松氏討伐を命ずる綸旨を発して，動揺する幕府を側面から支え，（　L　）の乱に際しては東軍本陣となった将軍御所に移り，そこで死去した。

1　宗良　　2　応永　　3　貞成　　4　後亀山　　5　長慶
6　懐良　　7　応仁　　8　明徳　　9　後小松

（ニ）戦国時代の天皇は幕府から資金提供を受けられなくなり，（　M　）天皇の即位の儀式も，父の跡を継いで3年後にようやく安芸の大名（　N　）の援助を受けて挙行する。織豊政権の下で（　M　）とその孫（　O　）天皇は財政的安定を享受する一方，敵対勢力との講和仲介などで征服事業に協力する。さらに，秀吉が大内裏跡に築いた（　P　）に（　O　）天皇が行幸し，諸大名を集めて秀吉への忠誠を誓わせる場として利用させるなど，支配体制の構築にも貢献した。

1　後陽成　　2　毛利元就　　3　聚楽第　　4　正親町　　5　大友義鎮
6　後水尾　　7　大内義隆　　8　伏見城　　9　寺内町

Ⅲ　次の文章の空欄（A）～（H）に該当する適当な語句を記入しなさい。

17世紀後半の日本では，支配体制の安定化を背景に，幕府や藩の文化事業が進展した。幕府の命を受けた林羅山・鵞峰は歴史書の編纂に従事し，その成果は1670年に『（　A　）』310巻として結実した。徳川光圀は『大日本史』の編纂に着手し，同事業のための編纂局を（　B　）館と名付けた。この館名は『春秋左氏伝』序の語句に由来している。また，徳川家綱を補佐した会津藩主の（　C　）は，1664年に私塾を同藩の学問所に取り立てた。岡山藩主の池田光政も1668年に郷学の（　D　）学校を設けるなど，学問の振興を図った。

一方，民間では歌舞伎が流行したが，幕府による女歌舞伎の禁止に続いて，少年の演じる（　E　）歌舞伎も幕府により1652年に禁止されたため，野郎歌舞伎が演じられた。また，上方の文芸も独自の隆盛を見せるようになる。その代表的人物の一人とされる井原西鶴は，西山宗因を祖とする（　F　）派の俳人として活躍した他，『好色一代男』等の好色物，『武家義理物語』等の武家物，『世間胸算用』等の（　G　）物といった（　H　）草子の作品を残した。

Ⅳ　次の史料（イ）～（ホ）を読んで設問に答えなさい。

（イ）　丹後国鳧鴨（ふかふ）と云ふ所に，上人ありけり。極楽の往生を願ひて，万事を捨てて，臨終正念の事を思ひ，聖衆（　A　）の儀をぞ願ひける。……また$_{\text{a}}$恵心僧都の，脇息の上にて，箸を折りて，「仏の（　A　）」とて，引き寄せ，引き寄せして，案じ始め給ひたりと云ふ説も侍り。

（ロ）　廿日壬午，神泉苑に於て（　B　）を修す。勅して，左近衛中将従四位下藤原朝臣基経，右近衛権中将従四位下兼行内蔵頭藤原朝臣常行等を遣して，会の事を監せしむ。王公卿士，赴き集まりて共に観る。$_{\text{b}}$霊座六前，几筵（きえん）を設け施し，花果（かか）を盛り陳（なら）べ，恭敬（くぎょう）して薫修（くんじゅ）す。

（ハ）　予，ものの心を知れりしより，四十あまりの春秋を送れるあひだに，世の不思議を見る事，ややたびたびになりぬ。……又$_{\text{c}}$治承四年みな月の比（ころ），にはかに都遷り侍き。いと思ひの外也し事なり。をほかた，此の京のはじめを聞ける事は，（　C　）の天皇の御時都と定まりけるよりのち，すでに四百余歳を経たり。

（ニ）　$_{\text{d}}$予，二十余年以来，東西二京を歴見するに，西京は人家漸く稀にして殆（ほとほと）幽墟（ゆうきょ）に幾（ちか）し。……東京の四条以北，乾艮の二方は，人人貴賤となく，多く群聚する所なり。高家は門を比（なら）べ堂を連ね，小屋は壁を隔て簷（のき）を接（まじ）ふ。

（ホ）（　D　）に法勝寺たてられて，国王のうぢでらにこれをもてなされけるより，代々みなこの御願をつくられて，六勝寺といふ（　D　）の御堂，大伽藍うちつづきありけり。

（原文を一部修正）

注　几筵：机と敷物　　花果：花と果物　　恭敬：つつしみ敬うこと
　　薫修：法会などを厳粛にとり行うこと

問1　史料（イ）は，鎌倉時代後期に無住によって編纂された仏教説話集である。その名称を記しなさい。

問2　空欄（A）に当てはまる，阿弥陀如来や菩薩などがこの世に現れ，往生を願う人を浄土に連れて行くことを意味する語を記しなさい。

問3　下線部aの人物が著した，念仏往生を説いた書物名を記しなさい。

問4　空欄（B）に当てはまる，政治的敗者の怨霊や疫神を慰めて鎮魂する儀礼の名称を記しなさい。

問5　下線部bで鎮魂の対象となった6名の人物のうち，藤原種継暗殺事件に関わったとされた人物名を記しなさい。

問6　下線部cに該当する，新しい都の名称を記しなさい。

問7　空欄（C）に当てはまる，唐風を重んじ三筆の一人となった天皇の呼称を記しなさい。

問8　下線部dにみえる「予」は，日本最初の往生伝を著した人物である。その人物名を記しなさい。

問9　空欄（D）に当てはまる，平安京郊外の東北にあって，院政期に離宮や寺院が造営された地区の名称を記しなさい。

問10　史料（ホ）の内容と関わる時期における政治形態と経済的基盤について，100字以内で説明しなさい。

V　次の史料は，開拓使からの問い合わせに大蔵省が回答したものである。この史料を読んで，下の問に答えなさい。

　　　　　a㊞（黒田）　㊞（西村）

　開拓使御中　　大蔵省

「上州b富岡製糸場へ修行のためc婦女子十五名程御使費を以て差し遣わされたく候間，手順且つ入費等詳細御承知なされたき」旨御申し越しの趣，承知致し候。入費之儀ハ別紙取り調べ差し進め候間，委細書面にて御承知なさるべく候。手順之儀ハ直ニ富岡表へ御差し向け相成り候方然るべく候えども，いよいよ御治定相成り候ハバ，御差し出し以前名前人員等御申し越しこれあり候ハバ，尚注意富岡表へ相達すべく候。此の段回答に及び候也。

　明治六年六月四日

（原文を一部修正）

注　使費：経費　　治定：決定

問1　下線部aの「黒田」の印は，この文書を受け取って閲覧した開拓次官の印である。「黒田」とは誰か。(ⅰ)氏名をフルネームで記しなさい。また，(ⅱ)出身の藩名を記しなさい。

問2　下線部bについて，機械や技術は主にどの国から導入したか。

問3　下線部cについて，このような女性労働者は当時何と呼ばれたか。漢字2文字で答えなさい。

問 4　富岡製糸場の管轄はこの当時大蔵省であったが，翌年早々に他の省へ移った。どの省へ移ったのか。

問 5　富岡製糸場は1893年に民間に払い下げられた。払い下げ先を漢字 2 文字で記しなさい。

問 6　富岡製糸場を設立した政府のねらいはどのようなところにあったか。120字以内で記しなさい。

世界史

（60 分）

I　以下の文章を読み，空欄（　A　）～（　J　）に最も適切な語句やアラビア数字（算用数字）を入れ，下線部（1）～（5）に関する各設問に答えなさい。

『法の精神』の中でモンテスキューは，(1)共和政体を，人民全体あるいは単に人民の一部が主権をもつ政体と規定し，そして君主政体を，ただ一人が制定法に則して統治する政体と定義して，専制との差異を明記した。君主制に関しては，サリ系フランク族の慣習法を成文化した「サリカ法典」に依拠すれば，女性の王位継承権は認められてはいないと解釈することが可能であったため，その法典が有効な場合には女王の即位は難しかった。しかし，その法典の影響力の弱い国において，有力な男性の後継候補が不在であったケースでは，女性が国王として統治する事例が見られた。

15・16世紀のカスティリャ王国では，二人の女王が登場した。イサベル女王は夫のアラゴン王フェルナンドとともにレコンキスタを完了させた。カトリック両王の娘であるファナは，ブルゴーニュ公フィリップ美公と結婚し，後に神聖ローマ皇帝となる（　A　）などの子供を生んだが，夫の死後，精神疾患を理由にして軟禁され，正式には女王から退位することなく皇帝（　A　）の統治下のイベリア半島で生活し，1555年に亡くなった。ファナ女王のもう一人の息子も，兄の帝位を継いでフェルディナント 1 世として皇帝に即位した。

スペイン王フェリペ 2 世が，三人目の王妃として迎えたのは，アンリ 2 世と（　B　）の間に生まれたフランス王女のエリザベート＝ド＝ヴァロワであった。ユグノー戦争末期のフランスでアンリ 3 世が暗殺されると，フェリペ 2 世は政治介入を行い，王妃エリザベートとの間に生まれた自分の娘イサベルをフランス王位につけようとして画策したが，「サリカ法典」の護持を掲げたフランス人からの反発を受けたため，女王の誕生は実現しなかった。結局，1589年に親王家出身のアンリ＝ド＝ブルボンがアンリ 4 世としてフランス王に即位した。なおアンリ 4 世の最初の妻は，（　B　）の娘マルグリット＝ド＝ヴァロワであったが，後に彼は別の女性と再婚した。

ウェストファリア条約の締結によって，1648年に三十年戦争は終結したが，この時クリスティーナ女王の治世下の（　C　）王国は，ブレーメンとフェルデンの両司教領に加えて，西ポンメルンなどを獲得してバルト海南岸に領土を拡大し，帝国議会に出席する権利を取得した。クリスティーナ女王は，国外からデカルトなどの文化人や芸術家を招いて，活発に文芸活動を支援した。彼女は1654年に（　C　）王位を従兄弟に譲り，正式にカトリックに改宗し，晩年は主にローマなどの外国で過ごした。

皇帝カール 6 世が定めた国事詔書を根拠にしてその娘マリア＝テレジアは，オーストリア継承戦争を経て，シュレジエン以外のハプスブルク家の所領を相続することはできたが，神聖ローマ皇帝に即位することはなく，1745年に皇帝に選出されたのは，彼女の夫である（　D　）であった。マリア＝

テレジアは，シュレジエン奪回のために内政改革を行い，外交においてはフランスとロシアに接近し，(2)七年戦争でプロイセン王フリードリヒ2世を追い詰めたが，最終的には十分な戦果をえることはできなかった。1765年に皇帝（　D　）が没すると，マリア＝テレジアの長男ヨーゼフ2世が帝位を継承した。七年戦争期にオーストリアと同盟を結んでいたロシアの女帝エリザヴェータ＝ペトローヴナは，ピョートル1世の娘であった。(3)エリザヴェータの在位期に科学アカデミーの組織改革が実施され，モスクワ大学やペテルブルクの芸術アカデミーが創設され，ロシアの西欧化が進展した。エリザヴェータの次にロシア皇帝に即位したのは，甥のピョートル3世であったが，彼はクーデターで殺害されてしまった。1762年に帝位についたのは，ピョートル3世の皇后エカチェリーナ2世であった。ドイツ貴族出身のエカチェリーナ2世は，啓蒙専制君主としてロシアを統治して法典編纂や学芸保護に着手し，三度のポーランド分割やオスマン帝国との戦争などで領土拡大に成功し，1773年に勃発した（　E　）の農民反乱を鎮圧した。

ブリテン諸島の歴史の中では，(4)1952年に即位した英国女王エリザベス2世を含めて，複数の女性君主が誕生した。1553年にテューダー朝の国王（　F　）が亡くなると，その異母姉のメアリ1世は，イングランド女王に即位した。皇帝（　A　）の従姉妹であったメアリ1世は，カトリック教会への復帰を目指して，1553年に（　F　）時代の宗教関連法を廃止する「廃棄法」を成立させた。次のエリザベス1世は，1559年に「国王至上法」と「統一法」を制定し，イングランド国教会を確立させて宗教的秩序の安定化を志向し，中央と地方の行政を整備し，議会との対話に留意しながら，絶対君主として統治した。ドレークやホーキンズらのイングランドの私掠船は，アメリカ大陸で産出された貴金属をスペインに運搬する商船に対して，襲撃を繰り返していた。エリザベス1世は，そのような私掠船の活動を奨励していたので，スペインとの関係は一層悪化した。フェリペ2世は，スペイン軍をイングランドに上陸させるための作戦を実行に移したが，スペイン無敵艦隊は，（　G　）年にイングランド艦隊に敗れ，多くの船舶を失って，母国に帰港した。

スコットランド女王メアリ＝ステュアートは，夫のフランソワ2世の死後，フランスから帰国し，女王として親政を開始したが，(5)その時には既に国内では宗教改革が広まっていた。女王がカトリックのダーンリ卿ヘンリ＝ステュアートと結婚したことによって，プロテスタントの臣下が次第に彼女から離反していった。1567年にダーンリ卿が暗殺されると，女王がそれに関与したのではないかという疑いをかけられた。そして反乱によって，メアリ＝ステュアートは強制的に退位させられ，幽閉された。その後彼女はイングランドに亡命したが，長期間軟禁状態に置かれ，1587年にエリザベス1世によって処刑された。なおメアリ＝ステュアートは，後のイングランド王ジェームズ1世の母である。

名誉革命後にメアリ2世は，夫のウィリアム3世とともにイングランドの共同統治者となった。1689年にイングランド議会で（　H　）法が制定され，カトリックと無神論者を除くピューリタンなどの非国教徒に信仰の自由が認められたが，彼らが公職につくことはできなかった。1694年にメアリ2世が若くして死去したので，ウィリアム3世が単独で王位についたが，彼も1702年に亡くなった。ステュアート朝最後の君主である（　I　）の時に，イングランドとスコットランドの合同が実現され，大ブリテン王国が成立し，両国の議会は統合された。スペイン継承戦争でイギリスはフランスと戦い，1713年にユトレヒト条約を締結し，北アメリカや地中海で領土を獲得した。

ウィリアム4世の死後，1837年にその姪であるヴィクトリアが英国女王として即位すると，イギリスとの同君連合の関係にあったハノーヴァー王国は，「サリカ法典」に基づいて同君連合を解消した。この時にハノーヴァー王として即位したのは，ヴィクトリア女王の叔父のエルンスト＝アウグストであった。彼の時代に自由主義的な憲法が無効とされたことに対して，ゲッティンゲン大学の７人の教授が抗議したため，彼らは政府によって罷免された。その教授陣の中には，ドイツ語の単語と語源を網羅する『ドイツ語辞典』の編纂に着手した言語学者・文献学者として有名な（　J　）兄弟が含まれていた。ハノーヴァー王国は，1866年にプロイセンによって併合された。

設問（１）以下の国のうちで，現在では君主制に立脚した政治体制を保持しているが，17世紀に共和制国家として存在していた時期がある国をすべて選び，（ア）～（キ）の記号で答えなさい。
（ア）スイス　（イ）デンマーク　（ウ）ギリシア　（エ）ポルトガル　（オ）オランダ
（カ）フランス　（キ）チェコ

設問（２）七年戦争と並行して英仏は，北アメリカにおけるフレンチ＝インディアン戦争で戦ったが，イギリスがそれに勝利してカナダやミシシッピ川以東のルイジアナを獲得した。1763年にこれらの戦争を終結させた平和条約が，イギリス，フランス，スペインの間で締結されたが，その条約の名称を記しなさい。

設問（３）フランスではフランス語の統一と純化などの目的のために，1635年にアカデミー＝フランセーズが学術団体として正式に発足したが，その創設に関わったフランスの宰相の名前を記しなさい。

設問（４）エリザベス２世在位中の1982年に，英国史上最初の女性首相サッチャーによって率いられた保守党政権が，アルゼンチンの進攻に対処した時の戦争の名称を記しなさい。

設問（５）ジュネーヴで亡命生活を送った後，『スコットランド信仰告白』の作成に関与してスコットランドにおける宗教改革の導入に貢献した聖職者で，『スコットランド宗教改革史』を著した人物の名前を記しなさい。

Ⅱ 以下の文章を読み，空欄（ A ）～（ J ）に最も適切な語句を入れ，下線部（1）～（5）に関する各設問に答えなさい。

イラク共和国の首都バグダードの都市としての歴史は，西暦8世紀の後半に始まる。アッバース朝第2代(1)カリフの（ A ）は，762年から4年の歳月をかけて，(2)ティグリス川西岸の一村落であったバグダードに「マディーナ・アッサラーム（平安の都）」を造設した。直径2.35kmにおよぶこの巨大な円形の都城には，カリフの大宮殿である黄金門宮を中心として，大モスク，アッバース朝の諸官庁，官僚や軍人の居住区などが配置された。この円城の出現を機に，北アフリカから中央アジアへと広がるイスラーム帝国の首都となったバグダードには，間もなく円城の外にカルフ地区などの市場的な交換の場が発達していき，やがてバグダードは西アジアとインド洋海域・中央ユーラシア・地中海世界などを結合する国際的な交易ネットワークの中枢に位置する商業都市へと成長していった。そして，カリフの座所であるこの帝都は，イスラーム教の学術都市としても発展した。そこで活躍した学者の（ B ）は，『預言者たちと諸王の歴史』において天地創造からの人類史をアラビア語で叙述し，また，根本聖典『コーラン』の解釈学や伝承学などの分野にも大きな足跡を残した。

しかし，10世紀以降，アッバース朝の国力が低下の傾向を示すようになると，最盛期に人口100万人に達したともいわれるこのカリフの帝都は，地方の軍事諸政権による争奪の対象となり，戦乱に巻き込まれることになった。こうしたなか，カスピ海の南方に位置する山岳地帯のダイラムの地におこったブワイフ朝は，946年にバグダードに乗り込むと，カリフを自由に操るようになり，現在のイラクとイランの地域を実質的な支配下に置いた。ブワイフ朝は各地の地方政権の独立性が強く，分権的な政治体制を特徴とした。また，ブワイフ家は，その当主がスンナ派体制のアッバース朝の大アミール職を担っていたにもかかわらず，シーア派の(3)十二イマーム派を奉じた。他方でこの10世紀には，シーア派の一派であるイスマーイール派を奉じるファーティマ朝が現在のチュニジアの地に誕生した。同王朝は間もなく東方へと勢力を拡げ，肥沃なナイル川流域のエジプトを征服すると，969年に新たな首都のカイロを建設して強大化した。このため，10世紀から11世紀前半にいたる時期を「シーア派の時代」と呼ぶこともある。

このような政治状況を一変させたのが，スンナ派のセルジューク朝の西進であった。中央アジアのアラル海東方で遊牧を営んでいたトルコ系軍事集団の西アジアへの進出は，イスラーム世界に新たな歴史的展開をもたらすことになった。セルジューク朝を建国したトゥグリル＝ベクは，アッバース朝カリフの要請を受けて1055年にバグダードに入城し，時のカリフから，「権力」や「権威」を意味する（ C ）という称号を授与された。以後，この称号は，スンナ派の軍人君主たちによって広く用いられるようになった。こうしたセルジューク朝の宰相で二人の君主に仕え，支配体制を整備したのが，有名なニザーム＝アルムルクである。ペルシア語文学の傑作である政治指南書の『統治の書』を著したこのイラン系教養人の官僚は，領内の各地にニザーミーヤ学院を建て，スンナ派の学問の振興に力を注いだ。そして，バグダードのニザーミーヤ学院において教授を務めたのが，当代一流のスンナ派法学者として知られた（ D ）である。ホラーサーン地方の町，トゥースに生まれたこの大学者は，宗教上の懐疑心を深めたことから，バグダードの恵まれた教授職を捨て，スーフィーとなって西アジアの各地を遍歴する遊行の生活をおくった。その後，彼は故郷の町に帰還すると，そこに修道場を構えた。

また，彼は『宗教諸学の再興』を著し，(4)スーフィズムを重視した新たなスンナ派思想を明示して後代に大きな影響を与えた。

セルジューク朝はシリアやアナトリアに領土を拡大し，ビザンツ帝国を圧迫した。しかし，11世紀末以降は政治的に分裂して衰退に向かい，シリアに十字軍諸国家の成立をゆるすことになった。しかし，同王朝によるスンナ派体制の復興策は，その流れをくむザンギー朝，そしてサラディンが建てた（　E　）朝によって引き継がれていった。これらのスンナ派王朝では，君主をはじめとした軍人たちによって，イスラーム諸学をおさめた(5)ウラマーが保護され，彼らの学術的な活動の場所としてイスラーム法学などの教育施設であるマドラサ（学院）がイラク，イラン，シリア，エジプトなどの諸都市に続々と新設された。そして，そのようなスンナ派の高等教育の隆盛は，ルイ９世の第６回十字軍を契機として（　E　）朝のマムルーク軍団が打ち建てたマムルーク朝によっても継承されることとなった。

マムルーク朝が成立した13世紀は，ユーラシア大陸の東西にモンゴル帝国（大モンゴル国）が大きな広がりを示し，各地に様々な影響をおよぼした激動の時代であった。セルジューク朝のトルコ人マムルークが建てた（　F　）朝は，アム川の下流域を中心に中央アジアから西アジアへと版図を広げていたが，チンギス＝ハンが率いるモンゴル軍の遠征を受けてまたたく間に崩壊してしまい，1231年に滅亡した。チンギス＝ハンの孫でモンゴル帝国第４代皇帝となった（　G　）は，1254年，弟のフラグを西方遠征に派遣した。フラグは，イスマーイール派の教団勢力の拠点であったアラムートの要塞を陥落させ，1258年，ついにバグダードを攻略して時のカリフを殺害し，実に500年以上も続いたアッバース朝を滅ぼした。各地の政治権力者の統治を公式に正当化する機能をもっていたアッバース朝カリフ体制の消滅は，イスラーム世界全体に強い衝撃を与える大事件であったといえよう。この政治的な空白を埋める役割を担ったのが，パレスチナでのモンゴル軍との歴史的決戦に勝利したマムルーク朝である。同王朝の第５代君主の（　H　）は，その首都にアッバース家の生存者を招き，カリフとして擁立した。以後，マムルーク朝がオスマン帝国によって滅ぼされる1517年まで，エジプトの地にカリフ制が存続することになった。このアッバース家のカリフには，マムルーク朝における政治的実権は無かったが，各地のイスラーム王朝の君主は自らの地域支配の正当化を求めて，エジプトのカリフのもとに使節を派遣したのである。

このようにして，イル＝ハン国の統治下に入ったバグダードは，カリフの座所というそれまでの特別の地位を失うことになった。しかし，以後もイラクにおける中心都市としての役割は残った。バグダードは，16世紀のスレイマン１世の時代にオスマン帝国へと組み込まれ，この帝国によるイラクの支配においてかなめの都市として位置づけられた。一時期はイランのサファヴィー朝との間の係争地となって激しい戦乱も経験したが，オスマン帝国によるイラク支配は20世紀初頭に至るまで，おおむね安定的に続いた。第一次世界大戦後の1920年，イギリスは，国際連盟が先進国に保護をゆだねる支配方式である（　I　）のもとにイラクを置き，ヒジャーズ王国を建てたハーシム家の（　J　）の子であるファイサルを翌年イラク国王として迎えた。このイラク王国がイギリスからの独立を達成したのは，1932年のことであった。その後，カセムを中心とした軍人たちのクーデターによるイラク革命で王制は廃止され，1958年にイラク共和国が誕生した。そして，イラク王国とイラク共和国の首都となったのは，やはりバグダードであった。

設問（1）第一次世界大戦後にイギリスに対してインドのイスラーム教徒たちがおこした，オスマン帝国のカリフの地位を擁護する政治運動は何と呼ばれるか，記しなさい。

設問（2）この大河の中流東岸に位置し，前8世紀からアッシリア王国の首都として栄え，また近代になってそこで発見された大量の粘土板がアッシリア学の発展を促すことになった，古代オリエントの都市の名称を記しなさい。

設問（3）この宗派の法学者たちによる指導体制を特徴とするイラン＝イスラーム共和国は，西暦何年に成立したか，アラビア数字（算用数字）で記しなさい。

設問（4）スーフィズムやヒンドゥー教のバクティ信仰などの影響を受け，ナーナクが創始した宗教の勢力が，後にインダス川流域のパンジャーブ地方に建て，1849年まで続いた王国の名称を記しなさい。

設問（5）19世紀後半のイランで，カージャール朝によるイギリス人業者への利権の付与に対してウラマーと商人たちが主導して起こした，反英・反国王の運動は何と呼ばれるか，記しなさい。

Ⅲ　以下の文章を読み，空欄（　A　）～（　J　）に最も適切な語句やアラビア数字（算用数字）を記入しなさい。

モンゴル高原を支配したウイグルが内紛により衰退したのにともない，契丹が勢力を拡大して中国の華北に版図を拡大した。936年，契丹は後晋の建国を援助した見返りとして，農耕地帯である燕雲十六州を獲得した。その後，宋は燕雲地方の奪回をはかり攻撃をしかけるが，それを退けた契丹は，国境を維持したうえで宋から多額の銀や絹を贈らせるという条件で，1004年に（　A　）の和議を結んだ。契丹は遊牧民の民政・軍政を担当する北面官と，農耕民の民政を担当する南面官を置くことにより，遊牧民の部族制と漢族の州県制を取り込む二重統治体制を構築した。民族独自の文化や制度の維持をはかりつつ，漢族の統治機構も取り入れるという契丹の方針は，国号に契丹を用いる時期と，947年以降は中国風に改めた（　B　）を用いる時期とがあったことからも窺い知ることができる。

12世紀前半，長らく契丹の支配下にあったツングース系の女真が太祖と諡（おくりな）される（　C　）のもとで台頭し，1115年に契丹から独立して金を建国した。金は宋と結んで契丹を滅ぼした後，華北に攻め込み宋の都の開封を占領した。靖康の変と呼ばれるこの争乱によって，宋の上皇の徽宗と皇帝の欽宗は北方に連れ去られ，皇帝の弟が南方に逃れて高宗として帝位につき南宋を再興した。南宋の朝廷では，金に対して和平策を講じる秦檜と抗戦を主張する岳飛が激しく対立したが，和平派が主導権を握ったことにより，黄河と長江の間を東西に流れて黄海にそそぐ（　D　）を境界として国境を定め，宋が金に対して臣下の礼をとるという条件で金と和議を結んだ。後世，秦檜は漢族を売ったとして激しい非難を浴びた。岳飛は悲劇の民族的英雄として人々に仰望され，彼を祀る杭州の廟は現在でも中国屈指の参拝客を誇る名所として賑わっている。

金は女真・契丹の統治に対しては部族制に基づく猛安・（　E　）の制度を適用し，漢族には州県制を採用して，契丹同様に二重統治体制を採用した。また文化面でも契丹が契丹文字を作ったのにならい女真文字を制定するなど，民族固有の文化の維持をはかった。しかし，女真固有の文化は次第に薄れて漢化してゆき，戦費による財政破綻ともあいまって国力が衰えて，やがてモンゴル帝国軍と南宋軍に挟撃されて金は滅亡することとなった。

モンゴル高原では，1206年，諸部族を統合したテムジンがクリルタイの推挙を受けてハンの位につき，チンギス＝ハンと称してモンゴル帝国を創建した。モンゴル帝国は金を滅ぼした後も遊牧民を糾合しつつ拡大を続け，中国北部からロシア，イランに及ぶユーラシアの広大な地域を支配下におさめた。チンギス＝ハンの孫で皇帝に即位したフビライは，大都（現在の北京）に都を置き，国号を中国風の元と称し，南宋を滅ぼして中国全土を支配した。元ではモンゴル人に次いで，色目人と呼ばれる中央アジア・西アジアの諸民族が官僚として重用され支配階級を形成した。漢族のうち金の支配下にあった人々は漢人，南宋の支配下にあった人々は南人と呼ばれて，モンゴル人・色目人の下位に置かれ，科挙の合格者数が大幅に減少したこともあり，儒学の伝統を奉じる漢族の士大夫が活躍する機会は大幅に失われることとなった。その一方で，元の文化政策は寛容であり，宋代以来の中国の都市の庶民文化が栄えた。とりわけ元曲と呼ばれる戯曲が全盛期を迎え，唐代の伝奇小説『鶯鶯伝』をもとにして著された王実甫の『（　F　）』のように，後世の文芸に大きな影響を与える作品が数多く残された。

元の滅亡後，中国は再び漢族の統治による明の時代を迎えた。明の末期，ヌルハチは中国東北部の諸部族を統合して，満州人の軍事・行政制度に立脚する八旗を編成し，満州文字を創始するなど，民族の独自性を保持する制度を整備した。ヌルハチの後を継いだホンタイジは国号を中国風の清と改め皇帝を称した。（　G　）年，李自成の乱により明が滅亡すると，清は占領した北京に都を遷し，李自成を倒して中国を支配下におさめた。

北方民族が中国を支配した王朝という点では元と清は共通しているが，科挙による明代の官僚制度を継承したという点において清の統治機構は元とは大きく異なっていた。清では重要な役職は満州人と漢人を同人数ずつ採用する制度をとるなど，漢人にも活躍の場が与えられた。しかしその一方で，満州から北京に移住した八旗の旗人のために民間耕作地を強制収用する（　H　）を実施するなど，漢人の不満を招く強硬な政策も推進された。

元が漢人の文化に寛容であったのに対して，清の漢人の文化に対する施策は尊敬と弾圧が混在するものであった。その傾向は，中国歴代皇帝のなかでも名君に数えられる康熙帝・雍正帝・乾隆帝という三代の皇帝においても顕著である。彼らは自らも中国の伝統的な文化や学術に通じる皇帝として君臨しながら，漢人に満州族の風俗である辮髪を強要して反清思想には厳しい弾圧を加えた。勅命により儒学者の紀昀が中心となって編纂された約八万巻の中国最大の叢書である『（　I　）』は，漢人の学者を動員した文化事業の成果であるが，それは同時に満州族の統治に対する漢人の不満のはけ口としての意味を有するものでもあった。『（　I　）』は古典研究に欠かすことのできない貴重な文献であるが，そこに採録されている文字のすべてが著作の元通りの姿を保っているわけではない。清の支配者たる満州人は，漢人が自らを「中華」と称し，周辺民族を「夷狄」と差別する華夷思想に敏感であり，反清思想とみなされる字句には容赦なく改竄が加えられ，文字の獄が引き起こされた。膨大な書籍を渉猟した叢書編集の国家的事業は，漢人の伝統的な学術の集大成であると同時に，反清思想をあぶり出して禁書の対象を選定するための調査という側面があったことも見逃してはならない。

19世紀半ばから動乱の時代を迎えた中国では，国家の存亡と民族の興亡の問題とが直結して浮上することになる。洪秀全を指導者とする太平天国は，辮髪をやめて漢族国家の復興を目指す「滅満興漢」を唱え，義和団は排外主義的な「（　J　）」のスローガンを唱えた。中国革命の父と呼ばれる孫文は「三民主義」において清朝打倒を訴えたが，後に中華民国のスローガンとして，漢族，満州族，モンゴル族，ウイグル族，チベット族の協調を謳う「五族共和」を唱えた。しかし，それはやがて諸民族を漢族に同化させて一大国家を築くという傾向を強めてゆくことになる。こうした民族の共存と競合は，漢族が約九割を占める現在の中華人民共和国においても，極めて現代的な多民族国家の問題として存続している。

Ⅳ　以下の文章を読み，空欄（　A　）～（　J　）に最も適切な語句やアラビア数字（算用数字）を記入しなさい。

世界史を振り返ると節目となる年がいくつかある。（　A　）年はそのようなものの一つである。この年にナスル朝の首都が陥落してレコンキスタが完了する一方で，そのさらに西ではヨーロッパの航海者が西インド諸島の島に到達して「サンサルバドル島」と命名し，聖なる救世主に感謝した。中世と近代の狭間に位置するようなエピソードだが，この年を軸として歴史の流れは激変し，ユーラシア大陸の西端に位置したヨーロッパが袋小路を脱して，また新しいパワーバランスが生まれようとしていた。

ヨーロッパの北ではカジミェシュ4世という君主がこの年に亡くなった。彼は当時ポーランドなどいくつもの国を支配する（　B　）朝に属し，この地域ではもっとも力がある人物の一人と見なされ，さらにボヘミアとハンガリーにも影響力を増そうとしていた。だがその間に東では（　C　）が統治するモスクワ大公国が急速に力を増していた。（　C　）はビザンツ帝国最後の皇帝の姪と結婚して威信を上げ，北西にあって9世紀以来経済的に栄える（　D　）国を1478年に併合し，モンゴル人の支配を退け，全ロシアの盟主をめざしていた。カジミェシュ4世の死後も（　B　）朝は16世紀まで存続するが，次第にパワーバランスは変化していった。

一方（　A　）年は南のフィレンツェにとっても転機となる年で，この都市を事実上支配する「市民」ロレンツォ＝デ＝メディチが死去した。手工業や金融業の中心として，また文化の発信地として繁栄したこの都市は，もともとは古代においてローマ人に先立ってイタリア半島中部，特にトスカナ地方で栄えた（　E　）人によって建設された。（　E　）人の民族系統はよく分かっていないが，ギリシア人などとの交易で栄え，独特の壺や美術品を残している。当初，フィレンツェは近隣の諸都市に水をあけられていた。たとえばこの都市の西に位置する（　F　）はロマネスク様式を代表する美麗な司教座大聖堂などで有名で，十字軍にも軍船を提供したアルノ川沿いの港町として栄えており，近くには他にも古代ローマ以来の伝統を有するルッカや，ローマと北を結ぶ街道沿いにあるシエナもあり，フィレンツェはこれらの都市の後塵を拝していた。

都市の繁栄は，その象徴である司教座大聖堂の建設開始年からある程度推し量ることができるが，一歩先んじる（　F　）とルッカは1060年代に，シエナは1220年頃に新たな建設を始め，フィレンツェの司教座大聖堂の建て替えが始まったのはようやく1296年であった。フィレンツェ市民は都市の栄光を誇るべく巨費を投じ，彫刻家でもあるブルネレスキはローマのパンテオンなどの古代建築に学んで司教座大聖堂の大ドームを設計した。ヴェッキオ宮殿前に置かれた「（　G　）像」は，ルネサンスを代表する巨匠によって制作され，現在はレプリカに置き換えられているが，この都市の自由と独立の象徴とされている。

『デカメロン』に描かれるように黒死病がフィレンツェも襲い，多くの人命を奪った。この危機は乗り越えることができたが，経済の担い手の一つであった織物業の優位はさまざまな理由によって他国に追いつかれるようになり，金融業も融資の焦げ付きなどによって次第に不振に陥っていた。その上，イタリア半島はいくつもの地域勢力に分裂して対立しあっており，力を増しつつあった外国諸勢力の絶好の標的であった。ロレンツォ＝デ＝メディチが死去すると，危機が顕在化し，どうにか抑えていたパワーバランスが大きく動いた。フランス王は王族アンジュー家の権利を継承していると主張して南下し，この都市の近くに軍を進めた。この危機に新当主ピエロは対処できずに逃亡し，すでに弱体化していた体制は崩壊した。代わって成立した政権は多くの有力市民が参加したものだったが，これはフィレンツェに対する神罰であると宗教指導者サヴォナローラは激しく説き，生活を改めるよう求めた。このとき「春（プリマヴェーラ)」などの作品で知られる画家（　H　）は絵筆を一時捨てたと伝えられる。

その後も外国諸勢力はこの地域の覇権をめぐって侵攻し，何十年にもわたって戦争が断続的に続けられ，最終的に1559年に（　I　）条約が締結されて，イタリア戦争が終結し，事実上イタリア半島は外国諸勢力の支配下に置かれることになる。イタリア戦争の時代に軍事や外交活動に従事し，失意のうちにそこから離れざるをえなかった（　J　）は，モラルの縛りを捨て去って冷厳な現実計算に基づいた政治の必要性を説いた。彼が著した著作は，手段を選ばない権謀術数主義のためにプロイセンのフリードリヒ大王などに指弾されることもあったが，近代的な政治理論の先駆けとなった。

フィレンツェで活躍した芸術家たちはこのような動きの中で才能を活かすべく新天地を求めて各地に散っていった。ラファエロらは新たな文化の中心となったローマ教皇庁で活躍して，ヴァチカン宮殿の装飾やサン＝ピエトロ大聖堂の建設に関わった。一方で，レオナルド＝ダ＝ヴィンチやチェッリーニらはフランスへと向かった。

（　A　）年はヨーロッパの政治的状況が大きく変わるとともに，新しい文化の広がりの可能性を象徴する年だったともいえるだろう。

暮らせる社会を設計するには必要なことだと考えられたのです。

こうした理念は、それにコミットした覚えがない人々にも強要できるものでしょうか。想定されるような「原初状態」におかれたら、人はみな同じ判断をするはずだというロールズの主張が仮に正しかったとして、実際にそのような原初状態におかれた覚えがない人に対して、リベラルな理念へのコミットを要求することはどのような権利で可能になるのでしょうか。経済的に追い詰められていく低中間層の人々は、不当なコミットメントの前提が「弱者」に過剰な救済を与えていると考えます。そうした考え方は「正しくない」と言ったとしても、彼らとの間の溝は深まるばかりです。

知的な「エリート層」が勝手に設定した「正義」の理念を押し付けられていると思う人々が、経済的・政治的に「強いアメリカ」を取り戻すという言説に魅力を感じるのは、ある意味で必然的な帰結であるように思います。リベラル派の「正義」が成立するためには、人々が実際にその原理にコミットすることが条件になりますが、現実にはすべての人々のコミットを前提した上で「正しさ」を要求するものになっているのです。前借りされたコミットメントの上に振りかざされる「正義」が、その負債を無視した上で、同意した覚えのない人々にまで「正しさ」の代償を求めているようにさえ思われます。「自由」で「平等」な社会を実現するには、すべての人がその代償を払わなければならないといわれるわけですが、そのような議論はどれほどの普遍性をもちうるでしょうか。

「自由」や「平等」という考え方は、近代における私たちの社会を成立させるために不可欠なものだと考えられます。それは人間の基本的な「権利」とされます。しかし、私たちがそう教えられてきた「権利」とは、いったいどのような意味で「正しい」といいうるものなのでしょうか。「正義」をめぐる近代社会の魔法を解くためには、もう一段深く「自由」と「平等」という「権利」が成立するところまで掘り下げて考えなければなりません。

（注）「アルコールの毒素にあたって惚けていく人類を、市民的理性と能率に目覚めさせるのはコーヒー」（シヴェルブシュ　一九八八、三六頁）。

（荒谷大輔『使える哲学　私たちを駆り立てる五つの欲望はどこから来たのか』より）

設問Ⅰ　この文章を三〇〇字以上三六〇字以内で要約しなさい。

設問Ⅱ　「正しさ」について、この文章をふまえて、あなたの考えを三二〇字以上四〇〇字以内で述べなさい。

うるルールの設定方法を模索しました。そのための戦略として用いられたのが社会契約論です。社会契約論とは、人間の自然状態を想定した上で、人々の契約によってあるべき社会像を描くものです。ホッブズやロック、ルソーなどの思想家が社会契約論を展開しましたが、そのうちのいくつかの議論が、近代社会の「憲法」として結実しました。今日の私たちの社会は、その成立の根拠の少なくも一部を社会契約論に負っています。ロールズはその社会契約の原点に立ち返り、あらためて「正義」とは何かを考えようとしました。

ロールズは人間の自然状態（彼の言葉で言えば「原初状態」）を、誰もが自分に与えられた社会的なポジションを知らない、という点に求めます。社会全体に鑑みて自分の能力がどれほどのものか、社会的に大多数を占める信条をもつような家庭に生まれたのか、それとも圧倒的なマイノリティとして生まれ落ちたのか、貧乏なのか裕福なのか――そのような自分の社会的な条件を知らない状態を想定しました。契約にあたって人々は「無知のヴェール」と呼ばれるもので覆われていて、それらの条件を知らない状態におかれているとされました。

そのような状態におかれているとき、人々はどのような社会を望ましいと考えるでしょうか。ロールズによれば、人は自分が最も不利な条件で生まれた可能性を考えて、誰にとっても住みやすい社会を作ろうとするはずだといわれます。社会のマジョリティに属し、少数派を排除して得られる利益の大きさを想像するより、自分が少数派になったときに不自由のない社会を望むはずだというのです。原初状態を仮定すれば、誰もが不平等や格差のない社会を望むというのがロールズの議論でした。

そこからロールズは、普遍的な正義の原理を導き出します。他者の自由を制限しない限りでの人々の自由を認めること、完全な平等はありえなくても最も恵まれない人の利益が常に考えられているような「不平等」しか許容されないことの二つが「正義」の原理になるとロールズは主張しました。「自由」と「平等」の原理が、誰もが同意する普遍的な正義の原理だというわけです。

こうして「正義」の基準を明確にできれば、あらゆる政策は、この原理に照らして優先順位をつけられることになるでしょう。「正義」を実現するための政策が第一のものであり、そうでないものは後回しでいいということになります。社会的なマイノリティに配慮し、不平等を是正するための政策が、こうして「正義」を実現するために優先されるべきものと見なされることになりました。

公民権運動以後のアメリカでは、一九八〇年代にネオ・リベラリズムが台頭するまで、こうした福祉政策の重視が現実の政治にも反映されました。高度経済成長期に実現した福祉政策は、しかし、経済の成長が鈍化するにつれて批判にさらされます。「弱者」ばかりが優遇される福祉政策は、個人の自助努力の結果として得られた収入を不当に奪っていると考えられるようになったのです。そうした白人低中間層の「不満」は、リベラリズムの立場からすれば、社会的マイノリティに対する想像力の欠如と見なされます。人がみな同じ「原初状態」におかれていると仮定してみれば「運良く」健康的な生活を送れている人でも社会的弱者になる可能性があったはずです。運の良い人が悪かった人の肩代わりをするのは、誰もが安心して議論をきちんとしないからだと考えられます。みんなが同じように理性的な存在者として振る舞えば、互いの立場を越えて合理的に「正しい」結論を共有できるはずだというわけです。しかし、詳しい検討は次章まで持ち越しますが、私たち全員をあらかじめそのような「理性的存在者」と考えるカント以来の近代の理想は、理想にすぎません。「理性的存在者」であることは、生得的なものでは決してなく、特定の理念にコミットしてはじめて成立するものだと考える必要があります。「理性的存在者」であることを、個々人が同意した覚えのないまま前提にすることは、ある種の強制によってしか成立しないと考えられるのです。コミットした覚えのない人までコミットするのが当たり前だと考えるところに、この手の正義の困難があります。リベラル派の正義は、つまり、理念の上でのみ「正しい」ことを、すべての人に当然のように求めるという点で構造的な困難を抱えているのです。

　ハーバーマスがいうような「公共性」は、少なくともかつては現実に存在していたのだから、単に理念上のものではないといわれる方もいるかもしれません。ハーバーマスのいう「公共性の構造転換」が起きる前には、不完全ながら市民的な議論が社会を実際に変える力になっていたではないかというわけです。資本主義によって変質してしまったとはいえ、市民社会を実現した「公共性」が、かつては存在したのであれば、それを取り戻しさえすれば「未完」の近代を完成させることができるように思われます。

　しかしながら、かつて存在したといわれる「公共性」は、資本主義へと変質したのではなく、むしろまさにその「資本主義社会」を成立させるものだったということを思い出す必要があるでしょう。コーヒーハウスの議論は、自由経済を確立し、資本主義社会を実現するための「革命」を実現しました。そこで成立した「近代社会」とは、アダム・スミスがいう「自由」を人々に与えるものでした。各人が限られた視野の中で自分の欲望に従って行為する「自由」は、神の見えない手の働きによって経済発展をもたらします。スミスによって実現した道徳の民主主義は、一般性の高さを唯一の「正しさ」の基準にする正義だったわけです。

　そのような「革命」は確かに実現しました。しかし、それを実現した「公共性」が「資本主義化」するのは当然の成り行きです。「市民的な議論」によって目指されていたのは、資本主義的な公共性だったからです。その意味では、市民が熟議によって物事を決めるというかたちでの「民主主義」は、いまだかつて存在したことはなかったといわざるを得ません。各人がそれぞれに自分のオピニオンを表明し、互いの納得によって物事を決める社会は、その限りにおいて、一度も実現したことのない理想にすぎないといわなければならないのです。

　しかし、「理想にすぎない」といって切り捨てる前にもう一例、リベラリズムの論客の議論を検討してみましょう。一九六〇年代の公民権運動の高まりの中で経済主義に抗して「正義」を再定義しようとした試みに、ジョン・ロールズ（一九二一―二〇〇二年）の『正義論』（一九七一年）があります。戦後民主主義における高度な経済成長が実現する中で示されたロールズの正義論は、その後のアメリカにおけるリベラリズムのひとつの大きな基盤になりました。ロールズの正義論の概略を確認しながら、普遍的な正義の可能性を検討したいと思います。

従って生きるよう促されます。「正しさ」の判定は市場の客観性に委ねられ、神の見えない手をあてにして、各人は自分の目の前の仕事に没頭するよう促されるのです。目の前の仕事をこなし、自分で自分のキャリアを積み上げることに忙しい人々が、自分の利益に直接つながらない公共的な事柄を考えることに割ける時間は限られています。そうして、市場原理に支配される現実の社会で「公共的な議論」なるものの意義が低く見積もられることになっていったのです。

こうして資本主義社会における「公共性」への関わりは、むしろ「消費」を通じて確保されるものになります。自身の嗜好に応じてメディアを選択し「共感」を楽しむことが「公共性」のあり方になりました。反対意見にも耳を傾け、合意を目指して議論を積み重ねることは、そこでは目的とされません。政策を可能にする社会的な要件についての考察は欠いたまま、直感的に「いい」と思える候補者に投票することが、政治に対する一般的な関わりとなります。共感の共同体を背景にして「消費者の権力」を振るうことが、社会に対する最も効果的な介入方法として用いられることになるわけです。不快と感じるものにはクレームを入れてネットで吊るし上げることが「社会」を変えるための有効な手段になりました。

資本主義社会における「公共性」は、こうして、消費することを介して社会に関係する場を形成することになったのです。

ハーバーマスは、消費者たちのものへと変質した公共性をあらためて市民の手に取り戻す必要があると訴えます。そのためには、人々が理性的な議論をして物事を決める「熟議民主主義」を実現しなければならないといわれます。人々はそこで自分の意見を明確に述べると同時に他人の異なる意見にも耳を傾け、互いに納得しながら各自の意見を修正し、合意に至ることを要請されます。開かれた議論の場で時間をかけて話し合い、互いに納得できるかたちで物事を決めていくのが本当の意味での「公共性」だというわけです。ハーバーマスにとって「近代社会」はいまだ実現を見ていない「未完のプロジェクト」であり、人々は互いに協力しあいながら、その完成を目指さなければならないとされたのでした。

では、そのような議論は、どのような意味で「正しい」のでしょうか。実際こうした議論は、誰もが同意せざるを得ない理想的な政治のあり方を示しているように思われます。少なくとも「このような社会を目指そう」という人に表立って反論することは、非常に難しいと感じられるでしょう。公明正大な議論で物事を決めていこうという理念には、反論を許さない「正しさ」があるように思えます。

それでもこの議論には、理念が先に立ちすぎている側面が否めません。社会はこのようなものでなければならないという理念が先に立てられ、その実現がどれだけ現実的でありうるのかについては考えられていないように思われるのです。例えばハーバーマスのいう熟議民主主義では、理性的に議論を積み重ねさえすれば人々は合意に到れるはずだという理想が前提になっていますが、現実にはそう上手くはいきません。熟議民主主義の有効性が検討される中で、さまざまな事例が研究されていますが、熟議を重ねても互いの立場の違いが解消されない例は非常に多く見られます。

リベラル派の人々は、こうした現実における上手くいかなさを啓蒙の不足と批判することになるでしょう。現実に上手くいかないのは、理性的な

小論文

（九〇分）

（注意）解答はたて書きで記入すること。

次の文章を読み、設問に答えなさい。

ユルゲン・ハーバーマス（一九二九年生）というリベラル派を代表する知識人は、市場原理で決まる資本主義的な「正しさ」の設定に抗して、公共的な「正しさ」を再構築しなければならないと訴えました。つまり、かつて存在していた「正しさ」を復活させなければならないというのです。

ハーバーマスによれば、近代の初期に芽生えた公共性のあり方は資本主義社会の進展によって変質したといわれます。市民がそれぞれに自分のオピニオンを示しながら、コーヒーハウスに集って政治的な議論をするということが、かつては行われていたというのです。一七世紀後半、お酒にかわる嗜好品として市民の間に広がったコーヒーは、酩酊ではなく覚醒をもたらすものとして、市民文化の象徴になりました(注)。まさに近代革命の前夜、人々はコーヒーハウスに集い、単なる酒の場の愚痴ではなく明晰な論理で、支配権力に対する批判的な意見を交わしたのです。女性はコーヒーハウスに来るものではないとされ、議論の場はあくまで男性のものでしたが、コーヒーハウスにおける市民の公共的な議論は、やがて新聞などのメディアを通じて拡大し、民主主義の成立に大きく貢献しました。

しかし、そうして不完全ながら実現した公共的な議論の場は、時代の経過とともに変化してしまったとハーバーマスはいいます。近代社会が定着すると、政策の決定や執行は選挙で選ばれた代議員の仕事になり、市民が平時から公共的な議論をする機会は少なくなりました。「富」の章で見たように、資本主義社会において各人は、限られた視野で自分自身の欲望に

//////////////////// ·memo· ////////////////////

2021年度

問題編

■総合型選抜 自主応募制による推薦入学者選考

▶試験科目

教　科	内　　容
総合考査Ⅰ	小論文形式を採り，各種資料に対する理解力，文章構成・表現力，分析力等を総合的な視点から考査する
総合考査Ⅱ	与えられたテーマについての記述を評価する

▶備　考

上記考査および「調査書」「評価書」「自己推薦書」により選考を行う。

総合考査Ⅱ

（60 分
解答例省略）

次の文章を読み，進歩自身が私たちの認識や行動を束縛しはじめているという筆者の思いについて，あなたの考えを述べなさい。（320字以上400字以内）

私たちはどこまでも清潔で健康で道徳的な社会に生きていて，昭和以前の人々よりもずっと自由でハイクオリティな暮らしを営んでいるはずである。

だが，そのハイクオリティな暮らしが進歩的なものから一般的なものになり，守って当然の道徳として私たちに内面化されていくなかで，まさにそうした進歩自身が私たちの認識や行動を束縛しはじめているとしたら。と同時に，ハイクオリティな暮らしを支えるための街やインターネットのインフラが，私たちの認識や行動を操作するようになり，気づかぬうちに管理しはじめているとしたら。

こうした，進歩のもうひとつの顔は20世紀以前からあったことではある。だが，従来と大きく違っているのは，通念や習慣がこれほど社会のなかに徹底していたことなどなかったし，法制度がこれほど守られるようになったこともなかったし，私たちの認識や行動に影響を与える街やインターネットのインフラがこれほど強力になったこともなかった点である。

［熊代亨『健康的で清潔で，道徳的な秩序ある社会の不自由さについて』
（イースト・プレス，2020年）より。］

の時〉を期待しつつ、そこを目指して行われる作業や操作の、また自覚していようといまいと合理的に実行される消費や交換――そこに、交換的贈与も含めて、つまり明確に交換へと帰着する贈与も含めて――のアンチ・テーゼであり、その瞬間そのものにしか関心を持たない消尽である。その意味で、供犠とは純粋な贈与であり、放棄なのだ。

〔湯浅博雄『贈与の系譜学』（講談社選書メチエ、二〇二〇年）より。
原文に一部修正を加えたところがある〕

に有益な活動の連なったサイクルのなかで消費されたり、利用されたりしている限り、生産物としての稲や羊は基本的に〈事物たち〉の位置する次元にとどまっているから。したがって、羊を殺害するとか稲の穀粒を食べて消し去るといっても、民衆のひとりひとりが日々の糧（かて）として殺害したり、食べたりするのではなく、生産（すなわち再生産）に役立つ回路から引き離すような仕方で破壊するのでなければならない。民衆の個々人が消費する場合、各人はその食物から新たな活動エネルギーを得て、再び生産活動に従事できる。すると羊や稲は見かけ上破壊され、消失したかに思えても、実はその〈有用な事物〉としての価値を、持続のうちに保存する。

　だからこそ、供犠（および祝祭）として破壊し、消失する、というふるまい方が発生したのだ。捧げ物、贈り物にする、という供犠＝祝祭が、どうしても必要なものとして求められたのである。〈事物の世界〉を超えた次元がなくてはならないものとなった。生産活動を中心とし、その拡大や再生産に役立つやり方で享受（つまり消費）したり、交換したりする、通常のエコノミーの円環的回路を超えた彼方の次元が、必須のものとして感受されたのだ。こうした〈彼方〉という次元がおそらく、少しずつ〈神々の審級〉として定まっていくだろう。

〈神々への捧げ物〉として贈与されれば、肥えた羊や豊かに稔った稲はなににも役立つことのない無益な仕方で、だがしかし〈晴れがましい〉様式で消失されることになる（ただし、ここには、曖昧な両義性が混じり込んでくるのを、忘れてはならない。後で考えてみよう）。

　肥えた羊を捧げ物として殺害する祭り、あるいは稲の初物を〈にえ＝神饌（しんせん）〉として献上する祭りは、根本的にそういう意味を持っている。つまり晴れがましい仕方で純粋に贈与するという意味を持つ。労働の成果である貴重な富を、再生産に結びついた交換や消費という通常の回路の外へと引き出し、荘厳な、かつ晴れやかな様態で〈破壊する〉ことだ。農作物・家畜・産物と化していた稲や羊を、光輝あるやり方で否定すること、どこかでなにかに有益となる仕方で消費するのではなく、その〈事物〉性を究極的に破壊し、消尽することである。

　それゆえ供犠にとって本質的なのは、殺害して血を流すことではない。そうではなく、贈与すること、それも放棄する仕方で贈与することである。ただ、死が〈事物たちの構成する秩序〉の最大の否定であり、〈事物が要請すること〉を、すなわち有用性という価値が損なわれることなく保存され、持続することを最も強く断ち切る力であるため、供犠と死は堅く結ばれているだけである。

　(2)肝心なのは、生産された富や資財が必ず〈持続する必要性〉に服したやり方で消費され、手放されるエコノミーの回路から離脱して、なんら留保のない、無条件な〈消尽〉の激烈さに移行することである。作り出し、保存する世界の外に出ることだ。供犠とは〈後に来るはずていた直接性＝無媒介性の領界に戻すためだ（この直接性＝無媒介性の領界というのは、ヘーゲル『精神現象学』（一八〇七年）の用語を応用しているが、与えられたままの、なんら媒介されていない直接的ななにか、言いようのない、名づけえないなにかであって、いわば文化以前の根源的自然（フュシス）、人間が人間化する以前の自然のことである。バタイユの比喩をまねれば、「水のなかに水があるような」状態である）。どんな切り離しもなく、区切りや境界もない、一切のものの深い連続性へと立ち返らせるためなのだ。

容易には理解し難いことだが、牧畜や農耕の作業のなかで〈事物〉化させられた、しかし牧畜民や農耕民の意識の深部ではけっして〈事物〉ではなく、自分たちと同じ生命存在であり、〈霊〉的な真実を持つ存在であった羊や稲は、逆説的にもただ〈破壊される〉ことによってのみ、その本来的な在りように――無傷なままの、手つかずのままの、なんら害されていないままの生命存在に――戻される。そう信じられただろう。

〈事物〉化した羊は破壊されることで、本来的な存在へと復帰する

古代人にとって稲はもともと作物なのではなく、けっして農業生産の単位などではなかった。稲は本来的には〈それ固有の目的＝究極〉を秘めており、精霊的な真実を持つ存在なのだった（それが、「稲には霊が宿っている」という信仰の基盤である）。農耕に勤（いそ）しむ人間は、このことを、奥深くで、必ず意識している。つまり稲は本来的には〈霊〉的真実を持つ存在であり、自分たちともある種の深い連続性を秘めているのに、農作業のなかでは〈有用な作物〉として捕捉されている。それ固有の目的＝究極から逸（そ）らされ、その自然的生命体としての在りようを否定する仕方で引き出されて、まるで鋤（すき）や鍬（くわ）のような道具が位置する〈面〉と同じような面のうえにすえられている、と。

そういう奥深い意識がなかったとすれば、稲の初物を捧げる祭りは生まれなかっただろう。ということはつまり、そうした祭りは必然的に、いったん否定的に媒介され、〈対象〉化されることで、その対象化の活動（すなわち労働）を実行する主体である人間に役立ち、奉仕するよう作り変えられた生産物としての稲を、もう一度否定することを通じて、その本来的な在りように戻す、という意味を持ったはずである。古代人の心的プロセスを、こう想像してもよいだろう。〈霊〉的真実を持つ存在である稲を栽培し、加工し、操作して、利用する物、有用な物に変えてしまったということは、〈稲を侮辱し、失墜させた〉ことになる。だからなんとしても稲に宿る霊を、本来の真実へと立ち返らせねばならない。

そのためにはどうすればよいのか。日常的な行動や活動の循環のなかで、そのまま享受し、利用するのではいけない。なぜならそのようである。そんな貴重な生産物をまず捧げ物にする。自分たちにとって最も大切で、有用な食料（肉）や衣類（羊毛）となる産物を、いわば無益なやり方で消費する（むしろ、消尽する）。なぜまず初めにこんな無益な消尽をするのか。羊を祭りとして殺害するということは、個々人がパーソナルに消費する目的で殺害することとは違う。羊を破壊するのは確かである。だが、なにを壊そうとしているのだろうか。

　それは、〈生き物としての羊〉を破壊したいのではないだろう。生命体としての羊を壊したいのではない。そうではなく、〈事物化した羊〉を破壊したいのだろう。生産のための労働が狙う家畜であり、日々の仕事や作業の結実した成果である生産物としての羊は〈事物（ショーズ）〉化されるのだが、そんな〈事物〉性を破壊するのである。

　羊や稲は、本来的には、自然に与えられていた生命存在である。人間もそうであるような〈霊〉的な真実を秘めている存在である。程度の違いはあるかもしれない。が、しかし本性上の違いはない。けれども、規則的に労働し始めた人間はそうした自然的に与えられている存在を〈否定する〉仕方で捕捉し、自分の〈対象〉にする。手を加え、作り変え、有用な産物、制作品にする。野生の動物である羊を摑み、その野生状態から引き剝がして〈家畜〉にするし、野生の植物である稲を捉えて、自然から引き出し、食料生産のための〈作物〉にする。いわば自分が〈主人〉となって支配する物に変える。つまり自分に役立ち、奉仕する事物（ショーズ）に変える。

　そのとき、人間もまた変わる。主人になる（支配し、服従させる）ということは、服従させたものを変えるだけでなく、主人となったものも自ら変えられるということだ。労働する人間、合理的に考えて対象を作り変える人間は、そういう自らの操作や作業が結実するはずの時、やがて来るはずの時――後に来る時――を必ず待機し、期待する。かつて主に狩猟採集で生活していたときには、人間は、自然的に与えられていた動物を狩猟して殺害し、その肉をほぼ即座に食べる（享受する）ことで生きていた。だが、牧畜する人間、農耕する人間は、そのようにただちに享受するのを我慢し、止め、辛抱して働くようになる。すぐに享受したいという強い欲求を抑えて労働し、作業するのは、享受することを一時的に断念しているだけであり、それを先に延ばし、〈後になってから〉もっとよく享受しようと期待し、見込んでいるのだ。こういう見込みと期待は、心的な慣習となり、人間はそれに服するようになる。

　生産のための労働が狙う〈家畜としての羊〉や〈農作物としての稲〉を捧げ物として消尽する祝祭が生じたのはなぜか。それは、そうした生産物のうちで〈事物〉化された在りようを破壊することによって、羊や稲を、それらが無理やり位置づけられることになった〈事物たちの面〉から引き剝がすためである。羊や稲が本来的にはそこに存在しる仕方で、贈与し、捧げ物＝贈り物にする、という意味を持ちうる。つまり、その瞬間だけにせよ、生産活動や生産物に執着しない、自分の富に固執しない、という意味を持ちうる。

　とはいえ、そうした自己消失の危険と富の（一時的な）放棄に沿う仕方で、いわゆる交換の過程――さらには獲得と所有の過程――が発展したことも確かである。つまり、他方から見れば、〈贈与する〉ということが、対抗贈与、返礼贈与の動きを誘発し、さまざまなものの流通を促すこと、そして、循環させ、有用な仕方で消費させ、ひいては再生産を刺激することにもなる。それゆえ、エコノミー的活動を活発化させる。

　このような〈贈与〉は、ほんとうに贈与と呼べるのだろうか。贈与としての贈与、交換的なものに帰着する部分に汚染されない、純粋な贈与なのだろうか。(1)どこまでも曖昧な両義性はつきまとうだろう。

供犠(サクリファイス)の発生と由来について

　義務という観念の側面から考えてみると、こうした原初の社会において、人々はどういう義務に服していると言えるだろうか。何を〈すべきである〉と感じているのか。「感じている」と言っても、むろん意識的に自覚しているとは限らず、無意識的に受け止めて従っている場合も含めているのだが。

　モースは、原初の人々――その社会――が〈すべきである〉と感じ、従っている三つの義務をあげている。与える義務、受け取る義務、返す義務である。これらが、実のところ、一つの同じ義務の三つのアスペクトである点は、後で考えよう。神々に贈与すること（大切な富を贈り物として捧げること）を、モースは「第四の義務」とも書いているが、むしろ諸々の義務の感情の源をなすのかもしれない。

　なぜ精霊たちや神々に贈与するのか。サクリファイスというかたちで、貴重な生産物、自分に固有な大切なものを捧げるのか。供犠(サクリファイス)の発生と由来について、バタイユの『宗教の理論』（一九四八年頃執筆）を参照しつつ、仮説を立ててみよう。

　供犠においては、その種族の最も重要な生産物が、神々（あるいは精霊たち）に捧げられつつ破壊される。たとえば遊牧民・牧畜民は一頭の羊を犠牲にして殺害し、農耕民は収穫した稲や小麦の初物を供物として奉納する。(b)それらはこのうえなく貴重な生産物のはずだが、なぜ破壊するのだろうか。なぜ自分の食べ物として享受する以前に、まず捧げ物にするというかたちで差し出し、消失するのか（むろん供犠および祝祭がすんだあとには、食料や衣料などにするけれども）。動物の供犠の場合には、なぜ死の禁忌(タブー)をあえて破って血を流すのか。こうした〈破壊〉の祭りは実際不可解で、謎めいている。

　たとえば牧畜民にとって羊は、長い労働と作業の末に飼育した成果どちらとも、決めがたい部分がある。そんな曖昧さ、両義性を、モースもバタイユもたしかに読み取っている。

一方から見れば、原初から古代の社会においては、結果的に交換したことになる行為も、初めからなにかを獲得し、所有することを目指して——それを原動力として——行われたのではなく、役に立つ手段だ、と考えられていたのでもなかった。むしろ、自分が産み出し、所有する富を手放し、贈る、という奇妙に自己消失的な（あるいは消尽的、自己犠牲的な）ふるまい方と深く結ばれていた。

こんな自己消失的な次元、そして自己犠牲的な次元をうちに含んでいるふるまいは、どこか深いところで宗教的なもの——すなわち、原初的宗教性——に結ばれているのでなかったら、考えられないだろう。原始宗教の核心であるサクリファイス（供犠、つまり犠牲を捧げる祭り）になにかしら関わっているのではないかと推測される。

供犠（サクリファイス）において、ひとは、自分にとって最も大切な富を——たとえば、遊牧生活において、主要な、貴重な産物である羊を——、神に捧げる仕方で、犠牲にする。こうした供犠は、いつも祝祭と結ばれ、祝祭の運動を開いた。英国の民族学者であるロバートソン・スミスは、原始・古代のユダヤ教の優れた研究書『セム族の宗教』（一八八九年）のなかで、原始から古代にかけて「祝祭のない供犠はなかったし、また供犠のない祝祭はなかった」と指摘している。

こうした供犠＝祝祭は、まさに神々に贈与すること、このうえなく大切な生産物を贈り物にして捧げることとして受け止められていたに違いない。このとき、注目されるのは、神々に贈与されれば、産み出された富は有用なやり方で消費されるのではなく、むしろ無益な仕方で、ただし神の栄光にあずかる輝きをおびた仕方で消尽されると感受されただろう、という点である。産み出された富を費やすということが、なにものかに利益があり、役に立つと予測され、期待されたうえで、消費されるのではない。そうではなく、それを費やすことが、そのこと自体において究極性を持ち、自らのうちに価値がある仕方で、消費されるのである。

そうした供犠＝祝祭にある程度まで類比される側面が、原初的な交流・交易にも含まれているのではないか。見たとおり、トロブリアンド諸島のクラと呼ばれる交流において、ひとが（ひとつの氏族・部族が）自らの産み出した貴重な財を、他の者に（他の氏族・部族に）贈与するということは、その時点だけを取り上げて見れば、自分の手にしている大切な富を失うかもしれない危険にさらされることになるだろう。それにもかかわらず、クラという交流は、そんな危険を顧みず、いわばのり越えて、あえて貴重な富を手放し、贈り物にする。そういう側面を持っている。それゆえ、一方から見ると、こうした交流は、自らの労働の成果である制作品＝生産物を思い切って手放し、放棄すング、円環、に近いと、マリノフスキーは報告している。

このように、モースの考察の中心を占めているのは、給付することが――ある時間をかけた過程を経て――反対給付を呼び、それがまた同じような過程を経て、次の反対給付を促し、という具合に次々と連繫していって、ある限定された回路を経由したあと、必ず元に戻ってくる、循環的な贈与である。

Aという贈与する者（氏族・部族）はその人独自のマナ（霊的力）の容器のようにみなされており、Aが生産した富はそのマナを担っている。そういう富を贈与すると、Aはいったん〈自分にとって貴重な固有のもの〉を分離し、他の容器である受贈者Bのなかへと譲渡する。贈り物を受け取った者（氏族・部族）は、そういう恩恵を負い目のように感じており、恩＝負債はどうしても返さなければならないという相互性の原理に基づいて、必ず自分も贈与しようとする。そうやって〈贈与の運動〉のうちに参入しない限り、つねに負債をおったままに――あるいは、相手に優位を認め、自らは劣勢に立たされたままに――なってしまうからである。

こうして、その贈り物は、こんどは受贈者Bのうちでその人のマナによる労働の成果を付与され、作り変えられる。Bはそれを第三の者（氏族・部族）Cに贈与する。そして、Cはまた同じように時間をかけた過程を経て、自らのマナを担った労働の成果である生産物を、D（E、F……）に贈与し、そのDは、今度は、円環的に回って、自らの産み出した特産品をAに贈与する。贈り物をすることは、次々と中継地を経由して循環的に元の贈り手に返され、戻る。すると贈与者Aは、いわば他者の労働による付加価値がついた〈自分のもの〉を再び所有することになる。〈貴重な固有のもの〉はいったん手放されるけれども、迂回路をたどったあと、必ず回収され、また自己所有される。

それゆえ後代のポリティカル・エコノミーの観点から見れば、一種の「利子付きの信用貸し」に相当するように思える。ただし文書による契約に基づくのではない。つねに〈心的な恩＝負債の感情〉に結ばれた黙契にほかならない。

贈与的であること、交換的であること

クラのような交流・交易を、かなりの時間のずれを考慮に入れつつ総体的に眺めれば、一方的にAがBに――また、BがCに――贈与したことにはならない。AはC（D、E……）から、なにかしら同じだけの（多くの場合、それ以上の）値打ちのある返礼贈与を受け取るからだ。結果としては、生活財や象徴財が流通し、循環してゆく。通常の経済活動に似ているやり方で、交換したのとほぼ同様になる。それゆえ贈与することが、エコノミー的な活動を促進したことになる。

こうした交流・交易は、贈与的なのか、それとも交換的なのか。

モース『贈与論』について

マルセル・モースの『贈与論』(一九二五年)から何が読み取れるだろうか。

『贈与論』の副題は、「原始社会における交換の形態と理由」と書かれている。モースは、この論考で贈与をテーマとし、贈与について論じているが、しかしその贈与は、現代人から見れば、贈与でもあり、また同時に交換でもあるような曖昧さを持っている。ほとんどの場合、大きく距離をとって、また長い時間の幅をとって、その行動＝ふるまい――贈与的次元を持つ、と思えるふるまい――を眺めれば、時間的な差異(遅れ)を伴う交換であるように見える。だからこそモースは、読者の理解しやすさも考慮しつつ、『贈与論』の副題として「原始社会における交換の形態と理由」という言い方を添えているのである。

ただし、それは独特の交換であり、交換ではないような交換であって、近代資本制社会、市場経済社会において私たちが慣れている〈等価なものの交換〉、貨幣を前提にした交換、商品の交換のような交換ではない。

モースが挙げている多くの原始社会では、人々がなにかある物を、自分とは違う、他の人々へと交流させることを実行する場合、少なくとも最初は、贈与する、というかたちを取る。自分が生産したもの、制作したもの、保有しているものを、他なる者(他の氏族・部族)に贈る、というやり方で始めるように見える。

たとえば、ブロニスワフ・マリノフスキー(一八八四―一九四二年)の『西太平洋の遠洋航海者』(一九二二年)が報告しているように、西太平洋のトロブリアンド諸島の人々は、自分の生産したもの、作業して産み出し、所持しているものを、他の人々(他の氏族・部族)に、まず贈与する、というかたちで交流を開始する。現代の観察者(その社会を訪れた民族学者、文化人類学者)の目から見れば、そう言える。

「クラ」と呼ばれる交流・交易を簡略化して示そう。Aという島の氏族・部族から贈られ、Bという島の氏族・部族によって受け取られたものは、Bのもとでしばらくのあいだとどまる。生活品や消費財であれば、利用され、活用されて、Bが作り出す新たな生産物に変わるし、象徴財(たとえば腕輪や首飾り)であれば、なんらかの逸話(ある儀式で着装された、という物語)が付け加わる。Bはやがて別の島のCという氏族・部族に、自分の生産したもの、所持するものを贈る。そして同じような過程を経て、Cはしばらくの後、自らの生産したもの、所有するものを、Aに贈る。むろん、D、E……という具合に数はふえてもよいのだが、生活財や象徴財がAからBへ、BからCへ……という仕方で循環していき、しばらく時間が経過したあと、円環的に元に戻るという構図は同じである。クラという語の意味は、リきるために自分たちでその産物を消費もした。それは当然である。だが、その前にまず〈初物を捧げる〉という仕方で、精霊たちや神々に奉納する祭りを行った。〈富〉はまずなによりも神々に贈るべきものだった。

　この奉納およびそれと一体になった祝祭は頻繁に行われた。さらには、このように貴重な〈富〉を贈与する祭りを引き継ぐ活動として、神々に捧げる様式で、歌、舞踏、見世物、演劇を上演することが行われたし、また、少し後の時代には、巨大な石像や神殿を建てること、神々の似姿（イマージュ）＝像として彫刻や絵画を制作することが実践された。

　それらの活動はどんな特性を持つだろうか。(a)自分が産み出した富や財を、自らの生存を維持し、再び労働することができるために自分たちで消費するときには、この消費は役に立つものであり、生産された物は有用な仕方で消費されると言える。それに対し、貴重な〈富〉を神々に贈与するやり方で費やす活動は、なにかに役立つというよりも、その活動自体のうちに目的を見出している。産み出された富を費やすということが、なにものかに利益があり、役に立つと予測されたうえで、消費されるのとは違う。それを費やすことが、そのこと自体において価値を持つ仕方で使うことである。

　少し敷衍して言いかえると、富を費やすことが、再び生産活動が円滑に運ぶように、という目的を考慮して――あるいは、いつのまにか予測し、期待しつつ、見込んで――実行されるのではない。そうではなく、その消費が、もっぱらそれ自体のうちに目的性＝究極性を持つ様態で行われる。それゆえ、このとき貴重な富は、非生産的なやり方で消費される（すなわち、濫費される）ことになる。後代のポリティカル・エコノミーの観点から見れば、そう思える。通常の意味での〈消費〉とは異なり、むしろ〈消失〉である。こうした非生産的な消費は、バタイユが〈濫費（depense）〉とか〈消尽（consumation）〉と呼ぶものに近い。

　しかし、労働することによって産出された貴重な産物を、神々に捧げる祭り――精霊や神々に贈り物として献上する祝祭――は、よくそう言われるとおり、豊かな収穫を感謝したり、次の栽培や飼育も豊饒であるよう祈願したりしているのではないか。つまり、再生産がうまく運ぶように気づかっているのではないか。そういう反論もありうる。だが、〈豊饒の祈願〉という観念は、もっと後代の――十分に制度化した――宗教とその祭儀から逆向きに推論して導き出した観念であって、原初の人々はそんな観念を、定まったものとしては持っていなかっただろう。ここでも、貴重な産物を犠牲にして捧げることが、結果として見れば、穀物や家畜の豊饒を促したことになるだけであり、それは結果であって、原因をなすものではない。

総合考査Ⅰ

（一二〇分）
（解答例省略）

次の文章は、湯浅博雄『贈与の系譜学』の一部です。これを読んで、以下の設問に答えなさい。

【設問1】

傍線部(1)に「どこまでも曖昧な両義性はつきまとうだろう」とありますが、何がどのように両義的なのか、筆者の主張に基づいて説明しなさい。（二四〇字以上、三〇〇字以内）

【設問2】

傍線部(2)に「肝心なのは、生産された富や資財が必ず〈持続する必要性〉に服したやり方で消費され、手放されるエコノミーの回路から離脱して、なんら留保のない、無条件な〈消尽〉の激烈さに移行することである」とありますが、それは具体的にどのような意味ですか。筆者の主張に基づいて説明しなさい。（二四〇字以上、三〇〇字以内）

【設問3】

波線部(a)を英語、ドイツ語、フランス語、中国語のいずれかに訳しなさい。

【設問4】

波線部(b)を英語、ドイツ語、フランス語、中国語のいずれかに訳しなさい。

原始社会において富はどんな原則に服していたのか

原初の人々は、自分が働いて産み出した成果である産物を、どのように見ていたのだろうか。もちろん彼らは生存を維持し、再び労働で

■一般選抜

問題編

▶試験科目・配点

教　科	科　　　目	配　点
外国語	「コミュニケーション英語基礎・Ⅰ・Ⅱ・Ⅲ，英語表現Ⅰ・Ⅱ」，ドイツ語，フランス語，中国語のうち１科目選択	150 点
地　歴	日本史Ｂ，世界史Ｂのうち１科目選択	100 点
小論文	資料を与えて，理解と表現の能力を総合的に問う	100 点

▶備　考

- 「英語」以外の外国語は省略。
- 「英語」と「ドイツ語」の試験では，２冊まで辞書の使用が認められる（ただし，電子媒体を用いた辞書，付箋類を付した辞書の使用はできない）。
- 小論文は，高等学校の各教科の学習を通じて習得した知識と思考との総合的能力を問うことを主眼とする。与えられた資料に基づき，的確な理解と判断をもち，自らの意見をいかに適切な言葉をもって書き表し得るかを試すもので，併せて表記の正確さも求める。

英語

（120分）

＊　英語辞書を2冊まで使用可。「英英辞典」「英和辞典」「和英辞典」「英仏辞典」，英和・和英兼用辞書など，英語辞書であれば，どのような辞書でも，どのような組み合わせでも自由。大小も問わない。

次の英文は Cody Cassidy による *Who Ate the First Oyster?* (2020) に基づいている。これを読んで以下の設問に答えなさい。

（Ⅰ）［（1）］に入るもっとも適切な語を下から選び，記号で答えなさい。

(A) archaeologist　(B) enthusiast　(C) linguist　(D) meteorologist

（Ⅱ）下線部（2）が意味するところを，25字以内の日本語で説明しなさい。

（Ⅲ）［（3）］に入るもっとも適切な語を下から選び，記号で答えなさい。

（ア）forethought　（イ）perspective　（ウ）merit　（エ）lifestyle

（Ⅳ）40字以内の日本語で，“this one” の内容を具体的に示しつつ，下線部（4）の内容を説明しなさい。

（Ⅴ）下線部（5）を日本語に訳しなさい。

（Ⅵ）下線部（6）を日本語に訳しなさい。

（Ⅶ）下線部（7）を日本語に訳しなさい。

（Ⅷ）女性患者の診断記録の最後に記された言葉を，著者が，下線部（8）のように捉えたのはなぜか。著者の議論を整理しつつ，その理由を100字以上120字以内の日本語で説明しなさい。

(Ⅸ) 次の日本語を英語に訳しなさい。

国際化の時代に生きる私たちは，英語の流暢さと国際的な視野の広がりを，誤って同一視しがちである。

In 1991, the victim in the world's most interesting murder case was found 10,500 feet above sea level in the Ötztal Alps* in north-eastern Italy, 15 feet from the Austrian border. Dubbed Ötzi**, the man had been shot with an arrow in the back nearly 5,300 years ago, and his body has since become the most carefully studied corpse in human history. In the fall of 2017 I decided to visit the murder scene. Though this was my first criminal investigation, I began as I presumed any good homicide detective would: I retraced the victim's last steps.

Remarkably, even though the murder occurred nearly one thousand years before the construction of the Great Pyramid***, this retracing is actually possible. Thanks to scientists identifying layers of pollen from the victim's digestive system as well as the sources of pollen, we now have an accounting of Ötzi's final twelve hours far more accurate than any bloodhound could provide.

Ötzi's last hike took place in what is now a piece of northern Italy, sliced off from Austria after World War I, though when I visited, it seemed unclear whether anyone had ever informed the people who live there of that fact. The architecture, the food, the culture, the signs, and even the greetings were so comprehensively Austrian that I checked a map to make sure I hadn't crossed the border.

I began my trek early in the morning, and it soon became clear that Ötzi must have been in fine shape on the day he died. The Ötztal Alps do not rise slowly like the foothills of the Sierra Nevada Mountains I was used to. Instead, they rocket out of river valleys at such steep angles that even the gentler path Ötzi chose was zigzagged in sharply angled switchbacks that rose into the snow and fog.

Investigators have established that Ötzi died shortly after enjoying a leisurely lunch at the top, which suggests he was a far better （1） than I. Snow had begun to fall and dense fog blanketed the pass when I arrived at the peak, and as I contemplated the tricky traverse to his final resting place, I spotted a few mountaineers—the first I had seen all day—strapping into crampons. We didn't share many words in common, but after a few gestures toward my tennis shoes we did share an understanding that (2) <u>if I continued I was at some risk of making Ötzi's final resting place my own.</u> Less than a quarter mile from the site of the murder, and six thousand miles from home, I decided, in this case, that interviews with archaeologists who had investigated the scene would have to suffice.

The aborted trip to the murder site was a part of an expansive, three-year-long project to produce this book. It began as an inquiry into humankind's greatest "firsts" but quickly expanded to include profiles of the individuals responsible. The more I learned about prehistoric discoveries, the more I wanted to know the people who made them. Yet most reconstructions of the prehistoric ignore the existence of individuality entirely, and speak of "peoples" rather than people.

So I set out to find remarkable *people* from our deep history. I interviewed more than one hundred experts and read dozens of books and hundreds of research papers. I ordered obsidian off the internet and tried to shave my face with it. I visited the site of humankind's first great piece of art. I started a fire with flint and pyrite. I fired a replica of an ancient bow. I spoiled gruel to brew beer. And I quite nearly joined Ötzi in his final resting place.

In the end, I identified seventeen ancient individuals who lived before or without writing. These are people whom scholars know existed and whose extraordinary or fateful acts are the foundation of modern life. Then I asked everyone from archaeologists to engineers, geneticists to lawyers, and astrologists to brewmasters who these anonymous individuals might have been, what they were thinking, where they were born, what they spoke (if they spoke!), what they wore, what they believed, where they lived, how they died, how they made their discovery, and, most importantly, why it mattered.

When viewed from the distance of many thousands of years, cultural, technological, and evolutionary change appears to proceed in a smooth line. Stone tools gradually give way to metal; furs gradually give way to woven fabric; gathered berries gradually give way to cultivated crops. Because of the appearance of a slow gradation, it's tempting to assume that no single individual could possibly have played a significant role in the seemingly inevitable trajectory of human history—or the seemingly glacial pace of human evolution.

But this gradation is an illusion created by our modern [(3)]. It neglects the way technology and even evolution have always occurred: in fits and starts, with individuals at the forefront. Rolling logs do not inevitably transition into wagons. Instead, someone invented the wheel and axle—regarded by many scholars as the greatest mechanical invention of all time—and someone fired the first bow and arrow—probably the most successful weapon system the world has ever seen. Thanks to the imperfect reach of written history, we've lost their names, but a name is a detail, and modern science now provides far more revealing details about the geniuses of the prehistoric.

Those two words—"genius" and "prehistoric"—are not often put together thanks to the stereotypes of cartoons, early caricatures, and the temptation to equate tools and technology mistakenly with intelligence. Though "prehistoric" is supposed to refer only to those who lived before writing, its first listed synonym is "primitive" and the implications are clear: the people who lived "before the dawn of history" were illiterate savages. Morons. Brutes who lived in dark caves, munching on mammoth meat between grunts.

But like most stereotypes, (4) this one collapses under even the briefest interrogation. The so-called cavemen—who for the most part didn't even live in caves—required a far wider knowledge base than those of us living in the era of mass food production and job specialization. Their survival depended upon an encyclopedic understanding of their environment. They each had to find, gather, hunt, kill, and craft virtually everything they ate, lived in, or used. They had to know which plants killed you, which ones saved you, which ones grew in what seasons and where. They had to know the seasonal migration patterns of their prey. According to the scholars I spoke with, (5) there's no evidence geniuses were any less common in ancient history than today, and at least some evidence that they were more so.

It feels controversial, or even speculative, to assert that geniuses lived in prehistoric times. It shouldn't.

Just as prehistoric people had their fair share of nitwits, buffoons, dopes, traitors, cowards, scallywags, and evil, revenge-seeking psychopaths, so too were there the equivalents of da Vincis and Newtons. That isn't just speculation. It's a provable, verifiable, indisputable fact. The evidence is brushed on cave walls in France, scratched into clay tablets in the Middle East, found on islands in the South Pacific, and buried on top of four wheels in Russia. If Newton is feted for inventing calculus, what should we think of the person who invented math itself? If Columbus is celebrated for stumbling upon the Americas, what should we think about the person who actually did discover them sixteen thousand years earlier? And what of the person who searched for and found the world's most isolated archipelago five hundred years before Columbus (accidentally) found a continent?

"Prehistoric" simply means that their names and stories went unrecorded and nothing more. Their lives were no less remarkable than those who lived afterward and, in at least a few cases, far more so.

Common sense should have suggested this long ago. Modern science has removed all doubt.

(6) Until now, little has been written about these ancient individuals partly because there was so little to say. Early archaeologists found bones and tools, but not enough to speak to the humanity, individuality, and motives of their owners.

But within the past few decades, modern science has illuminated our ancient past to a startling degree. Thanks to techniques for recovering and analyzing DNA, ancient bones tell astonishing new stories—stories about the survivors who lived at the edge of the habitable world, the origins of plagues, and even the invention of clothing. Paleolinguists have reconstructed ancient languages to trace population movements, lifestyles, and even the location of some inventions—including, perhaps, the home of the wheel itself.

Old-fashioned archaeology has also undergone a dramatic change in the last two decades. (7) The number of discoveries has exploded to the degree that authors invariably include a plea for forgiveness for the inevitable revelations that will occur in the waiting period between writing and publishing. Writing about prehistory has become a game of whack-a-mole****, not just because of new finds, but also because of the new tools applied to old ones.

Recent anthropological studies have even revealed the mind-sets of these ancient people. Studies by scholars like the University of Santa Barbara's Donald Brown have exposed remarkable consistencies across hundreds of human cultures as seemingly different as the highlanders of Papua New Guinea and the bankers on the streets of lower Manhattan. Brown and others' search for similarities have yielded a list of what anthropologists call "human universals", a revealing and peculiarly specific set of traits exhibited by *every* culture.

When Marco Polo returned from his thirteenth-century voyage, he shocked Europe with his tales of the neck elongation practiced by the Padaung and Kayan peoples***** of Thailand and Myanmar. But while neck elongation and Western bow ties might seem to be the product of two vastly different mind-sets, they stem from the universal human desire for individualization and body decoration. It would have been far stranger if Polo had discovered a culture in which no one decorated themselves—yet no anthropologist has done so. Body decoration is one of hundreds of human universals that anthropologists like Brown have identified, and many researchers believe these universals offer the best lens through which to view ancient cultures whose archaeological remains haven't survived. They do not describe individuals, but they help describe what it is to be human.

Despite the powerful tools we now use to examine our deep past, many fundamental questions remain. When I asked two of the world's leading archaeologists when *Homo sapiens* began to speak full languages and think like modern humans, their answers differed by more than one hundred thousand years. Such is the stubborn opaqueness of our past.

Nevertheless, with modern tools, scholars can now engage in more educated speculation about the greatest people, moments, and firsts of ancient human history than ever before.

I had previously pondered humankind's peculiar firsts—as I suspect many of us have when trying something new and particularly bizarre—but I didn't consider the questions deeply until I read of a poignant note written by an ancient Egyptian physician describing a tumor of the breast in a patient of his. Historians believe it's the first documented case of cancer. At the end of a long and detailed description of the spreading tumor, the physician simply adds: "There is no treatment."

I found (8) <u>something touching</u> in the specificity of this ancient woman suffering from this ancient disease. A specificity, and an individuality, that I found lacking in the typical descriptions of ancient "peoples". So I set out to find out about not just humankind's ancient firsts, but also about the people who accomplished them.

* The Ötztal Alps are a mountain range in the Central Eastern Alps.

** Ötzi is a nickname given to the natural mummy of a man found in the Ötztal Alps.

*** The Great Pyramid of Giza in Egypt.

**** *Mogura-tataki.*

***** An ethnic group whose women wear brass neck rings to elongate their necks.

日本史

（60 分）

I 次の文章の（イ）～（ニ）を読んで，文中の空欄（A）～（N）に該当する適当な語句をそれぞれの語群の中から選び，1～9の数字を，語群の中に適当な語句がない場合は0を，解答欄に記入しなさい。

（イ） 推古天皇の豊浦宮での即位以降，大王宮は，奈良盆地南部に集中して営まれるようになった。（ A ）で673年に即位した天武天皇は，中国の都城制にならった都の造営を開始した。天武天皇の死後，その諸政策を引き継いだ（ B ）天皇によって藤原京が完成され，遷都がなされ，本格的な宮都が成立した。8世紀初頭には，（ C ）天皇が奈良盆地北部の平城京へと遷都した。740年以降に都は転々と移り，恭仁京の時期には国分寺建立の詔が発布され，近江の紫香楽宮では大仏造立の詔が出された。744年に遷都した（ D ）は745年に正式に平城京に還都した後も維持され，桓武天皇が長岡京に遷都するまで残された。

1 難波宮　2 大津京　3 元明　4 飛鳥浄御原宮　5 元正
6 持統　7 飛鳥板蓋宮　8 文武　9 小治田宮

（ロ） 10世紀の慶滋保胤の著作『（ E ）』からは，平安京右京域の居住地としての利用が放棄され，左京域に人口が集中し，古代都城の景観が崩れていったことがうかがえる。11世紀後半の院政期になると，平安京北東の白河の地に六勝寺が造営され，京の郊外には白河殿・鳥羽殿などの（ F ）もつくられた。鴨川以東には，平氏の拠点である六波羅や，（ G ）上皇の（ F ）である法住寺殿が建設され，京域が東部と南部に拡大することになった。

1 院庁　2 白河　3 池亭記　4 院御所　5 里内裏
6 往生要集　7 崇徳　8 日本往生極楽記　9 後白河

（ハ） 13世紀から14世紀になると，1205年の建仁寺建立に始まる（ H ）の寺院がつぎつぎと創建されるようになり，京都周辺の景観を大きく変えることになった。1331年，土御門東洞院殿に践祚・即位した持明院統の（ I ）天皇が入ると内裏として定着し，14世紀後半に幕府が今出川室町に（ J ）を営むと，この二つの御所を中心とした新たな上京の発展が始まった。一方で，南の三条・四条には新町・室町周辺に，商人の町としての下京が成立するなど，都市民の自治組織としての町が成長した。京都が応仁の乱で焼かれた後には，町の中心的構成員である（ K ）によって復興がなされた。

1 日蓮宗　2 光厳　3 柳の御所　4 光明　5 浄土宗
6 会合衆　7 花の御所　8 年行司　9 禅宗

(ニ)　京都は，16世紀前半に延暦寺の衆徒が日蓮宗徒を襲撃した（　L　）により下京が焼かれ，16世紀後半の織田信長による焼き討ちで上京も焼かれた。しかし1587年に（　M　）による京都の都市改造計画が始まり，1591年に洛中と洛外を明確に分かつ御土居が構築されると，新たな都市としての領域が確定された。江戸時代になると，観光案内書の出版や東西本願寺に代表される寺院の（　N　）が京都に集中したことなどが要因となり，観光都市としての性格を持ちはじめ，今日に至る観光都市京都としての発展が始まった。

1　本山　　2　本陣　　3　嘉吉の乱　　4　天文法華の乱　　5　三好長慶
6　筒井順慶　　7　細川藤孝　　8　末寺　　9　永禄の変

Ⅱ　次の文章（イ）・（ロ）を読んで，文中の空欄（A）～（T）に該当する適当な語句をそれぞれの語群の中から選び，1～5の数字を解答欄に記入しなさい。

(イ)（　A　）は若い頃，源頼朝の後押しで摂政となった（　B　）に仕え，その弟で天台座主となった（　C　）などと交流しながら，歌人として成長した。（　B　）の失脚後は（　D　）に近づき，その命によって編纂された『（　E　）』の撰者に加えられた。1220年に（　D　）の逆鱗に触れて失脚するが，その翌年の（　F　）で敗れた（　D　）が配流されたために復活する。（　B　）の孫で，将軍（　G　）の父という立場を背景に朝廷で権力をふるった九条道家の家司であったことから，その支援を得て正二位権中納言まで昇った。嫡男の為家の正室は（　H　）国の有力御家人宇都宮頼綱の娘で，初代京都守護（　I　）の孫にあたるなど，（　A　）の家そのものも鎌倉幕府と縁が深い。なお，小倉百人一首は頼綱の求めに応じて（　A　）が撰んだものである。為家の嫡子為氏は母方の縁で関東にしばしば下向したが，その異母弟の為相も，為家の遺領をめぐって為氏を訴えた母が紀行文『（　J　）』に記した幕府法廷での訴訟を引き継ぎ，鎌倉に度々赴いた機会に歌壇を指導している。

A　1　西光　　2　西行　　3　藤原俊成　　4　藤原定家　　5　藤原家隆
B　1　藤原忠通　　2　藤原頼長　　3　藤原兼実　　4　藤原基通　　5　藤原泰衡
C　1　無住　　2　慈円　　3　重源　　4　貞慶　　5　明恵
D　1　崇徳上皇　　2　後白河法皇　　3　後鳥羽上皇　　4　後高倉法皇　　5　順徳上皇
E　1　千載和歌集　　2　新古今和歌集　　3　金槐和歌集　　4　新葉和歌集
　　5　新続古今和歌集
F　1　保元の乱　　2　平治の乱　　3　治承・寿永の乱　　4　承久の乱　　5　宝治合戦
G　1　頼嗣　　2　頼家　　3　頼経　　4　宗尊　　5　実朝
H　1　武蔵　　2　上野　　3　下野　　4　常陸　　5　下総
I　1　北条時政　　2　和田義盛　　3　大江広元　　4　三善康信　　5　北条時房
J　1　方丈記　　2　海道記　　3　東関紀行　　4　十六夜日記　　5　とはずがたり

(ロ)（　K　）で生じた隙を突いて京都を占領した南朝が再び没落した後，後光厳天皇が即位して北朝を再興するにあたって力を尽くした関白（　L　）は，天皇の信頼を得て，自ら編纂した連歌集『（　M　）』を勅撰和歌集に准ずる綸旨を下された。その後も連歌の規則の改訂を進めて『（　N　）』として集大成し，九州探題として下向した（　O　）の求めに応じて『九州問答』を著すなど，連歌の第一人者として活躍する。猿楽にも関心を寄せ，これを大成することになる（　P　）がまだ少年の頃に彼の芸能に魅了され，藤若の名を与えたという。後光厳の跡を継いだ後円融天皇から遠ざけられると，（　L　）は将軍（　Q　）に接近し，積極的に作法を指南して朝廷への参入を助け，（　Q　）が武家として平清盛に次ぐ2人目の（　R　）にまで昇って公家社会に君臨する道を開いた。（　L　）の子孫も室町将軍家との関係を維持して朝廷で重きをなしたが，将軍（　S　）に『樵談治要』を献じたことで知られる（　T　）も実は（　L　）の孫である。

	1	2	3	4	5
K	元弘の乱	中先代の乱	観応の擾乱	明徳の乱	応永の乱
L	一条兼良	二条良基	三条西実隆	四辻善成	北畠親房
M	菟玖波集	新撰菟玖波集	犬菟玖波集	山家集	閑吟集
N	禁秘抄	十訓抄	職原抄	応安新式	新加制式
O	一色範氏	佐々木導誉	細川頼之	大内義弘	今川了俊
P	金剛善覚	金春禅竹	蓮阿弥	世阿弥	観阿弥
Q	義満	義持	義教	義政	義尚
R	関白	太政大臣	右大臣	右近衛大将	大納言
S	義満	義持	義教	義政	義尚
T	一条兼良	二条良基	三条西実隆	四辻善成	北畠親房

Ⅲ　次の文章の空欄（A）～（H）に該当する適当な語句・アラビア数字を記入しなさい。なお，数字を記入する場合は整数を用いなさい。

1854年にロシア極東艦隊司令長官の（　A　）が来航し，日本は日露和親条約の締結で（　B　）箇所の港の開港を取り決めた。その直後の1856年にロシアはクリミア戦争の敗北でバルカン進出の野心を砕かれ，東アジアへ対する関心を高めた。こうした状況の下で日本は1874年に（　C　）制度を設け，北海道の開拓とロシアに対する備えを固めた。1891年には滋賀県で訪日中のロシア皇太子が巡査の（　D　）に切りつけられ，負傷した。ロシアとの関係悪化を苦慮した日本政府は（　E　）罪の適用による死刑を裁判所に求めたが，大審院長の（　F　）は政府の要求を退けた。しかし，外務大臣の（　G　）は責任を負って，辞任した。1895年の下関条約で日本は遼東半島を割譲したが，ロシアは同半島の返還を要求した。その要求を日本は受け入れ，還付報償金として庫平銀（　H　）千万両を獲得した。

Ⅳ　次の史料（イ）～（ホ）を読んで，設問に答えなさい。

（イ）　唐客（　A　）罷り帰りぬ。則ち復小野妹子臣を以て大使とし，吉士雄成は小使とし，福利は通事とし，唐客に副えて遣す。（中略）是の時に，唐国に遣す学生は，倭漢直福因・奈羅訳語恵明・$_a$高向漢人玄理・新漢人大国，学問僧は$_b$新漢人旻・南淵漢人請安・志賀漢人慧隠・新漢人広済ら，あわせて八人なり。

（ロ）　入唐（　B　）従八位下$_c$下道朝臣真備，唐礼一百卅巻，太衍暦経一巻，太衍暦立成十二巻（中略）を献る。

（ハ）　大学諸儒を会し，陰陽書・新撰薬経・大素等を講論せしむ。大学の南辺に，私宅を以て（　C　）を置き，内外の経書数千巻を蔵す。墾田四十町を永く学科に充て，以て$_d$父の志を終げしむ。

（ニ）　伏して惟うに，皇帝陛下，教化簡樸にして，文明欝興す。おもえらく，伝聞は親見にしかず。古を論ずるは今を徴むるにしかず。ここに正三位行中納言兼右近衛大将春宮大夫（　D　）に詔して，臣らをして斯文を鳩め訪わしむるなり。

（ホ）　臣某，謹みて在唐僧中瓘の，去年三月商客王訥らに附して到すところの録記を案ずるに，大唐の凋弊，これを載すること具なり。

（原文を一部修正）

問１　（A）～（D）に当てはまる適当な語句を記しなさい。（A）は隋の使者の名。（B）は下線ｃの人物が唐に派遣された際の立場。（C）は和気氏の設置した大学別曹。（D）は淳和天皇の命を受けて史料（ニ）を編纂した人物。

問２　下線ａ・ｂの人物は，ある政治改革後に国博士に登用された。その政治改革の名称を記しなさい。

問３　下線ｃの人物は，帰国後，玄昉とともに政界で重用された。その時の天皇の名を記しなさい。

問４　下線ｄの人物が769年に派遣された神社の名を記しなさい。

問５　史料（ニ）は，827年に成立した漢詩文集の序である。この漢詩文集の名称とも関わる，文芸を柱として国家の隆盛をはかる思想を何というか，記しなさい。

問６　史料（ホ）に書かれた理由によって，ある事業が停止された。その事業が果たしてきた役割について，以下のキーワードを用いて100字以内で説明しなさい。

　　政治機構　　漢詩文　　国風文化

V　次の史料（イ）・（ロ）を読んで，設問に答えなさい。

（イ）　御代つがれし初の年より，（　A　）港にて，（　B　）の料とすべき銅の数たらずして，交易の事行はれ難く，地下の人，産業をうしなふ由，奉行所より告げ申す事ありて，某（それがし）を召し問はるゝ事あり。たやすく論ずべき事とも覚えず，いかにもその事の本末，おもひはかりて後に申すべし，と答申す。それよりして奉りし前後の議草は，別に冊子となせし物共多ければ，其詳なる所は，こゝに記さず。その大要は，当家代をしろしめされて，（　B　）の事始しより，此かた，凡そ百余年の間，我国の宝貨，外国に流れ入りし所，すでに大半を失ひぬ。（中略）これより後，百年を出ず，我国の財用ことごとくつきなむ事は，智者を待たずして，其事明かなり。

（ロ）　一，（　A　）表廻銅，凡一年之定数四百万斤より四百五拾万斤迄之間を以，其限とすべき事。（中略）

一，（　C　）方商売之法，凡一年之船数口船・奥船合せて三拾艘，すべて銀高六千貫目ニ限り，其内銅三百万斤を相渡すべき事。（中略）

一，阿蘭陀人商売之法，凡一年之船数（　D　）艘，凡て銀高三千貫目限り，其内銅百五拾万斤を渡すべき事。

注　地下の人：市民。　宝貨：金銀。　しろしめされて：お治めになられて。

口船・奥船：大陸の近い港から来る船を口船，南方の遠い港から来る船を奥船という。

（原文を一部修正）

問1　（イ）はある人物の自伝から抜粋したものである。その書名を答えなさい。

問2　（A）に入る共通の適当な語句を記しなさい。

問3　（B）には（ロ）の法令名の由来となった漢字4文字が入る。その語句を記しなさい。

問4　（ロ）の法令が発布された時の将軍は誰か，答えなさい。

問5　（C）に入る適当な漢字2文字を記しなさい。

問6　（D）に入る適当な漢数字を記しなさい。

問7　当時，（イ）の著者は側用人を務めていたある人物と政策を実施していたが，その人物とともに失脚した。高崎藩主であったその側用人の氏名を答えなさい。

問8　この政策の背景と意図について，100字以内で述べなさい。

世界史

（60 分）

I 以下の文章を読み，空欄（ A ）～（ J ）に最も適切な語句を入れ，下線部（1）～（5）に関する各設問に答えなさい。

道，なかでも，交通上主要な道路である街道は，現代日本社会においてはありふれた存在である。例えば，県道や国道はそこかしこを通り，高度成長期に急速に整備された高速道路網ですら，ガス・水道・電気といったライフラインと同様に，もはや日常的なインフラとなっている。自然災害や事故，また渋滞といった阻害要素は常にあるものの，これらの現代の街道は，カーナビゲーションシステムや運転補助システム等の自動車関連技術の進歩の恩恵も受けつつ，比較的安全且つ容易に目的地に達することを可能としている。

しかし，歴史を紐解けば，規模や技術水準の差はあるにせよ，高度に整備された街道網は決して現代文明の発明ではないことが分かる。地中海世界に限っても，ミケーネ文明が栄えていた青銅器時代のギリシアでは，物資運搬のために街道が建設され，さらに時代が下りアケメネス朝ペルシアでは，「王の道」と呼ばれる街道が整備され，その中の一つは王都スサとかつてのリディア王国の都で小アジアの支配拠点であった（ A ）を結んでいた。そして，古代地中海世界においてとりわけ街道整備に注力したのがローマ人である。「全ての道はローマに通ず」という格言はあまりにも有名であるが，そのローマ街道の代表的存在が（ B ）街道である。(1)<u>この街道は，当初ローマとカプアを結ぶために建設され</u>，後に南イタリアのブルンディシウムまで延長されることとなる。ローマ市付近では現在でも石畳で舗装され一直線に伸びる（ B ）街道の美しい姿を目にすることができる。ローマ街道は，ローマの版図拡大に伴い各地で整備され，元首政期には帝国中に網の目のごとく張り巡らされることとなったが，誤解してならないのは，こうしたローマの街道整備の主要な目的は軍事的なものであり，そして平時においても，円滑な地方統治を支える行政インフラ的性格が強かったということである。このことは，上述の「王の道」や，15～16世紀に南米アンデス地方を中心に繁栄したインカ帝国が構築した街道網にもある程度当てはまる特徴であり，そのインカ帝国では，首都（ C ）を中心に街道が整備された。

自動車で移動する現代人の感覚からすれば，街道網の整備と円滑な移動は同義となるが，前近代においては必ずしもそうではなかった。その理由は，移動の手段が徒歩あるいは人・動物による運搬に限られたからであり，その人・動物が休養し，場合によってはそこで交代も可能である施設が沿道に必要であったからである。そのため，上述のアケメネス朝ペルシア，ローマ，インカ帝国といった国家は，街道沿いに宿駅等を設置する（ D ）制の整備にも取り組んだ。

地中海世界の西側においては，476年に西ローマ帝国が消滅し，旧帝国領を覆うローマ街道網を一元的に管理する政治権力はもはや存在しなかったが，しかしそれによってローマ街道が完全に放棄されたわけではなかった。実際に，(2)<u>中世においても一部の街道は使用され続け</u>，その存在が歴史的出来事に影響を与えることすらあった。例えば，8世紀前半，(3)<u>現在ではフランス・スペインの国境</u>

となっている山脈を越えてメロヴィング朝フランク王国に侵入してきたイスラーム軍を，フランク軍率いるカール＝マルテルが，732年，（　Ｅ　）の戦いにおいて撃退したが，この戦いが発生したのはまさに（　Ｅ　）を通るローマ街道の付近であり，この当時も街道が軍事的性格を有していたことが窺える。

しかし，中世前半期には，西欧ではローマ街道のような本格的な街道の新規整備はほとんど行われず，中世も半ばになるとローマ街道もその多くが使用されなくなった。その代わりに人々が多く利用したのが，村や町を結ぶより小規模な道であり，こうした地域や生活に密着した道路網が新たに整備されることもあった。そして中世後期になると，再び都市間を結ぶ街道網が重視されるようになり，フランスや神聖ローマ帝国では，街道が王や皇帝の管轄・所有権の下に置かれ，通行人から各種の税金が徴収されることとなる。

ところで，輸送コストの観点から輸送手段を考えた場合，近代に至るまで比較的安価な輸送手段であったのは海上輸送であり，それに河川等の内陸水運が続いた。それに対し，陸上輸送は，全般的にコストが高く，特に長距離・大量輸送には不向きであった。それゆえ，18世紀後半のイギリスでは，安価な大量輸送を目的として（　Ｆ　）がさかんに建設され，当時は「（　Ｆ　）時代」と呼ばれた。そうした状況に劇的な変化を引き起こしたのが，19世紀前半に登場した鉄道であり，具体的には（　Ｇ　）によって実用化された蒸気機関車の活躍であった。一方，同じ陸上輸送でも，街道による輸送は依然として高コストのままであり，とりわけ大量輸送の面では鉄道に太刀打ちできなかった。

こうした状況に転機をもたらしたのは，自動車，なかでも速度と耐久性に優れたガソリン自動車の普及である。ドイツの（　Ｈ　）とベンツは，ガソリン自動車の発明において多大な貢献を為し，それぞれ（　Ｈ　）社とベンツ社を設立した。しかし，ガソリン自動車の普及に先鞭をつけたのは19世紀末から20世紀初めにかけてのフランスやアメリカの自動車生産者たちであった。さらに，これらの生産者たちの後に続き，ガソリン自動車の普及を飛躍的に進展させたのがアメリカの実業家フォードであり，彼は「組み立てライン」方式を採用することでＴ型フォードの大量生産とそれに伴う価格低下を実現し，アメリカにおいて自動車の大衆化を推し進めたのであった。こうしてヨーロッパやアメリカにおいて，第一次世界大戦を境に「街道上の乗物」として馬車に取って代わりつつあった自動車は，とりわけ鉄道駅から遠く離れた農村部や都市郊外において貴重な移動・輸送手段となったのである。

その一方で，各国では自動車道路の整備も進んだ。ドイツでは，アメリカなどに比べて自動車の大衆化は遅れていたものの，政権獲得直後のナチ党が，(4)ヴァイマル共和国時代から計画され実際に一部完成していた（　Ｉ　）と呼ばれる高速道路の建設を失業者救済のための目玉政策として大々的に実行した。この高速道路の建設は，第二次世界大戦中に中断したものの，戦後に再開され，現在ではドイツ国内での総延長距離が１万３千キロメートルに達している。

20世紀後半になると，車社会化（モータリゼーション）は世界的に進展し，かつて陸上輸送の花形であった鉄道に自動車が取って代わることとなる。我が国においても，高速道路やその他の高規格幹線道路が次々に建設される一方で，地方を中心に鉄道路線が相次いで廃止されている。しかし，近年我が国においては，自動車道路と自動車は共に大きな壁に直面している。すなわち，道路は1950年代～60年代の高度経済成長期に日本全国で急速に整備が進んだが，建設から半世紀を経た現在，道路の一部といえる橋梁やトンネルの維持管理が問題となっている。他方，自動車については，国内では自動車輸送の担い手不足という問題が近年顕在化しつつあるが，世界的には自動車による環境面への負荷が大きな問題となっている。従来型の自動車は，(5)化石燃料を動力源としていることから二酸化炭素などの温室効果ガスを発生させ，それゆえ現在深刻な問題となっている地球温暖化に拍車をかける要因でもある。

地球温暖化を巡っては，既に1997年に開催された気候変動枠組み条約の第３回締約国会議において，二酸化炭素などの温室効果ガスを1990年当時の水準に比べ2008年～2012年には5.2パーセント削減することを定めた京都議定書が決定されている。さらに，2015年に開催された国連気候変動枠組み条約第21回締約国会議（COP21）では，温室効果ガスの排出量を21世紀後半には実質的にゼロとすることを目標とし，全参加国が削減目標を５年毎に更新することを取り決めた（　J　）協定が採択された。こうした情勢を受け，各国の自動車メーカーは，走行中に二酸化炭素を発生させない水素や電力をエネルギー源とした，環境への負荷の小さい自動車の開発に注力しており，その開発競争はますます熱を帯びている。一方，人手不足解消の切り札ともされる無人運転技術の進歩も目覚しい。

設問（１）この区間に含まれるローマ市近郊では，街道沿いに複数の地下墓所が作られ，迫害期のキリスト教徒はそこを礼拝所として利用した。このような地下墓所は何と呼ばれるか，記しなさい。

設問（２）イングランドでは，英仏海峡に面するドーヴァーからロンドンに至るローマ街道が，後にワトリング・ストリートと呼ばれる街道の一部となり重要な役割を果たした。この区間の途中にあるカンタベリには大聖堂が置かれたが，このカンタベリの大司教にも就任した「スコラ学の父」とも呼ばれる実在論の代表的論者は誰か，記しなさい。

設問（３）イベリア半島の付け根部分を東西に横断するこの山脈の名前は何か，記しなさい。

設問（４）ヴァイマル共和国の初代大統領は誰か，記しなさい。

設問（５）化石燃料の一つである石油に関連し，サウジアラビア・クウェート・リビアによって1968年に設立され，1973年に第４次中東戦争が発生した際，イスラエルの友好国に対して石油の全面禁輸を宣言した組織の名前は何か，記しなさい。

Ⅱ　以下の文章を読み，空欄（　A　）～（　J　）に最も適切な語句を入れ，下線部（1）～（5）に関する各設問に答えなさい。

1875年，日本は朝鮮と武力衝突し，(1)翌1876年に日本に有利な不平等条約である日朝修好条規を締結したが，朝鮮やその宗主国の清は日朝修好条規が伝統的な華夷秩序を損なうとは見なさなかった。朝鮮では1882年に軍隊が漢城で反日・反閔氏政権の反乱を起こすと，それに乗じて国王の高宗の父である（　A　）が政権について，高宗の妃である閔妃の一族を排除しようとしたが，清軍の介入を後ろ盾にした閔氏に再び権力を奪われて短期間で失脚した。その後，日本に接近した開化派が，清との関係を重んじる閔氏一族などと対立を深めて，(2)1884年に開化派の金玉均らが閔氏政権の打倒と国政改革を目指してクーデターを起こし，日本軍がこれに加わったが，袁世凱らの指揮する清の駐留軍に鎮圧されて，朝鮮における清の影響力が強まる結果に終わった。

1894年，東学という新宗教の幹部・全琫準が反乱を起こすと，それを鎮圧するために朝鮮半島に出兵した日清両国が対立して開戦する事態に至り，日本が勝利して1895年に下関条約が締結された。この条約によって，日本は清に対して，朝鮮が完全な独立国であることを認めさせ，さらに（　B　），台湾，澎湖諸島を割譲させたが，これらのうち（　B　）はロシア，ドイツ，フランスの勧告によって，日本から清に返還された。日清戦争の後には，帝国主義列強による中国の領土・利権の獲得競争が激化したが，それに出遅れていたアメリカ合衆国の国務長官ジョン＝ヘイが二度にわたって（　C　）宣言を発し，（　C　），機会均等，領土保全の3原則を提唱した。

日清戦争後，朝鮮は1897年に国号を（　D　）に改めて，下関条約で認められた自主独立の国であることを示した。1904年には，満洲と朝鮮半島をめぐって対立する日本とロシアが開戦した。両国は1905年にポーツマス条約を締結し，日本は朝鮮半島における優越権をロシアに認めさせると，同年に第2次日韓協約を強要して（　D　）を保護国化し，伊藤博文を初代統監として派遣した。しかし，愛国啓蒙運動や義兵闘争に参加していた朝鮮の独立運動家である（　E　）は，1909年にハルビン駅で伊藤博文を射殺した。その翌年，日本は武断統治にもとづく朝鮮半島の植民地支配を開始した。

清では日清戦争の敗北によって国家の存亡に対する危機感が高まり，1898年，光緒帝は康有為や梁啓超らを登用して，日本などを手本とした政治改革を実施しようとしたが，西太后は光緒帝を幽閉し，同年のうちに改革を終結させた。しかし，清は1900年に起きた義和団戦争に敗れ，1901年に多額の賠償金や北京等での駐兵権などを認めた北京議定書を11カ国と締結すると，本格的な政治改革に取り組むようになった。その一環として，隋・唐時代に始まった官吏登用試験制度である（　F　）が1905年に廃止されて，海外での学位取得も官位取得の条件の一つに認められた。このことは，(3)日露戦争に日本が勝利したこととあいまって，清から日本への留学生が増加することにつながった。

広東出身の孫文は，1894年にハワイで華僑を中心に興中会を結成し，翌年には香港に本部を置いて広州で蜂起したが失敗し，日本に亡命した。1905年には孫文の興中会をはじめとする革命諸団体が結集して，東京で（　G　）を組織した。（　G　）は機関紙『民報』を刊行して，「民族・民権・民生」などの革命思想を広げた。他方，清の新政は，改革にともなう増税やその中央集権的な性格から，地方の有力者や民衆の反発を招いていた。1911年，四川省では鉄道国有化反対運動が活発に展開され，革命派の働きかけもあってそれが武装蜂起に発展する。こうしたなかで，宋教仁らは上海で（　G　）中部総会を結成し，湖北分会も設け，武装蜂起を準備していた。捜査の手が迫るなか，革命党員の新軍将兵などが（　H　）で蜂起を発動し，現在の武漢市を構成する（　H　）・漢口・漢陽を制圧する一方，湖北省の有力者などと協議して国号を中華民国と定めて湖北軍政府を樹立すると，諸省がそれに続いた。これをアメリカ合衆国で知った孫文が1911年末に帰国すると，革命軍は孫文を臨時大総統に選出し，1912年1月に南京で中華民国の建国を宣言した。

清側は，北洋新軍の首領である袁世凱を起用して革命側との交渉にあたらせたが，袁世凱は清朝を見限って皇帝の退位を承諾するとともに，孫文から臨時大総統の地位を譲り受け，北京でそれに就任した。1912年に清朝最後の皇帝である（　I　）帝が退位して清朝は滅亡し，二千年以上にわたる中国の皇帝政治は終わりを告げた。中華民国は清の版図を継承し，例えば，清末から自立路線を強めていた外モンゴルは，辛亥革命に際して独立を宣言したものの，中華民国はそれを認めなかった。しかし，（　J　）らが創設に参加したモンゴル人民党（1924年にモンゴル人民革命党に改称）は，ソヴィエト赤軍などの協力を得て1921年に独立を達成し，1924年にモンゴル人民共和国の成立を宣言した。1939年から1952年までモンゴル人民共和国の首相を務めた（　J　）は，1939年にはソ連軍の全面的支援を受けながらノモンハン事件で日本軍を撃退している。

辛亥革命後の政治の混迷に失望した中国の知識人たちのあいだでは，西欧の近代文明を紹介し，儒教に代表される旧来の道徳や文化の打破を提唱する新文化運動が始まった。(4)<u>陳独秀が1915年に上海で創刊した啓蒙雑誌の『青年雑誌』は，翌年に『新青年』と改称されて</u>，新文化運動を推進し，中国共産党の成立後にはその機関誌になった。他方，日本に併合された朝鮮では，朝鮮総督府が言論・出版・集会・結社の自由を奪う武断政治を強行したが，アメリカ合衆国のウィルソン大統領が十四カ条の平和原則を発表し，世界で民族自決の気運が高まるなか，(5)<u>知識人たちが「独立宣言」を発表すると，民衆が「独立万歳」を叫んで立ちあがった。同年の中国では，北京でヴェルサイユ条約に抗議するデモがおこって全国的な愛国運動に発展した</u>。それを受けて中国政府は，第一次世界大戦に敗れたドイツの山東利権を日本へ譲渡することになっていたヴェルサイユ条約の調印を拒否した。

設問（1）1876年に締結された日朝修好条規によって開港されたのは，釜山・元山のほかにどこか，都市名を記しなさい。

設問（2）このクーデターの名称を記しなさい。

設問（3）日露戦争後の日本には，清のほかにベトナムからも多くの留学生がやってきた。ファン＝ボイ＝チャウの提唱で開始された，ベトナムから日本への留学運動の名称を記しなさい。

設問（4）新文化運動を指導した陳独秀が『新青年』で旗印に掲げたスローガンを記しなさい。

設問（5）朝鮮の三・一独立運動と中国の五・四運動が起こったのは何年か，アラビア数字で記しなさい。

Ⅲ　以下の文章を読み，空欄（　A　）～（　J　）に最も適切な語句やアラビア数字を記入しなさい。

14世紀の初め，イラン北西部のアルダビールを拠点としてサファヴィー教団が成立した。このイスラーム神秘主義教団はトルコ系遊牧民の支持を集め，15世紀半ば以降，彼らの軍事力を利用して敵対する勢力と争うようになった。このトルコ系遊牧民の信者は，トルコ語で「赤い頭」を意味する（　A　）と呼ばれた。15世紀末，この地域を支配していたトルコ系の遊牧部族連合であるアクコユンルの統一が失われると，サファヴィー教団の教主イスマーイールは，1501年，アクコユンルの首都であった（　B　）を征服し，サファヴィー朝を開いた。その後も次々とアクコユンル領を吸収したサファヴィー朝は，イランの中部と西部，イラク，アナトリア東南部を支配する一大勢力となった。サファヴィー朝の初代王となったイスマーイールは，ペルシア語で王を意味するシャーの称号を用い，シーア派の一派である十二イマーム派を国教とすることを宣言した。以後，サファヴィー朝下の社会で進められた十二イマーム派化は，スンナ派イスラーム王朝であるシャイバーン朝やオスマン朝との関係に一定の影響を及ぼした。

中央アジアでは，チンギス＝ハンの血を引くシャイバーニー＝ハンが，分裂状態にあったウズベク人の遊牧集団を統合し，1500年，マー＝ワラー＝アンナフルと呼ばれるアム川からシル川にかけての地域にシャイバーン朝を樹立した。1507年にヘラートを征服して（　C　）朝を滅ぼしたシャイバーン朝は，イラン北東部を中心とするホラーサーン地方にまで支配領域を広げ，サファヴィー朝と敵対するようになった。サファヴィー朝軍を率いるイスマーイールは，1510年，ホラーサーン地方の都市メルヴの近郊でシャイバーン朝軍に大勝し，この地方を獲得した。このときアム川下流域のホラズム地方もサファヴィー朝の支配下に入ったが，ウズベク人がサファヴィー朝からホラズム地方を奪回し，1512年にイルバルス＝ハンを君主とする新たな国を建てた。17世紀前半に首都を（　D　）に遷したことから，この国を一般に（　D　）＝ハン国と呼ぶ。他方，シャイバーン朝軍に敗れてサマルカンドを追われた後，北インドへの進出を開始したバーブルは，1526年に（　E　）の戦いでデリー＝スルタン朝の最後の王朝であるロディー朝の軍を破り，ムガル朝を創始した。

アナトリアを支配するオスマン朝にとって，イランを中心に台頭するサファヴィー朝は新たな脅威となった。1512年にオスマン朝のスルタンとなったセリム1世は，東方遠征を敢行し，1514年にアナトリア東部のチャルディラーンでサファヴィー朝軍を撃破した。その後，サファヴィー朝の首都である（　B　）に入城したセリム1世は，そこで優れた職人や芸術家たちを捕虜とした。スレイマン1世の治世に活躍する著名な宮廷画家シャー＝クルがその一人であったように，このことはオスマン朝の文化の発展に大きな意味を持った。また，アナトリア北西部の商業都市ブルサには，イラン産の絹を求めて多数のイタリア商人が訪れていたが，オスマン朝とサファヴィー朝との抗争は，こうした商業活動にも影響を与えた。東方遠征の後，セリム1世はシリアにも進出し，（　F　）年にマムルーク朝を滅ぼした。その結果，オスマン朝はシリアとエジプトをその領土に加え，イスラームの二大聖地であるメッカとメディナの保護権を得た。

サファヴィー朝との戦いでシャイバーニー＝ハンを失ったシャイバーン朝では，16世紀半ばまで王族内の有力家系による地方分権的な支配が続いた。16世紀後半，王族の間で抗争が起こると，そのなかで頭角を現したアブドゥッラー＝ハンが王朝の再統一を果たし，中央集権化を推し進めた。アブドゥッラー＝ハンは，首都である（ G ）の開発にも尽力し，新たな城壁を建設して市域を拡大したほか，教育施設であるマドラサや，屋根付き市場などの商業施設，公衆浴場などを建てた。当時の中央アジアの政治と社会に大きな影響力を持っていたナクシュバンディー教団も，モスクや隊商宿などを建設することで，この都市の開発に貢献した。かつてサーマーン朝の首都として繁栄した（ G ）は，こうして16世紀後半に再び大きな発展を遂げたのである。

オスマン朝では，1520年に第10代スルタンとなったスレイマン1世が，直ちに西方への遠征を開始した。1521年にハンガリー王国の防衛拠点であるベオグラードを攻略した後，1526年に（ H ）の戦いでラヨシュ2世の率いるハンガリー軍に勝利し，1529年にはウィーンを包囲した。サファヴィー朝に同調するトルコ系遊牧民の反乱などを受け，東方に向けても大規模な遠征を行ったスレイマン1世は，バグダードを含むイラクをサファヴィー朝から奪取し，ペルシア湾からインド洋に通じる海上ルートの拠点を確保した。広大な領土と強力な軍事力を持ち，ヨーロッパ諸国から「壮麗王」と称されたこのスルタンは，首都イスタンブルに荘厳なスレイマン＝モスクを建て，自らの権威と王朝の繁栄を誇示した。このスレイマン＝モスクの建設を指揮した宮廷建築家である（ I ）は，大ドームや細いミナレットを特徴とするモスクの様式を確立し，1588年に没するまで多数の公共施設の建設に携わった。

サファヴィー朝では，1524年に第2代王となったタフマースブが，（ A ）の勢力を抑えて政情を安定させ，度重なるオスマン朝軍やシャイバーン朝軍の侵攻を巧みに凌いだ。しかし，彼の約50年に及ぶ治世の後，王族や（ A ）の権力闘争によって再び統一が乱れ，オスマン朝軍に（ B ）を含むイラン北西部を奪われると，王朝は存続の危機に陥った。第5代王となった（ J ）は，この状況を打開すべく中央集権化と軍制改革を進め，さらにはオスマン朝に奪われていたイラン北西部などの失地を奪回し，サファヴィー朝の最盛期を現出したのである。

Ⅳ 以下の文章を読み，空欄（ A ）～（ J ）に最も適切な語句を記入しなさい。

「太陽の沈まぬ帝国」という言葉は，16世紀にアメリカ大陸で支配圏を築いたスペイン帝国について使われはじめた。しかし，このフレーズが最もよく当てはまるようになったのは，最盛期に地球上の陸地の4分の1を支配したイギリス帝国だった。七年戦争の結果としてイギリスの領土が飛躍的に拡大すると，1773年に（ A ）はイギリス帝国を「太陽が沈むことなく，自然がその境界を定めていない広大な帝国」と表現するようになった。イギリス帝国の領域はあらゆる大陸におよび，島嶼部を含んで地球の全体に広がっていく。もっとも，（ A ）は1793年，イギリスから正式使節として清朝に派遣された際，乾隆帝に謁見はかなったが貿易交渉はできずに帰途についた。

ヨーロッパでは，15世紀からの大航海時代をポルトガルとスペインが牽引していたが，イギリスからも1497年にテューダー朝創始者ヘンリ7世のもと，（ B ）父子がブリストルの商人の資金提供によりアジアへの航路探検に出発し，ニューファンドランド・ニューイングランド沿岸に到達した。さらに子は，のちにイギリスがスペイン継承戦争の講和条約で獲得することになる（ C ）湾に辿り着いた。16世紀後半のエリザベス1世の時代になると「新大陸」への関心が高まりをみせ，女王に寵愛されたウォルター＝ローリはエリザベス1世の通称にちなんで命名したヴァージニア地方へ2度にわたり植民団を送った。北大西洋にまたがる，女王の君臨するべき「イギリス帝国」という発想は，同じくエリザベス1世に仕えていたロンドン生まれの（ D ）人ジョン＝ディーにより広まることになる。そのイメージは「新大陸」を（ D ）人が発見したという神話に基づいていた。

イギリス帝国の中心をなした複合国家としてのイギリスの成り立ちは，1536年の（ D ）の合同，1707年のスコットランドの合同という形で進み，1800年のアイルランド合同法を経て1801年のアイルランド合同によって一応の完成をみる。したがって，イギリス帝国はイングランドのみならず，（ D ），スコットランド，アイルランドが関わった帝国であった。そのうちのアイルランドは，12世紀後半以降イングランドの半ば植民地的な位置づけを与えられ，16世紀にイングランドが海外進出を活発化させるのと同時に，アイルランドへの植民の動きもより強化された。1603年にエリザベス1世が死去すると，スコットランド王だった（ E ）6世が次のイングランド王に即位することになり，イングランドとスコットランドの間で「同君連合」が成立した。この国王のもとで，スコットランドからアイルランドへの入植がさらに規模を拡大させる。近代的市民社会への途を開いたとされるピューリタン革命において独立派を率いて国王側を破り権力を握った（ F ）は，アイルランドのカトリック勢力を激しく弾圧してアイルランドの植民地化をさらに徹底させた。

イギリスは16世紀後半から奴隷貿易を目的とした航海を始め，17世紀頃から経済的な収奪を主な目的に本格的な帝国建設に乗り出した。奴隷貿易の中心は名誉革命後のイングランドにあり，イングランドを中心とするイギリスが17世紀の80年代から100年の間に北アメリカとカリブ海諸島の英領植民地に送った奴隷は約200万人，フランスやスペインに供給した奴隷も50万人を超えるとされる。アイルランド人は，1780年までイギリス政府により，奴隷貿易を含めた西アフリカとの交易を禁じられた。北米大陸においてイングランドからの植民者が圧倒的多数を占めた17世紀は，先住民の殺戮と土地収奪が熾烈を極め，1608年から10数年の間にニューイングランドの先住民のおよそ9割が入植者のもたらした疫病により死亡したといわれる。18世紀にアイルランドやスコットランドからの移民が増大すると，入植地はさながらイギリス本国における貧困社会の縮図となった。イギリス本国が北アメリカに駐屯するイギリス軍の費用に当てることを目的にとった諸措置は，多くの植民者に直接的な負担を与えた。「(　G　) なくして課税なし」というスローガンのもと，植民者が本国政府に対して始めた抵抗運動は，アメリカの独立宣言へとつながっていく。アメリカの独立戦争はアイルランドにおける反英運動にも強い影響を及ぼしたが，フランスの援助を得たプロテスタントとカトリックのアイルランド人による1798年の蜂起は鎮圧された。

イギリスは18世紀にムガル帝国の弱体化に乗じてインドに勢力を伸ばし，ヨーロッパにおける七年戦争は，インドにおいてもイギリスとフランスの覇権争いをともなった。最終的に，イギリスはフランス軍を後ろ盾とした (　H　) 太守を破り，フランスはこの戦いを契機にインドシナ進出へ転ずることになる。イギリスは，そのインド統治へアイルランド統治を応用する試みを行った。アイルランドでは，(　I　) の疫病による凶作で発生した「(　I　) 飢饉」が100万人以上の命を奪い，ほぼ同数の国外移民を発生させたが，その危機をより深刻なものにさせたイギリスの行政官がインド統治を担当した。1877年からインド皇帝を兼任したヴィクトリア女王のもとで，イギリスは世界経済の覇者として君臨する。

その頃，イギリス帝国のなかで人種的に下層に位置づけられた (　J　) は，イギリスによるオセアニア入植以前は30万人から100万人いたとされるが，6万人ほどに減少していた。タスマニアに約4千人存在した (　J　) は，その地において1876年に絶滅する。第二次世界大戦後，ナチスのユダヤ人大量虐殺からジェノサイドという概念を考案したレムキンは，世界史上のジェノサイドの重要な例として (　J　) 殺害に強い関心を抱いていた。この住民の絶滅と前後して，世界はさらにより古典的な意味合いにおける帝国主義の時代に入るのである。

が変動する問題を考えることに、どれだけの意味があるのか、という疑問も浮かんでこよう。あるいは、それは学問と言えるのか、と。

たしかに、一理ある。だが逆に問おう。確固とした正解が出る問題を考えることだけが、ほんとうに意味のあることなのか。正解の出ない問題に取り組むことは、ほんとうに意味のないことなのか。

確固とした正解が出ないからこそ、古典はずっと読み継がれてきた。簡単に正解が導き出されるものは、その時代には価値あるものとしてもてはやされているかもしれないが、何百年という時の審判に堪えることができない。たとえば、戦前は名著として読まれていたものが、戦後になってパタリと読まれなくなったという例は、けっして珍しいものではないのである。

ほんとうの古典は、その時々に価値を見出される、いい意味での「ゆるさ」を備えている。ゆえに絶対的な正解はなく、相対的な正解しか出ない。

しかし、たとえ相対的なものであれ、その正解を求めるという行為自体に、じつは大きな意味がある。人間や社会、生き方や美意識といった、すぐれて現代的な問題について内省するきっかけを、古典は与えてくれるからだ。『徒然草』で言えば、恋愛、地位、名誉、孤独、虚偽、友人、親子、節義、臆病、慢心、飲酒、慳貪（けんどん）、豪胆……そういったさまざまなテーマが思い浮かぶ。そして正解が出ないからこそ、それらの問いは永遠に続くのである。

いま、自分の立っている場所を疑え。そしてその是非を問い直せ――。本書で論じてきた「つれづれ」問題は、とてもとても小さなテーマではあるが、ある意味普遍的な課題を、われわれに自覚させてくれるものである。

（川平敏文『徒然草――無常観を超えた魅力』より）

設問Ⅰ この文章を三二〇字以上四〇〇字以内で要約しなさい。

設問Ⅱ 正解の出ない問題に取り組むことの意義について、この文章をふまえて、あなたの考えを三二〇字以上四〇〇字以内で述べなさい。

といった、「退屈」系の解釈である。

現在、文部科学省検定済みの高校国語教科書を発行している会社は、九社ある。高校国語教科書は、「国語総合」「古典A・B」「現代文A・B」「国語表現」などの科目に細分されるが、このうち「国語総合」は、現代文と古典（古文・漢文）がほぼ等分に配され、基本的に必修科目として指定される教科書だ。

そこで九社の「国語総合」の中身を、各社のホームページを利用して調査したところ、九社すべてが、『徒然草』を教材として採用していることが確認された。『徒然草』は古文入門書として、現在も不動の地位を保っていると言える。

そして、それら『徒然草』の教材には必ず序段が含まれている。とすれば、こういう推論も十分に成り立つであろう。高校生が「つれづれ」という古文単語に最初に出会うのは、この序段の学習においてである、と。むろん、中学生の段階で学習する場合もあろうが、状況はおそらく同じだ。

「つれづれ」という言葉の存在を、彼らは『徒然草』序段によって知る。かく言う私も、たぶんそうであったろう。では、彼らは「つれづれ」をどのように理解しているであろうか。

私は先頃、次のようなアンケートを、勤務先の大学の文学部二年生八五人に実施した。まず『徒然草』序段の本文を示し、そのあとに以下のような質問をしたのである。

「つれづれ」という心情について、あなたがイメージするのはどれですか（一つのみ）

①退屈である。時間があるのにすることがなく、つまらないと思っている状態。

②もの寂しい。どこか心が満たされない気分であり、もやもやとしている状態。

③リラックスしている。のんびりと気ままな気分であり、落ち着いている状態。

八五人の答えは、次のような内訳であった。①四七人、②一九人、③一九人。①は「退屈」、②は「もの寂しい」、③は「リラックス」がそれぞれキーワードと言えよう。このうち全体の約半数が、①の「退屈」を選んだ。

これは、「つれづれ＝退屈」という、高校生のときに覚えた古文単語の知識を、そのまま適用したのだと考えられる。「退屈」説は、現在進行形で続いているのだ。

以上、近代から現代にいたるまで、「つれづれ」という言葉がどのように解釈されてきたかを見てきた。そこにはその時期の思想や文学観のトレンドが、そのまま反映していることが分かったと思う。とすれば現代の解釈も、じつは長い徒然草解釈の歴史の一コマでしかない。今後も世界観や美意識が変容していけば、解釈も更新されていく可能性は十分ある。解釈というものの面白さ、そして怖さはここにある。

解釈というものは摑（つか）みどころがないものである。では、そのような正解評論家たちが論じたこのような兼好像は、国文学の世界に逆輸入されていく。たとえば冨倉徳次郎『類纂評釈徒然草』（昭和三十一年〈一九五六〉刊）では、「生活・人事・伎能・学問は仮象的な人生の営みに過ぎず、「つれづれ」こそ人生の本質的な時なのである」などとある。再び、「つれづれ」が『徒然草』の主題のように解されている。

そしてこのような「つれづれ」解釈は、「孤独で閑暇な「つれづれ」の境地」（『徒然草を読む』、昭和五十七年〈一九八二〉刊）などと表現する永積安明あたりまで、ひとつの系譜として続くのであった。

しかし、こうした新しい兼好の「神格化」に対する国文学界からの揺り戻しは、すでに昭和三十年代後半から四十年代前半にかけて起こっていた。たとえば国文学者安良岡康作は、『徒然草』の執筆動機や意識の全体を「つれづれ」という言葉に収斂させようとした小林秀雄の評論について、「つれづれ草における、作品としての統一は、そういう一語句によって代表させるには、あまりにも複雑である」（「徒然草」昭和三十六年〈一九六一〉）と批判した。

そして、近代における徒然草注釈書の金字塔とも言うべき『徒然草全注釈』のなかで、序段の「つれづれ」について次のように述べる。

　これを、清閑とか、閑寂とか、悠々自適とか、「まぎるるかたなく、ただひとりある」（第七五段）心境とか解して、何らかの価値ある生活感情を認めようとするのは考え過ぎであろう。することもないやりきれなさ・所在なさが、随筆の執筆を促す動機となったのである。

「つれづれ」に崇高な精神的境位を認めず、「することもないやりきれなさ・所在なさ」をその原義とする点で、「退屈」説への回帰と言ってもよいだろう。芸術家・批評家のようなイメージであった兼好が、再び普通の人間に戻ったという印象である。

また、安良岡とほぼ同時期に、同じく国文学者の井手恒雄は、「今日、徒然草の読者・研究者は「つれづれ」の語にあまりにも深い意味を与えすぎていはすまいか」（「「つれづれ」の意味」昭和四十年〈一九六五〉）とし、もう一度、鈴木弘恭の「退屈」説に戻る必要があると説いた。

そうして、『徒然草』のなかの「つれづれ」の用例は、すべて「退屈」の意で解釈できることを論証しようとする。たとえば序段は、これは私が「退屈しのぎ」に書いた「ものぐるほしき」（意味不明の）文章ですという予防線を張って、読者の批判を回避しようとしたのだという。それが本当に「退屈しのぎ」の、「ものぐるほしき」文章であったかどうかは、ここでは問題ではない。しかし、兼好はそう言っているのであるから、それを言葉どおりに受け取るべきであって、「兼好法師独自の「つれづれ」の境地だとか何だとかいうのは、見当ちがいというものではないか」（「「つれづれ」の誤解」昭和四十一年〈一九六六〉）と論じている。

いずれの論も、『徒然草』の主題が「つれづれ」の一語に集約されているという、重い解釈の風潮に対して、「退屈」説を主体とした軽い解釈のほうに大きく舵を切りながら、『徒然草』という作品のもつ内容の多様性、構造の複雑さを主張したものである。

近代以降のこうした解釈の転変の果てに、第一章で紹介したような現代の徒然草注釈書の所説が定着する。すなわち「手持ち無沙汰」「所在ない」

島津論文の影響は、特に評論家たちの『徒然草』観に顕著に認められる。たとえば小林秀雄は、のちに『無常といふ事』に収められる「徒然草」（昭和十七年〈一九四二〉初出）と題するエッセイのなかで、「兼好にとって徒然とは、「紛るる方なく、唯独り在る」幸福並びに不幸を言ふのである」とし、次のようにも言う。

> 「つれづれ」という言葉は、平安時代の詩人らが好んだ言葉の一つであったが、誰も兼好のように辛辣な意味をこの言葉に見付けだした者はなかった。彼以後もない。……徒然草の二百四十幾つの短文は、すべて彼の批評と観察との冒険である。それぞれが矛盾撞着しているというようなことは何事でもない。どの糸も作者の徒然なる心に集まってくる。

小林によれば、「つれづれ」とは、兼好の「批評と観察との冒険」を成り立たせるための心身の環境である。では、なぜそれが「幸福」であると同時に「不幸」でもあり、また「辛辣な意味」を帯びることになるのか。

それは、兼好が鋭利な刃物のような批評眼をもっていたからである。「つれづれ」であることによって、「目が冴えかえって、いよいよ物が見えすぎ、物がわかり過ぎる辛さ」、それが彼にとっての「不幸」なのである。そして、古今東西に類を見ない「空前の批評家」としての兼好が、その天才的な眼力のために思わずも発してしまう「批評精神の毒」を、小林は「辛辣な意味」と言ったのである。「つれづれ」とは、そのような兼好の切れ味の鋭い批評が生み出される緊迫した場なのであり、けっして「退屈」などという生ぬるい状態ではない。

また、小林とほぼ同時代の評論家唐木順三は、「兼好」（昭和三十年〈一九五五〉）と題する評論のなかで、「つれづれ」とは、「すさび（荒び）」とほぼ同義であると述べる。兼好が生きた時代は、鎌倉末期の動乱の世。「人心もまた荒廃し殺風景極まる時代、王朝宮廷の文化が極まり闌れ、いまや滅亡に瀕して手のつけやうもな」い時代であった。慰みごとに耽溺してそこから逃れようとしても、結局はまたもとのすさびの現実に引き戻される。この事実を自覚すれば、「単に己が時代や人心の荒廃、無聊としてではなく、時間といふもの、生起といふもの、人心といふものの根底としての「すさび」がみえてくるであらう」と言う。そして、

> 兼好は右のやうな「すさび」の感得において、「つれづれ」を言った。彼は宗教家ではない。一箇の芸術家、批評家であった。荒びからの逃亡の無益、慰めごとの結局は無益を感じ取って、むしろすさびに住し、すさびを主とした。それが彼の「つれづれ」の出所であった。

と述べるのである。「静寂の境地」とは少し違うかもしれないが、しかし「つれづれ」を、どこか達観した境地であると解釈していることに変わりはない。そしてここでも、兼好は「一箇の芸術家、批評家」と評されているのだった。これは小林の評論からの影響もあるかもしれない。

このように昭和前期の評論には、兼好の「つれづれ」なる態度に、芸術家・批評家としての自己内省や、人生観照の精神をオーバーラップしたものが見出される。評論家が兼好に、みずからの理想を投影している部分も大きいであろう。

そこからさらに進んで、「つれづれ」をある特別な状態であると説く。すなわち、

> 兼好の「つれづれ」は、まぎるる方なくただ一人ある状態である。心を捉へらるべき外部生活の世界から暫く全く解放されて、一人静かに自分をみつめることの許された時間ではなからうか。

と、自己を内省することができる静かな時間であると言うのである。また別の箇所では、「ほんたうにひろく深い思索の出来るのは唯この時のみである。ほんたうに豊かなそして透徹した人生の観照の出来るのもまたこの時である」とも言っている。

このような「つれづれ」の解釈は、十七世紀の「静寂の境地」説に近いとも言える。しかし、その拠って立つところは異なっている。島津は以下のように続けるのだ。

> あらゆるよき芸術、よき哲学、よき宗教の創生、それは「つれづれ」の心境を度外視しては説き得ない。何となれば、これは人性本然の姿の、縦へ全体でないまでも、そが実相に於てのみ顕るる生命の躍動であり、又かれはその偽りなき表現であるからである。

「つれづれ」の状態が、いわば真なるもの、善なるもの、美なるものを生み出すための心的環境として捉えられているのが見て取れる。

これはたとえば、フェノロサの『美術真説』（明治十五年〈一八八二〉刊）に、

> 美術の性質なる者は、その事物の本体中に在りて存するや、疑ひを容れず。而してその性質たるや、静坐潜心してこれを熟視せば、神馳せ、魂飛び、爽然として自失するが如きものあらん。

などと説明されるような、美術鑑賞における「静坐潜心」の必要性の問題を想起させる。つまり、同じく「つれづれ」に「静寂の境地」というような意味を見出しながらも、十七世紀のそれは儒教・仏教・老荘といった東洋的な「静」の思想に立脚していたが、島津のそれは、哲学のみならず芸術一般にまで拡張された、西洋的な「静」の思想の影響を受けていると見られるのである。いまこれを、「新・静寂の境地」説と呼んでおこう。

フェノロサの著書をはじめとする西洋の芸術論は、当時の文学論にも多大な影響を与えたが、その影響を受けたものの一人に、評論家の島村抱月がいる。その「観照即人生の為也」（明治四十二年〈一九〇九〉）という論文には、次のようにある。——われわれの人生には悶々と思い悩むことがある。しかし、それをそのまま表現しても芸術にはならない。

> かくの如き悶々の炎を、そのまま観照の域に移す。そのあはひから始めて芸術になる。言はば、今までの赤熱を白熱にするのである。……観照とは、言ふまでもなく単に見聞することとも違ひ、単に実行することとも違ふ。部分的現実に即して直ちに全的存在の意義を瞑想する境地である。

この「観照」についての考えは、島津の「つれづれ」説の拠って立つところをよく説明しているであろう。

小論文

（九〇分）

（注意）　解答はたて書きで記入すること。

次の文章を読み、設問に答えなさい。

国文学者島津久基は、「国文学と註釈――「つれづれなるままに」――」（大正十五年〈一九二六〉）という論文のなかで、最近（大正頃）の注釈書が、「つれづれ」をたいてい「退屈」の一語で片付けてしまうことに、「我々国文学に携はる者自らの罪を深く感ずるのである」と言っている。

島津は言う。古典を語彙レベルで分析・考証する、いわゆる訓詁註釈という研究態度はたしかに古めかしいし、そこに終始しては意味がない。だが、「その不備を補ふことも、今日の我々に残された仕事の一面でなければならぬ。否、真の意味の註釈はまだまだ成し遂げられてゐない」。ここには、訓詁註釈を軽視した内海や沼波の仕事が、明らかに意識されている。そして、訓詁註釈を尽くしたうえで、さらにその作品を鑑賞・批評することが、「真の註釈」だと言うのである。

そこで島津は、中古・中世文学における「つれづれ」の用例を広く分析したうえで、「つれづれ」とは、「しづかな余裕のある気持ちではあるが、何となく落ちつかぬやうな、物足りぬやうな、心細いやうな、慰めを求めてゐるやうな、さりとて自らそれをどうすることも出来ない、かなり複雑した繊細な心境」であると述べる。また「退屈」の意を表した用例も稀には見られるが、それは「決してこの語の内容の主部、中心ではない」とも言っている。

島津のこれらの考証は、第一章で述べた私見と照らし合わせてみても、その方法論といい結果といい、基本的に同意できる点も多い。しかし彼は

////////////////////// ・memo・ //////////////////////

2020年度

問題編

■自主応募制による推薦入学者選考

▶試験科目

教　科	内　　　　容
総合考査Ⅰ	小論文形式を採り，各種資料に対する理解力，文章構成・表現力，分析力等を総合的な視点から考査する
総合考査Ⅱ	与えられたテーマについての記述を評価する

▶備　考

上記考査および「調査書」「評価書」「自己推薦書」により選考を行う。

総合考査Ⅱ

（60分
解答例省略）

次の文章を読み、私たちは未来に対して責任を負っているという主張について、あなたの考えを述べなさい。（320字以上400字以内）

世界的人口爆発の一方で、先進諸国は共通して、人口の静止状態を超えて人口減少の局面に向かいつつある。保険や年金のような直接給付サービスのみならず、経済・科学・交通・医療・文化等々、私たちの社会生活全般は、次世代が成人し、独立した社会人になることにかかっている。こうした次世代育成の側面を主に担うのが親であり、その便益は社会全体が享受する。そこで、子育て負担の社会的公平化も含めた、生殖の権利ではなく義務を問う規範的議論も一部にある。

倫理学者のH・ヨナスは、人類の生存がもつ存在論的価値から、私たちは未来に対して責任を負っていると主張する。その責任とは、いかにして存在するかという条件付きの命法（仮言命法）に先行して成立する、「人類をあらしめよ」という無条件の命法（定言命法）である。これは現在世代に、（必ずしも個々人にではないが）将来世代を産出する義務を命じるであろう。

［松元雅和・井上彰（編）『人口問題の正義論』
（世界思想社、2019年）より。原文に一部編集を加えたところがある。］

の生命力は、まさしく「雑草」のように強靭であり、また「幼な子の魂」の如く、永遠である。「有主」の激しい大波に洗われ、瀕死の状況にたちいたったと思われても、それはまた青々とした芽ぶきをみせるのである。日本の人民生活に真に根ざした「無縁」の思想、「有主」の世界を克服し、吸収しつくしてやまぬ「無所有」の思想は、失うべきものは「有主」の鉄鎖しかもたない、現代の「無縁」の人々によって、そこから必ず創造されるであろう。

重要なのは、定住農民に依拠したと見なされる柳田国男が終生追求した「山人」こそ、まさに網野がいう「原無縁」に対応するということである。私自身はそれを、「原遊動性」と呼んでいるのだが、それは定住以後には失われ、また忘却されたものである。それについて実証的に語ることはできない。

現在残っている遊動民は、すでに定住したことのある人たちである。例えば、カラハリ砂漠のブッシュマンは、かつて定住したところを追われた人たちである。レヴィ＝ストロースが書いているブラジルの遊動民（ナンビクワラ族）も、かつて定住していたことが判明している。つまり、今われわれが出会うのは、原遊動民ではない。彼らは一度定住したのち、山、砂漠、ジャングルのように、人が来ない厳しい環境に逃れた人たちである。本来の遊動民は、もっと恵まれた環境にいたはずだ。だから、現在の遊動的狩猟採集民と異なるのは当然である。

原遊動民について考えるためには、現存のさまざまな狩猟採集民の観察にもとづいて推測するほかないが、それには限界がある。したがって、柳田は最終的にそれを「固有信仰」の問題として語り、網野もまた、それをポエティックに語った。しかし、私は、原遊動民がいかなるものかを理論的に把握することは可能だと考える。マルクスは『資本論』の序文でこう述べた。「経済的諸形態の分析では、顕微鏡も化学的試薬も用いるわけにいかぬ。抽象力なるものがこの両者に代わらなければならぬ」。原遊動性に関する考察に必要なのは、この「抽象力」である。次節でそれを論じよう。

〔柄谷行人『世界史の実験』（岩波書店、二〇一九年）より。原文に一部修正を加えたところがある〕

は確かである。しかし、重要なのはむしろ、それらの差異である。柳田国男が山人と山地民を区別したのは、そのためである。別の言い方でいえば、前者は定住以前のノマドであり、後者は定住以後に生まれたノマドである。遊牧民や芸能的漂泊民は、その意味で山地民に類似する。

　このタイプのノマドは、定住性とそれに伴う従属性を拒否するが、彼ら自身、一度定住した者であり、また定住者と深くつながっている。例えば、遊牧民は定住農民社会を斥け嫌悪しながら、彼らに依拠する交易を行い、また時には、農民共同体を征服して支配する国家を形成する。柳田がいう山地民に関しても同様のことがいえる。彼の考えでは、日本の武士は本来、そのような山地民、狩猟採集焼畑農民であった。

　(b)このタイプのノマドは、現存する国家に対抗するとしても、国家それ自体を否定するものではない。むしろ新たな国家を作りだすだけである。例えば、網野は南北朝時代、後醍醐天皇が非農業民や〝悪党〟と結託することによって武家政権に対抗したことを重視した。が、このような遊動民（悪党）は暗黙裏に、国家とつながっている。ゆえに、たとえ現政権が打倒されても、べつの天皇制政権ができあがるだけである。したがって、ここに天皇制を揚棄する鍵を見出すことはできない。さらにいえば、このような遊動性・脱領域性によっては、資本主義に対抗することができない。なぜなら、資本こそそのような性質をもつからだ。

　しかし、網野には、もう一つのタイプのノマドについての考えがあった。それは定住以前の遊動狩猟採集民にかかわる。彼は『無縁・公界・楽』（一九七八年）の最後で、それを「原無縁」という言葉で語っている。

> 　さきに、最も未開な民族には、アジールが見出し難いといったが、人類の最も原始的な段階、野蛮の時代には、「無縁」の原理はなお潜在し、表面に現われない。自然にまだ全く圧倒され切っている人類の中には、まだ、「無縁」「無主」も、「有縁」「有主」も未分化なのである。この状況は「原無縁」とでもいうほかあるまい。

　さらに網野は、文明以前には「原無縁」としてあった無縁の原理が、国家成立後も脈々と続いていること、それが日本の「無縁・公界・楽」の根底にあること、また、西洋における自由・平等・友愛の思想の根底にあることを示唆している。さらに、本書は『共産党宣言』と似た、つぎのような予言で終わっている。

> 　原始のかなたから生きつづけてきた、「無縁」の原理、その世界

〈神〉になれず、さまようほかない、ということを意味していたのだ。柳田にとって、靖国神社などは、明治の国家神道にもとづく虚構でしかなかった。要するに、柳田はこのような侵略戦争は固有信仰に反すると考えていたのである。

原無縁と原遊動性

私は柳田国男が「山人」に固執したことを強調した。通常は、そう考えられていない。むしろその逆に、柳田の学問は、常民＝定住農耕民に準拠しているということで、批判されてきたのである。そのような批判を強めたものとして、一つには、網野善彦の史学がある。しかし、網野自身は柳田学を標的としたわけではなかった。むしろ、柳田が初期に開いた可能性を受け継ごうとしたといったほうがよい。

網野の学問は、講座派マルクス主義の中から生まれ、且つそれと格闘しつづけることによって形成されたものである。講座派の観点では、前近代の日本社会では、領主（武士）と農民という生産関係が主要であり、その他のことは副次的な派生物とみなされる。それに対して、網野が重視したのは、交通（交換）の次元である。彼は農業共同体の外にいた、芸能的漂泊民、漁撈民を評価した。そこに天皇制国家を越える鍵を見ようとしたのである。そして、そこから政治的・観念的上部構造をとらえなおした最初の仕事が、「中世における天皇支配権の一考察」（一九七二年）であった。

ここで網野は、「中世における天皇支配権」の基盤を非農業民に見ようとした。この新たな視点は以来、日本の歴史学を揺るがし活気づけた。同時に、それは常民＝稲作農耕民の立場に立つと目された柳田民俗学への批判をもたらした。それはまた、つまり、脱領域性、多様性、遊動性を唱導する、この時期の「現代思想」――ドゥルーズ＝ガタリがいう「ノマドロジー」に代表される――と共鳴するものでもあった。

だが、一九九〇年代、冷戦の終わりとグローバル資本主義の下で、状況が変わってきた。例えば、以前はラディカルにみえた「ノマドロジー」が、新自由主義に適合するイデオロギーと化したのである。今でも「ノマドの勧め」という類のビジネス本を見かける。最初は孤立していた網野史学が、学界を越えて広く社会的に受け入れられるようになったのも、こうした変化のためである。例えば、企業からも歓迎されるようになった。晩年の網野善彦がそれに深い違和を感じていたことは疑いない。

しかし、このような問題が生じた理由の一端は、遊動民あるいはノマドがすべて同一視されていることにある。英語でも、nomadは遊牧民だけでなく各種遊動民を意味する。(2)それらに共通点があることめ、彼は初期から唱えていた説を引っ込めるほかなかった。その後の柳田は、非農業民を無視し、もっぱら平地の農民を「常民」として扱うようになったと批判されている。また、日本人の民族的・文化的多数性を無視するようになったと批判されている。

　このような見方に私は賛同できない。柳田は「山人」あるいは「やまにある古い日本」を放棄したわけではない。南方熊楠などの学者らに批判されて、渋々引っ込めただけである。柳田は初期にこう述べた。《現在の我々日本国民が、数多（あまた）の種族の混成だということは、実はまだ完全には立証せられたわけでもないようでありますが、私の研究はそれをすでに動かぬ通説となったものとして、すなわちこれを発足点と致します》（「山の人生」同前）。彼はこの「発足点」を一度も放棄しなかったといってよい。

　柳田は一九三五年に「一国民俗学」を唱えた。しかし、(1)それはナショナリズムを唱えることではなく、むしろその逆である。この時期、柳田の弟子を中心とする、民俗学の学者らが、日本の大陸侵攻に呼応するかのように、「比較民俗学」を唱え始めた。そこには、各民族文化の多様性を保持しながら統合するという「大東亜共栄圏」のイデオロギーがあった。それは国際性を掲げるナショナリズムにすぎない。柳田が急に「一国民俗学」を唱えるようになったのは、それに異議を唱えるためである。

　赤坂憲雄は『東北学／忘れられた東北』（講談社学術文庫）で、柳田が山人を否定することによって「一つの日本」を作ろうとしたと批判し、それに対して、日本文化の多様性を強調した民族学者の岡正雄の意見を持ってきた。岡の考えでは、日本民族・日本文化は、この列島に渡来してきた者によって複合的・重層的に形成された。《日本固有文化は、南中国、江南地域、インドネシア方面から渡来したいくつかの農耕民文化の分厚い地盤の上に、支配者文化が被覆してできあがった混合文化であるといってよい》（『岡正雄論文集　異人その他』岩波文庫）。

　しかし、岡正雄はそのような説を、柳田を批判するために立てたのではない。それは本来、柳田の「発足点」を受け継ぐ考えであった。だからこそ、彼は一九二五年、まだ二七歳の新進学徒であった時期に、柳田に抜擢されて雑誌『民族』を共同編集しえたのである。その後、岡はウィーンで学び、帰国後、国策機関である民族研究所を設立した。それは日本の戦時体制（大東亜共栄圏）に合致し、かつ、ナチズムとつながる「比較民族学」を広布するためであった。柳田はそれを拒否して「一国民俗学」を唱えたのである。

　さらにいえば、戦時下に柳田が『先祖の話』の中で、「固有信仰」を強調したとき、それも好戦的・排外的ナショナリズムを意味するものではまったくなかった。その逆に、外地で戦死した若者たちは先祖であると考えられるようになったのである。

しかし、柳田は、常民あるいは農民大衆の心性を探求したことは事実であるが、山人を彼らの共同幻想に還元したりはしなかった。その逆に、彼は歴史的な実在としての山人を生涯追い続けたのである。(a)柳田は、山人は日本の先住民で、稲作を行う人々が到来したあと山地に逃れた者であるという仮説を立て、それを実証しようとした。ところが、それを示す史料は神話しかない。例えば、国つ神が天つ神に追われたというような。ゆえに、柳田はそれを民俗学的な調査によって果たそうとしたのである。彼は次のように述べた。

そこで最終に自分の意見を申しますと、山人すなわち日本の先住民は、もはや絶滅したという通説には、私もたいていは同意してよいと思っておりますが、彼等を我々のいう絶滅に導いた道筋についてのみ、若干の異なる見解を抱くのであります。私の想像する道筋は六筋、その一は帰順朝貢に伴う編貫であります。最も堂々たる同化であります。その二は討死、その三は自然の子孫断絶であります。その四は信仰界を通って、かえって新来の百姓を征服し、好条件をもって行く彼等と併合したもの、第五は永い歳月の間に、人知れず土着しかつ混淆したもの、数においてはこれがいちばんに多いかと思います。

こういう風に列記してみると、以上の五つのいずれにも入らない差引残、すなわち第六種の旧状保持者、というよりも次第に退化して、今なお山中を漂泊しつつあった者が、少なくともある時代までは、必ずいたわけだということが、推定せられるのであります。ところがこの第六種の状態にある山人の消息は、きわめて不確実であるとは申せ、つい最近になるまで各地独立して、ずいぶん数多く伝えられておりました。それは隠者か仙人かであろう。いや妖怪か狒々かまたは駄法螺かであろうと、勝手な批評をしても済むかも知れぬが、事例は今少しく実着でかつ数多く、またそのようにまでして否認をする必要もなかったのであります。(「山の人生」『柳田國男全集4』ちくま文庫)

この中で、最も謎めいて見えるのは、道筋「その四」である。おそらくこれは、柳田のいう「固有信仰」の問題と関連すると思われる。柳田が固有信仰について考えるようになったのは、山人説を引っ込めたあとである。しかし、それで山人説をあきらめたわけではなく、もともと山人の問題に含まれていた可能性の一つに論点を移しただけだといえる。それについては後述する。

柳田は「山人」が実在すると考えたが、それを実証することはできなかった。彼が見出したのは「山民」(山地民)だけである。そのた椎葉村で柳田が驚いたのは、《彼等の土地に対する思想が、平地に於ける我々の思想と異って居る》ことである。柳田にとって貴重だったのは、彼らの中に残っている「思想」である。柳田は農政学者として協同組合について理論的に考えてきたが、ここに、「協同自助」の実践を見出した。それは「ユートピヤ」の実現であり、「一の奇蹟」であった。「富の均分というが如き社会主義の理想」が実現されていたからだ。

彼らの場合、共同所有と生産における「協同自助」は、焼畑と狩猟に従事するということ、つまり遊動的な生活形態から来るものである。そこに、遊動的な山人の名残りが濃厚にあるといえる。柳田に感銘を与えたのは、そのことである。彼が「山人」について書き始めたのは、椎葉村を訪れたあとである。したがって、彼が「山人」に関心を抱くようになったのは、妖怪や天狗のような怪異譚のためではない。柳田が驚いたのは、農民の協同組合を要とする彼の農政理論において目指していたものが、現にそこにあったからだ。

それから間もなく執筆した『遠野物語』の序文に、柳田はこう記した。《国内の山村にして遠野よりさらに物深き所にはまた無数の山神（やまのかみ）山人（やまひと）の伝説あるべし。願わくは之を語りて平地人を戦慄せしめよ》。この激越な序文は、椎葉村での認識から来ている。したがって、これは、当時ブームとなった妖怪、すなわち、お化けの類によって平地民を戦慄させることではありえない。妖怪といっても、それは、マルクスが『共産党宣言』の冒頭で書いたような妖怪である。「一つの妖怪がヨーロッパをさまよっている——共産主義の妖怪が。旧ヨーロッパのあらゆる権力が、この妖怪を退治するために神聖な同盟を結んでいる」。

ちなみに、つぎのような事実がある。マルクス（一八一八—一八八三）はハイネ（一七九七—一八五六）と一八四三年から二年ほど、亡命先のパリで親しくつきあった。ハイネが『流刑の神々』（一八五三年）を構想したのは、この時期である。また、一八四八年にマルクスはエンゲルスとともに『共産党宣言』を刊行した。その意味では、二つの異なる「妖怪」は同じ源泉をもつといってもよい。

山人の歴史学

柳田国男は長期にわたって多くの仕事をしたが、一貫して抱いていた主題は山人である。彼はそれについて、主として『遠野物語』（一九一〇年）や『山の人生』（一九二六年）で語ったが、その後はほとんど語らなくなった。そのために、山人への彼の関心は、若い時期のロマン派的な関心であり、また、それらの仕事が照明したのは、山人の有り様よりも、それを表象する村人の「共同幻想」（吉本隆明）

問」『柳田國男全集27』ちくま文庫)。ハイネの考えでは、ヨーロッパのゲルマン世界にキリスト教が入ってきたために、森に遁れた従来の神々が妖怪になった。柳田はそれを日本に応用して、『一つ目小僧』を書いた。つまり、「一つ目小僧」などの妖怪は、仏教に追われて隠れた古来の神々だというのである。

柳田は各地で山人を探索しようとしたが、見出したのは、天狗や妖怪のような伝承だけであった。ゆえに、それらは村人の「共同幻想」として片づけられた。しかし、柳田はそこにこそ、山人、あるいは固有信仰を見ようとしたのである。

山人を追求する過程で、彼は「山の人生」、すなわち、山地に生きる民の生態について、より詳細な知識を得た。例えば、『山の人生』では、マタギやサンカ、焼畑農民、その他の漂泊民について書かれている。むろん、彼らは山人ではない。したがって、柳田は彼らを、山人と区別して山民と呼んだ。なお、音声上紛らわしいので、以後、山民を山地民と呼ぶことにする。

私の考えでは、山人は原遊動民であり、山地民はいちど平地に定住した後に遊動民となった人たちである。山人と山地民の違いは、彼らの平地民に対する関係において明瞭になる。山地民はかつて平地に定住したことがあるだけでなく、また、その後も何らかのかたちで平地と関係する。そして、彼らの平地民に対する態度はアンビヴァレント(両価的)である。すなわち、敵対性と同時に依存性、軽蔑と羨望が混在する。

一方、山人は平地民によって、しばしば天狗や仙人として表象される。それは畏怖すべきものではあるが、敵視されるようなものではない。彼らは平地民に対して、特に善意がないとしても、悪意もない。要するに、山人は自足的であり、平地民に対して根本的に無関心なのだ。ゆえに、山人に出会うことは至難である。

柳田はまた、山人を探る手がかりを、日本の植民地統治下にあった台湾の原住民に求めた。彼らはもともと中国・東南アジアの山岳地帯から移動してきて、一度平地に定住した人たちである。彼らが大陸から侵入してきた漢族に追われて山に遁れたのは、一六世紀である。したがって、柳田はついに山人の存在を確認できなかったが、山地民の中に、その痕跡を見出した。

例えば、彼が農商務省の役人として調査のために訪れた宮崎県椎葉村で見た焼畑・狩猟民がそうだ。彼らはすでに農業技術をもっている。それは、彼らがかつて平地にいたことを証すものである。彼らはたえず平地民と交易している。このように、山地民は、平地民と深い関係をもつ点で、原遊動民である山人とは違っている。だが、山地民も遊動性をもっており、そのことが、平地の定住民にないような社会的特質を与えている。

ているという観点からだけでもなかった。彼は一九〇〇年に大学を卒業したあと、農商務省・法務省の役人として、実際に「山」にかかわったのである。

この時期に妖怪のブームを起こしたのは、柳田ではない。『妖怪学』を書いた井上圓了である。近年、井上圓了といえば、妖怪の研究者で、漫画家水木しげるの大先輩のような人だと考えられている。しかし、彼は明治初期には、井上哲次郎と並ぶ哲学者であった。そして、彼が「妖怪学」という講座を開いたのは、哲学を民衆に説く方便として、である。妖怪といっても、お化けの類ではなく、今なら人が幻想と呼ぶものに相当する。例えば、国家は共同幻想だというかわりに、国家は妖怪だというようなものだ。

とはいえ、圓了はいわゆる妖怪を徹底的に調査し、文学的装飾なしにそれを記録した。現在、日本の漫画・小説などで引用される妖怪はほとんど、圓了の著作にもとづいている。彼は、妖怪が幻想であることを人々に説いてまわった。その意味で、彼は啓蒙主義者であった。しかし、妖怪を全面的に斥けたのではない。

彼の考えでは、妖怪にはいくつかの種類がある。いわゆる妖怪は仮象であり、自然科学によって真相を解明できる。しかし、そのような仮象が除かれたあとに、人は真の妖怪（真怪）に出会う。それは、この自然世界そのもの、カントでいえば物自体である。実は、圓了は、明治の浄土真宗から出てきた宗教改革者だった。そして、彼は仏教的認識を、哲学として、さらに、それを妖怪学として語ろうとしたのである。彼は大学を出た後、どこにも属さず、自分で学校（後に東洋大学）を創設した。型破りの人物であり、むしろ彼自身が妖怪であった、といえる。

圓了が妖怪を捜し回ったのはなぜか。妖怪が真の仏教的認識（真怪）を妨げるからだ。しかし、真の仏教的認識を妨げているのは、現に存在する寺院仏教である。それこそが否定すべき妖怪なのだ。つまり、圓了の妖怪論は、仏教における宗教改革にほかならなかった。ところが、彼の意図を超えて、妖怪論がブームとなったわけである。

一方、柳田国男は圓了の妖怪論を嫌った。それは妖怪についての見方が違ったからである。ただ、ある意味で、類似したことを考えていたともいえる。圓了は、妖怪を真の仏教的認識（真怪）から堕落した形態だと見なした。一方、柳田の見方では、妖怪とは、かつて神的な存在であったのに、仏教のような宗教が到来したために追われて零落した存在である。

柳田はそのような考えを、ハイネの『流刑の神々』から学んだといっている。《我々が青年時代の愛読書ハインリッヒ・ハイネの『諸神流竄（りゅうざん）記（き）』などは、今からもう百年以上も前の著述であったが、夙（つと）にその中には今日大いに発達すべかりし学問の芽生（めばえ）を見せている》（「青年と学

総合考査Ⅰ

（一二〇分）
（解答例省略）

次の文章は、柄谷行人『世界史の実験』の一部です。これを読んで、以下の設問に答えなさい。

【設問1】

傍線部⑴に「それはナショナリズムを唱えることではなく、むしろその逆である」とありますが、それはなぜですか。著者の主張に基づいて説明しなさい。（二四〇字以上、三〇〇字以内）

【設問2】

傍線部⑵に「それらに共通点があることは確かである。しかし、重要なのはむしろ、それらの差異である」とありますが、著者がこのように考える理由は何ですか。著者の主張に基づいて説明しなさい。（二四〇字以上、三〇〇字以内）

【設問3】

波線部ⓐを英語、ドイツ語、フランス語、中国語のいずれかに訳しなさい。

【設問4】

波線部ⓑを英語、ドイツ語、フランス語、中国語のいずれかに訳しなさい。

何か妖怪

柳田国男が民俗学に向かった時期、「怪談」が流行し、また、「妖怪」のブームがあった。しかし、彼が民俗学に向かい、「山人（やまびと）」に関心を抱いたのは、そのためではない。また、それは先住民が山に残っ

■一般入試

問題編

▶試験科目・配点

教 科	科 目	配 点
外国語	「コミュニケーション英語基礎・Ⅰ・Ⅱ・Ⅲ，英語表現Ⅰ・Ⅱ」，ドイツ語，フランス語，中国語のうち１科目選択	150点
地 歴	日本史Ｂ，世界史Ｂのうち１科目選択	100点
小論文	資料を与えて，理解と表現の能力を総合的に問う	100点

▶備 考

- 「英語」以外の外国語は省略。
- 「英語」と「ドイツ語」の試験では，２冊まで辞書の使用が認められる（ただし，電子媒体を用いた辞書，付箋類を付した辞書の使用はできない）。
- 小論文は，高等学校の各教科の学習を通じて習得した知識と思考との総合的能力を問うことを主眼とする。与えられた資料に基づき，的確な理解と判断をもち，自らの意見をいかに適切な言葉をもって書き表し得るかを試すもので，併せて表記の正確さをも求める。

英語

（120 分）

＊　英語辞書を 2 冊まで使用可。「英英辞典」「英和辞典」「和英辞典」「英仏辞典」，英和・和英兼用辞書など，英語辞書であれば，どのような辞書でも，どのような組み合わせでも自由。大小も問わない。

次の英文は Alison Gopnik による *The Philosophical Baby* (2009年) に基づいている。これを読んで以下の設問に答えなさい。

（Ⅰ）［（1）］に入るもっとも適切な語を下から選び，記号で答えなさい。

（A）agreement　（B）consternation　（C）judgment　（D）speculation

（Ⅱ）下線部（2）を日本語に訳しなさい。

（Ⅲ）下線部（3）を日本語に訳しなさい。

（Ⅳ）下線部（4）that understanding が示す内容を30字以内の日本語で説明しなさい。

（Ⅴ）［（5）］に入るもっとも適切な句を下から選び，記号で答えなさい。

（ア）as if　（イ）especially when　（ウ）even though　（エ）in order that

（Ⅵ）下線部（6）を日本語に訳しなさい。

（Ⅶ）下線部（7）the same thing が示す内容を以下から選び，記号で答えなさい。

（a）Crossing the street alone is dangerous.

（b）Learning to lie is part of growing up.

（c）Peeking in a closed box is deceptive.

(d) Young children get under one's skin.

(Ⅷ) 子どもの発達にとって "imaginary companions" を持つことはどのような効果があると著者は考えているか，100字以上120字以内の日本語で説明しなさい。

(Ⅸ) 次の日本語を英語に訳しなさい。

人間が自分の都合を優先してしまいがちだという事実は，否定のしようがない。

Imaginary companions are a common and fascinating phenomenon of childhood and they've inspired a lot of psychological [(1)]. But, surprisingly, until recently no one had actually studied them systematically. The psychologist Marjorie Taylor decided to remedy this (she was inspired by her own daughter, who spent much of her childhood being Amber the Dog, and later became an actress in Hollywood). In her work we meet the likes of Nutsy and Nutsy, the raucous but charming brightly colored birds who live in a tree outside a little girl's window, and whose incessant talking sometimes amuses and sometimes irritates her; and Margarine, the little girl with floor-length golden braids who not only explains the exigencies of playgroup to the three-year-old who created her, but later helps the boy's little sister to make the transition to preschool. But Taylor showed that imaginary companions are surprisingly common.

Taylor asked randomly chosen three- and four-year-old children and their parents a set of specific questions about imaginary companions. Most of the children, 63 percent to be exact, described a vivid, often somewhat bizarre, imaginary creature. Taylor repeated the questions on several occasions and found that the individual children were quite consistent in their descriptions of their imaginary companions. (2) <u>Moreover, their descriptions matched the independent descriptions of their parents.</u> This showed that the children really were describing their imaginary friends, not just making them up on the spur of the moment to please the interviewer.

Rather depressingly, little boys seem to have a penchant for becoming supercreatures of enormous power, while little girls are more likely to invent small animals to pity and take care of. My own three sons showed both patterns: Galaxy Man, the scary superhero alter ego of my oldest son, and Dr. Termanson, the egg-headed, slightly comic, slightly sinister mad-scientist companion of my second, were later joined by the very small and needy Twins who lived in my youngest son's pocket.

At least a few children seem to keep their imaginary companions privately long after they have given them up publicly. Frida Kahlo* painted her imaginary childhood friend in her self-portraits, and Kurt Cobain* addressed his suicide note to his imaginary friend, Bodha (admittedly these examples might seem to support parental anxieties about weirdness). Imaginary friends can also sometimes be passed from sibling to sibling. Usually, though, they eventually fade from the children's minds with hardly a trace.

As with pretend play in general, (3) <u>the vividness of imaginary companions, and especially the vividness of the emotions they generate, led psychologists in the past to conclude that they indicated children's shaky grasp of reality.</u> Freudians* have typically seen imaginary companions as indicators of some sort of therapeutic need—a sign of neuroticism that demands treatment. Imaginary companions play a similarly psychoanalytic role in popular culture, both in scary movies like *The Shining* and sentimental ones like *Harvey*.

But imaginary companions are not, in fact, an indication of either genius or madness. Children with imaginary companions are not, on the whole, markedly brighter or more creative or shyer or crazier than other children. Imaginary companions aren't the result of distress or trauma, and they aren't precursors of pathology. Some children do seem to use their companions to help sort out problems in their lives, but for most they seemed to be just plain fun.

When children grow older, imaginary companions are usually replaced by a new kind of imaginary activity. "Paracosms" are imaginary societies rather than imaginary people. They are invented universes with distinctive languages, geography, and history. The Brontës* invented several paracosms when they were children, as did the teenage murderers who inspired the movie *Heavenly Creatures* (one of them, in real life, grew up to be the novelist Anne Perry).

Using her interview technique, Taylor found that many perfectly ordinary, unliterary, unmurderous ten-year-olds also created their own paracosms, just as most ordinary four-year-olds created imaginary companions. One child, for example, created a planet called Rho Ticris inhabited by gigantic hounds called dune dogs, the Blue (blue-skinned humanoids), and the Dire Grim, a sinister race with seven rows of teeth. Rho Ticris was an important part of his life from nine until twelve, when it faded away as the earlier imaginary companions do. And, of course, many of the favorite books and games of older children—from the *Harry Potter* and *Narnia* books to *Dungeons & Dragons* and *Warcraft*—also involve paracosms. Paracosms are probably less familiar than imaginary companions partly because they are less common and partly because they are more private and less likely to be communicated to adults.

Why do young children create imaginary companions? The imaginary companions reflect ways that people might be, and ways they might act. The heyday of imaginary companions is between about two and six years old. It turns out that this is also the period when children create an everyday psychology—a causal theory of the mind. From two to six, children discover fundamental facts about how their own minds and the minds of others work. They formulate a causal map of the mind. They start to understand the causal connections between desires and beliefs, emotions and actions, just as they start to understand the connections between food and growth or illness. One of the central tenets of this theory of mind is that people may have different beliefs, perceptions, emotions, and desires and that those differences may lead to different actions. People behave differently because they have different kinds of minds.

Even babies who can't talk yet already seem to understand something about the ways that people might differ, and they can make new and surprising causal predictions based on (4) that understanding. For example, we showed fourteen-month-olds and eighteen-month-olds two bowls of food—broccoli and Goldfish crackers*. All the babies, as you'd expect, loved the crackers and couldn't stand the broccoli. Then the experimenter tasted a bit of food from each bowl. She acted ［ (5) ］ she were disgusted by the crackers and happy about the broccoli. She said, "Eew, yuck—crackers" and "Mmm, yum—broccoli," revealing that her tastes were the opposite of theirs. Then she put out her hand and said, "Can you give me some?"

The babies were a bit startled by the experimenter's perverse tastes—they waited awhile before they did anything. Nevertheless, the fourteen-month-olds gave the experimenter the crackers. But although the eighteen-month-olds had never seen anyone crazy enough to reject Goldfish crackers, they made the right prediction. (6) They sweetly did what they thought would make the experimenter happy, however weird it might seem to them. Just as they immediately knew to use a rake to get the toy, even though they'd never done it before, they immediately knew to give the experimenter the broccoli instead of the crackers. Once you know how rakes and toys work, you can do something new to make a distant toy move. Once you know how people's tastes work, you can do something new to make them happy.

Just as children construct a causal map of biology that relates growth and illness, life and death, they also construct a map that connects mental states to one another and to the world outside them. And with that map in hand they can explore all the possible combinations and permutations of human behavior, and imagine all the strange things that people might think, feel, and do. Oscar the Grouch on *Sesame Street* plays on this ability. Once young children know the general principle, that Oscar likes all the things that we don't, they can, delightedly, predict that Oscar will love trash, smelly food, and worms but hate puppies and chocolate or that he'll be happy if you give him dirt but not if you give him flowers.

As we might also expect, those causal maps allow children to act to change the minds of others. If I know that Anne has a particular passion for broccoli, I'll know that I can bribe her with broccoli to do what I want, or tease her by withholding broccoli, or make her like me by presenting her with a steaming green platter of the stuff—all techniques that will be worse than useless if she really only likes crackers. I'll know, too, that if I want her to get me some crackers from the cupboard, I'd better make sure she knows they're in there; just asking won't help if she hasn't seen them. But if I want to keep her from getting the crackers, I can lie and tell her that the cupboard is empty.

Children who can explain actions in terms of a theory of mind also seem to be more adept, for good or ill, at altering other people's minds. Children who better understand minds are more socially skillful than those who do not, but they are also better liars. They're more sympathetic but they're better at getting under your skin too. As any successful politician knows, understanding how people work can help you to make them happy—or to manipulate them for your own ends. Four-year-olds can be surprisingly crafty politicians, especially with parents as their constituents.

Lying is a particularly vivid example of the advantages of understanding how minds work. As Machiavelli* himself could have told you, lying is one of the most effective forms of Machiavellian intelligence. Our human ability to deceive others, both our allies and our enemies, is a great advantage in managing our complex social lives. Very young children may lie, but they're not very good at it. My younger sister once shouted to my mother, "I didn't cross the street by myself!"—from the other side of the street. When they play hide-and-seek, very small children will notoriously put their heads under a table with their behinds sticking very visibly into view.

You can see (7) <u>the same thing</u> in experiments. In one study the experimenter showed children a closed box and then told them there was a toy inside, and not to peek at it. Then the experimenter left the room. For children curiosity is the greatest drive of all, and very few of them could resist the temptation. When the experimenter returned she asked if they had peeked in the box, and what was inside it. Even the three-year-olds denied that they had peeked inside the box. But then they immediately told the experimenter what was in there! Only at five or so could children deceive in an effective way.

Marjorie Taylor discovered that children with imaginary companions tend to have a more advanced theory of mind than other children, even though they're no smarter overall. Children who had imaginary friends were better at predicting how other people would think, feel, or act than those who did not. Similarly, contrary to popular legend, sociable children were actually more likely to have imaginary companions than shy and lonely children. There's no getting around the fact that, from the adult point of view, there's something spooky about imaginary friends. But in fact, as far as children go, they're not only commonplace, they're a sign of social competence. Having an imaginary friend isn't a replacement for real friends, and it's not a form of therapy. The children with imaginary companions really care about people and like to think about them even when they're not there.

*Frida Kahlo (1907–54): A Mexican painter well known for her portraits and self-portraits.

*Kurt Cobain (1967–94): The guitarist and frontman of the influential rock band Nirvana.

*Freudians: Followers of Sigmund Freud (1856–1939), the founder of psychoanalysis, who elaborated a theory of the unconscious.

*The Brontës: Charlotte (1816-55), Emily (1818-48) and Anne Brontë (1820-49), famous sisters who wrote novels and poetry.

*Goldfish crackers: Fish-shaped cheese crackers popular among American children.

*Niccolò Machiavelli (1469-1527): An infamous Italian philosopher, whose political thought has legitimized the use of dishonesty by politicians.

日本史

（60 分）

I　次の文章（イ）～（ニ）を読んで，文中の空欄（A）～（N）に該当する適当な語句をそれぞれの語群の中から選び，1～9の数字を，語群の中に適当な語句がない場合は0を，解答欄（解答用紙の右上）に記入しなさい。

（イ）日本からの（　A　）派遣が低調になる9世紀の東シナ海では，朝鮮半島の（　B　）の海商が活躍するようになった。山門派の祖となる（　C　）は838年の（　A　）船で渡航したが，帰路は彼らの船に便乗したことを，その旅の日記（　D　）に記している。彼らが中国に築いた拠点は，本国の（　B　）が滅亡する10世紀まで存続した。

1　高麗　　2　円珍　　3　円仁　　4　奝然　　5　新羅
6　遣唐使　　7　遣隋使　　8　行歴記　　9　入唐求法巡礼行記

（ロ）その後，東アジアの海上貿易を専ら担うことになるのが，中国の宋の海商である。大宰府から15km の海岸に設けられ，かつては（　A　）の発着拠点でもあった（　E　）に来航して日本と交易したが，その廃絶後，2km 東にチャイナタウンを築く。これが中世日本最大の貿易港として発展していったのが（　F　）である。日宋貿易と言えば平清盛が有名だが，実際のところ平氏による貿易管理・経営の徴証は乏しく，清盛が修築した摂津の（　G　）まで中国の船が来た事例も多くはない。

1　博多　　2　坊津　　3　大野城　　4　鴻臚館　　5　大輪田泊
6　福岡　　7　水城　　8　難波津　　9　音戸の瀬戸

（ハ）宋を滅ぼして中国全土を制圧した（　H　）は，日本やベトナムに侵攻を試みる一方で，その日本を含めて対外貿易には積極的であった。1323年に（　H　）から日本に向かう途中で沈んだ貿易船が，朝鮮半島西南の（　I　）沖で見つかっている。しかし，（　H　）を倒した明は（　J　）政策をとって民間貿易を禁止する。建国当初は（　K　）の禁圧を条件に日本からの遣使を受け入れたが，実際には取り締まりが行われず被害が減少しなかったことから，1386年には日本との国交を断つに至った。

1　元　　2　珍島　　3　新安　　4　悪党　　5　江華島
6　金　　7　海禁　　8　鎖国　　9　倭寇

（ニ）帝位をめぐって内乱中の明に（　F　）商人の（　L　）らを遣した（　M　）は，1402年，建文帝を滅ぼして即位した永楽帝から日本国王に封ぜられ，（　N　）百枚を得た。（　N　）はしばしば誤解されているような木製の割り符ではなく，一～百号の番号を割り書きして割印を捺した大判の用紙で，これを用いて作成した国書を持参した者が日本国王の正式の使者であることを証明する役割を果たした。（　N　）は日本より先に東南アジア諸国に与えられており，（　K　）対策というのも実は誤りである。

1 祖阿	2 肥富	3 割符	4 足利義教	5 足利義満
6 島井宗室	7 勘合	8 通信符	9 足利義持	

Ⅱ 次の文章（イ）～（ハ）を読んで，文中の空欄（A）～（T）に該当する適当な語句をそれぞれの語群の中から選び，1～5の数字を解答欄に記入しなさい。

（イ）（　A　）年，オランダ船リーフデ号が（　B　）に漂着した。徳川家康は，この船の航海士とともに水先案内役の（　C　）人三浦按針を江戸に招き，外交・貿易の顧問とした。当時，オランダと（　C　）は東インド会社を設立してアジア進出を図っていたが，両国は幕府から貿易の許可を受け，（　D　）に商館を開いた。一方，1609年，ルソンの前総督ドン＝ロドリゴらが上総に漂着し，翌年に家康は彼らに船を与えて（　E　）に送ったが，この時に家康は通商を求めて京都の商人（　F　）を派遣した。

A	1 1598	2 1600	3 1602	4 1604	5 1606
B	1 豊後	2 薩摩	3 大隅	4 肥前	5 土佐
C	1 ポルトガル	2 スペイン	3 イギリス	4 イタリア	5 フランス
D	1 博多	2 府内	3 天草	4 出島	5 平戸
E	1 マニラ	2 マカオ	3 リスボン	4 ノビスパン	5 マドリード
F	1 納屋助左衛門	2 末吉孫左衛門	3 田中勝介	4 河村瑞賢	5 末次平蔵

（ロ） 18世紀の日本では，対外関係に制約されながらも，西洋の学術・知識の受容が進んだ。新井白石は，屋久島に潜入して捕えられた宣教師（　G　）を尋問し，それにより得た知識をもとに『（　H　）』を著した。高松藩の足軽の家に生まれた（　I　）は，長崎で学んだ科学の知識をもとに物理学を研究した。医学分野では『解体新書』が有名だが，津山藩医の（　J　）がオランダの医学書を訳して『（　K　）』を著したことも注目される。一方，ロシアの南下を契機に地理研究が活発化した。（　L　）藩医の工藤平助の『赤蝦夷風説考』を踏まえた田沼意次は1785年に蝦夷地調査団を派遣したが，その一行には出羽の農家出身の（　M　）も含まれていた。

G	1 シドッチ	2 ヴァリニャーニ	3 オルガンティノ	4 ケンペル	5 クルムス
H	1 草茅危言	2 翁問答	3 宇下人言	4 西洋事情	5 西洋紀聞
I	1 西川如見	2 平賀源内	3 手島堵庵	4 山片蟠桃	5 富永仲基
J	1 稲村三伯	2 大槻玄沢	3 宇田川玄随	4 山脇東洋	5 野呂元丈
K	1 蘭学階梯	2 解剖図譜	3 ハルマ和解	4 西説内科撰要	5 蔵志
L	1 会津	2 仙台	3 盛岡	4 弘前	5 松前

M 1 最上徳内 2 間宮林蔵 3 高田屋嘉兵衛 4 大黒屋光太夫 5 近藤重蔵

(ハ) 19世紀に入ると，ロシア船以外の欧米の船舶も日本近海に出没する。幕府は（ N ）年に東蝦夷地を永久の直轄地とし，そこに住むアイヌを和人とした。また，ロシア使節（ O ）の来航時には冷淡に対応してこれを追い返したため，ロシア船は樺太や択捉島を攻撃した。これに衝撃を受けた幕府は，松前藩と蝦夷地を全て直轄地とした。フェートン号の長崎侵入に際しては，長崎奉行（ P ）が責任を取って自刃している。（ Q ）年に幕府は無二念打払令を出し，（ R ）年にはモリソン号が砲撃された。一方，長崎郊外に診療所や私塾を設立して（ S ）らの人材を育てたオランダ商館医シーボルトは，帰国に際し日本地図を所持していたため追放処分を受け，これを渡した（ T ）らも処罰された。

N 1 1800 2 1802 3 1804 4 1806 5 1808
O 1 ゴローウニン 2 ラクスマン 3 ベーリング 4 プチャーチン 5 レザノフ
P 1 遠山景晋 2 遠山景元 3 鍋島斉直 4 佐野政言 5 松平康英
Q 1 1810 2 1815 3 1820 4 1825 5 1830
R 1 1831 2 1833 3 1835 4 1837 5 1839
S 1 本多利明 2 海保青陵 3 高野長英 4 大田南畝 5 司馬江漢
T 1 高橋景保 2 高橋至時 3 志筑忠雄 4 渋川春海 5 伊能忠敬

Ⅲ 次の文章の空欄（A）～（H）に該当する適当な語句を記入しなさい。

5世紀から6世紀にかけて，ヤマト政権の勢力が地方へ展開すると，服属した地方豪族は（ A ）に任ぜられた。彼らは，従来からの地方の支配権を保証される一方，ヤマト政権の直轄地である（ B ）や，直轄民である名代・子代の管理，子女を（ C ）や采女として大王のもとに出仕させるなどの義務を負った。その後，大化以後に行政区分の設定が進み，大宝・養老律令制下になると，（ A ）は（ D ）に優先的に任命され，地方支配の担い手へと編成されていった。上位の行政区分の官人で中央から派遣される（ E ）とは異なり，（ D ）が任期のない官であったことは，国家的支配の遂行に伝統的な地方豪族の力を活用する意図があったことを示している。また（ D ）の行政の拠点である（ F ）には，役所群や居館のほか，正税などを収めた倉である（ G ）や，凶作などへの対策として徴収した粟を備蓄する（ H ）も設置されて地域社会の再生産を保証するなど，地域と密接に関わる存在であった。

Ⅳ　次の史料（イ）～（ホ）を読んで設問に答えなさい。

（イ）　家は，九重の御門，二条宮居，一条もよし。a染殿の宮，清和院，菅原の院。冷泉院，閑院，朱雀院。小野宮，紅梅，県の井戸。竹三条，小八条，小一条。

（ロ）　今，国史及び諸の人の別伝等を検するに，異相往生せる者あり。兼てまた故老に訪ひて都廬四十余人を得たり。予，感歎伏膺して聊に操行を記し，号づけて（　A　）と曰ふ。

（ハ）　夫れ往生極楽の教行は，濁世末代の目足なり。道俗貴賤，誰か帰せざる者あらんや。但し顕密の教法は，其文一に非ず。事理の業因は，其の行惟れ多し。利智精進の人は，未だ難しとなさざるも，b予の如き頑魯の者，豈敢てせんや。是の故に（　B　）の一門によりて，聊か経論の要文を集む。之を披き之を修せば，覚り易く行ひ易からん。

（ニ）　京極殿，（　C　）など見るこそ，心ざし留まり，事変じにけるさまはあはれなれ。c御堂殿造り磨かせ給て，庄園多く寄せられ，我族のみ御門の御後見，世のかためにて，行末までとおぼしをきし時，いかならむ世にも，かばかりあせはてんとおぼしけんや。

（ホ）　やまと歌は，人の心を種として，万の言の葉とぞ成れりける。……万の政を聞し召す暇，もろもろの事を，捨て給はぬ余りに，古の事をも忘れじ，古りにし事をも興し給ふとて，今も見そなはし，後の世にも伝はれとて，延喜五年四月十八日に，大内記紀友則，御書所預紀貫之，前甲斐少目官凡河内躬恒，右衛門府生壬生忠岑らに仰せられて，（　D　）に入らぬ古き歌，自らのをも，奉らしめ給ひてなむ。

（原文を一部修正）

注　異相往生：往生のとき奇瑞などを示すこと　　伏膺：心にとどめて忘れないこと
操行：正しい行状　　濁世末代：にごり果てた末法の世　　目足：道標　　頑魯：おろか

問1　史料の空欄（A）～（D）に当てはまる適当な語句を記しなさい。（A）は日本最初の往生伝，（B）は仏を心の中で祈り，その名号を口に唱えること，（C）は下線cの人物が建立した寺院，（D）は759年までの歌，約4500首を収録した歌集の名称がそれぞれ入る。

問2　史料（イ）は，一条天皇の皇后定子に仕えた人物が，かなを用いて記した作品である。その名称を記しなさい。

問3　史料（イ）の下線aは，臣下で初めて摂政となった人物の邸宅の名称でもある。その人物名を記しなさい。

問4　史料（ロ）に往生者の一人として記され，「市聖」と呼ばれた僧侶が開創した西光寺の後身で，その僧の木像が所蔵されている寺院の名称を記しなさい。

問5　史料（ハ）の下線bにみえる「予」とは誰か。その人物名を記しなさい。

問6　史料（ホ）から『新古今和歌集』までの，勅撰和歌集の総称を記しなさい。

問7　史料（ニ）下線cが権力を握っていた頃の政務の運営について，下記の語句を用いて，100字以内で説明しなさい。

陣定　　太政官　　公卿

V ある年の米価変動を説明した以下の史料を読んで，設問に答えなさい。

十九日ニハ a 日支衝突ヲ伝ヘ加フルニ天候回復ヤ入超増加発表等ニ急遽崩レ b 清算米先物ハ二十円九十二銭正米ハ十九円二十銭ト為リ更ニ二十一日彼岸入リ当日ハ全国一般ニ天候良好デアリマシタ，加之世人ノ予期セザリシ英国ニ於ケル c 金本位制ノ停止ガ突然発表セラレマシタノデ遂ニ d 経済社会ニ大衝動ヲ与ヘ株式市場ハ混乱ヲ極メ終ニ立会ヲ停止スルニ至リ其ノ影響ヲ受ケ e 清算米先物ハ十九円八十七銭，正米ハ十八円八十銭惨落致シマシタ

（原文を一部修正）

問1 本史料はいつの米価変動を説明しているか，年（西暦）月を記しなさい。

問2 下線aが発生した地名を記しなさい。

問3 下線bについて，日本で同種の米取引の源流は1730年に幕府が公認した市場まで遡る。その市場の名称を記しなさい。

問4 下線cについて，日本が金本位制停止後に移行した貨幣制度の名称を記しなさい。

問5 下線dについて，経済社会が混乱した同年には三月事件と十月事件が企てられた。これらに参画した秘密結社の名称を記しなさい。

問6 下線eについて，農村救済請願運動が高まった本史料作成年の翌年から政府が実施した公共土木事業の名称を記しなさい。

問7 本史料の作成年とその前年に農家は困窮を極めた。その理由を作況・米価・労働者移動の観点から100字以内で述べなさい。

世界史

（60分）

I 以下の文章を読み，空欄（ A ）～（ J ）に最も適切な語句を入れ，下線部（1）～（5）に関する各設問に答えなさい。

プロイセン軍人クラウゼヴィッツは，若き副官時代にフランス軍に敗れ，捕虜としての生活を送った。かつてフリードリヒ大王のもとで精強を誇ったプロイセン軍が完敗したことを噛みしめて，そののち彼は「戦争とは何か」と問い直さざるをえなかった。没後にまとめられた『戦争論』において，クラウゼヴィッツは新しい戦術や装備，さらにナポレオンの軍事的天才などという説明で済ますことなく，根本から戦争の本質を考察しようとしている。

彼が体験したのは，変容した戦争であった。革命を打倒しようとする列強に対抗して，フランスは，アメリカ独立戦争にも参加した自由主義貴族（ A ）を司令官にして，1789年に軍隊を組織しようとしたが，旧来の将兵は戦意に乏しかった。むしろ訓練も不十分であった(1)「軍事のしろうと」が予想を超えた強さを示した。フランス砲兵の機動力や威力などに加え，奮戦する義勇兵の存在は列強を驚かせた。さらに(2)1806年にフランス軍がプロイセン軍にイエナおよびアウエルシュテットの戦いで決定的な勝利を収めたことは，近代的な徴兵制を各国に広めるきっかけとなった。この制度そのものは以前から知られていたものの，士気と錬度が低く，厳しい軍規で律しても，その効果はあまり評価されていなかったのである。貴族などが主力となって限られた武装で戦われていた戦争が，ナポレオン戦争以降，徴兵され士気を高められた数十万もの兵員と大火力が衝突する場となったのである。

19世紀に自然科学が飛躍を遂げたことも，戦争を激変させた一因である。産業革命期の製鉄法の進歩によって強くて安価な鉄鋼が大量に供給されるようになったが，これは信頼性の高い橋梁や線路を生み出しただけではない。たとえば後発のティッセン家などとともに，ドイツの鉄鋼生産量を大きく増加させた（ B ）＝コンツェルンは同時に高性能の武器を大量に供給し，その総帥アルフレートは「大砲王」と綽名された。また石油と電気を中心とする技術革新は化学繊維や染料，肥料などの多種の製品を生み出したが，化学の発展は兵器も進歩させた。鉱山採掘や土木工事を容易にするダイナマイトを発明したスウェーデン人（ C ）は無煙火薬の性能を向上させて巨富を築き，空気中の窒素を用いて肥料などに使うアンモニアを合成する方法を考えたドイツの科学者ハーバーは致死性のガスを兵器として開発した。

30か国以上が交戦した第一次世界大戦は，その広がりと兵器の発達により，かつてない規模の戦禍をもたらした。西部戦線では，1914年にフランス・イギリス軍がドイツ軍の進撃をくいとめたパリ東方での（ D ）の戦い以降，塹壕が掘られ，長期戦となった。さらに1915年のイープルの戦いは，ドイツ軍によって致死性のガスが使用されたこともあり，数多くの戦死傷者を生み出した。レマルクの小説『西部戦線異状なし』に描かれているように，砲撃のなかで多くの将兵が斃れ，たとえ生還できたにしても，人間性を否定されて心に深いトラウマを負ったのである。

このような戦争を遂行するためには多くの人員と物資が必要で，国の総力を挙げなければならなかった。これを「総力戦」という。勝ち抜くために反対政党を加えて政府を構成する挙国一致体制がつくられた。たとえば$_{(3)}$イギリスでは1916年に自由党の（　E　）を首相とする内閣が成立し，戦争を指導した。だが政治的対立を一時的に棚上げし，経済力を総動員するだけでは十分でなかった。国民の士気を高め，敵国に対する世論を刺激しなければならなかったのである。すでにホーエンツォレルン家の傍系をめぐる（　F　）王位継承問題に関して，1870年にプロイセン首相ビスマルクは電報を改竄して，プロイセン＝フランス戦争を起こさせており，その後も国々のあいだの感情は操作された。フランスは，プロイセン＝フランス戦争の敗北によって，アルザス・ロレーヌ地方を奪われたことが忘れられなかった。ドーデが著した短編小説『最後の授業』には，この無念さがよく表れているとされるが，彼は意図的にフランス支配を美化して，フランス人の愛国心を刺激したとされる。

また世論が参戦の決定に大きく影響を与えるようになった。第一次世界大戦においてアメリカ合衆国は当初$_{(4)}$中立の立場をとっていたが，イギリス船（　G　）号がドイツ潜水艦によって撃沈され，乗船していた多くのアメリカ市民が犠牲になると，アメリカ世論は沸騰し，$_{(5)}$アメリカ合衆国が参戦する一因となった。

ドイツなどの同盟国側の敗北によって第一次世界大戦は終わったが，戦争は敗者だけではなく勝者にも大きな打撃を与えた。イギリスは勝利を収めたものの，経済的に大きな打撃を受け，不況に苦しんだ。失業者が増加し，労働組合が力を増した。そのような状況で，選挙法の改正も影響して，政権交代がなされ，1924年に（　H　）が首相となって最初の労働党内閣を組織した。また戦争によって100万人以上の死者を出したフランスは，アルザス・ロレーヌ地方を取り戻したが，ドイツへの報復を求める世論を受けて，ドイツのGNPをはるかに超える賠償金を要求した。だが，それが履行されなくなると，1923年に（　I　）が首相を務めるフランスは賠償の担保としてドイツ鉱工業の中心であるルール地方を，短期間とはいえ，武力占領するにいたった。

一方，敗戦国ドイツでは，莫大な賠償金支払いの影響を受けて，ハイパーインフレーションが生じた。紙幣は紙屑のような価値しかなく，パンを1つ買うにも紙幣を額面ではなく重さで計る必要があるほどだったという。国際協調の試みもなされたが，次第にヒトラーが台頭していく。彼は，その主著『（　J　）』において，傷ついたドイツ人の誇りをかきたて，その「生存圏」拡大を標榜する一方で，反ユダヤ主義を主張した。ナチ党はひろく支持者を集め，政権を奪取することに成功したが，それには巧みな宣伝と大衆運動が力を発揮した。1936年のベルリンオリンピックは，そのようなプロパガンダの威力を示す一例と言えるだろう。ヒトラーとナチ党はドイツ民族の優秀さと自らの権力を誇示するために総力を挙げて準備し，洗脳的とさえ言いうるような派手な演出を駆使した。オリンピック最初の聖火リレーや，リーフェンシュタールのオリンピック映画は，その代表的な例である。ナチ党は反対者やユダヤ人を迫害し，文化統制や教育を通じて，画一的な全体主義国家を建設したのである。

さまざまな勢力が持てる限りの物資と手段を投入し，さらに感情に訴え，大衆運動を駆使した末に突入した第二次世界大戦は，5000万人を超えるともいわれる死者を出し，はかり知れない物的損害を生じさせた。原爆や無差別爆撃など，それまでの戦争の常識を超えた様相を示したが，その爪跡はヨーロッパだけでなく，アジア，アフリカ，太平洋など，世界中の多くの地に今も見ることができる。だが現在，社会や科学技術，そして戦争はまた大きく変わろうとしている。ミサイルのような大量破壊兵器だけでなく，ドローンのように簡単に軍事利用できるものも現れた。SNSが広まり，フェイクニュースが力を増すなど，メディア環境も一変した。戦争とは何か，真剣に考えるべき時代が訪れている。

設問（1）1792年に義勇兵などからなるフランス軍がプロイセン・オーストリア軍を退却に追い込み，ゲーテに「この日，この場所から世界史の新しい時代が始まる」とまで言わしめた戦いは，フランスのどこで行われたか。

設問（2）イエナの戦いに先立つアウステルリッツの戦いで，ナポレオンに敗れたロシア皇帝は誰か。

設問（3）当時の反ドイツ感情を受けて，イギリス王ジョージ5世は王朝名（家名）を何と改めたか。

設問（4）19世紀前半に，アメリカ合衆国大統領は，西半球に対するヨーロッパ諸国の植民地主義と干渉を否定すると同時に，自らはヨーロッパ内部の問題に干渉しないとするアメリカ外交の基本路線を発表した。この大統領は誰か。

設問（5）アメリカ合衆国がドイツに宣戦布告したのは何年か，アラビア数字で記しなさい。

Ⅱ　以下の文章を読み，空欄（　A　）～（　G　）に最も適切な語句を記入し，下線部（1）～（8）に関する各設問に答えなさい。

北アフリカの中央に位置するチュニジア共和国の地は，古来，交通の要衝であり，地中海交易やサハラ砂漠越えの交易によって繁栄を享受してきた。首都のチュニスの北東に位置するカルタゴは，前9世紀にフェニキア人の港市国家である（　A　）市の人々によって建設された。フェニキア語で「新しい都市」を意味するこの植民市の国家は，前6世紀に西地中海の通商圏に大きな影響力を及ぼすようになり，(1)コルシカ島，サルデーニャ島，イベリア半島などへ勢力を拡大し，さらにはシチリア島へも支配を及ぼすまでになった。こうしてカルタゴは前3世紀に地中海世界で最大の商業中心地の一つとなったのである。しかし，シチリア島の領有などをめぐってローマとの間に3次にわたるポエニ戦争が起こり，結局，前146年にカルタゴは大敗を喫し，徹底的に破壊されてしまった。その後，ローマ植民市として再建され，ローマ帝政期には司教のいる都市となって，キリスト教文化の拠点としての新たな性格を帯びることになった。カルタゴの後背地のヌミディアに354年に生まれ，古代キリスト教最大の教父ともいわれ，その思想がスコラ哲学に多大なる影響を与えた（　B　）は，若い頃にカルタゴで学び，西アジアを起源とする(2)マニ教にも傾倒した。5世紀になると，東ゲルマン人の一派であるヴァンダル人の王ガイセリックがこの地を征服し，そこにヴァンダル王国を建設した。しかし，同王国は534年，ビザンツ帝国のユスティニアヌス大帝が派遣した大軍によって攻め滅ぼされ，広大なその地中海帝国の中へと吸収されることとなった。

640年代以降には，アラビア半島に発するイスラーム勢力による大征服活動がこの地にも及んできた。チュニジアを中心とした地域は，アラビア語で「イフリーキヤ」と呼ばれた。それはラテン語の

「アフリカ」に由来する。そして，イフリーキヤは，「日の没する場所」を意味する(3)マグリブの東部地域に相当する。この地の本格的な征服は，ウマイヤ朝の軍司令官のウクバによって実現された。エジプト征服の軍に父親と共に参加した経験をもつとされるこのアラブの征服者は，リビアから西方へと軍を進め，北アフリカのビザンツ帝国領を奪い取っていった。そして，670年にはカイラワーンを(4)ミスルとして新たに造営し，この内陸都市をイフリーキヤにおけるウマイヤ朝の支配拠点として整えた。ウクバはまた，観光や参詣の対象として今日でも重要なカイラワーン大モスクの礎を築いたことで知られる。

750年に成立したアッバース朝は，コルドバを首都とする（　C　）朝の支配下に入った(5)アンダルスを除いて，ウマイヤ朝の広大な領土の大部分を引き継いだ。こうしてイフリーキヤも，イラクを中心としたアッバース家のイスラーム帝国の中に組み込まれることとなった。しかし，それから半世紀後の800年には，アッバース朝の軍人であったアグラブの子のイブラーヒームが，同王朝のカリフの権威を認めながら自立を追求し，イフリーキヤに新たな地方王朝を建てた。これがカイラワーンを首都とするアグラブ朝である。このスンナ派の王朝は，ビザンツ帝国治下のシチリアへの軍事活動を積極的におし進め，9世紀の末には全島の征服を達成した。アグラブ朝などのイスラーム諸王朝の下で，進んだ灌漑技術や新たな農作物が導入され，また商業面の発展もあり，シチリアは一段と豊かな島へと変貌していった。また，地中海の中央域で勢力を拡大したアグラブ朝は，一時，キリスト教の聖地ローマにも侵攻した。そして，この時代に，イフリーキヤではアラビア語とイスラームが支配的になっていった。

10世紀に入ると，アグラブ朝は，（　D　）派の一分派であるイスマーイール派の教宣集団とベルベル人のクターマ族などから成る新興勢力の猛攻にさらされるようになり，909年に首都カイラワーンを失って滅亡した。こうして生まれた新王朝がファーティマ朝である。この王朝の君主はイスラームの最高指導者を自任し，(6)アッバース朝のカリフ体制を全面的に否定してイスラーム世界に衝撃を与えた。かくして，アッバース朝，（　C　）朝，ファーティマ朝という強大なイスラーム王朝が鼎立(ていりつ)する時代となったのである。豊かなエジプトの支配を熱望するファーティマ朝は，東方への遠征軍を何度も派遣し，ついに969年，(7)ナイル川の灌漑農業地域を支配下に置き，新首都のカーヒラ（カイロ）を建設し，そこを王朝の新たな本拠地と定めた。そして，間もなくそこに中心的な礼拝の場として（　E　）＝モスクを建てた。このモスクはイスマーイール派の教学センターとして機能し，12世紀後半以降にはスンナ派の教育・研究施設となったため，（　E　）学院と呼ばれることもある。

11世紀末以降にシリアに出現した十字軍諸国家において中心的な位置を占めたイェルサレム王国は，1160年代に入るとエジプトに度々侵攻し，ファーティマ朝を危機に陥れた。この難局を救ったのが当時ザンギー朝のクルド人将軍であったサラディンである。彼は間もなくファーティマ朝の実権を握ると，カイロを首都とするアイユーブ朝を興した。サラディンはその後，シリアから北イラクへと領土を拡大し，十字軍国家を包囲する体制を築いていった。そして，この時代の北アフリカにあってアイユーブ朝に対抗したのが，イブン＝トゥーマルトのタウヒード（神の唯一性）の思想とベルベル人の軍事力を支えとして建国された（　F　）朝であった。同王朝はモロッコ中南部のマラケシュを首都とし，東は(8)リビアの西部にまで領土を拡大し，またイベリア半島のイスラーム勢力の領土のほとんどを支配下に置いた。しかし，レコンキスタ運動が強まるなかで，1212年のラス＝ナバス＝デ＝トローサの戦いにおける敗北を機に衰退に向かい，やはりベルベル人の王朝であった新興のマリーン朝に1269年に首都を奪われて滅亡した。

これに先立って，イフリーキヤでは（　F　）朝の下で統治を担っていたハフス家が自立化の傾向を強め，同王朝の君主が1229年にイブン＝トゥーマルトの教義を否定したのをみて，正式に独立を宣言した。これがハフス朝である。チュニスを首都とするハフス朝は，その君主がカリフの称号を帯びるなどして正統性を主張し，1574年にオスマン帝国の支配下に入るまで命脈を保った。ハフス朝下のチュニスに1332年に生まれたイブン＝ハルドゥーンは，その長大な通史の序論部分に当たる『（ G ）』において，近代の社会科学を先取りするような独自の政治・社会・経済の理論を唱え，新たな境地を示した。学問・教育の盛んなチュニスやカイラワーンを擁したイフリーキヤは，イスラーム世界の知的な発展にとっても不可欠な地域であったといえるだろう。

設問（1）この島に生まれたナポレオンによって率いられたフランス軍が，エジプトの占領を開始した年は何年か，アラビア数字で記しなさい。

設問（2）この宗教の創始者のマニを重用し，「イラン人および非イラン人の諸王の王」という称号を採用したササン朝第2代の王の名前を記しなさい。

設問（3）フランスがマグリブの植民地支配に際して，その中心地域としたのはアルジェリアであった。このアルジェリアが長く熾烈な戦争の後にフランスからの独立を達成したのは何年か，アラビア数字で記しなさい。

設問（4）ミスルは征服時に軍事拠点とされた軍営都市を意味するが，イラク南部に創設されたミスルで，ペルシア湾交易の重要港へと発展した都市の名を記しなさい。

設問（5）アンダルス（イベリア半島のイスラーム圏）における中世イスラームの学術や文化の中心都市であったコルドバに1126年に生まれ，アリストテレス哲学の研究を深めて多くの優れた注釈書を著し，ヨーロッパの哲学に大きな影響を与えた学者のアラビア語名を記しなさい。

設問（6）モンゴル軍を率いてバグダードを征服し，アッバース朝のカリフ体制を壊滅させたチンギス＝ハンの孫は誰か，記しなさい。

設問（7）ナイル川の中流域に位置するヌビアに前920年頃に建国され，前8世紀にエジプトへ進出してテーベを都にエジプト第25王朝を建て，メロエへ遷都した後はメロエ王国とも呼ばれる古代王国の名称を記しなさい。

設問（8）1911年から1912年の侵略戦争を経て，リビアを植民地化したヨーロッパの王国の名称を記しなさい。

Ⅲ 以下の文章を読み，空欄（ A ）～（ J ）に最も適切な語句を記入しなさい。

後周の武将であった趙匡胤が建国した北宋は，唐末五代以来の武断政治の風潮を断ち切るべく，文官を重視して中央集権化をはかった。皇帝自らが面接を行う殿試による科挙制度の完成も，君主権の強化を促進することとなった。形勢戸と呼ばれる富裕な新興地主層が科挙制度による官僚の母胎となり，やがて儒学の教養を身につけた名士である士大夫層を形成していった。かくして文治主義による統治が推進されたが，対外的には契丹や西夏などの北方民族の圧迫に苦しみ，防衛費が増大して国家財政は逼迫した。やがて金の侵攻を受けて都の開封を陥落させられ，上皇の徽宗と皇帝の欽宗を北方に連行されるという未曾有の国難に見舞われて北宋は滅亡した。この事件を（ A ）という。江南に逃れた欽宗の弟は高宗として帝位につき，（ B ）を都として南宋を再興した。南宋では，武将の岳飛が金に対する徹底抗戦を唱えたが，金との和平を主張する秦檜によって弾圧されて獄死した。その後，秦檜の主導のもとで南宋は和平策を推進し，国境線を淮河に定めて，金に対して臣下の礼をとり貢ぎ物を贈ることによって和平を購った。

宋朝の南渡は漢民族にとって屈辱ではあったが，経済的な側面からいえば江南地方の開発が飛躍的に進む契機となった。中国の気候は淮河以南が温暖湿潤であり，とりわけ長江下流域には湖沼や河川が複雑に入りくむ湿地帯が広がり，農耕に適さない土地が多かった。そうした土地を堤防で囲い干拓することによって農地とする（ C ）は五代からつくられ，南宋にいたってさらに普及した。「蘇湖熟すれば天下足る」という言葉は，稲作面積の拡大による収穫量の増加により，経済基盤が華北から江南へと移行した現象を端的に示している。元朝の支配を経た後の明朝では，長江下流域の江南デルタ地帯は綿花や生糸の産地となり，穀倉地帯の中心は長江中流域へと移ったため，「（ D ）熟すれば天下足る」という言葉に取って代わられるが，いずれにせよ宋王朝の南渡以後，中国経済が南方の長江中下流域に負う比率は格段に大きくなったのである。

中国史上，長江以南に都を置きながら，北方の黄河流域までを版図におさめた国家は，明が初めてである。貧農出身で後に太祖・洪武帝となる（ E ）は，白蓮教徒による紅巾の乱の群雄割拠のなかから頭角を現し，長江下流域の穀倉地帯を支配下に置くと，南京を都として明を建国した。南京に都を置くという選択は，宋代・元代を通じた開発により江南の重要性が増したことを背景としている。そして都が置かれたことにより南京の政治的な重要性も著しく向上することとなった。その傾向は建国直後の科挙にも顕著に表れており，及第者の多くは南方出身の知識人であった。（ E ）は国家の財政的・政治的基盤が江南に偏重することに苦慮し，北方出身者を抜擢したり，自分の息子たちを王として北方に分封したりするなどの対策をとった。しかし，二代目の建文帝の時代になると北方の諸王との軋轢が強まり，ついには北平（北京）の燕王，すなわち後の（ F ）帝が挙兵して都の南京は陥落させられた。建文帝は死に追い込まれて，新体制が推進されてゆくが，南京には反抗する儒教的知識人も多かった。とくに建文帝の信任が篤かった方孝孺は「燕賊簒位（燕国の盗賊が帝位を奪った）」と大書して非難したとも伝えられ，八百人以上の親族や友人を目の前で処刑されるという惨事も起こった。建文帝を殺したという汚名をこうむる新皇帝にとって，南京は都として居心地のよい場所ではなかった。彼は華北に残存する元朝以来の諸民族の混在という状況に対応する必要もあり，即位すると南京から北京への遷都を決行した。

都は再び華北へと戻ることになったが，江南では引き続き産業の発達がめざましく，都市が発展した。貨幣経済の発展のもとで，官僚経験者であり地主として郷里に居住して地方行政に強い発言力を有する人々が明代後期に台頭した。彼らは（　G　）と呼ばれる。彼らや富裕な商人層を担い手とする豊かな都市文化が栄えた。庭園を築き，書画をたしなみ，喫茶の習慣が普及し，景徳鎮の陶磁器や骨董の愛好家が増えるなど，都市の富裕層の娯楽は多様性をもって花開いた。木版印刷による出版業も隆盛期を迎え，科挙の参考書や商業・農業などの実用書が普及した。その一方で，娯楽のための書籍も数多く刊行された。宋代以来，都の盛り場では語り物や芝居が上演されてきたが，そうした民間芸能に端を発する様々な物語が白話（口語）小説として集大成されて多くの読者を獲得した。その代表的なものが『三国志演義』『（　H　）』『西遊記』『金瓶梅』であり，「四大奇書」と称せられた。伝統的な儒家思想の信条としては，怪異，暴力，反乱や戦乱，鬼神については積極的には語らないことが求められた。しかし明代にいたり，『三国志演義』は戦乱，『（　H　）』は暴力，『西遊記』は神仙，『金瓶梅』は不道徳を高らかに謳い上げる物語として絶大な人気を博した。それらの書籍はまるで伝統的な儒教道徳の拘束から解放されたかのように，南京や建安といった南方の諸都市で続々と刊行された。こうした従来の儒教的な道徳観念にとらわれない爛熟した都市文化を思想面から強力に擁護したのが（　I　）である。彼は陽明学者であるが，儒教・仏教・道教に通じており，さらには中国最初の漢訳世界地図である「（　J　）」を作製したイエズス会の宣教師マテオ＝リッチとも南京で面会して交友関係を結んでいる。明末ならではの幅広い文化的視野のもとで，（　I　）は儒教の礼教主義にひそむ偽善性を鋭く批判し，赤子のような心こそが尊いとする「童心」説を唱えて，人間の欲望を積極的に肯定した。その理論は通俗文芸にも援用され，数ある書物のなかで『（　H　）』こそが最も尊い書物の一つであると評価するにいたったのである。ここに江南の文化的興隆は一つの極点を迎えた。（　I　）の思想と著作は後代に大きな影響を与え，日本でも彼の著作の一つである『焚書』を吉田松陰が獄中で読んで感動したという話が伝わる。しかし，（　I　）自身は鋭利な儒教批判のため，異端として投獄されて獄死するという末路をたどった。死後にも弾圧はやまず，その著作は清代にも禁書とされた。明末の江南に花開いた文化の先導者である彼が本格的に再評価されるのは，儒教的伝統が批判にさらされる五・四運動の出来を待たねばならない。

Ⅳ 以下の文章を読み，空欄（ A ）～（ J ）に最も適切な語句を記入しなさい。

古代のパレスチナ地方に居住していたイスラエル人は，元来羊や山羊を飼育する半遊牧民であった。その一部は，ヒクソス統治下の時代にはエジプトに居住していたが，新王国時代になると厳しい隷属下に置かれていた。イスラエル人は預言者モーセを指導者として，エジプトから脱出し，唯一神ヤハウェから十戒などの律法を授与され，「約束の地」に戻り，そこに定着し，12部族連合を成立させたとされる。「モーセ五書」と呼ばれる成文律法は，主にヘブライ語で記された『（ A ）』の重要な部分を占めている。ペリシテ人からの政治的・軍事的圧力を受ける中で，サウルがイスラエル人の初代国王として即位した。サウル王の死後に王国の支配権を掌握した（ B ）王は，エブス人の町であったイェルサレムを占領し，そこに契約の箱を置き，政治的な中心地にした。イェルサレムは，「（ B ）の町」と名づけられた。次のソロモン王は，交易ルートを開拓し，徴税制度を再編成し，荘厳な宮殿や神殿を築いた。この時代にイスラエル王国は，都市の発達と文化的繁栄などによって全盛期を迎えた。しかしソロモン王の死後，王国は南北に分裂し，北のイスラエル王国は，前722年に（ C ）のサルゴン２世によって滅ぼされ，（ B ）王朝を継承する南のユダ王国は，前586年に新バビロニアのネブカドネザル２世によって滅亡させられた。上層階級を中心とした多くのユダヤ人は，強制的にバビロンに移住させられた。アケメネス朝ペルシアの王（ D ）によって，バビロン捕囚から解放された後，ユダヤ人はイェルサレム東南部のシオンの丘に神殿を再建し，ネヘミヤやエズラなどを中心にユダヤ教の復興に努めた。アケメネス朝ペルシア滅亡後ユダヤ人は，ハスモン王朝期を除き，プトレマイオス朝エジプト，セレウコス朝シリア，ローマなどの外国勢力の統治下に置かれた。皇帝ネロの支配に対して蜂起したユダヤ人は，第一次ユダヤ戦争でローマ帝国に敗北し，後70年にイェルサレムは陥落し，その神殿もティトゥス将軍の軍隊によって徹底的に破壊された。

こうして多数のユダヤ人は，ディアスポラの民として各地で離散して生活することとなった。のちにヨーロッパのユダヤ人は，スペインなどの地中海世界に居住したセファルディムと，ドイツ，北フランス，東ヨーロッパなどに住み着いたアシュケナジムに大別されるようになる。ユダヤ人は，西ゴート王国やメロヴィング朝からの迫害を受けたものの，（ E ）朝のルートヴィヒ１世（敬虔王）が，９世紀前半にユダヤ人を保護する政策を実施したことに見られるように，11世紀まではユダヤ人とキリスト教徒との関係は，比較的平和共存の状態であり，期限付きで市民権を有するユダヤ人も存在していた。しかし，11世紀末には宗教的な排他思想や異文化に対する偏見が高まり，十字軍の活動はヨーロッパでも遠征先のパレスチナでも，ユダヤ人に対する暴力的な行為を伴う迫害をもたらした。インノケンティウス３世が主導した第４回ラテラノ公会議（1215年）で，ユダヤ人には特定の記章の着用が義務づけられ，公職に就くことが禁止された。各地でユダヤ人は，土地所有を禁じられ，手工業ギルドから閉め出され，厳しい職業制限を受けたので，都市の中で金貸し，両替商，古物商に従事するユダヤ人が増加していった。教会法によって利子付きの金貸しが禁止されていた中世社会において，ユダヤ人の中に金融業で財産を築いた者が見られた。またペストが流行した14世紀中頃から，ヨーロッパ各地でユダヤ人に対する不寛容な態度がさらに強まり，ユダヤ人は井戸の中に毒を混入させたという嫌疑をかけられ，財産を奪われ，殺害され，都市から追放された。ペスト沈静後にユダヤ人が以前の居住地に帰還しても，彼らには過去の債権の請求が許可されないことが多かった。各地のユダヤ人は，キリスト教徒とは切り離されて生活し，のちに「（ F ）」と呼ばれる集合居住地区に住まわされた。そこでユダヤ人共同体は，シナゴーグを中心に律法に従って運営された。

王権によるユダヤ人追放政策は，イングランドでは1290年にプランタジネット朝のエドワード１世によって，フランスでは1306年に（　G　）朝のフィリップ４世によって実行に移されていた。イングランドにおけるユダヤ人の入国は，オリヴァー＝クロムウェル統治下の共和政時代まで，公には認められなかった。それに対して中世のイベリア半島では，『（　A　）』を聖典とするユダヤ教，キリスト教，イスラーム教という三つの宗教が共存する社会が形成されていた。しかしここでもユダヤ人の状況は次第に悪化し，カスティリャ女王（　H　）とその夫フェルナンドは，教皇シクストゥス４世からの許可を得た上で，1480年にセビリャに異端審問所を創設し，それを社会的・政治的統制の手段として用い，レコンキスタを完了させた直後の1492年に，ついに「ユダヤ人追放令」を公布した。それによってユダヤ人は，４ヶ月の猶予期間をもってキリスト教への改宗か国外退去を迫られた。ユダヤ教からの改宗者であるコンベルソは，「新キリスト教徒」と呼ばれていたが，その中にはなおもユダヤ教を信じているのではないかと疑われる者が散見された。（　I　）の時代のスペインでは，トリエント公会議を契機とした宗教的不寛容の高揚とともに，カトリックによる国家統合を目指した政策がとられ，厳しい異端審問制度の実施によって，イベリア半島に居住していたコンベルソなどの少数派に対する国家統制が浸透した。国王の（　I　）は，即位直後の1556年に祖先がユダヤ人やイスラーム教徒であった者を，大学や各種団体から排除する血の純潔規約を容認した。これによって信仰の純粋性だけではなく，人種的な差別に依拠した血の純潔性が求められ，社会内部の緊張が高まった。この時期には，先祖からキリスト教を信じる家系に属する「旧キリスト教徒」が尊重された。

ポルトガルのマヌエル１世は，15世紀末に「ユダヤ人追放令」を公布したものの，ユダヤ人が経済的に重要な役割を担っていたので，キリスト教への改宗を促し，国内に改宗ユダヤ人を滞在させようとした。ジョアン３世の時代に異端審問所が設立されると，多くの改宗ユダヤ人は，ポルトガルからオランダやオスマン帝国などの国外に流出した。

北方ルネサンスの進展とともに，古代文化への関心が高まる中で，ドイツの人文主義者ロイヒリンは，ユダヤ教思想の原典の保存・研究に努め，1506年にはヘブライ語の文法書を刊行し，キリスト教世界におけるユダヤ学の端緒を開き，『（　A　）』の言語研究の土台を築いた。ロイヒリンの親ユダヤ的な態度は，ケルンのドミニコ修道会などの保守的な権威主義者との衝突をもたらし，激しい論争を引き起こした。亡命ユダヤ人の末裔から，多くの優れた文化人や科学者が輩出された。『エセー（随想録）』を著したモラリストである（　J　）の父方の家系は，ボルドー周辺に住む新興の地方貴族であったが，彼の母はスペインから亡命したコンベルソの子孫であった。17世紀にオランダのユダヤ人家庭に生まれた哲学者スピノザは，『神学・政治論』で宗教の本質を隣人愛の実践と見なし，個人は宗教上完全な良心の自由をもっており，たとえ人々の間に見解の相違が生じたとしても，良心の自由が容認されるべきだと主張した。移動と移住を強いられたユダヤ人は，金融や交易を通じた国際的なネットワークを形成し，仲介者として思想や文化の伝播に貢献したのである。

先端のビジネスモデルそのものが、本章で述べてきた小人口世界の生活様式と似ている多元的で流動的な様式に近づきつつあるのだ。

マサチューセッツ工科大学（ＭＩＴ）の経営学者トマス・マローンは、人類世界は孤立、分散、自由に特徴づけられる狩猟採集民の世界から、中央集権的な階層社会へと向かい、いま再び分散的なネットワーク社会へと移行しつつあると主張する。「命令と管理」にもとづく厳格な階層制度は軍隊には向いているかもしれないが、情報ネットワーク社会には適合しない。イノベーションを続けて前進しようとすれば、分散的なシステム、すなわち関係する者を意思決定に参加させることで一人一人の創造性、主体性、責任感を強め、組織の柔軟性を確保することが必須の条件になる。最新のネットワーク・ビジネスの動きは、人間が遠い昔に手放した自由を取り戻すことでもある。階層社会を解体しても個人が孤立しないのは、印刷物から電信・電話、インターネットへと、情報伝達のコストが劇的に低下したおかげである。

マローンによれば、これからの指導者に求められるのは、「命令と管理」から「調整と育成」へと組織原理をシフトさせることだという。成員に命令するのではなく、独立して動く自由で小規模なユニットをつなげ、人々の問題解決能力を育てていくのである。軍隊やインフラが消滅するわけではないから、「命令と管理」のシステムが完全に消えることはない。しかし、先端産業の重心は移動していくだろう。「調整と育成」が無政府状態を意味するわけではない。指導者が紛争をおさめ、個人の才能と創造力を生かし、価値観を提示できる組織には、多様な人間が集まり、自生的な秩序が生まれるだろう。小人口世界において優れた指導者がいる首長国に臣民が集まるのと同じロジックである。

（峯陽一『２１００年の世界地図――アフラシアの時代』より）

設問Ｉ　この文章を三〇〇字以上三六〇字以内で要約しなさい。

設問Ⅱ　集団に属するということについて、この文章をふまえて、あなたの考えを三二〇字以上四〇〇字以内で述べなさい。

(Chandran Kukathas, *The Liberal Archipelago*, Oxford University Press, 2003, pp. 28-9)。

かつての自由な海洋世界の秩序は、実際にこのようなものだったのかもしれない。国と国の経済格差が縮小することを、そして、「人を殺してはならない」といった基礎的な人倫の規範をすべての個人と集団が受け入れることを前提として、この暗喩が描き出すような自由な世界の現前を夢みることは楽しい。国内を旅するように世界を旅し、どこかで故郷を見つけるのだ。

問題なのは、そのような移動、結社、脱退の自由が今ここで支配的であるとは言えないという現実である。ミャンマーのロヒンギャたちは生まれ育った村から追い出される。逆に、パレスチナのガザで暮らす人々は、狭い空間に閉じ込められ、砲撃の犠牲になる。東京の下町の「よそよそしい共存」と同じ時間に、新大久保では暴力的な街宣行動があった。動きようがない者が追い出され、動きたい者が閉じ込められる。さらに、潜行する人身売買は国際関係の地下茎を形成している。自発的な移動の権利が否定される事態は、その権利の大切さを浮き彫りにしているとも言える。

植民地化以前のアフリカや東南アジアには、硬質な中央集権国家はあまり存在していなかった。西洋との接触以前、千年単位の歴史によって形づくられた流動的で分散的な小人口社会の特質は、現代のアフリカ連合（AU）や東南アジア諸国連合（ASEAN）などの地域機構の組織原理にも影響を与えているように思う。かつて欧州連合（EU）は、ギリシアやポルトガルに対して緊縮政策を要求し、組織内の小国を無理矢理締め上げるような態度をとって求心性を弱めたが、こういうスタイルの政治はAUやASEANでは考えられない。境界線にはあまりこだわらず、組織内の大国と小国が共存しながら、コンセンサスで物事を決めていく。外から見ているとまどろっこしく、あまり効率的ではないかもしれないが、協調的な枠組みで内部のもめ事を解決していくスタイルは、アフリカと東南アジアの地域機構ではそれなりに定着している。

西洋世界の多文化主義の実験は破綻したかもしれないが、諦めるのは早すぎる。西洋世界に向けるのと同じだけの実践的、思想的な好奇心をもって、非西洋世界における寛容と共存の実験に目を向けていこう。

異物を排除せず、人々の多様な結社の動きを妨げず、それらの共存を促進しようとする国は現実に存在しうるだろうか。領域の内部で複数の主権が共存する多元的な国家の構想は、主権国家は単一かつ絶対でなければならないと考える人々を不安にさせるだろう。第二次世界大戦前、ドイツの政治学者カール・シュミットは、『政治的なものの概念』（一九三二年）という著作で多元的国家の構想を排撃し、非常事態における単一の主権者による意思決定を擁護する論陣を張ったものである。

だが、二一世紀の今日、意思決定システムを分散させ、多様な人々がグループを自主的に結成し、解散し、移動していくという仕組みそのものは、すでに世界の様々な場所で十分に定着している。第二次世界大戦後、「南」の国々に対して国家意思としての介入戦争を何度も主導してきた米国においても、分権的なシステムは規範的な地位を獲得している。米国は五〇の州に強い権限を与えている連邦国家であるが、それだけではない。米国の抽象的な個人の社会契約にもとづいて制度を設計しようとするガバナンスの伝統は、著しく西洋的なものである。ひるがえって非西洋世界の国民国家には、良かれ悪しかれ、移民政策のグランドセオリーは存在しない。恭順しない者は追い出そうと威嚇するが、本当に追い出すとは限らない。そこで生まれる共存の状態は、壊れやすい均衡だとも言える。すなわち、平和的な共存も暴力的な排除も、行き当たりばったりなのである。

　このような状態の積極的な側面を理念型として描き出すことはできないだろうか。つまり、抽象的な個人ではなく、多様な人間の存在を前提として、そのような人々が自由に参入し退出するような社会の仕組みを、思考実験として提案することはできないものだろうか。それは、ルソーの野生人の世界に対応するガバナンスの秩序を考えることでもあるだろう。

　人々は移動し、共存する。小競り合いが起きれば、立ち去ることもある。人々の動きを妨げる障壁は存在しない。そのようなルソー的な自由社会の編成原理に近いものを描き出したのが、インド系市民としてマレーシアに生まれた哲学者チャンドラン・クカサスである。

　クカサスの『リベラルな群島――多様性と自由の理論』(二〇〇三年)の前提は、人間の多様性――価値というより事実として――を承認することである。人間が多様だからこそ、他者の事柄には干渉しないというリベラリズムの思考が大切になる。リベラリズムの根幹には、結社の自由、そこから脱退する自由、そして集団どうしの相互的な寛容の原則がある。クカサスによれば、結社の自由が根本的な価値だと考えるべき根拠は、まずもって良心の自由にあるという。自分の良心に従う行動が他者とは異なる場合、人は行動を強制されてはならない。それは人々が別々に行動することを意味する。そうやって多様な人間が多様な結社を形成するのだが、これらは互いに「結合」するのではなく、違いを認めて「共存」することが求められる。こうして、成員に自由を保障するリベラルな社会は、競合し重なり合う多くの権威によって構成される「群島」として自己の姿を現すことになる。

　この仕組みがうまく機能するためには、組織から脱退する自由が保障されるとともに、脱退した個人を受け入れてくれる他の組織が存在することが必要である。クカサスによれば、主権というものは程度の問題であり、政府もまた数多くの結社のひとつにすぎない。世界政府が存在しない国際社会において、出入国管理がすべて撤廃されたと仮定すると、その姿はクカサスが考える理念的なリベラル社会に近いものになるだろう。

> 国際社会は群島――海に幾多の島がある――である。それぞれの島は分離した領域をなし、海によって他の島々と隔てられている。ある島の状況や行く末に他の島々は関心をもたない。〔…〕これらの島に住む人々は、願望も気質も互いに異なっている。〔…〕自分の居場所に満足しており、大洋に乗り出す危険を冒そうとは思いもしない者がいる一方で、最高の楽園のような環境を捨てて、海の向こうの未知の機会を求めて旅立とうとそわそわしている者もいる。住民たちには島を離れる自由があり、かくして海には船が点在している。既存の航路にそって動く船もあるし、海図がない場所に迷い込む船もあるのだが、一目でわかる目的を示しながら動く船はない

ないというのである。

高度な自治権の保障が検討されるべきは、自分たちは独自のネイションであると主張できるような大規模な集団、たとえばカナダのフランス語圏コミュニティなどの場合に限られる。その他、移住を強要されたアフリカ系アメリカ人、あるいはジェノサイドの対象となった先住アメリカ人などの場合は道義的に慎重な対応が必要となるだろうが、自分の意思で移住してきた人々とその子どもたちについては、受入社会への統合が基本となる。それぞれの出自の文化を尊重するのは、統合をより円滑なものにするためである。

だが、マイノリティの統合を進める手段だったはずの多文化共生も、二〇〇一年の九・一一事件を転換として、欧米世界で激しいバッシングを受けるようになった。少数派の文化の存在を認める多文化主義によって少数派が甘やかされ、そこから秩序を破壊する原理主義者が育っていったというのである。少数派の側もパターナリスティックな多文化主義秩序を擁護しようとはしなかった。二一世紀に入って多文化主義は左右から批判を受け、その社会規範としての力は一気に弱まった。

政策としての多文化主義は終わったかもしれない。しかし、統合を求めない多文化主義、あるいは、規模の大小を問わず文化的な集団が互いを尊重して共存する「状態」としての多文化共生を想定することはできないものだろうか。そのような着想を得たのは、筆者が東京の下町で過ごしていたときだった。耳に入る言葉で判断すると商店街を歩くのは日本人が多数派だと思われるが、フィリピン人、ネパール人、パキスタン人、中国人、韓国人、欧米人などの定住者の姿も目立つ。買い物での小銭のやりとりを除いて、地元の人々と移民たちが積極的に交わっている様子はない。よく観察すると、出身地を異にする移民たち同士もそうだ。しかし敵意は感じられない。かといって、互いにまったく関心がないわけでもない。お祭りでサンバの山車が商店街を練り歩くと、少し離れたところから、皆が好奇心たっぷりに眺めている。距離を保ちながらお互いに何かが響くような感覚は、意外に心地よいものである。

イギリスの植民地官吏J・S・ファーニバルは、『植民地政策と実践』（一九四八年）という本のなかで、東南アジア社会を「複合社会」と特徴づけた。多数派の地元民（たとえばマレー人）、そして少数派のインド人、中国人などは、市場で取引はするけれども、国民的な一体感をもつことはない。「かれらは混じり合うが、結びつかない」のである。植民地社会の底流にはイギリス人の権力者にはわからない結びつきもあっただろうが、分かれて暮らしながら共存するという構図は、現在の東南アジアの国々の都市社会でも見て取ることができる。

第三章で触れたように、アフリカ大陸では多くの中国人移民が暮らしている。アフリカ人も中国人も、内輪では相手の悪口を言うが、暴力的な対立にまで発展することは多くないし、そもそも中国人の商店には地元の顧客がいるから商売が成立している。逆の構図として、中国の都市に商品を買い付けに来るアフリカ人商人も目立つ。アフリカ人の滞在者は中国人の差別的な振る舞いに怒るが、自分が中国人になりたいと願うわけではない。

西洋世界の多文化主義は終わったかもしれないが、アフリカやアジアの国民国家のレベルでは、「よそよそしい共存」が成立している空間がある。

小論文

（九〇分）

（注意）解答はたて書きで記入すること。

次の文章を読み、設問に答えなさい。

現代の世界では、国境を越えた自由な人の移動は原則として認められていない。人口密度が高い中央集権的な社会では、土地と人間は中央権力によって捕捉され、測られ、登録されることになる。人が他者に縛られずに移動できる行為は、旅行だけである。しかし、旅の終点が起点と異なれば、人はそこで再び登録される。

そのような制限があってもなお、東南アジアの漁民が別の島々に渡ったように、そしてアフリカの農民が山の向こう側の森に火を入れたように、今でも人は移動し続けている。仕事がうまくいって家族を呼び寄せたり、新しい家族ができたり、留学先の国で落ち着いたり、裏切りや失望を経験して母国の村に戻ったりと、矢印は様々であるが、第三章で見たように、国境を越えた人間の移動はますます「南の現象」になりつつある。

そこで、様々な場所において定住者と移民の出会いが生まれることになる。受け入れる定住者の側と参入する移民の側の関係を律するために、欧米諸国の多くは多文化主義と呼ばれる政策原理を採用してきた。その原理を最も体系的に唱道したのは、カナダの政治学者ウィル・キムリッカだろう。だが、その政策は、多文化主義という言葉のイメージほどに寛容なものではなかった。キムリッカは、自発的に自分の国を出て移住してきた人々は、移住先の文化に徐々に統合されていくべきであり、エスニックな母国語での公教育を制度的に要求したりする資格はないと主張した。母国を捨てた者に対して、受入国が費用を負担してまで民族教育を施す必要は

//////////////////// · memo · ////////////////////

////////////////////// · memo · //////////////////////

/////////////////// · memo · ///////////////////

教学社 刊行一覧

2025年版 大学赤本シリーズ

374大学556点
全都道府県を網羅

国公立大学(都道府県順)

全国の書店で取り扱っています。店頭にない場合は，お取り寄せができます。

1 北海道大学(文系－前期日程)
2 北海道大学(理系－前期日程) 医
3 北海道大学(後期日程)
4 旭川医科大学(医学部〈医学科〉) 医
5 小樽商科大学
6 帯広畜産大学
7 北海道教育大学
8 室蘭工業大学／北見工業大学
9 釧路公立大学
10 公立千歳科学技術大学
11 公立はこだて未来大学 総推
12 札幌医科大学(医学部) 医
13 弘前大学 医
14 岩手大学
15 岩手県立大学・盛岡短期大学部・宮古短期大学部
16 東北大学(文系－前期日程)
17 東北大学(理系－前期日程) 医
18 東北大学(後期日程)
19 宮城教育大学
20 宮城大学
21 秋田大学 医
22 秋田県立大学
23 国際教養大学 総推
24 山形大学 医
25 福島大学
26 会津大学
27 福島県立医科大学(医・保健科学部) 医
28 茨城大学(文系)
29 茨城大学(理系)
30 筑波大学(推薦入試) 医 総推
31 筑波大学(文系－前期日程)
32 筑波大学(理系－前期日程) 医
33 筑波大学(後期日程)
34 宇都宮大学
35 群馬大学 医
36 群馬県立女子大学
37 高崎経済大学
38 前橋工科大学
39 埼玉大学(文系)
40 埼玉大学(理系)
41 千葉大学(文系－前期日程)
42 千葉大学(理系－前期日程) 医
43 千葉大学(後期日程) 医
44 東京大学(文科) DL
45 東京大学(理科) DL 医
46 お茶の水女子大学
47 電気通信大学
48 東京外国語大学 DL
49 東京海洋大学
50 東京科学大学(旧 東京工業大学)
51 東京科学大学(旧 東京医科歯科大学) 医
52 東京学芸大学
53 東京藝術大学
54 東京農工大学
55 一橋大学(前期日程)
56 一橋大学(後期日程)
57 東京都立大学(文系)
58 東京都立大学(理系)
59 横浜国立大学(文系)
60 横浜国立大学(理系)
61 横浜市立大学(国際教養・国際商・理・データサイエンス・医〈看護〉学部)
62 横浜市立大学(医学部〈医学科〉) 医
63 新潟大学(人文・教育〈文系〉・法・経済科・医〈看護〉・創生学部)
64 新潟大学(教育〈理系〉・理・医〈看護を除く〉・歯・工・農学部) 医
65 新潟県立大学
66 富山大学(文系)
67 富山大学(理系) 医
68 富山県立大学
69 金沢大学(文系)
70 金沢大学(理系) 医
71 福井大学(教育・医〈看護〉・工・国際地域学部)
72 福井大学(医学部〈医学科〉) 医
73 福井県立大学
74 山梨大学(教育・医〈看護〉・工・生命環境学部)
75 山梨大学(医学部〈医学科〉) 医
76 都留文科大学
77 信州大学(文系－前期日程)
78 信州大学(理系－前期日程) 医
79 信州大学(後期日程)
80 公立諏訪東京理科大学 総推
81 岐阜大学(前期日程) 医
82 岐阜大学(後期日程)
83 岐阜薬科大学
84 静岡大学(前期日程)
85 静岡大学(後期日程)
86 浜松医科大学(医学部〈医学科〉) 医
87 静岡県立大学
88 静岡文化芸術大学
89 名古屋大学(文系)
90 名古屋大学(理系) 医
91 愛知教育大学
92 名古屋工業大学
93 愛知県立大学
94 名古屋市立大学(経済・人文社会・芸術工・看護・総合生命理・データサイエンス学部)
95 名古屋市立大学(医学部〈医学科〉) 医
96 名古屋市立大学(薬学部)
97 三重大学(人文・教育・医〈看護〉学部)
98 三重大学(医〈医〉・工・生物資源学部) 医
99 滋賀大学
100 滋賀医科大学(医学部〈医学科〉) 医
101 滋賀県立大学
102 京都大学(文系)
103 京都大学(理系) 医
104 京都教育大学
105 京都工芸繊維大学
106 京都府立大学
107 京都府立医科大学(医学部〈医学科〉) 医
108 大阪大学(文系) DL
109 大阪大学(理系) 医
110 大阪教育大学
111 大阪公立大学(現代システム科学域〈文系〉・文・法・経済・商・看護・生活科〈居住環境・人間福祉〉学部－前期日程)
112 大阪公立大学(現代システム科学域〈理系〉・理・工・農・獣医・医・生活科〈食栄養〉学部－前期日程) 医
113 大阪公立大学(中期日程)
114 大阪公立大学(後期日程)
115 神戸大学(文系－前期日程)
116 神戸大学(理系－前期日程) 医
117 神戸大学(後期日程)
118 神戸市外国語大学 DL
119 兵庫県立大学(国際商経・社会情報科・看護学部)
120 兵庫県立大学(工・理・環境人間学部)
121 奈良教育大学／奈良県立大学
122 奈良女子大学
123 奈良県立医科大学(医学部〈医学科〉) 医
124 和歌山大学
125 和歌山県立医科大学(医・薬学部) 医
126 鳥取大学 医
127 公立鳥取環境大学
128 島根大学 医
129 岡山大学(文系)
130 岡山大学(理系) 医
131 岡山県立大学
132 広島大学(文系－前期日程)
133 広島大学(理系－前期日程) 医
134 広島大学(後期日程)
135 尾道市立大学 総推
136 県立広島大学
137 広島市立大学
138 福山市立大学 総推
139 山口大学(人文・教育〈文系〉・経済・医〈看護〉・国際総合科学部)
140 山口大学(教育〈理系〉・理・医〈看護を除く〉・工・農・共同獣医学部) 医
141 山陽小野田市立山口東京理科大学 総推
142 下関市立大学／山口県立大学
143 周南公立大学 新 総推
144 徳島大学 医
145 香川大学 医
146 愛媛大学 医
147 高知大学 医
148 高知工科大学
149 九州大学(文系－前期日程)
150 九州大学(理系－前期日程) 医
151 九州大学(後期日程)
152 九州工業大学
153 福岡教育大学
154 北九州市立大学
155 九州歯科大学
156 福岡県立大学／福岡女子大学
157 佐賀大学 医
158 長崎大学(多文化社会・教育〈文系〉・経済・医〈保健〉・環境科〈文系〉学部)
159 長崎大学(教育〈理系〉・医〈医〉・歯・薬・情報データ科・工・環境科〈理系〉・水産学部) 医
160 長崎県立大学 総推
161 熊本大学(文・教育・法・医〈看護〉学部・情報融合学環〈文系型〉)
162 熊本大学(理・医〈看護を除く〉・薬・工学部・情報融合学環〈理系型〉) 医
163 熊本県立大学
164 大分大学(教育・経済・医〈看護〉・理工・福祉健康科学部)
165 大分大学(医学部〈医・先進医療科学科〉) 医
166 宮崎大学(教育・医〈看護〉・工・農・地域資源創成学部)
167 宮崎大学(医学部〈医学科〉) 医
168 鹿児島大学(文系)
169 鹿児島大学(理系) 医
170 琉球大学 医

2025年版　大学赤本シリーズ

国公立大学 その他

171 〔国公立大〕医学部医学科 総合型選抜・学校推薦型選抜※ 医 総推
172 看護・医療系大学〈国公立 東日本〉※
173 看護・医療系大学〈国公立 中日本〉※
174 看護・医療系大学〈国公立 西日本〉※
175 海上保安大学校／気象大学校
176 航空保安大学校
177 国立看護大学校
178 防衛大学校 総推
179 防衛医科大学校(医学科) 医
180 防衛医科大学校(看護学科)

※No.171～174の収載大学は赤本ウェブサイト(http://akahon.net/)でご確認ください。

私立大学①

北海道の大学(50音順)

201 札幌大学
202 札幌学院大学
203 北星学園大学
204 北海学園大学
205 北海道医療大学
206 北海道科学大学
207 北海道武蔵女子大学・短期大学
208 酪農学園大学(獣医学群〈獣医学類〉)

東北の大学(50音順)

209 岩手医科大学(医・歯・薬学部) 医
210 仙台大学 総推
211 東北医科薬科大学(医・薬学部) 医
212 東北学院大学
213 東北工業大学
214 東北福祉大学
215 宮城学院女子大学 総推

関東の大学(50音順)

あ行(関東の大学)

216 青山学院大学(法・国際政治経済学部－個別学部日程)
217 青山学院大学(経済学部－個別学部日程)
218 青山学院大学(経営学部－個別学部日程)
219 青山学院大学(文・教育人間科学部－個別学部日程)
220 青山学院大学(総合文化政策・社会情報・地球社会共生・コミュニティ人間科学部－個別学部日程)
221 青山学院大学(理工学部－個別学部日程)
222 青山学院大学(全学部日程)
223 麻布大学(獣医、生命・環境科学部)
224 亜細亜大学
226 桜美林大学
227 大妻女子大学・短期大学部

か行(関東の大学)

228 学習院大学(法学部－コア試験)
229 学習院大学(経済学部－コア試験)
230 学習院大学(文学部－コア試験)
231 学習院大学(国際社会科学部－コア試験)
232 学習院大学(理学部－コア試験)
233 学習院女子大学
234 神奈川大学(給費生試験)
235 神奈川大学(一般入試)
236 神奈川工科大学
237 鎌倉女子大学・短期大学部
238 川村学園女子大学
239 神田外語大学
240 関東学院大学
241 北里大学(理学部)
242 北里大学(医学部) 医
243 北里大学(薬学部)
244 北里大学(看護・医療衛生学部)
245 北里大学(未来工・獣医・海洋生命科学部)
246 共立女子大学・短期大学
247 杏林大学(医学部) 医
248 杏林大学(保健学部)
249 群馬医療福祉大学・短期大学部
250 群馬パース大学 総推
251 慶應義塾大学(法学部)
252 慶應義塾大学(経済学部)
253 慶應義塾大学(商学部)
254 慶應義塾大学(文学部) 総推
255 慶應義塾大学(総合政策学部)
256 慶應義塾大学(環境情報学部)
257 慶應義塾大学(理工学部)
258 慶應義塾大学(医学部) 医
259 慶應義塾大学(薬学部)
260 慶應義塾大学(看護医療学部)
261 工学院大学
262 國學院大學
263 国際医療福祉大学 医
264 国際基督教大学
265 国士舘大学
266 駒澤大学(一般選抜T方式・S方式)
267 駒澤大学(全学部統一日程選抜)

さ行(関東の大学)

268 埼玉医科大学(医学部) 医
269 相模女子大学・短期大学部
270 産業能率大学
271 自治医科大学(医学部) 医
272 自治医科大学(看護学部)／東京慈恵会医科大学(医学部〈看護学科〉)
273 実践女子大学 総推
274 芝浦工業大学(前期日程)
275 芝浦工業大学(全学統一日程・後期日程)
276 十文字学園女子大学
277 淑徳大学
278 順天堂大学(医学部) 医
279 順天堂大学(スポーツ健康科・医療看護・保健看護・国際教養・保健医療・医療科・健康データサイエンス・薬学部) 総推
280 上智大学(神・文・総合人間科学部)
281 上智大学(法・経済学部)
282 上智大学(外国語・総合グローバル学部)
283 上智大学(理工学部)
284 上智大学(TEAPスコア利用方式)
285 湘南工科大学
286 昭和大学(医学部) 医
287 昭和大学(歯・薬・保健医療学部)
288 昭和女子大学
289 昭和薬科大学
290 女子栄養大学・短期大学部 総推
291 白百合女子大学
292 成蹊大学(法学部－A方式)
293 成蹊大学(経済・経営学部－A方式)
294 成蹊大学(文学部－A方式)
295 成蹊大学(理工学部－A方式)
296 成蹊大学(E方式・G方式・P方式)
297 成城大学(経済・社会イノベーション学部－A方式)
298 成城大学(文芸・法学部－A方式)
299 成城大学(S方式〈全学部統一選抜〉)
300 聖心女子大学
301 清泉女子大学
303 聖マリアンナ医科大学 医
304 聖路加国際大学(看護学部)
305 専修大学(スカラシップ・全国入試)
306 専修大学(前期入試〈学部個別入試〉)
307 専修大学(前期入試〈全学部入試・スカラシップ入試〉)

た行(関東の大学)

308 大正大学
309 大東文化大学
310 高崎健康福祉大学
311 拓殖大学
312 玉川大学
313 多摩美術大学
314 千葉工業大学
315 中央大学(法学部－学部別選抜)
316 中央大学(経済学部－学部別選抜)
317 中央大学(商学部－学部別選抜)
318 中央大学(文学部－学部別選抜)
319 中央大学(総合政策学部－学部別選抜)
320 中央大学(国際経営・国際情報学部－学部別選抜)
321 中央大学(理工学部－学部別選抜)
322 中央大学(5学部共通選抜)
323 中央学院大学
324 津田塾大学
325 帝京大学(薬・経済・法・文・外国語・教育・理工・医療技術・福岡医療技術学部)
326 帝京大学(医学部) 医
327 帝京科学大学 総推
328 帝京平成大学 総推
329 東海大学(医〈医〉学部を除く－一般選抜)
330 東海大学(文系・理系学部統一選抜)
331 東海大学(医学部〈医学科〉) 医
332 東京医科大学(医学部〈医学科〉) 医
333 東京家政大学・短期大学部 総推
334 東京経済大学
335 東京工科大学
336 東京工芸大学
337 東京国際大学
338 東京歯科大学
339 東京慈恵会医科大学(医学部〈医学科〉) 医
340 東京情報大学
341 東京女子大学
342 東京女子医科大学(医学部) 医
343 東京電機大学
344 東京都市大学
345 東京農業大学
346 東京薬科大学(薬学部) 総推
347 東京薬科大学(生命科学部) 総推
348 東京理科大学(理学部〈第一部〉－B方式)
349 東京理科大学(創域理工学部－B方式・S方式)
350 東京理科大学(工学部－B方式)
351 東京理科大学(先進工学部－B方式)
352 東京理科大学(薬学部－B方式)
353 東京理科大学(経営学部－B方式)
354 東京理科大学(C方式、グローバル方式、理学部〈第二部〉－B方式)
355 東邦大学(医学部) 医
356 東邦大学(薬学部)

2025年版　大学赤本シリーズ

私立大学②

357 東邦大学（理・看護・健康科学部）
358 東洋大学（文・経済・経営・法・社会・国際・国際観光学部）
359 東洋大学（情報連携・福祉社会デザイン・健康スポーツ科・理工・総合情報・生命科・食環境科学部）
360 東洋大学（英語〈3日程×3カ年〉）
361 東洋大学（国語〈3日程×3カ年〉）
362 東洋大学（日本史・世界史〈2日程×3カ年〉）
363 東洋英和女学院大学
364 常磐大学・短期大学 総推
365 獨協大学
366 獨協医科大学（医学部） 医

な行（関東の大学）

367 二松学舎大学
368 日本大学（法学部）
369 日本大学（経済学部）
370 日本大学（商学部）
371 日本大学（文理学部〈文系〉）
372 日本大学（文理学部〈理系〉）
373 日本大学（芸術学部〈専門試験併用型〉）
374 日本大学（国際関係学部）
375 日本大学（危機管理・スポーツ科学部）
376 日本大学（理工学部）
377 日本大学（生産工・工学部）
378 日本大学（生物資源科学部）
379 日本大学（医学部） 医
380 日本大学（歯・松戸歯学部）
381 日本大学（薬学部）
382 日本大学（N全学統一方式ー医・芸術〈専門試験併用型〉学部を除く）
383 日本医科大学 医
384 日本工業大学
385 日本歯科大学
386 日本社会事業大学 総推
387 日本獣医生命科学大学
388 日本女子大学
389 日本体育大学

は行（関東の大学）

390 白鷗大学（学業特待選抜・一般選抜）
391 フェリス女学院大学
392 文教大学
393 法政大学（法〈I日程〉・文〈II日程〉・経営〈II日程〉学部ーA方式）
394 法政大学（法〈II日程〉・国際文化・キャリアデザイン学部ーA方式）
395 法政大学（文〈I日程〉・経営〈I日程〉・人間環境・グローバル教養学部ーA方式）
396 法政大学（経済〈I日程〉・社会〈I日程〉・現代福祉学部ーA方式）
397 法政大学（経済〈II日程〉・社会〈II日程〉・スポーツ健康学部ーA方式）
398 法政大学（情報科・デザイン工・理工・生命科学部ーA方式）
399 法政大学（T日程〈統一日程〉・英語外部試験利用入試）
400 星薬科大学 総推

ま行（関東の大学）

401 武蔵大学
402 武蔵野大学
403 武蔵野美術大学
404 明海大学
405 明治大学（法学部ー学部別入試）
406 明治大学（政治経済学部ー学部別入試）
407 明治大学（商学部ー学部別入試）
408 明治大学（経営学部ー学部別入試）
409 明治大学（文学部ー学部別入試）
410 明治大学（国際日本学部ー学部別入試）
411 明治大学（情報コミュニケーション学部ー学部別入試）
412 明治大学（理工学部ー学部別入試）
413 明治大学（総合数理学部ー学部別入試）
414 明治大学（農学部ー学部別入試）
415 明治大学（全学部統一入試）
416 明治学院大学（A日程）
417 明治学院大学（全学部日程）
418 明治薬科大学 総推
419 明星大学
420 目白大学・短期大学部

ら・わ行（関東の大学）

421 立教大学（文系学部ー一般入試〈大学独自の英語を課さない日程〉）
422 立教大学（国語〈3日程×3カ年〉）
423 立教大学（日本史・世界史〈2日程×3カ年〉）
424 立教大学（文学部ー一般入試〈大学独自の英語を課す日程〉）
425 立教大学（理学部ー一般入試）
426 立正大学
427 早稲田大学（法学部）
428 早稲田大学（政治経済学部）
429 早稲田大学（商学部）
430 早稲田大学（社会科学部）
431 早稲田大学（文学部）
432 早稲田大学（文化構想学部）
433 早稲田大学（教育学部〈文科系〉）
434 早稲田大学（教育学部〈理科系〉）
435 早稲田大学（人間科・スポーツ科学部）
436 早稲田大学（国際教養学部）
437 早稲田大学（基幹理工・創造理工・先進理工学部）
438 和洋女子大学 総推

中部の大学（50音順）

439 愛知大学
440 愛知医科大学（医学部） 医
441 愛知学院大学・短期大学部
442 愛知工業大学 総推
443 愛知淑徳大学
444 朝日大学 総推
445 金沢医科大学（医学部） 医
446 金沢工業大学
447 岐阜聖徳学園大学 総推
448 金城学院大学
449 至学館大学 総推
450 静岡理工科大学
451 椙山女学園大学
452 大同大学
453 中京大学
454 中部大学
455 名古屋外国語大学 総推
456 名古屋学院大学 総推
457 名古屋学芸大学 総推
458 名古屋女子大学 総推
459 南山大学（外国語〈英米〉・法・総合政策・国際教養学部）
460 南山大学（人文・外国語〈英米を除く〉・経済・経営・理工学部）
461 新潟国際情報大学
462 日本福祉大学
463 福井工業大学
464 藤田医科大学（医学部） 医
465 藤田医科大学（医療科・保健衛生学部）
466 名城大学（法・経営・経済・外国語・人間・都市情報学部）
467 名城大学（情報工・理工・農・薬学部）
468 山梨学院大学

近畿の大学（50音順）

469 追手門学院大学 総推
470 大阪医科薬科大学（医学部） 医
471 大阪医科薬科大学（薬学部） 総推
472 大阪学院大学 総推
473 大阪経済大学 総推
474 大阪経済法科大学 総推
475 大阪工業大学 総推
476 大阪国際大学・短期大学部 総推
477 大阪産業大学 総推
478 大阪歯科大学（歯学部）
479 大阪商業大学 総推
480 大阪成蹊大学・短期大学 総推
481 大谷大学 総推
482 大手前大学・短期大学 総推
483 関西大学（文系）
484 関西大学（理系）
485 関西大学（英語〈3日程×3カ年〉）
486 関西大学（国語〈3日程×3カ年〉）
487 関西大学（日本史・世界史・文系数学〈3日程×3カ年〉）
488 関西医科大学（医学部） 医
489 関西医療大学 総推
490 関西外国語大学・短期大学部 総推
491 関西学院大学（文・法・商・人間福祉・総合政策学部ー学部個別日程）
492 関西学院大学（神・社会・経済・国際・教育学部ー学部個別日程）
493 関西学院大学（全学部日程〈文系型〉）
494 関西学院大学（全学部日程〈理系型〉）
495 関西学院大学（共通テスト併用日程〈数学〉・英数日程）
496 関西学院大学（英語〈3日程×3カ年〉） 新
497 関西学院大学（国語〈3日程×3カ年〉） 新
498 関西学院大学（日本史・世界史・文系数学〈3日程×3カ年〉） 新
499 畿央大学 総推
500 京都外国語大学・短期大学 総推
502 京都産業大学（公募推薦入試） 総推
503 京都産業大学（一般選抜入試〈前期日程〉）
504 京都女子大学 総推
505 京都先端科学大学 総推
506 京都橘大学 総推
507 京都ノートルダム女子大学 総推
508 京都薬科大学 総推
509 近畿大学・短期大学部（医学部を除くー推薦入試） 総推
510 近畿大学・短期大学部（医学部を除くー一般入試前期）
511 近畿大学（英語〈医学部を除く3日程×3カ年〉）
512 近畿大学（理系数学〈医学部を除く3日程×3カ年〉）
513 近畿大学（国語〈医学部を除く3日程×3カ年〉）
514 近畿大学（医学部ー推薦入試・一般入試前期） 医 総推
515 近畿大学・短期大学部（一般入試後期） 医
516 皇學館大学 総推
517 甲南大学 総推
518 甲南女子大学（学校推薦型選抜） 新 総推
519 神戸学院大学 総推
520 神戸国際大学 総推
521 神戸女学院大学 総推
522 神戸女子大学・短期大学 総推
523 神戸薬科大学 総推
524 四天王寺大学・短期大学部 総推
525 摂南大学（公募制推薦入試） 総推
526 摂南大学（一般選抜前期日程）
527 帝塚山学院大学 総推
528 同志社大学（法、グローバル・コミュニケーション学部ー学部個別日程）

2025年版　大学赤本シリーズ

私立大学③

- 529 同志社大学(文・経済学部−学部個別日程)
- 530 同志社大学(神・商・心理・グローバル地域文化学部−学部個別日程)
- 531 同志社大学(社会学部−学部個別日程)
- 532 同志社大学(政策・文化情報〈文系型〉・スポーツ健康科〈文系型〉学部−学部個別日程)
- 533 同志社大学(理工・生命医科・文化情報〈理系型〉・スポーツ健康科〈理系型〉学部−学部個別日程)
- 534 同志社大学(全学部日程)
- 535 同志社女子大学 総推
- 536 奈良大学 総推
- 537 奈良学園大学 総推
- 538 阪南大学 総推
- 539 姫路獨協大学 総推
- 540 兵庫医科大学(医学部) 医
- 541 兵庫医科大学(薬・看護・リハビリテーション学部) 総推
- 542 佛教大学 総推
- 543 武庫川女子大学 総推
- 544 桃山学院大学 総推
- 545 大和大学・大和大学白鳳短期大学部 総推
- 546 立命館大学(文系−全学統一方式・学部個別配点方式)／立命館アジア太平洋大学(前期方式・英語重視方式)
- 547 立命館大学(理系−全学統一方式・学部個別配点方式・理系型3教科方式・薬学方式)
- 548 立命館大学(英語〈全学統一方式3日程×3カ年〉)
- 549 立命館大学(国語〈全学統一方式3日程×3カ年〉)
- 550 立命館大学(文系選択科目〈全学統一方式2日程×3カ年〉)
- 551 立命館大学(IR方式〈英語資格試験利用型〉・共通テスト併用方式)／立命館アジア太平洋大学(共通テスト併用方式)
- 552 立命館大学(後期分割方式・「経営学部で学ぶ感性+共通テスト」方式)／立命館アジア太平洋大学(後期方式)
- 553 龍谷大学(公募推薦入試) 総推
- 554 龍谷大学(一般選抜入試)

中国の大学(50音順)

- 555 岡山商科大学 総推
- 556 岡山理科大学 総推
- 557 川崎医科大学 医
- 558 吉備国際大学 総推
- 559 就実大学 総推
- 560 広島経済大学
- 561 広島国際大学 総推
- 562 広島修道大学
- 563 広島文教大学 総推
- 564 福山大学／福山平成大学
- 565 安田女子大学 総推

四国の大学(50音順)

- 567 松山大学

九州の大学(50音順)

- 568 九州医療科学大学
- 569 九州産業大学
- 570 熊本学園大学
- 571 久留米大学(文・人間健康・法・経済・商学部)
- 572 久留米大学(医学部〈医学科〉) 医
- 573 産業医科大学(医学部) 医
- 574 西南学院大学(商・経済・法・人間科学部−A日程)
- 575 西南学院大学(神・外国語・国際文化学部−A日程／全学部−F日程)
- 576 福岡大学(医学部医学科を除く−学校推薦型選抜・一般選抜系統別日程) 総推
- 577 福岡大学(医学部医学科を除く−一般選抜前期日程)
- 578 福岡大学(医学部〈医学科〉−学校推薦型選抜・一般選抜系統別日程) 医 総推
- 579 福岡工業大学
- 580 令和健康科学大学 総推

医 医学部医学科を含む
総推 総合型選抜または学校推薦型選抜を含む
DL リスニング音声配信　新 2024年 新刊・復刊

掲載している入試の種類や試験科目，収載年数などはそれぞれ異なります。詳細については，それぞれの本の目次や赤本ウェブサイトでご確認ください。

難関校過去問シリーズ

出題形式別・分野別に収録した

「入試問題事典」

定価**2,310〜2,640**円(本体2,100〜2,400円)

先輩合格者はこう使った!
「難関校過去問シリーズの使い方」

61年，全部載せ!
要約演習で，総合力を鍛える

東大の英語
要約問題 UNLIMITED

国公立大学

- 東大の英語25カ年[第12版] 改
- 東大の英語リスニング20カ年[第9版] DL 改
- 東大の英語 要約問題 UNLIMITED
- 東大の文系数学25カ年[第12版] 改
- 東大の理系数学25カ年[第12版] 改
- 東大の現代文25カ年[第12版] 改
- 東大の古典25カ年[第12版] 改
- 東大の日本史25カ年[第9版] 改
- 東大の世界史25カ年[第9版] 改
- 東大の地理25カ年[第9版] 改
- 東大の物理25カ年[第9版] 改
- 東大の化学25カ年[第9版] 改
- 東大の生物25カ年[第9版] 改
- 東工大の英語20カ年[第8版] 改
- 東工大の数学20カ年[第9版] 改
- 東工大の物理20カ年[第5版] 改
- 東工大の化学20カ年[第5版] 改
- 一橋大の英語20カ年[第9版] 改
- 一橋大の数学20カ年[第9版] 改
- 一橋大の国語20カ年[第6版] 改
- 一橋大の日本史20カ年[第6版] 改
- 一橋大の世界史20カ年[第6版] 改
- 筑波大の英語15カ年 新
- 筑波大の数学15カ年 新
- 京大の英語25カ年[第12版]
- 京大の文系数学25カ年[第12版]
- 京大の理系数学25カ年[第12版]
- 京大の現代文25カ年[第2版]
- 京大の古典25カ年[第2版]
- 京大の日本史20カ年[第3版]
- 京大の世界史20カ年[第3版]
- 京大の物理25カ年[第9版]
- 京大の化学25カ年[第9版]
- 北大の英語15カ年[第8版]
- 北大の理系数学15カ年[第8版]
- 北大の物理15カ年[第2版]
- 北大の化学15カ年[第2版]
- 東北大の英語15カ年[第8版]
- 東北大の理系数学15カ年[第8版]
- 東北大の物理15カ年[第2版]
- 東北大の化学15カ年[第2版]
- 名古屋大の英語15カ年[第8版]
- 名古屋大の理系数学15カ年[第8版]
- 名古屋大の物理15カ年[第2版]
- 名古屋大の化学15カ年[第2版]
- 阪大の英語20カ年[第9版]
- 阪大の文系数学20カ年[第3版]
- 阪大の理系数学20カ年[第9版]
- 阪大の国語15カ年[第3版]
- 阪大の物理20カ年[第8版]
- 阪大の化学20カ年[第6版]
- 九大の英語15カ年[第8版]
- 九大の理系数学15カ年[第7版]
- 九大の物理15カ年[第2版]
- 九大の化学15カ年[第2版]
- 神戸大の英語15カ年[第9版]
- 神戸大の数学15カ年[第5版]
- 神戸大の国語15カ年[第3版]

私立大学

- 早稲田の英語[第11版] 改
- 早稲田の国語[第9版] 改
- 早稲田の日本史[第9版] 改
- 早稲田の世界史[第2版] 改
- 慶應の英語[第11版] 改
- 慶應の小論文[第3版] 改
- 明治大の英語[第9版] 改
- 明治大の国語[第2版] 改
- 明治大の日本史[第2版] 改
- 中央大の英語[第9版] 改
- 法政大の英語[第9版] 改
- 同志社大の英語[第10版]
- 立命館大の英語[第10版]
- 関西大の英語[第10版]
- 関西学院大の英語[第10版]

DL リスニング音声配信
新 2024年 新刊
改 2024年 改訂

大学赤本シリーズ

別冊問題編

2025